"十四五"职业教育国家规划教材

高职立体化体育教程

主 编 苏 立 孙雄华

北京体育大学出版社

策划编辑：王名真
责任编辑：钱春华
责任校对：杨　洋
版式设计：李宇霞

图书在版编目（CIP）数据

高职立体化体育教程 / 苏立 , 孙雄华主编 . –– 北京：
北京体育大学出版社，2018.7（2023.6 重印）
ISBN 978-7-5644-2988-1

Ⅰ.①高… Ⅱ.①苏… ②孙… Ⅲ.①体育—高等职
业教育—教材 Ⅳ.① G807.4

中国版本图书馆 CIP 数据核字 (2018) 第 173160 号

免责声明

本书创作初衷是向大众提供有用的信息和知识。所有内容（包括但不限于文本、图形和图像）仅供参考及学习交流使用，不能用于对任何特定疾病症状的医疗诊断、建议或治疗。所有读者均不应参考本书所有内容作为诊断、治疗、预防、康复、使用医疗产品或其他产品的建议或意见。作者和出版社竭尽所能实现本书内容上的专业性、严谨性、合理性，且不特别推荐任何治疗方法、方案和相关内容。在此特别声明，对于因使用本出版物中的任何内容而造成的损伤及直接或间接产生的与个人或团体相关的一切责任、损失和风险，作者与出版社均不予承担。

高 职 立 体 化 体 育 教 程
GAOZHI LITIHUA TIYU JIAOCHENG

苏　立　孙雄华　主　编

出版发行：北京体育大学出版社
地　　址：北京市海淀区农大南路 1 号院 2 号楼 2 层办公 B–212
邮　　编：100084
网　　址：http://cbs.bsu.edu.cn
发 行 部：010–62989320
邮 购 部：北京体育大学出版社读者服务部 010–62989432
印　　刷：三河市聚河金源印刷有限公司
开　　本：787mm×1092mm　1/16
成品尺寸：185mm×260mm
印　　张：21
字　　数：592 千字
版　　次：2018 年 7 月第 1 版
印　　次：2023 年 6 月第 6 次印刷
定　　价：42.00 元

《高职立体化体育教程》
编委会

主　编 苏　立　孙雄华

副主编 陈　重　刘凯进　梁荫冲　张仕超
谭玉芳

编　委（以姓氏笔画为序）

王文霞　王玺雯　文平红　邓雨荣

刘寒青　李秋平　李菊生　李善妮

吴俊英　何伟珍　张　巧　陈天啸

孟庆宏　赵　妤　胡　翔　胡俭云

钟　武　徐军民　郭海龙　唐长青

唐映月　陶晓斌　黄　瑶　崔　娜

梁丽芝　谢媛媛　廖晶晶

前　言

　　2016年10月，中共中央、国务院印发了《"健康中国2030"规划纲要》，要求加大学校健康教育力度，将健康教育纳入国民教育体系，把健康教育作为所有教育阶段素质教育的重要内容；构建相关学科教学与教育活动相结合、课堂教育与课外实践相结合、经常性宣传教育与集中式宣传教育相结合的健康教育模式。

　　党的二十大报告指出："推进健康中国建设。人民健康是民族昌盛和国家强盛的重要标志。把保障人民健康放在优先发展的战略位置，完善人民健康促进政策。""广泛开展全民健身活动，加强青少年体育工作，促进群众体育和竞技体育全面发展，加快建设体育强国。"党的二十大报告明确了新时代党的中心任务，强调建成教育强国、科技强国、人才强国、文化强国、体育强国、健康中国，国家文化软实力显著增强，等等。这些都要求培养具有强健体魄、健全人格、顽强意志、创新精神，能够担当民族复兴大任的时代新人，无不与学校体育工作息息相关。

　　发展职业教育，提高劳动者素质，加快培养技能型、应用型人才，切实提高劳动者的就业能力，促进就业率的提高，对促进我国新型工业化发展起着重要的作用。由此可见，职业教育在实施科教兴国和人才强国战略中具有特殊而重要的地位。

　　我们以《中共中央国务院关于加强青少年体育增强青少年体质的意见》《教育部关于深化职业教育教学改革全面提高人才培养质量的若干意见》《全国普通高等学校体育课程教学指导纲要》为依据，认真研究国内外先进的体育教学理念和方法，编写了本书。本书力求满足不同性别、不同体质及将来从事不同职业的大学生的需求，体现高校办学特征，突出大学生的个性发展和能力培养，成为师生体育教学和终身体育锻炼的指导性用书。本书的主要特点如下。

1. 立体化

　　为了适应信息化教学，本书运用**"互联网＋"**的模式，在纸质教材的基础上用二维码的形式插入了大量生动的教学视频、案例等，并以**融媒体教学资源包**的形式呈现在线体育微课、融媒体教学课件、在线考试系统及题库、体育教学扩展项目、党的二十大精神与体育强国学习专辑等内容，以多种形式融入中华优秀体育文化，引导大学生传承中华文脉，增强大学生的文化自信，推进教育数字化，助力建设全民终身学习的学习型社会、学习型大国。

脚内侧运球

2. 思想性

本书突出**"健康第一"**的指导思想，本着**"以人为本"**的理念，根据大学生的身心特征，构建以**运动能力、健康行为、体育品德三大核心素养**内容为主的多元化教材内容；单独设立思政章节，深度挖掘体育课程的**思政元素**，把党的二十大精神贯穿于教材的始终，把社会主义核心价值观融入大学生的日常生活，帮助大学生树立正确的世界观、人生观、价值观；开发配套的融媒体教学资源包，设置体育教学扩展项目、党的二十大精神与体育强国学习专辑版块，旨在加强大学生的思政教育，弘扬中华优秀传统文化。

运动能力
思政浸润
体育品德   健康行为

3. 职业性

针对不同职业岗位对大学生身体素质的实际需求，本书对不同岗位的职业体能训练方法进行了详细介绍，按照"工学结合"教育模式，教会大学生因地制宜，就地取材，利用身边的设施进行健身活动。另外，本书采用**项目引领、任务驱动**式结构，设计了学练实践、项目点拨、项目总结、项目评价等具有职业教育特色的版块，以加强"做中学、学中做"的职业教育理念，增强教材的育人功能。

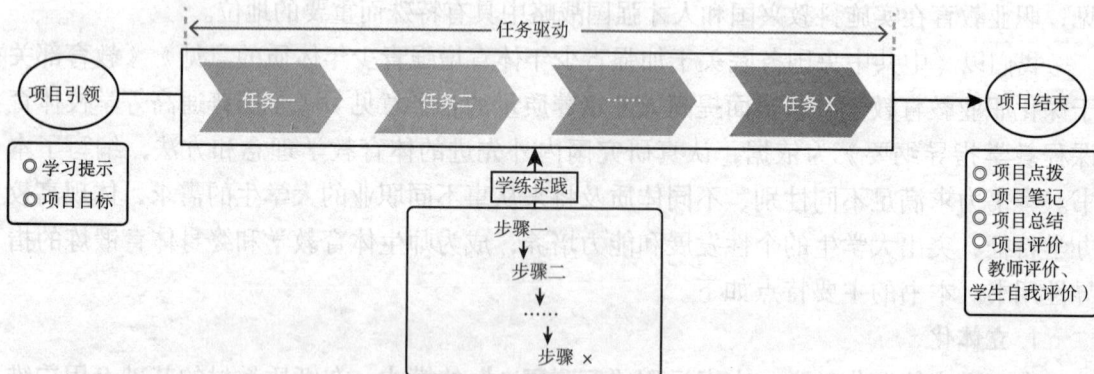

任务驱动

项目引领 → 任务一 → 任务二 → …… → 任务 X → 项目结束

○ 学习提示
○ 项目目标

学练实践
步骤一
↓
步骤二
↓
……
↓
步骤 X

○ 项目点拨
○ 项目笔记
○ 项目总结
○ 项目评价
（教师评价、学生自我评价）

4. 实用性

运动讲究科学。大学生既要掌握常识性健身知识，也要掌握至少两项运动技能，体验运动所带来的益处。本书编写融入新时代学校体育**"教会、勤练、常赛"**的教学模式，凸显**"健康知识＋运动技能"**的内容主线，符合学生的认知规律，致力于让每位大学生掌握科学的锻炼方法和终身受用的运动技能，具有较强的实用性。

由于编写人员水平所限，本教材若有不妥之处，恳请广大读者批评、指正，以便我们对本教材进行修订和完善。

中国学校体育这十年

2013年

11月，党的十八届中央委员会第三次全体会议通过了《中共中央关于全面深化改革若干重大问题的决定》。

2014年

4月，教育部印发了《学生体质健康监测评价办法》《中小学校体育工作评估办法》《学校体育工作年度报告办法》。6月，教育部印发了《高等学校体育工作基本标准》。7月，教育部印发了《国家学生体质健康标准（2014年修订）》。

2015年

4月，教育部印发了《学校体育运动风险防控暂行办法》。7月，教育部等6部门（教育部、国家发展改革委、财政部、新闻出版广电总局、国家体育总局、共青团中央）印发了《关于加快发展青少年校园足球的实施意见》。

2016年

4月，国务院办公厅印发了《关于强化学校体育促进学生身心健康全面发展的意见》。

2018年

9月，党中央召开了全国教育大会。

2019年

6月，中共中央、国务院印发了《关于深化教育教学改革全面提高义务教育质量的意见》。

2020年

8月，国家体育总局、教育部印发了《关于深化体教融合 促进青少年健康发展的意见》。10月，中共中央、国务院印发了《深化新时代教育评价改革总体方案》，中共中央办公厅、国务院办公厅印发了《关于全面加强和改进新时代学校体育工作的意见》。

2021年

4月，教育部办公厅印发了《关于进一步加强中小学生体质健康管理工作的通知》。6月，教育部办公厅印发了《〈体育与健康〉教学改革指导纲要（试行）》。7月，中共中央办公厅、国务院办公厅印发了《关于进一步减轻义务教育阶段学生作业负担和校外培训负担的意见》。

2022年

3月，教育部印发了《义务教育体育与健康课程标准（2022年版）》。4月，第十三届全国人民代表大会常务委员会第三十四次会议通过了《中华人民共和国职业教育法》修订，自2022年5月1日起施行。

2023年

1月1日，新修订的《中华人民共和国体育法》施行。1月，国家体育总局、中央机构编制委员会办公室、教育部、人力资源和社会保障部等四部门联合出台了《关于在学校设置教练员岗位的实施意见》。

项目一

体育课程中的思政教育

🏠 学习提示

大学体育课程是高校促进大学生身心全面发展，寓思想品德教育、文化科学教育、生活与体育技能教育于身体活动的教育过程，是高校实施素质教育、落实"立德树人"根本任务和培养全面发展的人才的重要途径。体育课程的思政教育以体育课程为载体，以"立德树人"为根本任务，充分挖掘蕴含在体育专业知识中的德育元素，实现体育与德育的有机融合，使德育渗透、贯穿于体育教育的全过程，帮助大学生塑造正确的世界观、人生观、价值观，助力学生的全面发展。

🔍 项目目标

◎ 全面了解思政教育在体育课程中的重要性及意义。

◎ 深入挖掘体育课程中的思政元素，强化体育课程中的思政教育。

◎ 将体育课程与思政教育有机结合，挖掘新时代学校体育全面育人的功能，全面提高大学生综合素质。

思政链接——
习近平总书记
关于教育的
重要论述

思政链接——
习近平总书记
关于学校体育的
重要论述

思政链接——
关于全面加强和
改进新时代学校
体育工作的意见

任务一　强化体育课程中的思政教育

▶ 学练实践

步骤一：了解体育课程与思政教育融合的必要性

2016年，习近平总书记在全国高校思想政治工作会议上强调"使各类课程与思想政治理论课同向同行，形成协同效应"。高校的各类课程都要发挥课程的思政教育作用。2020年5月，教育部印发了《高等学校课程思政建设指导纲要》，要求高校要结合各专业的特点，全方位推进各类专业课程思政建设工作，构建促进各类课程思政建设的人才培养体系，不断完善课程思政工作体系、教学体系和内容体系，深入挖掘课程的育人价值。课程思政成为新时代教育领域实现"立德树人"根本任务的重要抓手和着力点，也是高校深化教学改革的重点方向和指南。

大学体育课程是高校促进大学生身心和谐发展，寓思想品德教育、文化科学教育、生活与体育技能教育于身体活动的教育过程，是高校实施素质教育、落实"立德树人"根本任务和培养全面发展的人才的重要途径。

为了贯彻和落实国家的相关文件精神，加强高校体育课程的思政建设，推进体育课程与思政教育的融合，具有很强的必要性。

步骤二：挖掘体育课程蕴含的丰富思政元素

众所周知，体育教学和体育竞赛活动蕴含着人文关怀、进取精神、团队意识和健康向上的文化追求。对于高校思政教育来说，这些都是独特的隐性资源。体育追求更快、更高、更强的奥运精神。体育锻炼鼓励大学生学会挑战自我，追求卓越，塑造自强不息的人格品质。体育竞赛需要参与者遵守一定的竞赛规则，这有助于培养大学生自律、自制的习惯和按规则行事的规则意识。体育竞赛还需要参与者与他人形成合作或竞争的关系。正确地处理好人际关系，可以培养大学生的集体主义精神和团结合作意识。此外，体育文化倡导的身心和谐发展的生活理念，胜不骄、败不馁的生活态度，以及乐观向上、积极健康的生活方式等，对于培养大学生形成正确的世界观、人生观和价值观具有很好的导向作用。"立德树人"是高校教师的首要责任，是高校教育的中心环节。我们应推进高校体育课程的思政建设，不断挖掘体育课程和体育教学过程中的思政元素，强化体育课程的育人作用。

任务二　体育课程与思政教育有机结合

学练实践

步骤一：培养大学生的爱国主义精神

民族精神贯穿于每个民族的发展历史，维系着一个民族的生存和发展。一个民族如果没有以爱国主义为核心的民族精神和坚定的民族志向，就不可能凝聚力量、成就伟业，更不可能屹立于世界民族之林。中华体育精神是中华民族精神的重要组成部分，是爱国主义最具活力的载体和最鲜明的表现。无论是从刘长春代表中国队参加 1932 年洛杉矶奥运会，还是到中国人在自己的土地上成功举办 2008 年北京奥运会，都是中国人民爱国强国梦想不断外化为具体实践的过程。体育精神有着深厚的民族历史情结，沉淀为国民的集体记忆而具有强化国家认同感的意识属性。在现代社会中，体育不仅是一种竞争手段，还具有一定的社会性功能，已经成为一个国家向世界展现国家力量、民族意志的一种方式，其所代表的不是个人，而是国家和民族。以奥运会为代表的国际竞技舞台所展现出的强大的感召力、民族的荣耀和利益是爱国主义精神、民族凝聚力和向心力的黏合剂。体育是物质层面和精神层面的结合体，体育发展水平是衡量一个国家综合国力的重要标志之一。国人的体魄、意志和品质就是国家竞争力的重要内容。

当今的竞技体育包含了爱国主义的厚重价值，与中华民族的伟大复兴和爱国主义使命紧密地联系在一起。体育强国梦是实现中国梦的有力支撑，是中国人民顽强拼搏的光荣传统的体现，也是中国人民为国争光的崇高荣誉感和责任感的具体寄托。

在一些有中国运动员参加的大型比赛中，无论是参与者还是欣赏者，当看到我国运动员站在高高的领奖台上，赛场上奏响起中华人民共和国国歌时，其都会感到无比的激动和自豪，为自己是中国的一员而骄傲，从而激励自己在以后的学习和工作中努力做出新的贡献。

步骤二：对大学生进行理想信念培育

习近平强调："理想信念就是共产党人精神上的'钙'，没有理想信念，理想信念不坚定，精神上就会'缺钙'，就会得'软骨病'。"理想信念首先是一个思想认识问题，然后是一个实践问题。实践活动目标的实现性在很大程度上取决于实践主体的态度和意志决心。树立远大的理想、坚定必胜的信念、坚持科学的态度，有助于个体最大限度地发挥潜能，超越自我。

毛泽东曾提到："体育之效，至于强筋骨，因而增知识，因而调感情，因而强意志。"体育通过持之以恒的锻炼和锲而不舍的挑战来突破人的客观界限，使人在生理和心理上不断趋向完善和完美。超越梦想、超越极限、超越当下，体育为人生理想设定了无限的可能性，成为个体塑造自我、完善自我的实践途径。人生的价值体现在生活之中就是个体不断超越自我、完善自我。竞技体育的魅力在于挑战自我、突破自我、完善自我。人类虽然已经创造了众多的世界纪录，但是仍然在不断地否定自我、超越自我和挑战极限。

步骤三：培养大学生的职业素质

职业生活是人类社会生活中最普遍、最基本的活动方式之一。我国当前正处于社会转型期。随着现代社会分工的发展和专业化程度的提高，人们对职业道德、职业态度和职业技能的要求越来越高。体育为大学生职业素质的内化起到了巨大的引导作用。

大学生通过不断的身体锻炼和竞争去挑战自我和发展自我，能使自身的意志和精神得到升华，将"体育精神"转化为"职业素质"。体育运动的目的就是使个体通过体育运动来培养体育精神，把体育精神贯彻到日常的生活和工作中去，使个体所处的社会得以健全和发展。体育精神强调的强壮体魄只是生命意义中的一部分，不怕挫折、勇于拼搏的精神是更深层次的精神意蕴。敢于拼搏、善于拼搏、争取胜利是个体在职业生涯中必备的职业素质。在职业生活中充分发挥自己的潜力，创造超越自我的奇迹，对个人和社会都是有积极意义和价值的。

步骤四：增强大学生的规则意识

大学生在高校接受教育的时间有限。大部分人毕业后将进入工作岗位，在工作中的交往将日益增多。大学生不仅要在课内相互比赛，还要在课外参与一系列比赛。了解运动竞赛规则，有助于大学生在运动中遵守规则，并在规则的允许下更好地应用规则，从而在比赛过程中享受到更多的乐趣。在比赛过程中，参与者必须遵守规则，如果违反了竞赛规则，就会受到相应处罚。大学生在运动中要学会遵守规则，服从裁判。大学生在体育竞赛中反复学习和体会，可以培养遵守规则的意识。他们也会将其在体育竞赛中养成的遵守规则的习惯迁移到社会生活中。因此，规则意识的增强将会使大学生更快地适应以后的社会生活。

步骤五：培养大学生竞争与合作的意识

在一些大型的集体性运动项目中，竞争与合作意识被表现得淋漓尽致。在2004年雅典奥运会女子排球比赛的决赛赛场上，中国女排在0∶2落后的情况下，通过队员与教练组之间的相互合作、相互交流，本着永不放弃的精神，最终获得比赛的胜利，站在了领奖台上。在体育课程中，竞技水平低的学生有超越竞技水平高的学生的愿望，竞技水平高的学生也经常感到被超越的压力，从而增强了他们的竞争意识。学生在体育游戏、体育比赛中不仅能享受到运动的乐趣，还能体验到比赛时的各种心理感受，体验到竞争与合作的关系，从而能够产生竞争与合作的意识，达到提高个人心理素质的作用。因此，体育运动对增强大学生的竞争与合作意识具有很好的作用。

步骤六：增强大学生的公平意识

体育竞赛其实就是一场公平的竞争。参赛选手都要遵守同样的竞赛规则。例如，100米跑比赛要求所有运动员在同一起跑线起跑，到同一终点线结束，确保了比赛的公平性和公正性。在跳高、跳远比赛中，所有运动员必须在同等的条件下，比赛谁跳得更高、更远。在大型的体育赛事中，组委会要对运动员是否服用兴奋剂进行检测，目的就是确保大家在公平、公正的条件下进行比赛，保证比赛结果的真实性和公平性。

步骤七：培养大学生顽强拼搏、永不言弃的奋斗精神

无体育不顽强，无拼搏不体育。体育是一种永不言败、永不放弃的活动。在我国体育领域，体育精神有女排精神、乒乓精神等，而尤以女排精神最为振奋人心。女排精神不仅是中国体育的一面旗帜，更是整个中华民族锐意进取、昂首前进的精神动力。在参加体育运动的过程中，大学生通过不断的尝试、奋斗、失败与成功的体验，可以培养顽强拼搏和永不言弃的奋斗精神。例如，在长跑训练中，运动员要尽自己最大能力去跑，关键时刻就是对意志和耐力的考验。

思政链接——
体育强国

思政链接——
文化强国

思政链接——
健康中国

项目点拨

教师要创新体育教学模式，推进现代信息技术在体育课程思政教学中的应用，激发学生的学习兴趣，引导学生深入思考。例如，教师可以通过视频或文字介绍的形式增加中国女排爱国、拼搏向上、不服输等体现体育精神的教育资源，以充分调动学生学习的主动性和积极性。又如，教师可以在体育教学中融入体育人物、体育历史等内容，以有效构建以学生为中心的教学模式，用多样化的教学形式提高体育课程的趣味性、实用性。教师可指导学生组织相应的思政知识竞赛和主题班会等活动，以巩固学生的课堂知识，提高学生的思政水平。

项目笔记

项目总结

项目评价

教师评价：

学生自我评价：

项目二

体育与健康概述

🏠 学习提示

健康对国家、民族及个人都有着非常重要的意义。一个国家的兴衰与国民的体质息息相关。大学生是祖国的未来、民族的希望，因此大学生的健康对国家和民族有着重要意义。每个人是其健康的第一责任人。通过学习维护健康的知识和技能，大学生可以增强健康意识，不断提高自身的健康管理能力。体育锻炼能促进人的身心健康和提高人的社会适应能力，因此大学生应该积极参与体育锻炼，改善体质，保持健康，使自己成为国家和民族的栋梁之材。

本章简要介绍体育与健康相关知识，旨在提高大学生的体育与健康核心素养，促进大学生有目的地进行体育锻炼，形成健康的生活方式，达到身心健康、全面发展的目的。

🔍 项目目标

◎ 了解现代健康观的概念和标准。

◎ 了解影响健康的因素。

◎ 培养健康的生活方式。

◎ 了解体育的起源与发展及功能。

◎ 了解体育运动对健康的影响。

◎ 提高体育与健康核心素养。

任务一　认识健康

▶ 学练实践

步骤一：了解现代健康观

（一）健康的概念

对于健康的概念，人类是在认识客观世界的过程中逐步加以完善的。传统的健康观认为"躯体无病即健康"。《辞海》（第七版）对健康概念的表述如下："健康的人体首先要各器官各系统发育良好，功能正常、体格健壮、精力充沛；同时还要有良好的劳动效能，社会上和谐相处的表现和处理各种危险因素及应激的能力。"

1948 年，世界卫生组织（WHO）提出："健康不仅为疾病或赢弱之消除，而系体格、精神与社会之完全健康状态。"1989 年，有学者对这一说法做了补充，即除了躯体健康、心理健康和社会适应良好外，还加上了道德健康，认为只有这四个方面都健康才算是完全的健康。这一健康新概念从人的自然属性和社会属性结合的层面上阐明了健康的科学内涵，是迄今为止对健康概念较完整、较准确的表述。这一健康新概念突破了医学的界限，扩大了健康的内涵，形成了现代健康观，具有划时代的意义。

根据世界卫生组织提出的健康新概念，有学者从躯体健康、心理健康、道德健康和社会适应良好四个方面进行了具体阐释。

躯体健康是指人在生物学方面的健康，即人体结构完整和生理功能正常。躯体健康是人整体健康的基础。人体结构完整是指人的躯体是由结构不同的物质（分子、细胞、器官和系统等），从简单到复杂逐级形成的一个有机整体，并且这个整体无论是在结构上还是在生命的活动过程中都是有序的和不断变化的。生理功能正常是指机体的新陈代谢、生长发育、生产和生活活动以及机体对环境变化（刺激）的反应性和适应性均处于正常状态。例如，个体无疾病，肢体无伤残，能精力充沛地生活和劳动，有常见健康障碍和疾病的预防及治疗的基础知识，并能采取积极、合理的预防、治疗和康复措施。

心理健康是指人的内心世界丰富充实，处世态度和谐安宁，与周围环境保持协调。具体来讲，心理健康包括两层含义：一是个体自我人格完整，心理平衡，有较好的自控能力，有自知之明，能正确地评价自己，及时发现并克服自己的缺点；二是个体有正确的人生目标，能不断追求和进取，对未来充满信心。

道德健康是指个体既为自己的健康负责，也为他人的健康负责，把个人行为置于社会规范之内。道德是以善恶与荣辱观来评价和调节人们的社会生活行为的一种社会规范。作为一种行为规范，道德的作用主要是通过对人的行为提出善与恶、荣与辱、诚实与虚伪、正义与非正义的社会评价，以此来对社会成员产生导向和制约。道德舆论将一定的社会行为准则推荐给社会成员，经过个体的认知过程，使其在内心树立起某种初步的道德信念，逐步使其道德认识进一步深化，并通过舆论的褒扬、贬抑而产生作用力，控制和影响着个人的需要、动机和行为。例如，在公共场所吸烟或随地吐痰，不注意时间、地点或无节制地进行各种娱乐活动而影响他人的休息等，均会遭到旁人的厌恶和批评。社会的道德舆论导向影响着个体道德观念的形成，个体的道德观念又直接影响着个体的行为。

社会适应良好是指个体能适应复杂的社会环境变化，能为他人所理解，为社会所接受，其行为符合其社会身份，能与他人保持正常的人际关系。同时，不管是人的角色的适应，还是人的行为的适应，个体都应既注意到适度的问题，又要考虑到正确选择适应方式和适应态度的问题。

拥有健康，有助于个体优化自己在社会生活中的地位和作用，有助于个体最大限度地体现自我价值，从而为社会做贡献。一个身体健康、精神饱满、具有良好社会适应能力的人，才可能享受高质量的生活。高校提倡使受教育者在德育、智育、体育、美育等方面得到全面的发展。它们各有特定的含义和任务，是相互联系、相辅相成的统一体。学校教育在全面教育中起着主导作用，学校须有计划、有目的地安排好各项教育活动，其中体育就肩负着提高学生健康水平的教育作用。

（二）健康的标准

健康既有其科学的内涵，也有其科学的标准。

依据健康的科学内涵，世界卫生组织提出了健康的十条标准：① 有充沛的精力，能够从容不迫地承担日常生活和工作的压力而不感到紧张；② 处世乐观，态度积极，乐于承担责任，事无巨细不挑剔；③ 善于休息，睡眠良好；④ 应变能力强，能适应外界环境中的各种变化；⑤ 能够抵抗一般性的感冒和传染病；⑥ 体重适当，身体匀称，站立时头、肩位置协调；⑦ 眼睛明亮，反应敏锐，眼睑不发炎；⑧ 牙齿清洁，无龋齿，无疼痛，牙龈颜色正常，无出血现象；⑨ 头发有光泽，无头屑；⑩ 肌肉丰满，皮肤富有弹性。

从世界卫生组织提出的这十条标准的内容可以看出，前四条标准是关于心理和社会适应能力方面的内容，而后六条标准则主要是关于生理（躯体）方面的内容。因此，世界卫生组织提出的健康标准实际上也是其健康概念的具体体现，我们可以用其来检验自己是否健康。

世界卫生组织还针对人体健康问题提出了"五快"和"三良好"的健康标准。

"五快"：① 吃得快，进餐时，有良好的食欲，不挑剔食物，并能很快地吃完一顿饭；② 便得快，一旦有便意，能很快排泄完大小便，而且感觉良好；③ 睡得快，有睡意上床后能很快入睡，且睡得好，醒后头脑清醒，精神饱满；④ 说得快，思维敏捷，口齿伶俐；⑤ 走得快，行走自如，步履轻盈。

"三良好"：① 具有良好的个性人格，情绪稳定，性格温和，意志坚强，感情丰富，胸怀坦荡、豁达乐观；② 具有良好的处世能力，观察问题客观现实，具有较好的自控力，能适应复杂的社会环境；③ 具有良好的人际关系，能助人为乐，与人为善，对人际交往充满热情。

为了简明、易记，世界卫生组织概括提出了健康的四大基石，即适量运动、合理膳食、戒烟限酒、心理平衡。

（三）亚健康状态

亚健康状态是指机体在内外环境不良刺激下产生的心理、生理异常变化，但尚未达到明显病理性反应程度的状态。从生理学角度来看，亚健康状态就是人体各器官功能稳定性失调，但尚未引起器质性损伤，医学检查所得各项生理、生化指标均无明显异常，医生无法做出明确诊断的状态。亚健康状态是一种介于健康与疾病之间的状态，因此，亚健康状态又被称为"第三状态"。

处于亚健康状态的人通常表现为精神不振、情绪低落、反应迟钝、失眠多梦、白天困倦、注意力不集中、记忆力减退、烦躁、焦虑、易惊、疲劳乏力、体力差、腰酸背疼等。

知识窗

造成亚健康状态的原因主要有以下四个方面：① 过度疲劳造成的精力、体力透支；② 人体的自然衰老；③ 现代身心疾病的早期表现；④ 人体生物节律中的低潮时期。应当指出的是，亚健康状态在很大程度上是慢性疾病的潜伏状态。对于亚健康人群，我们需要对他们的不良生活方式与不健康行为进行纠正，从生活方式、行为习惯、膳食营养、体育锻炼和心理卫生等方面对其进行医学宣教，帮助他们提高健康水平。

步骤二：了解影响健康的因素

健康受许多因素的影响，归纳起来主要有四个方面的因素：环境因素、生物学因素、行为和生活方式因素及卫生保健服务因素。

（一）环境因素

1.自然环境

自然环境是人类赖以生存的物质基础，也是人类健康的基本保证。人类生存所需的食物、空气、水和阳光均来自大自然。然而，人类的某些生产活动和生活方式使自然环境的构成要素及状态发生了一些不利于人类生存和发展的变化。生态平衡受到破坏，对人的健康产生直接、间接或潜在的危害。环境污染对健康的危害具有机制复杂、效应慢、周期长、范围大、后果严重的特点。这个问题已引起世界各国的重视。中国把保护环境定为基本国策，并实施可持续发展战略。环境教育是学校健康教育必不可少的重要内容。

2.社会环境

社会环境包括政治、经济、文化等多方面的内容。良好的社会环境有利于人类的健康，不良的社会环境直接或间接地危害着人类的健康。

政治制度对健康至关重要。中华人民共和国成立后，国家卫生事业为人民健康服务，中国人民的健康水平有了很大的提高。

经济是社会进步和社会生活的基础。人们的劳动方式、生活方式、营养状况和人口状态无不受经济的影响。大量调查证明，社会经济状况与人民健康水平成正比。随着中国经济的发展，中国人民的营养状况得到极大改善。

文化是社会的上层建筑。接受文化教育是促进人全面发展的重要前提，也是人们享有健康的前提。人群的文化水平与人群的健康水平存在着正相关关系。人的受教育程度和文化素养影响着人的健康观，在一定程度上也影响着人的健康行为。

（二）生物学因素

生物学因素包括病原微生物、遗传、生长发育、衰老、个人生物学特征（如年龄、性别、健康状况等）。目前，虽然人类疾病谱和死因顺位的变化已经把人们关注健康的目光引向了不良行为和生活方式导致的疾病上，但生物学因素对人类健康的危害依然存在，并且不断地出现新的健康问题。

（三）行为和生活方式因素

行为是指具有认知、思维能力并有情感、意志等心理活动的人对内外环境因素刺激所做出的能动反应。生活方式是指人的生活式样，是人们生活活动的总和。它包括生活态度、生活水平和生活惯常行为。行为和生活方式紧密联系，互相影响。人们的不良行为和生活方式会给个人、群体和社会的健康带来直接或间接的危害。这种危害具有潜伏性、积累性和广泛影响性的特点。现在，人们通常把由行为和生活方式致病因素所导致的疾病（如心脏病、中风、癌症等慢性疾病）称为生活方式疾病。目前，生活方式疾病已成为影响人类健康的主要疾病之一。

（四）卫生保健服务因素

卫生保健服务是指卫生机构和卫生专业人员针对个人、群体和社会的健康需要所提供的必要的、可能的服务。良好的卫生服务对健康起着促进作用，反之则危害健康。良好的卫生保健服务包括健全的医疗卫生机构、完善的服务网络、充足的卫生资源及其合理配置与平等分配。然而，卫生保健服务的投入与效益并非成正比，个人对卫生保健服务的利用能力是影响卫生保健服务投入与效益的重要因素。因此，对卫生保健服务的利用是健康教育的重要内容之一。

步骤三：形成健康的生活方式

（一）生活方式的定义

生活方式是指个人及其家庭的日常生活的活动方式，包括衣、食、住、行及余暇时间的利用等。

（二）倡导健康的生活方式

人们为了获得健康的身体，必须采取适当的措施，主动、积极地去实行，并持之以恒，这些措施主要包括以下几点。

一是生活要有规律。一个人的饮食起居、工作、休息等都应该有规律，大体上天天如此，这就叫作生活有规律。医学上称其为"生物钟"，人们一般不应打乱它。

二是有足够的活动量。在运动量足够时，人体呼吸了大量的新鲜空气，可以促进肌肉生长、血液循环，增进食欲，也有助于人体对食物中营养素的吸收与利用，促进新陈代谢。

三要有乐观的精神、平和的心态。乐观的精神与平和的心态是心理健康的标志。心理健康可延缓衰老，增强免疫力。常言道：笑一笑，十年少，愁一愁，白了头。这就说明了烦闷、忧愁的害处。避免生气的方法有这些：躲避、转移、释放、控制和忍耐。遇到烦心事，不妨试试，这样就能做到"退一步海阔天空"。

四要平衡膳食。平衡膳食能提供人体所需的能量，促进人体生长、发育，修补损伤组织并维持人体良好的工作状态。我们平时要注意营养适当，讲究平衡膳食，不挑食，蔬果肉类均衡搭配，同时应注意不要营养过剩。

五要戒酒限酒。任何年龄戒烟均可获益，戒烟越早越好，戒烟门诊可提供专业戒烟服务；少饮酒，不酗酒。

六要注意保持个人卫生与环境卫生，穿着舒适。良好的个人卫生与环境卫生是健康的基础。

（三）促进大学生健康的行为

1. 规律的生活作息制度

大学生要有规律、有节奏地安排好自己的作息时间，遵守生活作息制度，讲究个人生活卫生和提高健康认知水平；否则，不仅容易养成生活懒散等不良习性，也不利于增进健康和提高学习效率。

2. 积极的休息

积极的休息是指人们通过变换工作和活动的方式，协调机体各个部位的活动和大脑皮层的兴奋与抑制的转换过程。与之相反，消极的休息则以静态为主，或坐或卧。睡眠被视为最彻底的休息。研究表明，充分的睡眠能消除人体的疲劳，增加人体对各种紧张刺激的耐受程度，增进食欲，促进新陈代谢，提高人体抵抗疾病的能力，从而使人体有充分的精力去迎接挑战。

休息的方式因人、因时、因地而异。例如，体力劳动之后，最好采用文娱活动的形式休息，如听音乐、看电影；而脑力劳动之后，可参加一些体育活动进行放松，如打篮球、游泳等。

3. 均衡营养

食物是多种多样的，各种食物所含的营养成分不完全相同。大学生每天应均衡摄取谷薯类食物（米、面、杂粮等）、动物性食物（肉、奶、蛋）、豆类及其制品、蔬菜及水果等。

4. 科学锻炼身体

科学的体育锻炼可以达到促进生长发育、提高适应能力、增强体质、提高免疫力、延缓衰老的目的，并可以丰富生活、增添乐趣、调节情绪。然而，我们也应当知道体育锻炼是一把"双刃剑"，如果不遵守人体运动的基本规律，不遵守科学体育锻炼的原则，体育锻炼不仅不会增进人的健康，还会危害人的健康。

此外，不同的人群可以根据实际情况选择不同运动。例如，科技、文化等领域的工作人员，用脑频率高，致使大脑经常处于紧张状态，易患神经衰弱、高血压、消化不良、便秘等疾病，故宜做那些能促进脑细胞生长、增强心肺功能的运动，如游泳、爬山、打太极拳等；以游泳为最佳选择，借助于水波的"按摩"作用而使身心放松，并能帮助大脑产生一种叫作神经肽的化学物质，既可提高用脑效率，又有利于上述疾病的防治，促进身心健康。

5. 避免吸烟和被动吸烟

吸烟是目前危害人类健康的不良行为因素之一。吸烟对健康的主要危害有以下两个方面。

（1）吸烟是多种疾病的独立致病因素。吸烟者可能患唇癌、舌癌、口腔癌、喉癌、食道癌、肺癌、膀胱癌等多种癌症，以及慢性阻塞性肺病、冠心病、溃疡等一系列吸烟相关性疾病。

（2）吸烟污染环境，并使不吸烟者被动吸烟。被动吸烟的危害并不亚于主动吸烟。从烟草中分离出的有害物质达 1200 种以上，它们对人体可造成多方面的危害，如血氧含量降低、血压升高、免疫机能下降、性功能障碍。同时香烟烟雾作为载体，可与大气中其他污染物产生引入和协同催化作用。孕妇吸烟殃及胎儿，造成流产、早产、低体重新生儿；父母吸烟殃及儿童，造成儿童气管炎、肺炎、哮喘。丈夫吸烟殃及妻子，造成妻子多种吸烟相关性疾病的发生。

目前，人们越来越清楚地认识到吸烟的危害和健康对人们的重要性，不吸烟、拒绝吸"二手烟"已成为主流趋势。大学生首先应当从自身做起，不吸烟，还要积极劝导他人不要吸烟。吸烟者则要尽快戒掉这个不良行为。

6. 避免酗酒和药物滥用

（1）酗酒。

酗酒是指无节制地过量饮酒，是一种影响自身健康、造成严重后果的不良行为。据世界卫生组织的资料显示，长期酗酒者的死亡率比一般人的死亡率高。

酗酒危害分为急性危害和慢性危害两类。急性危害有急性中毒、车祸、犯罪、斗殴、家庭不和、意外伤害等；慢性危害有慢性酒精中毒、肝硬化、慢性胃炎等。由此可以看到，酗酒带来的危害是十分严重的。大学生应当自觉戒酒，杜绝酗酒。

（2）药物滥用。

药物滥用是一种危害身体健康的不良行为。据世界卫生组织估计，全球各种形式的药物滥用者已逾 2 亿，每年死于毒品成瘾和相关疾病的人数超过百万，药物滥用在许多国家已成为仅次于心血管疾病和恶性肿瘤的第三位致死病因。药物滥用中所说的"药物"并非平时所指的"用于预防、治疗、诊断疾病，有目的地调节人的生理机能，并具有一定适应证、用法和用量的化学物质"，而是指能够影响人的精神、情绪、行为，改变人的意识状态，并具有一些依赖作用的一类化学物质，人们使用这些物质的目的不是治疗疾病而是取得或保持某些特殊的心理和生理状态。

大学生正处于人生的重要阶段，应该自觉抵制各种诱惑，提高自制力和对事物的辨别能力，提高认识，防患于未然。

7. 避免不洁性行为

性传播疾病（简称"性病"）是指由性行为接触作为主要传播方式所引起的一类疾病的总称。不洁性行为可以引发性病。

从世界范围来看，性病的流行情况：病原体与性病种类有所增多，感染率和发病率逐年上升，流行范围有所扩大，危害程度日益严重。淋病、梅毒等经典性病仍未得到有效控制，艾滋病等现代性病流行日益加剧。在一些国家的疾病构成中，性病占有重要地位，尤其是淋病，在传染病报告中常居首位。

因此，大学生一方面要看到性病对个人、家庭和社会的危害；另一方面也要具有预防性病的意识。大学生要加强自身修养，洁身自好，注意性生活卫生和安全措施，并且学习性生理和性卫生知识，培养健康的性心理。

8. 及时调控情绪

从生物－心理－社会医学模式的角度看，不良心理因素正从多方面、多渠道对人类健康产生各种各样的危害。情绪因素是心理疾病发生的基础或条件。自然的或社会的外界刺激作用于人体时，都会引起中枢神经系统本身和由中枢神经系统支配的其他系统、各器官广泛的生理反应，以及相应的神经递质传输和内分泌等生物化学反应。到达大脑皮质的一部分神经冲动被人这个主体意识到后，会引起复杂的生理反应，表现为喜悦、悲伤、愤怒或恐惧等，这就是情绪。

在日常生活中，当我们感受到诸如焦虑、困惑、迷惘等情绪袭上心头时，我们应及时利用不同的方法和手段去调节或舒缓这些不良情绪；平时就要从心理上建立并强化防病意识，掌握防病的主动权，养成正确的心理思维和言语行为。例如，在心理思维上，要树立正确的人生观，做到心理平衡，维系良性心理及生理功能，避免或消除一些来自心理方面的疾患；而在言语行为上，则要注意对人格、形象、健康和对他人的利益等方面的作用及影响，这就要求每个人自尊、自爱和自重，加强自身修养。

9. 学会幽默与解嘲

幽默与解嘲能使个体紧张的精神放松，释放被压抑的情绪，避免受到外界不良刺激和干扰的影响，摆脱不良情绪，消除身心压力，有助于加速血液循环，消除大脑疲劳，通过对神经系统的良性刺激达到保持或增进身心健康的目的。

10. 及时寻求心理咨询

心理咨询是由心理学家或心理咨询人员对咨询者进行各种心理方面的帮助，对他们在学习、生活或社会交往过程中所遇到的各种心理卫生问题给予解释、劝告并提出解决的办法和建议，传授心理学的基础知识等。

心理咨询不同于一般的安慰，它不仅使人开心，还使人成长。通过心理咨询，咨询者可以提高心理素质，认清问题的本质，达到心理平衡，使个人不愉快的经历转化为自我成长的良机。通过心理咨询，人们可以积极地看待个人所经受的挫折和磨难，从危机中看到生机，从困难中看到希望。大学生在感觉到自己出现心理问题时，一定要及时寻求心理咨询。

步骤四：了解体能与健康的关系

（一）体能在促进健康中的地位和作用

体能的健康促进作用可以从体能与体质、健康的相互关系中得到充分的体现。体质与体能一样，也是评价健康的一个综合性指标。它是指人体在遗传性和获得性的基础上表现出来的功能和形态上相对稳定的固有特性。其内容主要包括体格、机能和身体活动能力、适应能力及精神状态等。体能是指通过力量、耐力、柔韧等素质表现出来的人体基本运动能力。

从体质和体能的内涵可以看出，体能是体质的核心内容。从一定意义上讲，增强体质就是提高体能。研究表明，体能与体质的相关程度最高。因此，体能是衡量体质水平的主要因素，而增强体质又是增进健康的更高阶段、更高标准。由此不难看出，加强体能训练，提高体能，是运动促进健康、增强体质的基本途径。

体能对健康的促进作用具体表现如下：良好的体能可以降低慢性疾病（如冠心病）的危险性，以及延缓其他慢性疾病的发生或发展，并能提高人体的免疫机能，抵抗病毒侵害及细菌感染；良好的体能还可以使人拥有更多的生命激情，积极地享受生命和感受生活，有利于保持心理健康，促成健康的良性循环。提高体能主要是提高与健康有关的体能，可以增进健康。提高与健康有关的体能，将为成千上万的人提供有力的保护，使他们免受心脏病、高血压、某些癌症、骨质疏松症、忧郁症、早衰等的困扰。

（二）与健康有关的体能

与健康有关的体能主要包括心肺耐力、绝对肌力和肌肉耐力、柔韧性、身体成分等。这些与健康有关的体能因素从不同角度反映了人体的健康状况。

1. 心肺耐力

心肺耐力是指人体摄取氧、运输氧和利用氧的能力。心肺耐力越强，人们在学习、工作、劳动时就会越轻松，并能够胜任强度较大的工作，对较为剧烈的运动也能逐步适应。

2. 绝对肌力和肌肉耐力

绝对肌力是指肌肉做最大收缩时所产生的张力，通常用肌肉收缩时所能克服的最大阻力负荷表示。肌肉耐力是指肌肉在一段时间内连续收缩的能力，通常用肌肉克服某一固定负荷的最多次数（动力性运动）或最长时间（静力性运动）来表示。肌肉耐力强的人可以长时间工作而不感到过度疲劳。

3. 柔韧性

柔韧性是人体各关节的活动幅度，以及关节的肌肉、肌腱和韧带等软组织的伸展能力，通常用关节活动度来表示。良好的柔韧性可以使关节在最大范围内活动。

4. 身体成分

身体成分是组成人体质量的脂肪质量和去脂体重（瘦体重）各组成成分的比例。瘦体重是肌肉、皮肤、骨骼、器官、体液及其他非脂肪组织的质量总和，肌肉质量是瘦体重的重要组成部分。瘦体重与体力、有氧耐力、最大摄氧量、肌肉力量有密切关系。

任务二 认识体育

学练实践

步骤一：了解体育的起源与发展

（一）体育的起源

在漫长的人类历史长河中，人与体育有着密不可分的联系。甲骨文中的"人"字是人身体侧站的形状，也就是说，汉语中的"人"字的原始意义是指"人的身体"。大量历史资料证明，原始体育是由生产劳动开始的，而人类的劳动又是从制造生产工具开始的。因此，劳动工具的使用对人类体育活动的产生起到了重要的推动作用。原始体育形态的产生可以追溯到原始社会人类劳动的最初形式。我们的祖先出于对恶劣自然条件的抗争，在采集和狩猎活动中，已经开始创造和运用简单的石、木工具，逐步发展了走、跑、跳、投、攀爬等各种基本的生产劳动和日常技能，以谋求生存与发展，并逐步创造了人类文明。

随着物质条件的改善，体育的活动方式发生了变化：一是许多工具在功能上由适应狩猎业和原始农业的实用需求，逐渐演化为具有一定独立性的适用于原始体育活动的工具；二是出现了直接用于原始体育活动的器械。这些变化推动了原始体育的发展，也为后来原始体育形态从其他社会活动中完全分离出来、演化为文明时代的体育形态创造了条件。

（二）体育的发展

体育是随着社会的发展而发展的。社会的进步推动着人类需求结构的变化，体育的发展与人类社会的需求密切相连。

体育的发展与军事密切相关。一些项目既是军事项目，又是体育项目。例如，大约在1340年，欧洲出现了首批炮兵队伍，当时所用的炮弹是一个圆球，重约16磅（7.26千克）。士兵们利用与炮弹形状、质量相似的石头做投掷游戏的比赛，后来把石头球改成了金属球，逐渐演变成现在的铅球，于是产生了铅球运动。

体育的发展与人们的休闲娱乐有着密切的联系。许多体育项目是人们在休闲娱乐中发展起来的。例如，1891年，美国马萨诸塞州体育教师詹姆斯·奈史密斯在健身房两边挂上篮筐，把人分成两组，往篮筐里投球。当时这只是一种娱乐游戏，后来演变成如今风靡世界的篮球运动。

体育的发展与教育紧密相连。在教育形成独立的体系后，体育始终是教育的重要组成部分。在学校这种专门的教育机构出现之后，体育就成了学校教育的重要内容。中国古代"学宫"中的射箭、古希腊雅典教育体系中的"五项竞技"（角力、赛跑、跳跃、掷铁饼、投标枪）的内容就是例证。

体育的发展与经济有着密切的关系。首先，经济决定体育发展的规模。一个时代、一个国家体育发展的水平和规模，取决于当时的经济发展水平，也取决于当时社会经济条件下社会成员对体育需求的强度。其次，经济影响竞技运动水平。影响竞技运动水平的直接因素包括体育运动的基础、运动训练的规模、训练的物质条件和训练水平等。这些因素无一不与国家经济发展水平和经济实力相关。再次，经济决定着社会对体育的需求和体育的结构。改革开放以来，中国经济的快速发展促使人们的生活方式和消费观念不断变化，从而使人们对健身、体育娱乐和观赏竞技等活动的需求增加。最后，体育对经济有巨大的推动作用。体育可以提高劳动生产力和劳动者的素质。适当的体育锻炼对许多疾病有一定的辅助治疗作用。无论是参加体育活动或是观赏竞技比赛，人们都可以得到精神上的放松和快乐，有助于人们消除疲劳、恢复和保持充沛的体力和精力。体育已经成为一项新兴产业，可以带动相关产业的发展。举办一次奥运会或世界杯足球赛之类的大型体育赛事，可使举办城市的基础设施水平提高。另外，举办大型体育赛事也能直接带动当地旅游业的发展。旅游业的发展极大地推动了餐饮业、商业的发展，带来了可观的经济效益，同时带来了更多的就业机会。

知识窗

2014 年 10 月印发的《国务院关于加快发展体育产业促进体育消费的若干意见》提出：积极扩大体育产品和服务供给，推动体育产业成为经济转型升级的重要力量；到 2025 年，基本建立布局合理、功能完善、门类齐全的体育产业体系，体育产品和服务更加丰富，市场机制不断完善，消费需求愈加旺盛，对其他产业带动作用明显提升，体育产业总规模超过 5 万亿元，成为推动经济社会持续发展的重要力量。

步骤二：挖掘体育的功能

体育的功能是指它对人类本身和人类社会发展的作用及影响。了解体育的功能，有助于人们有目的、有意识、积极主动地发挥体育的功能，使体育更好地为人类自身和人类社会发展服务。体育具有多功能性、多目标性、多层次性等特征。体育的功能取决于体育自身的特点和社会需求。随着人类社会的发展、实践活动的丰富和科研水平的提高，人们不仅认识到体育在增强人的体质方面所具有的医学、生物学作用，而且逐步认识到体育在教育、文化等方面亦具有特殊的价值与功能。

（一）体育的健身功能

科学实验和实践证明，体育锻炼是增进健康、增强体质最积极、最经济、最有效的方法。体育的健身功能体现在其医学和生物学效应方面，即合理、科学地参加体育运动，通过医学和生物学的多种机理，改善和提高人体新陈代谢水平，促进人体对营养物质的消化、吸收，促进健康和增强体质，使人体自身得到有效发展。这种有效发展表现为体育运动可以改善体质；体育运动可以增强人体神经系统的功能，尤其是中枢神经系统的功能；体育运动可以促进人体的生长、发育，提高人体心血管系统和呼吸系统的机能；体育运动可以改善和提高人体消化系统的机能；体育运动可以提高人体对外界环境的适应能力，增强人体的免疫力。

（二）体育的教育功能

体育的教育功能是体育的基本功能。就体育功能的广泛性而言，体育的教育功能对人类社会的影响是体育的其他功能所无法比拟的。虽然世界各国的社会制度、政治观念和意识形态不尽相同，但世界各国都很重视体育在教育中的独特作用。体育的教育功能主要表现在两个方面：一是体育在社会中的教育作用；二是体育在学校中的教育作用。

能中心线粒体的数量增加，从而使人体不易产生疲劳；可使肌肉结缔组织增厚，肌纤维的数量增加和横断面增大，肌肉的力量增大，肌肉更结实、丰满。研究表明，经过长期的运动，人体肌肉的质量可由体重的 40%（女性约占 35%）左右改变为 50% 左右，从而明显改善身体的形态结构。

2. 对心血管系统的影响

人的心血管系统是由心脏、动脉、静脉、毛细血管组成的，它担负着人体内新陈代谢过程的运输任务。心脏是血液循环的总动力中心。大学生的心脏在形态结构和功能上均已达到成熟水平。

经常进行体育锻炼，心脏毛细血管开放的数量增加，心肌的血液供应和新陈代谢加快，心肌中蛋白质和糖原的储备量增加，心肌纤维变粗，心壁增厚，心脏的形态发生了良好的变化。随着心肌收缩力量的增大，心脏容量也得以增加，每搏输出量和心输出量也会相应增加。有资料表明，一般成年人的每搏输出量为 70～90 毫升，经常锻炼者的每搏输出量为 100～120 毫升。安静时，一般成年人的心率为 60～100 次/分，经常锻炼者的心率可减少到 50～60 次/分；剧烈运动时，一般成年人的心率只能达到 180 次/分，经常锻炼者的心率可达到 200 次/分。这些变化都是心血管系统机能增强的表现。

此外，适量运动还会影响血管壁的结构，改变血管在器官中的分布状态，使冠状动脉口径变粗，心肌毛细血管的数目增加。因此，适量运动是预防一些心血管系统疾病、保护心脏健康的积极手段。

3. 对呼吸系统的影响

人体的呼吸系统是由呼吸道（鼻、咽、喉、气管、支气管等）和肺组成的。呼吸道是呼吸时气体的通道，肺是进行气体交换的场所。大学生的肺部发育迅速，呼吸肌力量逐渐加强，呼吸差、肺活量已达到较高水平，呼吸频率逐渐减慢，呼吸深度相应增加，呼吸系统已经达到健全程度。

适量运动可使呼吸系统的机能得到改善。因为运动可以保持肺组织的弹性，增大胸廓活动范围，使呼吸深度加大，肺活量增加。一般成年男子的肺活量为 3500 毫升左右，成年女子的肺活量为 2500 毫升左右，而经常锻炼的人，其肺的弹性好，呼吸肌的力量大，肺活量比一般人的大。运动也可以使呼吸系统的通气和换气功能得以增强。安静时，一般成年人的呼吸频率为 16～20 次/分，肺通气量为 6～8 升，经常锻炼者的呼吸频率仅 8～10 次/分就可达到同样的肺通气量。在定量工作时，呼吸机能还能表现出节省化现象，即呼吸系统能够较长时间地保持高效率的工作，能够适应和满足较大运动负荷对呼吸系统的要求。

4. 对神经系统的影响

神经系统包括中枢神经系统和周围神经系统。中枢神经系统负责整个机体的活动；周围神经系统散布于机体各处，上连中枢神经，下连各器官、系统，它把各种刺激传给中枢神经，也把中枢系统的指令传到人体的各个部位。人体任何一个器官、系统的活动，都是在神经系统的调节、控制下完成的。大学生的神经系统处于脑细胞建立联系的上升期，大脑神经细胞的分化机能迅速发展，大脑皮质的结构和功能也发生着巨大变化。

适量运动可以使人的头脑清醒、思维敏捷。大脑虽然只占人体重的 2%，但它所需的氧气要由心脏总血流量的 20% 来供应，比肌肉工作时所需的血流量还要多。进行体育活动，特别是到大自然中去活动，可以改善大脑供血和供氧状况，促使大脑皮质的兴奋性增强。

另外，适量运动是调节大脑皮质兴奋和抑制过程的有效措施。人体神经系统的活动就是兴奋和抑制过程的相互转换。人体在运动的过程中，肌肉需要不停地做出收缩和放松的反应，这一过程本身就可以使神经系统兴奋与抑制机能得到很好的锻炼，可以使人的动作敏捷，反应灵敏、思维灵活，同时改善神经系统对心血管系统、呼吸系统和运动系统等的调节功能，从而更好地保证大学生在校期间的学习。

5. 对免疫功能的影响

适量运动可以作为引起免疫系统应答性反应的刺激源，直接刺激机体的免疫系统。免疫系统通过其复杂的识别系统感受锻炼时机体内环境的变化，从而激发一系列免疫反应，表现为人体的免疫机能增强，不易感冒，抵抗病毒的能力增强，等等。

6. 对胃肠机能的影响

适量运动可以促进胃肠蠕动，改善血液循环，增加消化液的分泌量，促进营养物质的转化与吸收。

7. 对身体成分的影响

适量运动可以促进脂肪分解，促进肌肉蛋白质的合成，使体脂率降低，瘦体重增加，有利于改善和保持正常的身体成分。

8. 防治疾病

适量运动可以降低轻度高血压患者的血压，延缓动脉粥样斑块的形成；可以有效减缓随年龄增长而发生的骨质疏松；有助于调整神经系统的活动状态，协调各中枢间兴奋与抑制的平衡，改善神经系统的机能，防止神经衰弱的发生。

此外，适量运动还能增加胰岛素受体对胰岛素的亲和力，促进肌肉对葡萄糖的利用，降低血糖水平，增加肌肉对脂肪酸的利用，降低血脂水平。因此，适量运动对糖尿病有一定的预防和辅助治疗作用。

9. 延缓衰老

适量运动可以改善人体心血管系统的机能，改善脂代谢，保持机体自由基的生成与清除的动态平衡，促进人体的新陈代谢，提高人体的抗氧化能力，增强免疫系统的机能，改善内分泌系统的功能，起到延缓衰老的作用。

（二）适量运动对人体心理机能的影响

1. 有助于改善情绪状态

在繁重的学习压力下，有些大学生可能会产生忧愁、紧张、压抑等情绪。参加体育活动可以转变个体不愉快的意识和情绪。运动能够提高人的情绪唤醒水平（一个人情绪兴奋的水平）。体育锻炼达到一定的运动负荷后，就会使人的情绪唤醒水平提高，使人精神振奋、乐观自信、充满活力。

2. 有助于培养意志品质

意志品质是指一个人在行动中具有明确的目的，不屈从于周围人的压力，按照自己的信念、知识和行为方式行动的品质。意志品质主要包括独立性、果断性、自制性和坚持性。意志品质既是个体在克服困难的过程中表现出来的，又是个体在克服困难的过程中培养起来的。在体育活动过程中，个体需要不断克服各种客观困难（如气候条件变差、动作难度加大和运动损伤等）和主观困难（如惰性、胆怯、畏惧和疲劳等）。个体坚持参加体育活动，可以培养坚强的意志品质，并能够将这种品质迁移到学习、生活中去。

3. 有助于培养人际交往能力

人际交往是指在社会活动中人与人之间进行信息交流和情感沟通的过程。人际交往能力是衡量一个人心理健康水平的重要标志之一。经常参加体育活动有助于培养学生的人际交往能力，因为体育活动增加了人与人交往的机会。很多体育项目是以集体参与的方式进行的，个体参加运动的过程就是个体与他人紧密协作和配合的过程。

4. 有助于预防和缓解心理疾病

体育锻炼是一种有效的心理治疗方法。由于学习压力和其他方面的挫折因素，焦虑症和抑郁症已成为大学生常见的心理疾病，而通过体育运动可以预防和缓解这些心理疾病。

步骤二：了解过度运动对健康的影响

过度运动包含两个方面的含义：一是运动负荷超过人体的承受能力，机体在精神、能量等方面过度消耗，使体力无法在正常时间内恢复；二是指当身体的某些机能发生改变时，因恢复手段无效、营养不良、情绪突变、思想波动等，正常的负荷变成超量负荷，从而使主动运动变成被动的应激刺激。过度运动往往会使人出现运动能力减退、某些不正常的生理状态及心理症状等现象。

过度运动会引起心肌毛细血管的持续性损伤，导致心肌细胞发生缺氧性损害，心肌的收缩性能和舒张性能也会相应降低；造成骨骼肌收缩机能下降，肌肉细胞内钙离子平衡紊乱，从而引发关节慢性劳损、肌腱损伤、疲劳性骨折；还会使人体内各器官供血、供氧失去平衡，导致大脑早衰，内分泌系统紊乱，使免疫机制受损，加速身体各器官的衰老。

步骤三：了解缺乏运动对健康的影响

缺乏运动会对人体健康产生不利的影响。长期缺乏运动，人的新陈代谢机能就会降低，由此很容易引起各种肌肉、关节的疾病，如肩周炎、骨质疏松症等，同时也会导致心肺机能下降等不良身体反应。久坐不动还是痔疮、坐骨神经痛、盆腔瘀血等病症的祸根。缺乏运动或久坐不动可使人体的抵抗力下降，人极易患疾病。运动不足是 2 型糖尿病发病的独立危险因素。缺乏运动可加速衰老，增加老年人的死亡率，并且使心肌损伤、脑卒中、糖尿病及心绞痛的发病率明显上升。

> **知识窗**
>
> 缺乏运动表现为久坐、机体缺乏运动应激刺激、不运动或较少运动。每周运动不足3 次，每次运动时间不足 10 分钟，运动强度偏低，运动时心率低于 110 次/分，为缺乏运动的表现。

步骤四：了解终身体育与个体健康

运动对人体影响的双向性特征说明：生命不仅仅在于运动，而且在于科学地运动。要实现"健康第一"的指导思想，达到强身健体的目的，大学生就必须树立终身体育的理念，养成终身体育锻炼的习惯。

终身体育，是指人们在一生中所进行的身体锻炼和所受到的各种体育教育的总和，即在人的一生中实施体育，它是与生命具有共同外延的一种连续性的教育过程。因此，伴随着个体年龄、体力、心境、环境与观念的变化，终身体育的侧重点也会发生阶段性变化。幼年期突出"游戏性"，青春期张扬着"竞争性"，成人期较多关注"社交性"，而人至暮年，对于健康长寿必然倾注更多热忱。由此得知，体育已成为每位社会成员的生存必需，贯穿于每个生命的全过程。

对于当代大学生而言，要顺利完成学业，适应就业后的激烈竞争，更应重视终身体育意识的确立，培养终身体育锻炼的兴趣，掌握终身体育锻炼的知识，提高终身体育锻炼的能力，养成终身体育锻炼的习惯，远离疾病和衰弱，让身心健康的完好状态伴随一生。

任务四　提高体育与健康核心素养

学练实践

步骤一：了解体育与健康核心素养的概念与构成

2016 年，我国发布的《中国学生发展核心素养》指出，学生的核心素养是学生应具备的、能够适应终身发展和社会发展需要的必备品格和关键能力，是对学生知识、技能、情感、态度、价值观等多方面要求的综合表现，即人文底蕴、科学精神、学会学习、健康生活、责任担当、实践创新六大素养。

简单地说，体育与健康核心素养是核心素养与体育、健康素养的交叉融合。体育与健康核心素养是与体育的本质、作用和功能密切相关的，应该是从体育的一般素养中筛选出来的，并且能够为个体的发展和社会的需要持续服务的素养。个体通过体育学习掌握体育知识和运动技能，将体育锻炼融入生活，增强体质，增进健康，从而实现终身幸福。运动技能、健康行为、体育品德是大学生应该具备的体育与健康核心素养。

（一）运动技能

《辞海》（第七版）对运动技能的定义如下：运动技能亦称"动作技能"或"操作技能"，指个体为完成某种操作活动，以一定方式、程序组织起来的肢体动作系统，是一种复杂的、连锁的、本体感受性的运动条件反射。

大学体育中的运动技能是指大学生在参与体育运动过程中所表现出来的综合能力。运动技能的形成要经历泛化、分化、巩固和自动化几个相互联系的阶段。各阶段间没有明显的界限，是在训练过程中逐渐过渡的。各过渡阶段的出现和持续时间受许多因素的影响，既与教学法、训练程度有关，又与大学生的学习目的、积极性等有密切的联系。

大学生应以身体练习为基本手段，通过合理的体育教育和科学的体育锻炼过程，掌握提高体能的锻炼方法，达到《国家学生体质健康标准（2014 年修订）》的相应要求，改善体形，保持良好的身体姿态；认识体能和运动技能发展的重要性，至少掌握两项运动技能；掌握基本运动原理，了解并遵守运动项目的规则；经常观看体育比赛，并能简要地分析体育比赛中的现象与问题，提高分析问题和解决问题的能力；能享受运动乐趣，形成积极的体育态度。

（二）健康行为

健康行为是增进身心健康和积极适应外部环境的综合表现，包括体育锻炼意识与习惯、健康知识与技能的掌握和运用、情绪调控、环境适应四个维度。大学生能理解体育锻炼对健康的重要性，积极地参加校内外体育锻炼，逐步形成体育锻炼意识和习惯；掌握个人卫生保健、营养膳食、青春期生长发育、常见疾病和运动伤病预防、安全避险等知识与方法，并将其运用在学习和生活中；了解和体验体育运动对心理健康的积极影响，学会调控自己的情绪，积极应对挫折和失败，保持良好的心态；主动同他人交流与合作，了解在不同环境中进行体育锻炼的方法和注意事项，逐步适应自然环境和社会环境。

（三）体育品德

体育品德是指在体育运动中应当遵循的社会行为规范、体育伦理以及形成的价值追求和精神风貌，包括体育精神、体育道德和体育品格三个维度。体育精神主要体现为为国争光、无私奉献、科学求实、遵纪守法、团结协作、顽强拼搏；体育道德主要体现在遵守规则、尊重裁判、尊重对手、尊重观众、诚信自律、公平竞争等；体育品格主要体现在自尊自信、文明礼貌、责任意识、正确的胜负观等。

体育与健康核心素养的三个方面构成一个有机联系的整体，既能促进大学生在体育与健康教育学习过程中的全面发展，又能帮助大学生提高在复杂情境中分析问题和解决问题的能力。大学体育与健康课程应围绕体育与健康核心素养开展教学，以促进学生的全面发展。

步骤二：了解培养大学生体育与健康核心素养的重要性

进入21世纪以后，随着世界经济的快速发展，各国非常重视对人才的培养。该"培养什么样人"对于世界任何一个国家来说，都是一个值得深思的问题。21世纪是信息化的时代，我们的培养目标应紧跟时代的步伐并随时进行调整。体育与健康课程应是学生从小学到大学的必修课程，是学生学习时间最长、贯穿学生学习全过程，乃至一生的一门课程。体育与健康核心素养的培养对大学生的终身发展发挥着非常重要的作用。

2014年，教育部印发的《教育部关于全面深化课程改革落实立德树人根本任务的意见》提出，"要根据学生的成长规律和社会对人才的需求，把对学生德智体美全面发展总体要求和社会主义核心价值观的有关内容具体化、细化，深入回答'培养什么人、怎样培养人'的问题"，"各级各类学校要从实际情况和学生特点出发，把核心素养和学业质量要求落实到各学科教学中"。

体育与健康核心素养是与大学生终身发展和社会发展相适应的关键能力和必备品格，是大学生通过学习大学体育与健康课程和参与课内外体育活动，逐步掌握并形成有利于大学生终身健康发展所需和必备的运动技能、健康行为和体育品德。培养大学生体育与健康核心素养具有以下重要的意义。

（一）培养大学生体育与健康核心素养是落实"立德树人"的抓手

"立德树人"是党和国家对教育提出的明确要求。中共中央办公厅、国务院办公厅印发的《关于全面加强和改进新时代学校体育工作的意见》指出："以习近平新时代中国特色社会主义思想为指导，全面贯彻党的教育方针，坚持社会主义办学方向，以立德树人为根本，以社会主义核心价值观为引领，以服务学生全面发展、增强综合素质为目标，坚持健康第一的教育理念，推动青少年文化学习和体育锻炼协调发展，帮助学生在体育锻炼中享受乐趣、增强体质、健全人格、锤炼意志，培养德智体美劳全面发展的社会主义建设者和接班人。""立德树人"强调教育的本质特征不是传授知识和技能，而是培养人。大学体育要回归教育的本质特征，就必须落实党的教育方针，重视学生的全面发展，实现从知识教育向素质教育的转变。

体育是学校教育的重要组成部分。开展体育与健康课程是落实"立德树人"根本任务和开展素质教育的要求，凸显了体育育人的本质特征。我们应摒弃"运动技术中心论"，改变只重视运动知识和技能传授的错误观点，实现知识与技能、价值观和能力的协调发展。"立德树人"作为一个总体要求，在体育与健康课程中落实，就需要有抓手，这个抓手就是培养大学生的体育与健康核心素养。

（二）培养大学生体育与健康核心素养是坚持"健康第一"的重要体现

近年来，党和国家几乎所有的教育、学校体育文件都强调"健康第一"的教育理念或指导思想。例如，1999年印发的《中共中央国务院关于深化教育改革全面推进素质教育的决定》指出："健康体魄是青少年为祖国和人民服务的基本前提，是中华民族旺盛生命力的体现。学校教育要树立健康第一的指导思想，切实加强体育工作，使学生掌握基本的运动技能，养成坚持锻炼身体的良好习惯。"2007年印发的《中共中央国务院关于加强青少年体育增强青少年体质的意见》指出："认真落实健康第一的指导思想，把增强学生体质作为学校教育的基本目标之一。"习近平在2018年全国教育大会上强调，"要树立健康第一的教育理念，开齐开足体育课，帮助学生在体育锻炼中享受乐趣、增强体质、健全人格、锤炼意志"，为我国学校体育的发展指明了方向。大学体育与健康课程是开展大学体育工作的主渠道，在课堂教学中注意培养大学生的体育与健康核心素养，是对"健康第一"理念的贯彻落实，体现了体育促进健康的价值追求，有利于提高我国大学生的身心健康水平。培养体育与健康核心素养有助于增进健康。例如，运动技能有助于提高学生的身心健康水平；健康行为有助于增强学生对健康重要性的认知，并帮助学生形成健康的生活方式；体育品德属于道德健康的重要组成部分，有助于增进学生的道德健康。

（三）培养大学生体育与健康核心素养有助于其形成终身体育能力和健康的生活方式

培养大学生体育与健康核心素养是响应"每天锻炼一小时，健康工作五十年，幸福生活一辈子"号召的实际行动，对于培养大学生终身体育的意识和能力，以及形成健康的生活方式具有长远的意义。例如，运动技能强有助于大学生形成体育运动爱好，获得更多的运动乐趣；健康行为有助于大学生养成经常参与体育锻炼的好习惯，注重维护个人的健康，并具备管理个人健康的能力；良好的体育品德有助于大学生克服各种主观和客观困难，终身坚持体育锻炼和健康的生活方式。

步骤三：培养大学生体育与健康核心素养的方法与途径

（一）激发大学生的运动兴趣

高校应利用体育课和课外的时间开展一系列的体育活动，丰富大学生体育活动的内容，培养大学生参与体育活动的兴趣，使大学生在体育活动中提高运动技能，学习体育知识，促进身心健康发展。在体育教学中，体育教师要重视对体育知识的讲解，使大学生对体育活动有深入的了解。体育教师在这一过程中扮演着重要的角色，需要精心设计体育活动的内容和环节，吸引大学生参与体育活动，使大学生在体育活动中释放学习上的压力，获得精神上的满足，并找到自己喜爱的运动，从而将运动兴趣转化为自觉的运动习惯，激发大学生的运动热情，为其终身参与体育运动打下良好的基础。

（二）改革教学方法，丰富教学手段

教学方法直接关系到教学效果和教学效率。随着科技的发展，体育教师必须紧跟时代的步伐，不断更新教学方法，丰富教学手段，利用现代化融媒体技术进行教学，提高大学生学习体育的主动性，使其获得更多的体育知识，提高运动技能。

（三）提高体育教师的综合素质

体育教师要丰富自身的知识储备，在大学生中树立威信，赢得大学生的信任，营造和谐的师生关系，从而更加顺利地开展教学，使教学效果最大化。此外，体育教师还应不断更新体育教学理念，提高创新能力、体育教学能力和科研能力，发挥自身的长处，将最新的体育知识第一时间传授给大学生，激发大学生学习体育的兴趣，从而潜移默化地培养大学生的终身体育意识。

（四）营造积极向上的校园体育文化氛围

高校要以"健康第一"为指导思想，切实做好体育教育工作，加强校园体育文化建设，加大体育宣传力度，提高大学生对体育的认识，并转化为自觉的体育行为，以及培养良好的体育品德。

（五）完善高校体育基础设施

高校要因地制宜，加大在体育基础设施方面的资金投入，加强体育场地建设，做好器材、设施的配备工作，为大学生进行体育活动创造有利条件。高校完善体育基础设施，能使大学生产生一种体育行为倾向，进而利用这些体育基础设施进行体育锻炼，满足大学生体育锻炼的需要，从而培养大学生参与体育运动的习惯，使大学生增强体质、增进健康。

（六）培养大学生的自我锻炼能力

在体育教学过程中，体育教师要发挥大学生的主观能动性，调动大学生的运动兴趣，提高大学生进行体育锻炼的积极性和主动性，帮助大学生掌握科学的健身方法、树立终身体育的意识，并着重提高大学生的运动技能，重点培养大学生的自我锻炼能力，为其终身参与体育锻炼打下良好的基础。

👉 项目点拨

教师可通过情境设定，引导学生树立正确的健康观，让学生明确学习目标和任务要求，然后对学生进行具体内容的教学。在教学过程中，教师可穿插一些小故事、图片或视频等使学生保持学习的热情和积极性，让学生认识到体育与健康的重要性，激发学生的锻炼兴趣。在课堂外，教师可指导学生组织一些有关体育与健康知识的讲座和竞赛，在校园、社区等普及体育与健康知识，让体育与健康知识惠及周围的人。

项目笔记

项目总结

项目评价

教师评价：

学生自我评价：

体育锻炼与健康促进

学习提示

科学进行体育锻炼是指在掌握一定的人体解剖生理学知识、体育运动知识、卫生知识、心理学知识、营养知识及保健知识的基础上，结合专业的医学检查、评估等，锻炼者根据自身的实际情况，在科学的运动处方指导下进行健身活动。其主要目的是增强体质、预防疾病、预防运动损伤。科学、合理地进行体育锻炼可以促进健康，而不合理地进行体育锻炼具有潜在的危险性。因此，锻炼者须在了解体育锻炼原理的基础上，根据体育锻炼的基本原则，合理运用体育锻炼的方法，以获得良好持久的锻炼效果，实现促进健康的目标。

通过学习本项目，大学生可以学会体育锻炼运动处方的设计、常见运动性疾病和传染病的预防、运动量的自我监测，掌握科学的锻炼方法，从而养成良好的锻炼习惯。

项目目标

◎ 了解体育锻炼的基本原理。
◎ 掌握体育锻炼的基本原则。
◎ 掌握体育锻炼的基本内容与方法。
◎ 了解体育锻炼的注意事项。
◎ 学会运动量的自我监测方法。
◎ 了解常见运动性疾病与传染病的预防方法。

任务一　了解体育锻炼的基本原理

学练实践

步骤一：了解体育锻炼的益处

我国先秦时期，古人在《吕氏春秋》一书中，以东方人特有的睿智，用形象的比喻阐释了"生命在于运动"的真谛："流水不腐，户枢不蠹，动也。"

现代科学研究和实践证明，经常合理地参加体育锻炼，能全面增进人的健康，使人充满生命活力，具体表现简述如下。（图3-1-1）

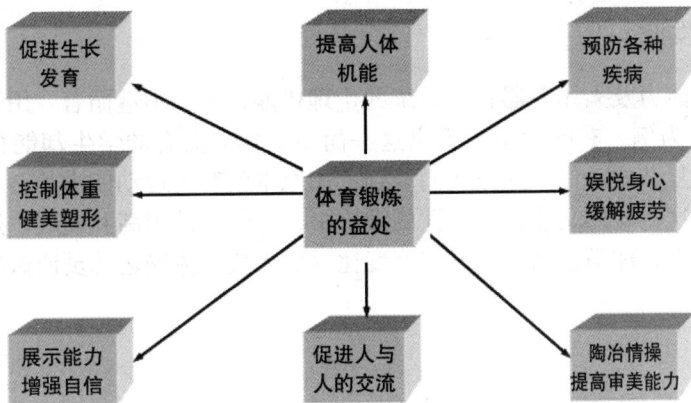

图 3-1-1

步骤二：了解体育锻炼的基本原理

体育锻炼应是人们所进行的、有效的、合理的身体活动。要使这种身体活动有效和合理，人们就必须遵循一定的依据，这种依据就是体育锻炼的原理。

（一）刺激与适应性变化

体育锻炼实际上就是对身体施加的一种运动刺激。运动的刺激引起了人体的多种反应，并且随着刺激次数的增加、时间的延续、负荷量的增加，人体在形态、机能、素质、体能等方面产生适应性的变化。

（二）运动疲劳与疲劳恢复

体育锻炼的过程就是运动—疲劳—休息—恢复。有人讲"没有疲劳，就没有锻炼"，这话是有一定科学道理的。人体在运动中出现疲劳，通过休息使体力得以恢复，进而提高身体对疲劳的耐受力。例如，在长跑锻炼中，一个人在开始的一段时间里跑1000多米就感到体力不支，而他通过一段时期的锻炼，能跑两三千米仍不会感到十分疲劳。可见，人的体力及各种运动能力可以通过运动得以增强。因此，我们不应害怕疲劳，担心自己的体力会用完。我们应该明白，这种现象在运动生理学中叫作"超量恢复"。所谓超量恢复，是指在一定量与强度的运动刺激下，人体出现疲劳，而在休息之后，人体的代谢能力与体力状况可以恢复并超过原有水平。人的各种运动素质与体能就是在这种"超量恢复"的多次出现与重复中提高起来的。在体育锻炼中，我们应有意识地运用这一规律，以增强锻炼的效果。

（三）能量消耗与营养补充

人体在运动中必然要消耗更多的能量物质。因此，锻炼者在运动后就必须注意营养物质的补充，以使机能代谢逐步提高到新的水平。在运动后及时补充营养物质不仅能够促进人体对营养物质的吸收和利用，有效缓解疲劳，还可使体质的增强得到充分的物质保障，使锻炼者保持最佳身心状态。

（四）用进废退

人的各种运动能力及人体各器官、系统的生理机能，无一不遵循着"用进废退"的自然法则。以前滚翻动作为例，有的学生做不出这一简单动作，而有的学生却能很快地学会这一动作，甚至学会更为复杂的动作。这让我们看到，人原本就有的运动能力是会在不使用、不锻炼中渐渐消退的；而这些能力又能在经常性的锻炼中得到惊人的提高和发展。这就是游泳运动员的肺活量比一般人大、球类运动员的反应速度比一般人快、体操运动员能做出令人叹为观止的高难动作的原因。

任务二　掌握体育锻炼的基本原则

学练实践

体育锻炼的原则是体育锻炼客观规律的反映，是锻炼者进行体育锻炼实践，达到理想效果所必须遵循的基本原则。在体育锻炼的过程中，锻炼者正确地理解和运用体育锻炼的基本原则，可以获得最佳体育锻炼效果。

步骤一：掌握自觉性原则

自觉性原则是指锻炼者在充分理解体育锻炼的目的、意义的基础上，自愿、主动、积极地进行健身活动。体育锻炼是一种自愿行为。目的明确和主动积极是锻炼者参加并坚持体育锻炼的首要条件。

贯彻自觉性的原则，锻炼者应注意以下几点。

（一）必须明确锻炼目的

学校是培养人才的地方。学生应遵照德、智、体、美、劳全面发展的教育方针，把自己锻炼成一个有理想、有道德、有文化、有纪律的人，将来更好地为人类的进步事业多做贡献。一个人只有树立起这一远大目标，才能使体育锻炼更具有持久性和自觉性。另外，参加体育锻炼更多的是带有直接目的和动机的。例如，为了丰富文化生活、调节情绪、娱悦身心、陶冶情操、磨炼意志等，或是为增进健康，促进身体的正常发育和造就一个健美的形体，以及预防疾病等。不管带着哪种目的和需求，锻炼者有目的地去锻炼，这种锻炼就更具主动性和自觉性。

（二）充分认识体育锻炼的特点和作用

体育锻炼的内容与形式是多种多样的，每个人都可以选择自己喜爱的运动项目和形式，并有意识地培养锻炼的兴趣。当一个人对体育锻炼产生兴趣之后，他（她）进行锻炼的情绪才是高涨的，感受才是积极的。然而，仅仅停留在兴趣阶段是不够的，锻炼者应从兴趣入门，逐渐形成一种自觉行动和良好的锻炼习惯。

（三）经常检验锻炼的效果

锻炼者可以定期测试自己在身体素质、身体形态、某些生理机能指标和运动成绩等方面的变化及提高情况，也可用饮食、睡眠、精神状态以及学习时的注意力等情况的对比来检验锻炼的效果。这样不仅可以检查锻炼方法是否得当有效，还可以使锻炼者看到锻炼的成效，从而使锻炼者参加体育锻炼的兴趣与信心进一步增强、自觉性进一步提高。

步骤二：掌握循序渐进原则

循序渐进原则是指锻炼者必须遵循人体自然发展、机体适应的基本规律，从实际出发，合理安排运动负荷，在渐进的基础上提高锻炼水平。在体育锻炼中，最忌急于求成，想"一口吃个胖子"，只能事与愿违，甚至还会造成伤害事故或给身体带来某些损伤。因此，进行体育锻炼时，学习动作要由易到难，运动量由小到大，运动强度（刺激强度）应由弱到强。同时，锻炼者还应根据年龄、性别、身体素质水平，因人而异地安排练习的内容，这样才能收到良好的效果。

步骤三：掌握全面性原则

全面性原则是指在体育锻炼过程中，锻炼者运用多种方法和手段，统筹兼顾，使身体各部位、各系统的机能，以及各种身体素质、运动能力、心理品质得到全面、均衡的发展。

体育锻炼不仅应包括不同身体部位的活动，还应包括多种项目和不同性质的活动，进行全面锻炼。身体各系统都是相互联系、相互制约的，身体某一方面的发展必然会影响其他方面的发展，而全面发展，就能实现相互促进，共同提高。目前，大学生正处于身体发育逐渐成熟的阶段，具有一定的可塑性，因此在体育锻炼中贯彻全面性原则尤为重要。

不同体育项目对人体的锻炼作用是不同的，如短跑主要发展速度，投掷、举重主要发展力量，长跑则侧重于发展耐力，球类则以发展灵敏性、协调性为主。因此，进行全面锻炼能使身体素质获得全面发展，使锻炼者能更快地掌握运动技术和技能，增强体质。

步骤四：掌握经常性原则

经常性原则是指身体锻炼必须持之以恒，使之成为日常生活的重要内容。

做事情要有恒心，体育锻炼也是这样。运动技术的形成和提高，人体各组织、系统机能的改善，是肌肉活动反复多次强化的结果。锻炼时间间隔过长，进行下一次锻炼时，前一次锻炼的痕迹已经消失，就会使锻炼失去累积性作用，因此锻炼效果甚微。同时，运动技能的形成，人体结构、机能的改善，身体素质的提高，都受生物界"用进废退"规律的制约。不经常锻炼，已取得的锻炼效果也会逐渐消退。俗话说，"拳不离手，曲不离口"，所揭示的就是这个道理。

上述几项锻炼原则是互相联系、互相制约的。科学地、有目的地、全面地贯彻这些原则，有助于锻炼者不断增强体质，取得预期的效果。

任务三　掌握体育锻炼的基本内容与方法

学练实践

步骤一：掌握体育锻炼的基本内容

体育锻炼的基本内容多种多样。人们在体育锻炼时可以根据各自的目的、条件、兴趣，合理地选择锻炼的内容。根据体育项目的功能和锻炼的目的，体育运动可分为健身运动、健美运动、休闲运动、医疗康复运动、竞技运动、极限运动等。

（一）健身运动

健身运动是指个体为促进健康、增强体质、预防疾病而进行的体育运动，如健步走、跑步、游泳、舞蹈、体操及各种球类运动等。这类运动的主要目的是促进人体的正常发育、身体各部位的协调发展、身体各系统机能的增强，提高身体素质和身体的基本活动能力。

（二）健美运动

健美运动是在健康的基础上，个体通过特定的方式，为塑造美的形体、姿态而进行的体育运动，如哑铃操、技巧运动、韵律操等。这类运动不仅可以促进人体健康，还可以培养锻炼者的审美能力和身体的表现能力。

（三）休闲运动

休闲运动是指个体为了调节精神、丰富文化生活而进行的体育运动，如踢毽子、钓鱼、郊游、爬山等。这类运动能使人身心愉悦，既可锻炼身体，又可陶冶情操。

（四）医疗康复运动

医疗康复运动又称体育疗法，其对象是体弱有病者，目的是祛病健身和恢复机体的特定功能，主要包括太极拳、健身气功、普拉提、运动按摩、拉伸练习、瑜伽及各类医疗体操等。这类运动应在医生的指导下进行。

（五）竞技运动

竞技运动是以科学的、系统的训练，通过竞赛的方式，达到最大限度发挥个人或集体在体格、体能、心理和运动能力等方面的潜能，从而取得优异成绩的一种体育运动。竞技训练的项目较多，不同的运动项目具有不同的锻炼作用。以竞技运动项目作为体育锻炼的内容时，锻炼者要从实际出发，有目的、有计划地选用容易开展、趣味性强、锻炼价值较高的竞技运动项目进行体育锻炼，如球类运动、田径运动、体操、游泳、冰雪运动等。

（六）极限运动

极限运动是能够激发人体的最大潜能，使人的生理和心理承受能力得到最大限度提高的一类运动。极限运动具有冒险性、刺激性、创新性等特点，如蹦极、攀岩、跳伞、冲浪等。

步骤二：选择体育锻炼的内容

要选择理想的体育锻炼内容，首先取决于我们参与活动的目的。例如，以健身为目的，应选择有氧运动；进行竞技训练，多选择无氧运动；改善体形，多选择健美运动；恢复肢体功能、祛病健身，多选择医疗康复运动。

（一）体育锻炼的内容应根据个人的身体特点、兴趣及需要选择

人的个体性差异很大。人们在选择锻炼内容时要考虑年龄、性别、身体条件、运动基础、健康状况、自己的兴趣以及需求等情况；确定锻炼的目的是健身健美还是提高运动水平，是为了娱乐、医疗还是促进身体的正常发育，然后选择适合自己的运动项目与形式进行锻炼。

对于健康型的青少年和成年人，他们处于体力和精力相当充沛的阶段，这一阶段的体育锻炼一方面应能弥补自己身体素质方面的不足，另一方面应使自己旺盛的精力和体力能保持更长的时间，最好选择球类运动、健美运动、武术、游泳，以及一些磨炼意志类运动（如攀岩、冲浪、速滑、漂流等）。女生则应多选择增强耐力、柔韧性、腹肌和骨盆肌力量的练习，以及发展形体、克服心理弱点、磨炼意志的项目等。对于体弱型的人，或为了缓解中枢神经系统的紧张和疲劳，可选择保健按摩、太极拳、放松体操、健步走、较长时间的有氧跑等项目。

（二）体育锻炼的内容应实用、方便

锻炼者进行体育锻炼要考虑锻炼的全面性，通过锻炼力求使身体的各个部位（上下肢、躯干）、内脏器官、身体素质获得全面发展。选择体育锻炼的内容时，锻炼者要从实际出发，讲求实效，不要贪多，力求简单易行；要考虑当地季节气候情况，因时制宜、因地制宜。因时制宜，就是锻炼者要根据季节气候的变化，合理安排适宜的运动项目；因地制宜，就是锻炼者要从实际出发，充分利用现有的场地、设备、器材等。另外，锻炼者还可以利用节假日参加野外活动，以弥补城市生活和学校生活的不足。

在校学生也可结合体育课的学习内容，进行体育锻炼。这样既可复习所学内容，又可达到锻炼的效果。

步骤三：掌握体育锻炼的方法

科学的体育锻炼方法是人们在体育锻炼实践中，根据人体发展规律和运动技能形成规律提炼出来的。它是遵循体育锻炼原则、实现体育锻炼目的的桥梁。常见的体育锻炼方法如下。

（一）重复锻炼法

重复锻炼法是指锻炼者在相对固定的条件下，按照计划和要求反复练习同一锻炼内容的方法。重复锻炼法适用于：① 运动负荷较小或用时较短的项目；② 动作技术比较复杂、难于掌握的项目；③ 运动负荷较大且难以一次完成的练习。这种方法的关键在于一次练习完成后，间

歇时间应当充分，这样可有效地提高锻炼者的混合代谢能力，提高各种技术应用的熟练性和机体的耐久性。锻炼者要根据自己的身体情况科学地安排重复次数，不得超过负荷极点。

（二）循环锻炼法

循环锻炼法是指锻炼者根据身体锻炼的需要，确定循环练习的各项练习内容，在一次练习中循环进行锻炼的方法。循环锻炼法可以弥补单一练习对身体发展作用单一的不足，使各练习之间的作用互相补充，有利于人体的全面发展。此外，这种锻炼方法的锻炼内容多样，能够调动锻炼者的积极性。锻炼者运用循环锻炼法时，关键是要按照全面性原则去搭配项目。就大学生而言，锻炼时既要发展四肢，也要发展躯干；既要锻炼胸背部，又要锻炼腰腹部；既要追求形体的健美，也需注意身体机能、素质的全面发展。根据经验，锻炼者一般可选择 6 ～ 12 个已经掌握的且简单易行的项目，搭配项目时注意上肢动作与下肢动作、剧烈的跑跳练习与静力屏气动作之间的合理交替。在健身锻炼中，锻炼者可以根据锻炼项目循环练习各练习点，也可以分队比赛，以增加竞争性，增强练习兴趣。

（三）变换锻炼法

变换锻炼法是指锻炼者通过不断变换运动负荷、练习内容、练习形式及条件，以提高锻炼积极性、人体适应性及应变能力的方法。变换锻炼法能够提高锻炼者的中枢神经系统的灵活性，发展身体的调节能力和适应能力，对修正锻炼计划、活跃锻炼气氛也具有一定作用。刚参加锻炼时，锻炼者可多做一些诱导性练习和辅助性练习，随着锻炼水平的提高，应逐渐加大练习的难度，如用越野跑代替在田径场上的长跑等。变换锻炼条件可使锻炼者的大脑皮质不断地产生新异的刺激，提高机体兴奋性，激发锻炼兴趣，从而提高机体对负荷的承受能力，增强锻炼效果。另外，锻炼者不断地对锻炼的内容、时间、动作速率等提出更高的要求，可有效地调节生理负荷，使机体不断地产生适应性变化，达到更好地锻炼身体的目的。

（四）连续锻炼法

连续锻炼法是指在锻炼的过程中，锻炼者为了保持有效的负荷量而不间断地连续进行锻炼的方法。连续锻炼法的负荷强度较低，负荷时间较长，要求锻炼者不间断地连续进行运动。连续锻炼法不仅注重间歇，还注重连续。连续、间歇、重复都是在同一锻炼过程中实现的。连续、间歇、重复等因素各有其特有的作用。连续的作用在于使负荷量维持在一定的水平上不下降，使运动充分发挥作用。连续锻炼的时间要根据负荷价值的有效范围来确定。通常情况下，锻炼者在心率为 140 次 / 分左右时连续锻炼 20 ～ 30 分钟，可使机体的各个部位都获得充足的血液和氧气，因而能有效地发展有氧代谢能力，发展耐力素质。适合采用连续锻炼法的项目有跑步、游泳、街舞等。

（五）间歇锻炼法

间歇锻炼法是指在锻炼过程中，锻炼者对多次锻炼的间歇时间做出严格规定，使机体处于不完全恢复状态下，反复进行锻炼的方法。该方法的关键在于严格控制间歇时间，使机体处于不完全恢复状态，可明显增强锻炼者的心脏功能，提高锻炼者的有氧代谢能力，增强锻炼者的体质。

（六）超负荷锻炼法

锻炼一段时间后，随着身体变得越来越强壮、柔韧性越来越好，锻炼者需要逐渐增加运动负荷，让身体适应新的变化。例如，刚开始锻炼时，锻炼者采用5千克的哑铃练习坐姿哑铃弯举，1个月后，锻炼者的身体就会适应，完成练习也会变得轻松。这时，锻炼者应选择较重的哑铃，如8千克，或增加哑铃弯举的组数、次数。超负荷锻炼法能使肌肉对增加的运动负荷做出新的反应，而逐渐变大、变强壮。增加运动负荷过量，如盲目增加训练的组数、次数、频率、强度，则有可能造成训练过度或运动损伤。

任务四　了解体育锻炼的注意事项

学练实践

步骤一：体育锻炼，贵在坚持

锻炼者要提高自己的体质水平非一日之功，需要时间、努力和耐性。俗话说，体育锻炼贵在坚持。遗憾的是，许多人一时兴起，参与了体育锻炼，但由于一些原因半途而退，不能坚持体育锻炼。一般来说，如果有规律地坚持体育锻炼，人的体能和健康水平便会大大提高。

（1）很少参加体育锻炼的人在活动后会因肌肉酸痛而放弃锻炼，但这种酸痛感属正常反应，数日后就会自行消失。

（2）最初锻炼时，力量、心肺耐力和柔韧性会迅速提高，但两三周后，这些方面的进步就会变得缓慢。只有坚持下去，锻炼的效果才能显示出来。

（3）开始锻炼几周后，由于某一原因难于在某一特定的时间内进行锻炼。在这种情况下，锻炼者可以选择适合自己的锻炼时间。

（4）当因其他重要的事情使正常锻炼的内容受到影响时，锻炼者应选择其他的活动项目。

只要能够正确认识和处理上述四个问题，相信大家能持之以恒地锻炼身体。

总之，增强体质无捷径，我们不应该指望体质水平在数小时或数日内就能提高。当体育锻炼形成规律后，锻炼者就会体验到体质水平有所提高。继续坚持一段时间，锻炼者就会达到体质水平的"高原期"，这时虽不能体验到体质的增强，但体质也不会减弱，这是正常现象。如果锻炼者毫不气馁，继续锻炼，一段时间后，体质将会有新的飞跃。一旦获得良好的体质，身体素质便能达到新的水平，锻炼者的精力和体力也会更加充沛；但如果半途而废，放弃锻炼，体质会降至原来的水平，人体也极易产生疲劳感和疾病，健康水平会明显下降。

步骤二：了解自己的体质、健康状况和锻炼动机强度

在开始体育锻炼前，锻炼者有必要了解自己的体质状况，这有助于锻炼者通过一定的方法和手段来改善自己在体质方面的不足之处，有助于体现锻炼所带来的益处，从而使锻炼者树立坚持锻炼的信心。

在准备参加体育锻炼前，锻炼者也很有必要了解自己的健康状况。如果身患疾病（高血压、心脏病、糖尿病等），则锻炼者需要咨询医生或体育保健专家，然后才能科学地进行锻

> **知识窗**
>
> 女生在经期适当参加体育活动是有益的，科学安排运动量不会有不良结果（实验证明，经期适当参加体育锻炼有助于促进新陈代谢，调节情绪，改善盆腔血液循环，减轻盆腔充血，减少小腹下坠、胀痛和经期烦躁等不良感觉）。通常情况下，女生在经期的第一、第二天可以做一些徒手健身操等轻微的活动，第三、第四天的运动量可以增大，如做一些轻器械的局部健身动作或健身操等练习，第五、第六天后就可以参加正常的健身健美运动了。另外，在经期，女生要注意避免参加过于剧烈的跑跳运动和局部负重锻炼（如深蹲、仰卧举腿等增加腹压的动作练习），以免造成经血过多或子宫位置改变。经期锻炼时间不宜过长，一般以 15～30 分钟为宜。在经期有明显的腰酸背痛、下腹疼痛较剧烈、全身不适、月经不正常（如周期过频、持续时间过长、血量过大等）以及内生殖器官有发炎性疾病（如子宫炎、盆腔炎等）的女性在经期应暂停体育锻炼。

女性须终身进行体育锻炼和健美训练。女性健美的形体是人体综合指标的反映。随着物质生活水平的提高，人们的营养状况得到了很大的改善，体重指标逐渐增加，这种状况对人体形态产生了不良影响。此外，人体摄入能量及消耗能量是平衡的，肥胖臃肿的体形与参加体力劳动过少也有一定的关系。因此，我们必须经常参加体育锻炼，养成良好的生活习惯，科学地控制饮食，保持理想的体重。

步骤四：学会制订运动处方

（一）运动处方的概念

运动处方是运动处方制订者根据锻炼者的年龄、性别、心肺功能、运动能力、运动经历、健康状况等特点而为锻炼者制订的运动医疗和康复的方案或锻炼身体的方案。

（二）运动处方的主要内容

1. 运动项目

为锻炼者提供最适宜的运动项目是运动处方的重要功能。运动项目包括有氧运动、伸展运动和力量性运动。

有氧运动包括健步走、慢跑、走跑交替、骑自行车、滑冰、越野滑雪、划船、跳绳、上下楼梯、骑室内功率自行车等。

伸展运动包括广播体操、太极拳、八段锦、健身舞蹈以及各种医疗体操和矫正体操等。

力量性运动包括中等强度的足以发展和维持去脂体重的力量训练。

2. 运动强度

（1）概念。

运动强度是单位时间内的运动量，是运动处方科学化的重要内容，也是确保锻炼效果与安全性的关键。

（2）计算方法。

在实践中，一般按运动适宜心率确定运动强度。运动适宜心率的公式：

$$运动适宜心率 = 180 - 年龄$$

有学者根据运动时心率与运动强度的关系提出如下换算关系：心率 160 次/分的运动强度

大约是 80% 最大摄氧量；心率 140 次 / 分的运动强度大约是 70% 最大摄氧量；心率 120 次 / 分的运动强度大约是 60% 最大摄氧量；心率 110 次 / 分的运动强度大约是 50% 最大摄氧量。国内外研究成果表明，最适宜的运动强度为 65% ~ 75%，心率为 120 ~ 150 次 / 分。

3. 运动时间

锻炼者若以健身为目的，则采用运动强度低而运动时间长的运动处方效果较好；对于青少年而言，采用短时间激烈运动且反复多次的运动处方对增进健康有很好的作用。据研究，每次进行 20 ~ 60 分钟的耐力运动是比较适宜的。从运动生理学角度来说，5 分钟是全身耐力运动所需的最短时间。对于以坚持正常工作为目的的人来说，60 分钟是运动时间的上限。心率达到 150 次 / 分以上时，运动最少持续 5 分钟才有效果。通常一次运动包括准备部分、训练部分和整理部分。对于不经常锻炼的人而言，准备部分时间一般为 10 ~ 15 分钟，训练部分时间一般为 20 ~ 25 分钟，整理部分时间一般为 5 ~ 10 分钟；对于经常锻炼的人而言，准备部分时间一般为 5 ~ 10 分钟，然后进入训练部分，最后 5 分钟为整理部分时间。

4. 运动频率

研究表明：当每周锻炼次数多于 3 次时，最大摄氧量的增加逐渐趋于平坦；当每周锻炼次数增加到 5 次以上时，最大摄氧量的增加幅度就很小了；每周锻炼次数少于 2 次，通常不引起最大摄氧量的改变。因此，每周锻炼 3 或 4 次是较适宜的运动频率。由于运动效应的积累作用，两次运动的间隔时间不宜超过 3 天。对于一般的健身保健方法，坚持每天锻炼当然更好。

5. 运动量

运动量是由运动频率、运动强度和运动时间共同决定的。运动量对促进健康体适能的重要作用已被证实，它对身体成分和体重管理的重要性尤为突出。每周的运动量可以用来评价运动是否达到了促进健康体适能的推荐量。

知识窗

人们可以考虑使用以下方法估算运动量：① 以 100 步 / 分的速度步行相当于中等强度的运动；② 每天以中等强度步行 30 分钟，相当于每天走 3000 ~ 4000 步。如果锻炼者的目的是通过运动来管理体重，那么他需要走得更多。以维持正常体重为目的的男性锻炼者可能需要每天步行 11000 ~ 12000 步，女性可能需要每天步行 8000 ~ 12000 步。《中国居民膳食指南（2022）》推荐成年人每天主动进行身体活动 6000 步。

---

6. 运动进程

运动进程取决于锻炼者的健康状况、运动反应和运动目的。在实施运动处方时，锻炼者可以通过提高运动频率、增加运动时间或提高运动强度来达到运动目的。在运动处方实施的开始阶段，建议逐渐增加运动时间（每次训练课的时间）。一般成年人的较合理的进度是在计划开始的 4 ~ 6 周中，每 1 ~ 2 周将每次训练课的时间延长 5 ~ 10 分钟。当锻炼者规律锻炼至少 1 个月之后，在接下来的 4 ~ 8 个月里，逐渐提高运动频率、增加运动时间或提高运动强度，直到达到推荐的数量和质量。训练时，锻炼者应该遵循循序渐进的原则，避免大幅度提高运动频率、增加运动时间或提高运动强度等。这样可以将运动损伤和运动性疾病的发生，以及过度训练的长期风险降到最低。锻炼者若因运动量增加而产生了不良反应（如运动后出现呼吸急促、疲劳和肌肉酸痛），或者无法耐受调整后的运动计划，就应及时减小运动量。

（三）运动处方的制订和实施

1.一般体检

一般体检包括询问锻炼者的病史、生活方式信息，检查其身体状况，其目的是了解锻炼者的身体健康状况等。

2.体质测量

体质测量的结果是制订运动处方的基本依据之一。大学生可以根据《国家学生体质健康标准（2014 年修订）》自测体质健康状况。库珀等学者的研究证明，12 分钟跑测验与最大摄氧量的相关系数最高。库珀提出的有氧运动能力测验包括走、跑、游泳三种方式。锻炼者可任选其中一项，用来检查和测量心肺功能。大学男生 12 分钟跑 2400 ～ 2800 米属于优良；大学女生 12 分钟跑 2000 ～ 2400 米属于优良。

3.制订运动处方

对锻炼者进行上述评定之后，运动处方制订者还要确定运动目的、运动种类、运动强度、运动时间、运动频率和运动进程，以制订出科学、合理的运动处方。

4.实施监督

在运动处方的实施过程中，运动处方制订者须根据锻炼者的实际情况及时对运动处方进行相应的调整，以保证锻炼者的锻炼效果。

任务五　运动量的自我监测

学练实践

在体育锻炼中，运动量太小，达不到锻炼身体的目的；运动量太大，则容易引起运动性疲劳，影响健康。那么怎样判断运动量大小呢？在日常生活中，我们可以通过掌握一些简单、易行的方法来判断自己的运动量。

步骤一：学会检测运动量的简便方法

测定脉搏是检测运动量常用的简便方法。

心脏是人体中非常重要的动力器官，人体全身流动的血液全靠心脏来推动。心脏每分钟跳动的次数叫心率，它是心脏功能的一种表现。

随着心脏的跳动，在特定部位皮肤表面可以摸到的动脉搏动称为脉搏。在正常情况下，脉搏每分钟搏动的次数（脉率）与心率是一致的。（图 3-5-1）

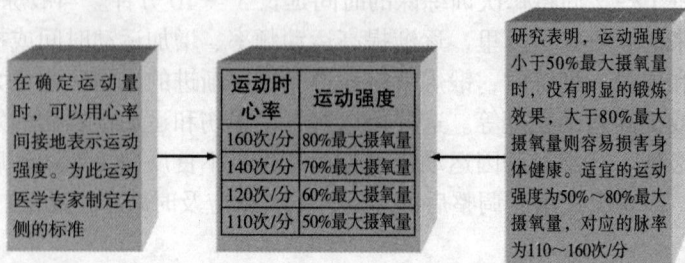

图 3-5-1

脉率受年龄、性别的影响。一般情况下，女性的脉率比男性的脉率快，儿童的脉率比成年人的脉率快。运动和情绪激动，可使脉率加快；而休息、睡眠时，脉率会减慢。参加运动时，脉率越快，说明运动越剧烈；但经常锻炼者由于心脏机能提高，在相同运动量下，脉率比不经常锻炼者的低，而且恢复到正常水平所需的时间也比不经常锻炼者的短。因此，我们可以通过测定自己的脉率变化来判断运动量是否合适。

步骤二：判断及测定适宜运动脉率

（一）判断适宜运动脉率

人都有一个最高脉率，即使你进行非常吃力的运动，脉率达到最高脉率后也不会再增加了。最高脉率与年龄、体能水平有关。20 岁以下的青少年，最高脉率一般为 200 次 / 分；而经常锻炼、体能水平好的青少年，最高脉率可以达到 220 次 / 分。最高脉率只有在参加最剧烈的运动时才会出现。通常适宜运动脉率宜保持在最高脉率的 50% ～ 80%。

由于人们的体能水平存在一定差异，适宜运动脉率也有所不同。锻炼者可以用以下公式计算自己的适宜运动脉率：

适宜运动脉率 ＝（最高脉率 － 安静时脉率）×65% ＋ 安静时的脉率

（二）测定脉率

（1）准备一块秒表。
（2）找到能摸到脉搏的部位。（图 3-5-2、图 3-5-3）

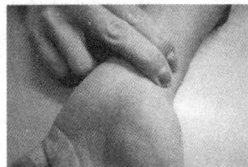

掌心向上
能够感觉到脉搏的压力点
动脉　骨　肌腱

图 3-5-2　　　　图 3-5-3

（3）运动停下来时即刻测定 6 秒的脉搏跳动次数。
（4）测量时准确地数 6 秒脉搏跳动的次数，再乘以 10，就是此时的心率。

心脏每次跳动时，都能将血液泵出并使之随动脉流动，血液流过时引起动脉收缩和舒张，从而产生波动效应，每次波动都称为一次脉搏。计算每分钟的脉搏次数是测量心率的简易方法。如果动脉分布于皮肤表层，且紧挨着骨或其他坚硬的组织（如肌腱），我们可以用指尖轻压皮肤以测到脉搏。最容易感觉到脉搏的部位是腕部。人体运动越剧烈，心脏将血液泵入动脉的速率就越快，脉率也就越快。

（三）需注意的问题

刚刚停止运动后的 1 分钟，心率下降得较快。因此，运动停止后，要准确测定即刻脉率，需要事先进行必要的练习，比较熟练地掌握测定脉率的方法，否则会延迟测定即刻脉率的时间，造成测定结果不准确。

步骤三：测定运动后心脏恢复率

持续长时间运动以后，心脏分两个阶段恢复。在最初阶段，心率急剧下降，接着维持一定的状态，然后慢慢恢复到安静时的心率。

在运动刚刚结束后的1分钟内，心脏有一个重要的恢复时期。在这1分钟内，心脏恢复得越快，说明心脏功能越好。因此，我们可以通过测定运动后的心率来衡量自己的体能水平。

运动后心脏恢复率测定的方法及要点：先在运动结束后即刻测6秒的脉搏次数，将其乘以10，作为运动心率；运动结束后1分钟再测一次6秒的脉搏次数，将其乘以10，作为恢复心率。

$$心脏恢复率 = （运动心率 - 恢复心率）/ 10$$

根据这个公式计算得到的数值越高，说明心脏恢复得越快，心脏越健康。

步骤四：判断运动量

（一）用晨起安静脉率判断运动量

在正常情况下，体育锻炼后，心脏机能增强，安静脉率应逐渐减小，但是如果相反，安静脉率反倒增加了，就表示运动量大。若第二天早晨的安静脉率超过前一天早晨的安静脉率，说明运动量太大，应适当减小。因此，我们可以通过测定晨起安静脉率来判断运动量的安排是否合理。

（二）自我感觉判断法

我们可以通过自己的主观感受来判断运动量的安排是否合理。如果锻炼后，经过合理的休息，感到全身舒服，精神愉快，体力充沛，食欲增加，睡眠良好，说明运动量安排得比较合理。相反，如果感到身体十分疲劳，四肢酸痛，至第二天仍然没有消除，出现心慌、头晕、没有食欲、睡眠不好，并对再次参加锻炼感到厌恶等不良症状，则说明运动量过大，需要好好休息调整。

任务六　处理与预防常见运动性疾病及传染病

学练实践

步骤一：处理与预防常见运动性疾病

运动性疾病一般多指因机体对运动刺激不适应或运动安排不当造成体内功能紊乱而出现的疾病、综合征或异常的现象。在体育活动中，运动性疾病时有发生，主要与锻炼者的身体形态、锻炼的负荷安排及锻炼的时间、环境、方式、方法等因素有关。比较常见的运动性疾病有运动性晕厥、运动性低血糖症、运动性贫血、运动性腹痛、中暑、游泳性中耳炎等。

（一）运动性晕厥

在运动中，由脑部突然供血不足而引起的一时性知觉丧失现象称为运动性晕厥。

1. 原因与症状

运动性晕厥由剧烈运动或长时间运动，使大量血液积聚在下肢，回心血量减少所致，也与剧烈运动后引起的低血糖有关。

其症状有全身无力、头晕耳鸣、眼前发黑、面色苍白、失去知觉、突然昏倒、手足发凉、脉搏慢而弱、血压降低、呼吸缓慢等。

2. 处理和预防

（1）处理：应立即使患者平卧，使其脚部略高于头部，并对其进行由小腿向大腿、心脏方向的推摩或拍击。如患者呕吐，应将患者头部偏向一侧；如患者停止呼吸，则对其进行人工呼吸，并尽快拨打急救电话，送其就医治疗。

（2）预防：平时要经常坚持体育锻炼，以增强体质；久蹲后不要突然起立；不要带病参加剧烈运动；急跑后不要立即停下来；不要在饥饿的情况下参加剧烈运动。

（二）运动性低血糖症

当血液内葡萄糖浓度低于 2.8 毫摩尔／升时，人体会出现一系列症状，称为运动性低血糖症。运动性低血糖症多在饥饿情况下，进行长跑、长距离骑自行车、长距离游泳等运动时出现。

1. 原因与症状

造成运动性低血糖症的原因有以下几个方面。

（1）运动前（或比赛前）已处于饥饿、过分紧张或有病等状态。

（2）长时间运动，消耗大量血糖，使糖代谢机能出现紊乱。

（3）已有不同程度的糖代谢紊乱疾患，运动时诱发。

其症状有以下几个方面。

（1）轻者感到饥饿、疲乏、头晕、心悸、面色苍白、出冷汗等。

（2）严重者出现低血糖性休克症状，如神志不清、语言含糊、四肢发抖、烦躁、脉搏快且弱、呼吸急促、瞳孔扩大等，甚至昏迷或死亡。

2. 处理和预防

（1）处理：轻者喝浓糖水或进食含糖类食物，平卧保暖休息，短时便可恢复。重者应立即被送往医院治疗。

（2）预防的方法有以下几种。

① 不要在饥饿的情况下参加紧张的、剧烈的运动或参加过长时间的运动。进行长时间或长距离的运动时，中途应当补充含糖、盐的饮料。

② 有轻度症状时，应停止运动，迅速进食一些含糖食物或饮用糖水。

③ 久病初愈（或未愈者）及体质差者，应避免参加长时间的剧烈运动。

④ 有糖代谢疾患应及早治疗。

（三）运动性贫血

1. 原因和症状

血液中红细胞数量与血红蛋白含量低于正常值的现象，称为贫血。由运动引起的贫血，称为运动性贫血。

运动性贫血的指数：男性的血红蛋白含量低于 12 克，女性的血红蛋白含量低于 10.5 克。在通常情况下，女性的运动性贫血发病率高于男性的运动性贫血发病率。贫血常引起多种不良的生理反应，危及健康，所以运动性贫血患者常常恐惧体育锻炼。其发病的主要原因有以下几种。

（1）运动时，肌肉对蛋白质和铁的需求量增加，一旦需求量得不到满足，即可引起运动性贫血。

（2）运动时，脾脏释放的溶血磷脂酰胆碱会使红细胞的脆性增加，加上剧烈运动时血流加速，易引起红细胞破裂，致使红细胞的新生与衰亡之间的平衡遭到破坏，从而导致运动性贫血。

运动性贫血发病缓慢，其症状为头晕、恶心、呕吐、气喘、体力下降，以及运动后心悸、心率加快、脸色苍白等。

2. 处理和预防

（1）处理：当运动中（后）出现头晕、无力、恶心等现象时，应适当减小运动量，必要时暂停运动，立即到医院就诊。平时应注意并补充富含蛋白质和铁的食物，这对缓解运动性贫血有明显效果。

（2）预防：运动时遵循循序渐进和区别对待原则，合理调整膳食结构。如运动时经常有头晕现象，则应及时就诊医治。

（四）运动性腹痛

1. 原因和症状

腹痛是运动过程中较为常见的一种症状，在中长跑、马拉松、竞走、骑自行车、篮球运动等项目中发病率较高，其中有相当一部分人的发病原因属非病理性，而是与运动有关。简单地说，这是因为剧烈运动会引起胸膜腔内压、腹内压上升而影响静脉血的回流量，造成内脏器官活动紊乱，使呼吸肌、胃肠道产生痉挛，进而引起腹痛。

另外，大量进食后马上进行剧烈运动最易引起运动性腹痛。

2. 处理与预防

（1）处理：运动中出现腹痛应减慢运动速度和降低运动强度，加深呼吸，调整呼吸和运动节奏，用手按压疼痛部位，或弯着腰跑一段距离，一般疼痛即可减轻或消失。若无效或疼痛反而加重，就应停止运动，到医院做进一步检查。

（2）预防：进行运动一定要遵循其科学原理和规律，要注意循序渐进，全面加强身体训练，逐步提高身体机能水平。膳食安排要合理，饭后 1.5 小时左右才可进行剧烈运动，运动前不宜过饥或过饱，也不要饮水太多。运动前要充分做好准备活动，运动中要注意呼吸节律，中长跑时要合理分配速度。对于由各种疾患引起的腹痛，应彻底治疗，疾病未愈之前，不宜参加剧烈运动。

（五）运动性中暑

1. 原因与症状

运动性中暑是在高温环境下，肌肉运动时机体产热超过散热而造成体内过热的状态，多骤然发生，主要表现为高热，中枢神经系统障碍，皮肤发热、干燥或呈粉红色。运动性中暑一般发生在炎热的夏天。特别是在湿度大、通风不良或头部被烈日直接照射等情况下，人体易因体温调节功能发生障碍而发生中暑。

中暑早期表现为头晕、头痛、呕吐，随后可逐步发展为体温升高，皮肤灼热、干燥，严重者可出现虚脱、抽搐、血压下降、心律失常等症状，甚至昏迷，危及生命。

2. 处理和预防

（1）处理：应将患者扶送至阴凉通风处休息，同时对其采取降温消暑的措施，如解开其衣领、冷敷其额部等；给患者喝些清凉饮料，补充少量水分，有条件者可补充生理盐水或葡萄糖等。对于中暑严重者，经临时处理后，应迅速将其送往医院做进一步治疗。

（2）预防：锻炼者在高温环境中锻炼，应适当减小运动量，缩短锻炼时间；避免在烈日下长时间锻炼；夏天在室外锻炼，应戴遮阳帽，穿宽松薄衣；在室内锻炼时，应保持室内通风良好；应备有运动饮料。

（六）游泳性中耳炎

1. 原因与症状

游泳性中耳炎主要是指人们在游泳时，不清洁的池水进入中耳，导致细菌感染而引起的中耳炎症。

其症状有耳道闭塞，听力减退，局部疼痛剧烈，常有发烧、恶心、呕吐、食欲不佳及便秘等症状，鼓膜破裂，常有黄色脓液自外耳道流出。若急性炎症期治疗不当，游泳性中耳炎常可转为慢性中耳炎。

2. 处理与预防

（1）处理：卧床休息，多喝开水，吃流质食物，并及时请医生处理。如情况严重，应及时就医治疗，并遵医嘱用药。

（2）预防：游泳池水一定要符合卫生要求，保持清洁。游泳前，应进行体检。游泳时，必须注意正确呼吸，避免呛水；可用棉球或橡皮耳塞将耳朵塞好，以防池水进入耳内。预防感冒是预防中耳炎的积极措施，在上呼吸道感染、感冒，或患有中耳炎时，不要游泳。当外耳道进水后，不要随便挖耳，上岸后可采用同侧单足跳的方法将水排出；还可采用吸引法，即将头偏向进水的耳朵的一侧，用手掌紧压在耳孔上，屏住呼吸，然后迅速提起手掌，即可将水吸出。

步骤二：预防常见传染病

（一）流行性感冒

流行性感冒（简称"流感"）是一种呼吸道传染病，其病毒为流感病毒，可以人传染人，严重的会导致死亡。症状一般是高热、咳嗽，浑身无力。流感主要通过感染者说话、咳嗽或打喷嚏等方式将流感病毒散播到空气中，易感者吸入后就会被感染。流感在人群拥挤、空气不流通的公共场所传播最快，还可能通过被流感病毒污染的玩具、茶具、餐具、毛巾等方式间接传播。具体防治方法如下。

1. 保护自己远离流感

（1）对于那些表现出身体不适、出现发烧和咳嗽症状的人，要避免与其密切接触。

（2）勤洗手，并使用香皂彻底洗净双手。

（3）保持良好的生活习惯，包括睡眠充足、吃有营养的食物、经常锻炼身体。

2. 对流感症状家人的照料

（1）将患者与家中其他人隔离开来，至少保持 1 米距离。

（2）照料患者时，应用口罩等遮盖物遮住嘴和鼻子。

（3）对患者接触过的物品（如口罩、水杯等），都应在每次使用后丢弃或用适当方法予以彻底清洁。

（4）每次与患者接触后，都应该用香皂彻底洗净双手；患者所居住的空间应保持空气流通，经常打开门窗保持通风。

（5）如果所在地方已经出现流感病例，则应按照国家或地方卫生部门的要求做好防护措施。

3. 怀疑感染了流感的处理办法

（1）如果感觉不适，出现高烧、咳嗽或喉咙痛等症状，应该待在家中，不要去上班、上学或者去其他人员密集的地方。

（2）多休息，大量喝水。

（3）咳嗽或打喷嚏时，用一次性纸巾遮住嘴和鼻子，并妥当处理用完后的纸巾。

（4）勤洗手，每次洗手都应用香皂彻底清洗双手，尤其咳嗽或打喷嚏后更应如此。

（5）将自己的症状告诉家人和朋友，并尽量避免与他人接触。

（6）及时就医诊治。

4. 流感患者的处理办法——求助医疗机构

（1）去医疗机构之前，应该首先与医护人员进行联系，报告自己的症状，解释为何会认为自己感染了流感，如自己最近去过爆发流感的某个地方，然后听从医护人员的建议。

（2）如果没法提前与医护人员联系，那么当抵达医院寻求诊断时，一定要尽快把怀疑自己感染流感的想法告知医生。

（3）去医院途中，用口罩或其他东西遮住嘴和鼻子。

（二）上呼吸道感染

上呼吸道感染是鼻腔、咽或喉部急性炎症的总称，常见病原体为病毒，仅少数由细菌引起，冬、春两季发病率高。

（1）症状：打喷嚏、鼻塞、流鼻涕、咽部疼痛、头痛、全身肌肉酸痛等；严重时，畏寒、高热，咽部及扁桃体充血，淋巴结肿大，牙痛。

（2）防治：平时要加强体育锻炼，增强体质，注意保持室内通风良好，避免受凉、淋雨和过度疲劳等。治疗时，遵医嘱用药。

（三）支气管炎

支气管炎是由感染、物理或化学刺激及变态反应等因素引起的支气管黏膜发生炎性改变的炎症，多发生在冬季或气候交换季节。

（1）症状：鼻塞、流鼻涕、喉痛、全身酸痛、咳嗽多痰，常伴有低至中等发热。

（2）防治：平时积极参加体育锻炼，增强免疫力，避免过度疲劳、受凉，防止吸入有害气体、烟雾和粉尘。发热时，应卧床休息，吃易消化的食物。

（四）肺炎

肺炎是发生在终末气道、肺泡和肺间质的炎症。肺炎可由病原微生物、寄生虫、理化因素、免疫损伤、过敏及药物引起。

（1）症状：多数患者发病急，突然打寒战，继发高烧，常伴有咳嗽，胸痛，呼吸急促。

（2）防治：卧床休息，多喝开水，遵医嘱用药。多参加户外运动，提高耐寒和适应气候变化的能力；积极防治急慢性上呼吸道感染，以及其他容易诱发肺炎的疾病。

（五）急性扁桃体炎

急性扁桃体炎多由细菌感染引起，多发于儿童和少年。

（1）症状：初发病时，表现为一侧咽痛，渐渐发展到两侧咽痛，咽食时咽痛加剧，下颌下淋巴结肿大，同时畏寒和发热。

（2）防治：积极锻炼身体，增强体质，预防感冒，注意口腔卫生，及时治疗急性传染病。如有上呼吸道感染和口腔炎症，则要及时治疗。患病时，多注意休息，多喝白开水，遵医嘱用药。

（六）慢性鼻炎

急性鼻炎反复发作或治疗不彻底可转为慢性鼻炎。引起鼻炎的原因可能是病毒、细菌和物理化学的刺激。

（1）症状：患者常有间歇性或持续性鼻塞、流鼻涕、嗅觉减退，甚至头痛、头晕。

（2）防治：首先应以预防为主。经常锻炼身体，增强体质，避免粉尘、冷空气和有害气体的刺激。治疗时，遵医嘱用药；情况严重的，及时就医治疗。

（七）急性胃肠炎

吃进被细菌或其他毒素污染的食物可引起急性胃肠炎。此外，暴饮暴食、过多吃刺激性或不易消化的食物也可引起急性胃肠炎。

（1）症状：频繁呕吐和腹泻，腹部不适，腹痛。有的还有头痛、打寒战、发热等全身症状，严重的可有脱水和电解质平衡失调现象，出现小腿痉挛，甚至发生昏迷和虚脱。

（2）防治：注意个人卫生和饮食卫生，特别注意饮水及食品的卫生检查，勿暴饮暴食，做好灭蝇灭鼠工作。

（八）急性阑尾炎

（1）症状：发病初期，腹部或肚脐周围疼痛，然后疼痛转移到右下腹部。患者常有恶心、呕吐、发热、腹泻等症状。

（2）防治：及早治疗，否则会导致严重的并发症，如腹膜炎。预防方面，平时要加强身体锻炼，饭后不宜立刻进行剧烈运动。

项目点拨

教师可通过情境设定，引导学生重视科学锻炼，让学生明确学习目标和任务要求，然后对学生进行具体内容的教学。在教学过程中，教师可拓展一些应用知识，让学生不仅能掌握体育锻炼的理论知识，还能使其将所学知识应用于实践中，实现理论与实践的有机结合。在课堂上，教师可通过课堂提问、知识竞答等方式巩固学生所学知识；在课堂外，教师可指导学生组织一些有关科学锻炼的讲座和知识竞赛，在校园、社区等普及科学锻炼的知识，让科学锻炼的知识惠及周围的人。

项目笔记

项目总结

项目评价

教师评价：

学生自我评价：

项目四

医疗体育与运动保健按摩

🏠 学习提示

医疗体育是现代生活的一个组成部分，运动保健按摩能最大限度地调理机体，使人保持身体健康和愉悦心态。

本章主要介绍医疗体育机理和运动保健按摩方法，通过学习，大学生可以了解和掌握医疗保健的基本常识。

🔍 项目目标

◎ 了解医疗体育的概念和对象。
◎ 了解医疗体育的特点和作用。
◎ 掌握医疗体育的方法。
◎ 掌握常用的按摩手法和运动按摩方法。

任务一 了解医疗体育

学练实践

步骤一：了解医疗体育的概念

医疗体育是一种医疗性质的体育活动，即患者从医疗的目的出发，利用体育的手段，通过身体练习，以达到防病、治病，促进身体健康和各种功能的恢复，加速疾病痊愈的目的。

医疗体育是体育的一个分支，也是医疗的一个分支。医疗体育可对许多疾病进行综合防治，是促进患者机能恢复的重要手段。虽然一些疾病在临床上已经被治愈，但患者全身或局部系统的功能可能仍然处于恢复状态。患者有针对性地进行体育锻炼，逐步增强体质，可有效地缩短康复期，早日恢复生活和劳动能力。

我国是世界上最早应用医疗体育的国家，经历了几千年的摸索，人们通过实践，逐步探索出导引术、吐纳术、五禽戏、太极拳、八段锦等一系列自成体系、行之有效的传统健身医疗体操。近年来，随着现代医疗技术的发展，医疗体育又增加了功能性锻炼和器械治疗等手段，其内容更加丰富，疗效更加显著。

步骤二：了解体育疗法的对象

体育疗法的对象是病后体弱、术后或其他伤病之后活动功能不全的残疾者，其手段是通过特定的活动方式和有针对性的练习，达到恢复机体功能，特别是活动功能，防止并发症及继发症的发生，缩短康复时间等目的。它有较广泛的适应证和一定的禁忌证。

（一）适应证

（1）高血压、冠心病、慢性支气管炎、肺结核、肺气肿、哮喘、溃疡病、习惯性便秘、消化不良、内脏下垂、糖尿病、肥胖症等。

（2）脑卒中所致的偏瘫、神经衰弱、脑震荡后遗症、截瘫、周围神经损伤等。

（3）腰腿痛、颈椎病、肩周炎、脊柱畸形、骨关节损伤、骨折、扁平足及其他脏器术后恢复等。

（4）痛经、子宫后倾、慢性盆腔炎、产后症状等。

（5）小儿麻痹后遗症、儿童脑瘫等。

（二）禁忌证

（1）病情严重、极度衰弱、高热、严重炎症。

（2）肺结核活动期、咯血、心律失常、心绞痛发作期、心肌炎或心力衰竭者。

（3）骨折未愈合或大血管、神经干附近有异物，活动时有造成神经血管损伤危险者。

（4）严重精神疾病。

步骤三：了解医疗体育的特点

（1）医疗体育能充分发挥患者的自身功能。患者必须有与伤病斗争的信心，有耐心、恒心、积极、乐观地锻炼，有针对性地练习，充分调动其残存的功能，使功能得以完全或部分恢复。锻炼可使一些原来潜在的后备神经功能充分发挥出来；反复练习可使交感神经活动增强，使患病部位附近的某些肌肉代替患病部位的肌肉发挥活动功能。例如，小儿麻痹后遗症术后，针对性锻炼可使部分股屈肌改变为股伸肌，与余下的股屈肌共同发挥拮抗、协调的活动功能。这种锻炼是渐进的、长期的，因此患者要有充分的思想准备，坚持锻炼才能获得效果。

（2）医疗体育是一种全身性治疗手段。医疗体育通过神经反射机制改善全身机能，达到增强人的体质、提高人体免疫力的目的。

（3）医疗体育是一种自然疗法。医疗体育基于人类的自然功能（运动）实施，不受时间、地点、设备条件的限制，通常采用医疗体操、慢跑、健步走、骑自行车、健身气功、太极拳和特制的运动器械（如拉力器、自动跑台等）练习，以及日光浴、空气浴、水浴等作为治疗手段。医疗体育须因人而异、循序渐进，并配合药物或手术治疗和心理疏导。

步骤四：了解医疗体育的作用

（1）增强神经系统的调节功能，提高人体抵抗疾病的能力。

（2）增强循环系统、呼吸系统的功能，提高人体代谢能力。

（3）维持和恢复机体的正常功能。

（4）发展身体的代偿功能。

步骤五：掌握医疗体育的方法

（一）医疗体操

医疗体操是人们按照防治某种疾病的需要来编制的体操，是医疗体育的主要方法。

（二）医疗运动

医疗运动分为有氧运动和器械运动。有氧运动是指运动时摄氧量达到最大摄氧量的40%～60%的运动，重点是增强人的心肺功能。常见的有氧运动有健身走、慢跑、骑自行车、游泳、划船、球类运动、登山等。器械运动是指人们借助于器械进行的各种治疗活动。

（三）传统保健体育

传统保健体育有健身气功、太极拳等。

（四）牵引和悬挂

牵引是指通过牵引器械对人体的某一部位进行牵拉，使关节和软组织得到牵伸而达到治疗目的的方法，如颈椎牵引。悬挂是指肢体被吊带支持而悬空的方法，适用于瘫痪等疾病。

（五）自然因素锻炼

自然因素锻炼包括水浴、日光浴、空气浴等。

（六）生物反馈疗法

生物反馈疗法是指利用现代生理科学仪器，通过人体内生理或病理信息的自身反馈，使患者经过特殊训练后，进行有意识的"意念"控制和心理训练，从而消除病理过程、恢复身心健康的新型心理治疗方法。

（七）按摩

关于按摩的知识，详见任务二。

任务二　运动保健按摩

学练实践

步骤一：了解按摩的概念

按摩是通过各种特定手法，刺激人体的皮肤、肌肉、关节、神经、血管及淋巴等处，促进局部的血液循环，改善新陈代谢，从而提高人体抵抗疾病的能力，促进人体对炎症渗出液的吸收，缓解肌肉痉挛和疼痛。按摩能舒筋通络、活血化瘀、消肿止痛，常用于缓解伤科疾病的各种痛症。

步骤二：了解按摩的特点

按摩作为我国一种古老的治病方法，之所以几千年来一直能在民间广为流传，并成为深受人们欢迎的保健方法，是与它的作用、特点分不开的。按摩具有疗效显著、经济方便、安全、无副作用、防治兼顾、易学易用等特点。

📖 **知识窗**

中医理论将按摩的生理作用归纳为如下几点。

（1）平衡阴阳，调节脏腑功能，促进大脑皮质兴奋与抑制的转换。
（2）疏通经络，调和气血，促进营养物质的吸收，促进血液循环。
（3）扶正祛邪，增强体质，促进人体新陈代谢，增强机体免疫力。
（4）强健筋骨，通利关节，促进关节滑液的分泌，增强关节囊和关节的韧性。
（5）活血化瘀，消肿止痛，松解粘连，加速局部供血，消除痉挛，恢复关节功能。

步骤三：了解按摩的时间

按摩宜在损伤的急性反应消除后（损伤至少经过 48 小时以后）进行。轻柔的按摩在热疗的同时便可进行。热疗后紧接着进行按摩，效果会更好，因为二者的治疗效果能相互促进。在运动后进行按摩，同样有效。当以运动作为康复手段时，治疗的顺序应当是热疗—按摩—运动—按摩。

按摩时间并非越长越好，而是要根据按摩项目和被按摩者的身体状况等适当控制。按摩时间过长并不会获得更好的效果，特别是与其他治疗手段合并进行时。

步骤四：掌握按摩手法的基本要求

按摩的关键是手法。按摩手法的基本要求如下。

（1）柔和：手法均匀而有节奏，平稳而有弹性，轻而不浮，重而不滞，刚柔相济，用力不可生硬粗暴或用蛮劲。
（2）刚劲：手法具有一定的力度，方可达到保健治疗的目的。
（3）深透：手法具有一定的力度、幅度、速度、柔韧度，才能达到深透。
（4）持：手法日益纯熟，能够运用一段时间，保持动作和力量的连贯性和连续性。

步骤五：掌握常用的按摩手法

按摩大致可以分为以下两种：一种是主动按摩，又称自我按摩，是按摩者按摩自己的一种保健方法；另一种是被动按摩，是由医者对患者进行按摩的疗法。按摩手法归纳起来一般有按、摩、推、拿、揉、捏、颤、拍、切、点、揪、刮、搓、叩、击、啄、抖、提、屈、摇、拔、扳、晃等手法。这些手法往往不是单纯孤立地使用的，而是几种手法相互配合使用的。

（一）按法

按法是医者以拇指或掌根等部在被按摩者一定的部位或穴位上逐渐向下用力按压的手法，按而留之，不可呆板。这是一种诱导的手法，适用于全身各部位。临床上，按法又分指按法、掌按法、屈肘按法等。

（1）指按法：接触面较小，刺激的强度容易控制控制，不仅可开通闭塞、散寒止痛，

还保健美容，是常用的保健按摩手法之一；常用于面部及头部，既可美容，又可保护视力。（图4-2-1、图4-2-2）

（2）掌按法：接触面较大，刺激也比较柔和，适用于面积较大且较为平坦的部位，如腰背部、腹部等。（图4-2-3、图4-2-4）

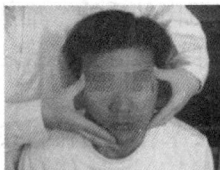

| 图 4-2-1 | 图 4-2-2 | 图 4-2-3 | 图 4-2-4 |

（3）屈肘按法：医者用屈肘时突出的鹰嘴部位按压被按摩者体表。此法力量大，刺激强，故仅适用于肌肉发达且厚实的部位，如腰部、臀部等。（图4-2-5、图4-2-6）

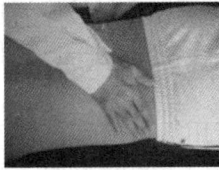

| 图 4-2-5 | 图 4-2-6 |

采用按法操作时，着力部位要紧贴体表，不可移动，用力要由轻而重，不可用暴力猛然按压。按法常与揉法结合应用，组成"按揉"复合手法，即在按压力量达到一定深度时，再做小幅度的缓缓揉动，使手法刚柔相济，既有力又柔和。

功能：通经活络，开导闭塞，化滞镇痛。轻按为补，重按为泻。《举痛论》曰："按之则热气至，热气至则痛止。"按其经络，可以通郁闭之气。

（二）摩法

摩法是医者以掌面或指面附着于被按摩者穴位表面，以腕关节连同前臂沿顺时针或逆时针方向做有节律的环形摩动的手法。摩法又分为指摩法、掌摩法、掌根摩法等。

（1）指摩法：医者将食指、中指、无名指的指面附着于被按摩者一定的部位上，以腕关节为中心，连同掌、指做节律性的环旋运动。（图4-2-7、图4-2-8）

（2）掌摩法：医者将掌面附着于按摩者一定的部位上，以腕关节为中心，连同掌、指做节律性的环旋运动。（图4-2-9）

（3）掌根摩法：医者以掌根部大鱼际、小鱼际等部位在按摩者身体上进行摩动。摩动时，医者五指微翘起，五指关节稍稍弯曲，以腕力左右摆动。操作时，两手可以交替进行。（图4-2-10）

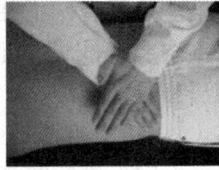

| 图 4-2-7 | 图 4-2-8 | 图 4-2-9 | 图 4-2-10 |

在运用摩法时，肘关节自然屈曲，腕部放松，掌、指自然伸直，动作要缓和而协调。按摩频率为120次/分左右。本法刺激柔和，是按摩胸腹、肋部常用的手法。

功能：用于急性伤痛，可活血化瘀、消肿止痛；用于胸腹部能宽胸舒气，消食散积，散寒止痛。轻而缓摩为补，重而急摩为泻，轻重缓急适中为和。

（三）推法

推法是医者四指并拢，紧贴于被按摩者皮肤上，向上或向两边推挤肌肉的手法。推法可分为平推法、直推法、旋推法、合推法等。现仅以平推法为例来说明。平推法又分指平推法、掌平推法和肘平推法。

（1）指平推法：医者用拇指指面着力，其余四指分开助力，按被按摩者经络循行或肌纤维平行方向推进。此法常用于肩背、胸腹、腰臀及四肢。（图4-2-11）

（2）掌平推法：医者将手掌平贴在被按摩者皮肤上，以掌根为重点，向一定方向推进，也可两掌重叠向一定方向推进。此法常用于面积较大的部位。（图4-2-12）

（3）肘平推法：医者以屈肘时突出的鹰嘴部位着力于被按摩者一定部位并向一定方向推进。此法刺激强，仅适用于肌肉较丰厚发达的部位，如臀部及腰背、脊柱两侧等部位。（图4-2-13）

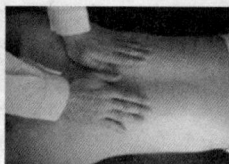

图4-2-11　　　　　　图4-2-12　　　　　　图4-2-13

在运用推法时，指、掌、肘要紧贴体表，用力要稳，速度要缓慢而均匀。这种手法可在人体各部位使用，能增强肌肉的兴奋性，促进血液循环。

功能：疏通经络，调和营卫，和血行气，发汗清热，祛风散寒，化瘀消滞，健脾和胃。

（四）拿法

拿法是医者将拇指、食指、中指指端对称地置于被按摩者患部或相应穴位上，对称用力，一松一紧地拿按患部或相应穴位的手法。使用拿法时，腕部要放松，指面着力；动作要柔和而有连贯性，不可断断续续；用力要由轻到重，再由重到轻，不可突然用力。本法是常用的保健按摩手法之一，适用于颈项、肩部、四肢等部位或穴位，且常作为按摩的结束手法使用。（图4-2-14至图4-2-16）

图4-2-14　　　　　　图4-2-15　　　　　　图4-2-16

功能：舒筋活络，缓解肌肉挛缩，活血化瘀，散寒止痛，解除疲劳，增强肌力。

（五）揉法

揉法是医者将手指螺纹面或掌面定于被按摩者相应穴位上，做轻而缓和的回旋揉动的手法。揉动又分为指揉法、鱼际揉法、掌揉法等。

（1）指揉法：医者将拇指、食指、中指、无名指指面或指端轻按在被按摩者某一穴位或部位上，做轻柔的小幅度回旋揉动。（图4-2-17）

（2）鱼际揉法：医者以手掌的大鱼际部位着力于被按摩者一定的部位或穴位上，做轻轻的回旋揉动。（图4-2-18）

（3）掌揉法：医者用掌根部着力，手腕放松，以腕关节连同前臂做小幅度的回旋揉动。揉法是保健按摩的常用手法之一，适用于面积较大且较为平坦的部位，如腰背部、腹部。（图4-2-19）

图4-2-17　　　　　图4-2-18　　　　　图4-2-19

功能：增强气血运行，活血化瘀，消肿止痛；促进胃肠蠕动，消食化积。

（六）捏法

捏法的手法要求：医者手掌自然伸开，四指并拢，拇指外展，成钳形，拇指和四指捏着被按摩者肢体，不断地用力做对合动作。操作中，移动或不移动均可，但拇指和四指力量要平衡。

手指捏：适用于手、足及脊背等。（图4-2-20）

掌指捏：适用于肩部、颈部、腰臀部、大腿、小腿。（图4-2-21）

捏法可以促进萎缩肌肉恢复张力，也可以消除组织的肿胀和肌肉的疲劳感，缓解肌腱挛缩等；常用于关节脱位，四肢骨折，尤其是陈旧性肘关节和指关节伤患所致的功能障碍。

功能：开导闭塞的经脉，调和气血，放松肌肉。

（七）颤法

医者以手掌或掌指自然伸直着力于被按摩者相应部位，用腕部做急剧而细微的撮动的手法，称为颤法。（图4-2-22）

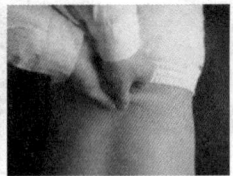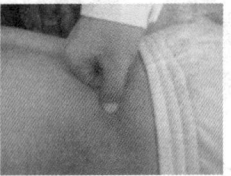

图4-2-20　　　　　图4-2-21　　　　　图4-2-22

功能：疏通经络，行气镇痛。

（八）拍法

医者手指自然并拢，掌指关节微弯曲，依靠腕部的摆动带动虚掌着力于被按摩者相应部位，平稳而有节奏地反复拍打的手法，称为拍法。（图4-2-23）

功能：轻力有行气止痛、疏松筋骨、抑制神经之功；重力有活血通络、祛风散寒、兴奋神经之效。

（九）切法

医者用手在被按摩者肢体某部位施以有节奏、有规律地连续移动的按切动作的手法，称为切法。切法常用在软组织伤后日久有肿胀的部位。指切时，肿胀部分随着手指的移动向前推

移，所以必须自远心端掐至近心端（向心性掐法）。对于头额部，可按经脉的循行路线掐切。（图4-2-24、图4-2-25）

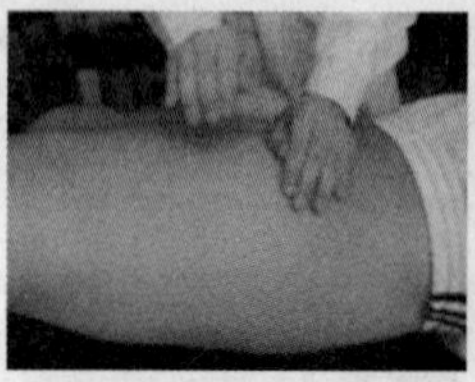

图4-2-23 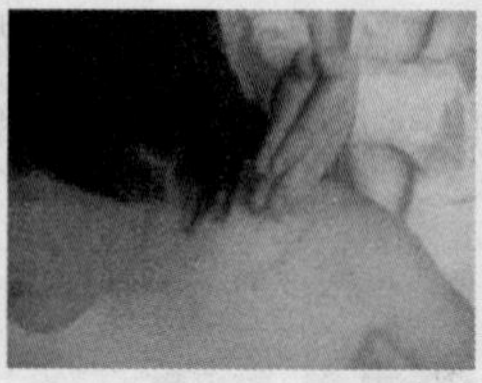　　　　　图4-2-24 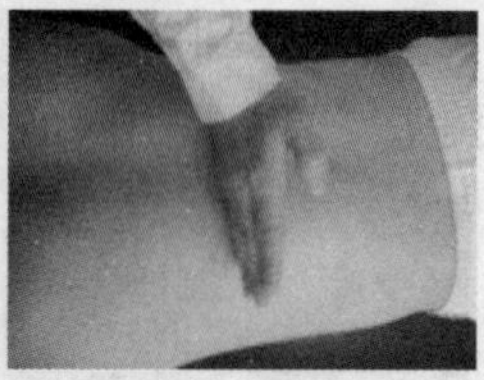　　　　　图4-2-25

功能：切法是一种泻法，它可破坏皮下的陈旧瘀血所聚之处的僵硬组织，缓解肌纤维硬化，改善局部血液循环，活血化瘀，恢复肌腱、韧带的弹性。

（十）点法

医者用拇指或中指指端的指甲（指尖）垂直地向下点压被按摩者相应的经穴部位的手法，称为点法。其要领是点住穴位不动，稍停片刻，若加以轻微震颤，则效果更显著。（图4-2-26、图4-2-27）

功能：此法是刺激较强烈的一种按摩手法，有疏通经脉、行气镇痛之效。

（十一）揪法

医者拇指指腹和食指的桡侧（食指弯曲）形成钳状，用力捏提起被按摩者病变穴位处的皮肤或肌肉，一下一下有节奏地捏提的手法，称为揪法。此法不宜施行过久，以局部皮肤呈红紫色为度。切勿做拧转的动作，施术时要动作敏捷，减少被按摩者的痛觉。施术前，医者可在被按摩者被揪的部位涂抹适量的按摩介质，既可保护皮肤免受损伤，又可增强治疗效果。（图4-2-28、图4-2-29）

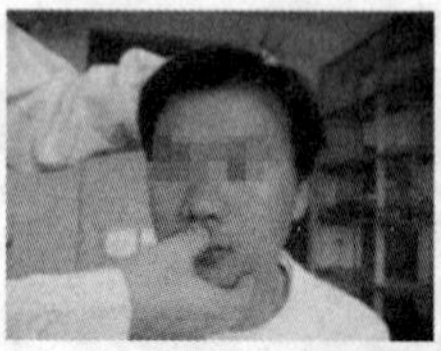

图4-2-26 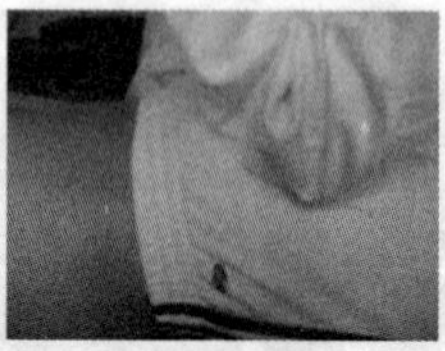　　　　　图4-2-27 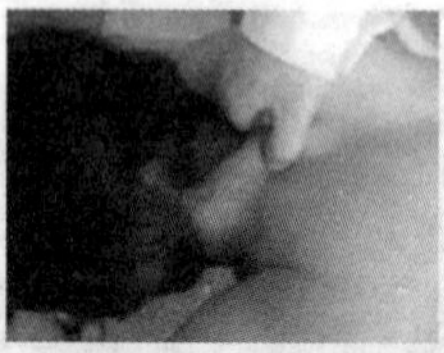　　　　　图4-2-28 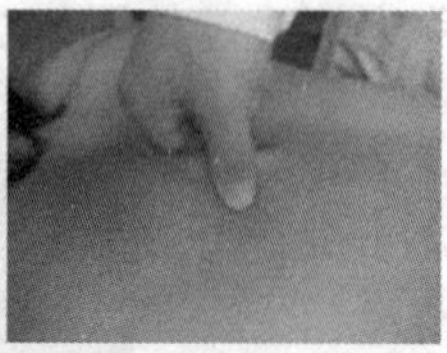　　　　　图4-2-29

功能：此法多用于肩、颈、腰、背、腿、膝部感受风寒湿所致的病症（肌肉、关节痛部位），有祛风散寒、排泄废物、引邪外出、发汗解表、解痉止痛之效。

（十二）刮法

医者用拇指的桡侧面、四指并拢的指尖或四指的第二指关节背侧面平行于被按摩者治疗部位的皮肤（肩背部、脊柱两侧、胸背部的肋间隙）进行刮拭的手法，称为刮法。被刮局部以呈红紫为度，有时可见条状瘀血红痕或瘀血红斑。（图4-2-30）

功能：宣通络脉，祛风散寒，缓解中暑、发热症状。

（十三）搓法

（1）医者两手自然伸开，五指并拢，夹住被按摩者一定的部位，两手相对用力，做方向相反的快速搓揉动作，同时上下移动。搓揉要快，移动要慢，两手用力要均匀对称。搓揉的

快慢要结合病情而定，也可施以时快时慢的搓揉动作。此法适用于上下肢麻木及软组织损伤。（图4-2-31）

（2）医者两手拇指指腹或两手掌、掌根平放在被按摩者治疗部位，做方向相反的交叉横向用力搓动。手法要轻巧而快速（此法应用在头前额部时，用两手拇指指腹搓；此法应用在腰背部时，用两手拇指指腹、手掌及掌根搓）。（图4-2-32）

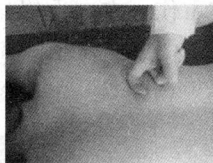

图4-2-30　　　　　图4-2-31　　　　　图4-2-32

功能：调和气血，疏松筋骨，祛风散寒。

（十四）叩法

医者两手五指屈曲成空心拳，以小鱼际或拳心着力于被按摩者皮肤，上下交替而有节奏地叩打按摩部位的手法，称为叩法。应用叩法时，可单手叩打，也可双手叩打，切忌用实拳捶打。此法适用于肩部、腰背部及四肢。（图4-2-33）

功能：行气通络，放松肌肉，兴奋神经，消除酸胀、麻木。

（十五）击法

医者两手五指自然伸开（手指不要并拢），以小指尺侧着力于被按摩者皮肤，做上下交替而有节奏的轻力击打动作的手法，称为击法。击法要领：腕关节要放松、轻巧，手指要有反弹力，使被按摩者有舒服感；速度可时快时慢。（图4-2-34）

功能：用力轻小而缓慢，能镇静安神、消除肌肉的疲劳；用力稍重而快速，有兴奋神经、增强肌肉弹性的作用。

（十六）啄法

啄法是医者两手以指尖反复击打被按摩者相应部位，以腕关节活动为主，似鸡啄米或啄木鸟食虫状的手法，故此法亦叫雀啄法或梅花指针法。（图4-2-35、图4-2-36）

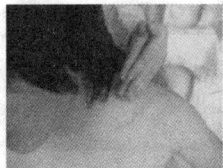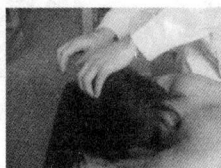

图4-2-33　　　　　图4-2-34　　　　　图4-2-35　　　　　图4-2-36

功能：轻力而缓慢，能抑制神经、镇静安神；重力而急速，能兴奋神经。

（十七）抖法

抖法多用于上肢，也可用于下肢。例如，用于上肢：被按摩者取位，两肩放松，手臂下垂，医者微屈膝、稍弯腰，用两手对称握住被按摩者一臂的手腕部，轻微用力向上送，做波浪式的震颤抖动动作。（图4-2-37、图4-2-38）

功能：有滑利关节、调和气血、活络肌腱、放松肌肉、消除疲劳的功效。

（十八）提法

被按摩者取坐位，医者立于被按摩者侧面或对面，用两手握住患肢的腕部（被按摩者手掌掌心向其面部），把患肢提起，摇晃几圈后，继续向上提拉并抖动患肢。提法要领：一定要使患者手掌掌心朝向其面部，否则容易造成其肩关节脱臼或重伤；在向上提拉患肢的同时要有抖动的动作，要轻巧，不要用力过猛。此法禁止用于孕妇、老弱者、高血压患者、心脏病患者、骨折患者等。运用提法时，被按摩者不要说笑，以免岔气。（图4-2-39、图4-2-40）

| 图4-2-37 | 图4-2-38 | 图4-2-39 | 图4-2-40 |

功能：可使错位的上肢（腕、肘、肩）关节复位；对肩胛肌筋的扭伤，效果亦佳。

（十九）屈法

上肢屈法：医者左手按于被按摩者肘部内侧，右手握住患者腕部，使患者手臂向肩部方向屈肘，同时右手要适当用力推，然后使被按摩者的手臂伸直再屈，反复做几次动作。其主要治疗肘关节扭错脱臼伤痛。（图4-2-41、图4-2-42）

下肢屈法：① 被按摩者俯卧，医者两手握住被按摩者的踝关节上部，使其膝关节弯曲，用力将其小腿向其臀部方向推压3或4次。② 被按摩者仰卧，医者两手把患者两膝攀起，一手握住其脚跟上方，另一手按其膝部下方，用力将其小腿向其胸腹部推压（髋关节、膝关节屈曲），使被按摩者两脚脚跟尽量贴近臀部，两大腿贴近胸腹部。根据病情需要，一腿或双腿均可。（图4-2-43至图4-2-48）

| 图4-2-41 | 图4-2-42 | 图4-2-43 | 图4-2-44 |

| 图4-2-45 | 图4-2-46 | 图4-2-47 | 图4-2-48 |

功能：舒筋活络，提高关节的灵活性，使脱臼关节及扭闪肌腱复原。

（二十）摇法

医者两手分别托住或握住被按摩者相应部位做左右旋转摇晃动作。速度宜缓慢，切勿操之过急，活动幅度应由小到大，不可超过其生理活动范围。摇法适用于颈部、腰部及四肢。

功能：活经络、和气血，松弛关节、韧带，解除肌肉粘连，增强关节功能。

具体手法如下。

颈项摇晃法：被按摩者取坐位，医者立于其一侧，一手托住被按摩者头枕后部，另一手扶托其颌部，轻轻做左右旋转或前俯后仰动作，待其颈背部肌肉放松后，趁其不备，骤然稍用力向患侧摇晃抖动，然后依同样方法向对侧摇晃一次。颈项摇法常用于治疗落枕、颈项扭伤等。（图 4-2-49 至图 4-2-51）

图 4-2-49　　　　图 4-2-50　　　　图 4-2-51

肩肘关节摇晃法：被按摩者取坐位，医者一手按扶其肩部，另一手握住其前臂下端，做前后左右旋转摇动，如摇辘轳状。此法可缓解肩肘关节的伤痛或关节僵硬，逐渐使关节恢复功能。（图 4-2-52 至图 4-2-58）

图 4-2-52　　　　图 4-2-53　　　　图 4-2-54

图 4-2-55　　　图 4-2-56　　　图 4-2-57　　　图 4-2-58

腰部坐位摇晃法：被按摩者取坐位，医者两人，一人在前按住被按摩者的两膝，另一人在后用膝关节顶住被按摩者的腰部，并用两臂抱住被按摩者的上身，做上下左右摇晃。此法多用于治疗腰扭伤。（图 4-2-59 至图 4-2-62）

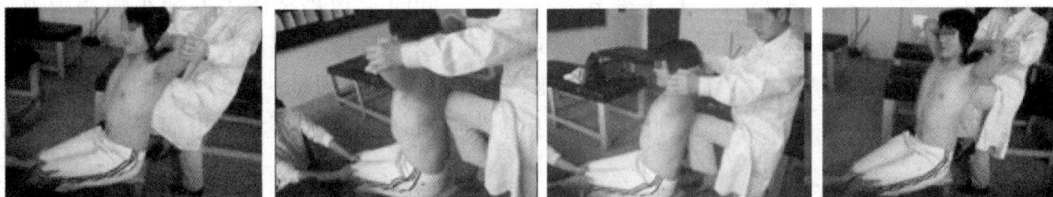

图 4-2-59　　　图 4-2-60　　　图 4-2-61　　　图 4-2-62

髋膝关节摇晃法：被按摩者仰卧，医者一手握其踝关节，另一手按于其膝关节，使其膝关节屈曲，做由内向外或由外向内的运动。此法多用于治疗髋关节、膝关节及腰部扭伤。（图4-2-63至图4-2-65）

图4-2-63　　　　　　　图4-2-64　　　　　　　图4-2-65

（二十一）拔筋法

被按摩者俯卧，医者立于其一侧，用拇指或其他四指并拢的指尖在被按摩者伤筋处及肌腱处用力做来回反复的波动动作。速度可快可慢，但手法要轻巧。此法多用于使扭闪错位（出槽）的伤筋复原。（图4-2-66、图4-2-67）

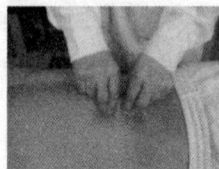

图4-2-66　　　　　　图4-2-67

功能：舒展肌腱，缓解肌肉挛缩（多用于颈项、腰背部及上下肢软组织扭伤）。

（二十二）侧扳法

（1）被按摩者右侧卧，医者面对被按摩者站立，以左手或前臂压住被按摩者左肩，右手或前臂压住被按摩者左侧臀部，左右两臂做相反方向的扳动动作，旋转被按摩者腰部，然后嘱被按摩者左侧卧，以相同方法再扳动一次。（图4-2-68至图4-2-71）

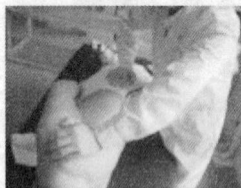

图4-2-68　　　　　　图4-2-69　　　　　　图4-2-70　　　　　　图4-2-71

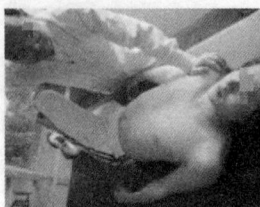

（2）被按摩者仰卧，医者立于被按摩者右侧，用左手压住被按摩者左肩，右手握其左腿小腿，同时牵拉被按摩者左腿小腿并用力往下压，两手向相反的方向用力，以被按摩者腰部为轴，使其扭转，然后医者立于被按摩者左侧，以相同方法再扳动一次。（图4-2-72）

功能：此法多用于急性腰扭伤及腰椎间盘突出症，可使腰椎扭错关节复位。

图4-2-72

（二十三）背晃法

被按摩者与医者背对背站立，医者用两肘勾住被按摩者两肘，用臀部顶住被按摩者腰部，俯身将被按摩者背起离地颠三颠，然后左右晃三晃，晃毕轻轻放下被按摩者，用手搀扶，以免其跌倒。（图4-2-73至图4-2-75）

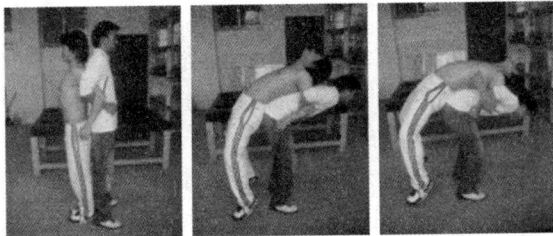

图4-2-73　　　　图4-2-74　　　　图4-2-75

此法适用于急性腰扭伤及腰椎间盘突出症，对年老体弱者、孕妇、心血管病者禁用。

功能：对于腰椎、胸椎压缩性骨折伤者，不能左右晃，可使压缩骨折处通过牵引得以缓解，减轻疼痛，以利痊愈；对于腰部扭伤者，可使扭错关节自动复位，使腰肌等软组织通过牵引得以舒展平顺；对于骶髂关节扭伤者，可使扭伤关节复位。

（二十四）捏脊法

被按摩者俯卧，医者用两手的拇指、食指、中指在被按摩者尾骶部长强穴处开始将皮肤捏起，顺其脊椎向前徐徐捻动，捏至其颈项部大椎穴止，如此3～5遍，第一遍捏至第5腰椎、第3腰椎、第1腰椎处用力高提3下，捏脊完毕可用两手掌根及两手拇指在肾俞穴处揉擦3～5遍。

捏脊手法有两种：一种是拇指在后，食指、中指在前，三指将皮肤捏起；另一种是拇指在前，食指在后，中指抵住食指，拇指和食指的桡侧将皮肤捏起，顺脊椎向上推捏。这两种捏法都对，疗效相同。（图4-2-76、图4-2-77）

功能：可以刺激深层的神经，并能调理脏腑平衡，改善消化系统的功能。此法对小儿消化不良、遗尿症、成年人的脾胃虚弱、胃肠功能紊乱、神经衰弱、月经不调、痛经等症状有显著效果。

（二十五）对抗法

医者左手握住被按摩者肘部或膝部，右手握其腕部或小腿部，使其肘关节、膝关节屈曲90°，让被按摩者用力向外推时，医者亦用力推；被按摩者用力拉时，医者亦用力拉。医者和被按摩者双方均用力拉推，做对抗活动，如此反复3～5次。（图4-2-78、图4-2-79）

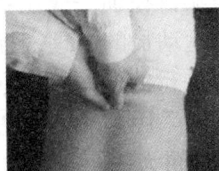

图4-2-76　　　　图4-2-77　　　　图4-2-78　　　　图4-2-79

功能：此法适用于肘关节、膝关节扭伤及肘关节、膝关节伸屈不利，可增强关节周围肌腱、韧带的弹性。

步骤六：学会运动按摩

运动按摩是以调整、维持运动员良好的竞技状态，发展运动员的潜在体能，提高运动员的运动成绩为目的的。运动按摩按运动阶段可分为运动前按摩、运动中按摩、运动后按摩。

（一）运动前按摩

运动前按摩用于运动员参加比赛或训练前，目的是使运动员身体处于最佳赛前状态，使运动员韧带的柔韧性和关节的灵活性得到提高，肌肉力量增强，为运动员提高运动能力和运动成绩做准备。运动前按摩是预防运动损伤的重要措施，在冬季尤为适用。运动前按摩可以与准备活动结合起来做，也可以在一般准备活动后，结合专项准备活动进行。运动按摩宜在比赛或训练前 15 分钟内进行，所需时间为 5～10 分钟，按摩手法要根据运动员的赛前状态、比赛专项和气候条件等确定。

1. 提高兴奋性的按摩

被按摩者取坐位，按摩者站立于被按摩者的身旁，用两手拇指螺纹面按揉被按摩者的攒竹穴、丝竹空穴、太阳穴、风池穴、大椎穴、内关穴、足三里穴等穴位；快速有力地揉捏和拍击被按摩者的肩部，搓动和抖动被按摩者的上肢，使按摩所产生的机械刺激达到被按摩者的头部，可起到提高中枢神经系统兴奋性的作用。按摩时间为 3～4 分钟，按摩安排在准备活动以后进行。

2. 缓解赛前紧张情绪的按摩

运动新手参加比赛，在赛前可能会因情绪过分紧张、激动而产生过度兴奋，常表现为坐立不安、夜间睡眠不良、食欲减退等一系列不良反应，运动时动作协调性下降，运动员的运动能力减弱，运动成绩下降等。具体操作时，被按摩者取坐位，按摩者站立于被按摩者的身旁。按摩时，按摩者用力较轻，频率较慢，按摩时间较长，按摩的面积较大。根据被按摩者所参加的运动项目，按摩者有针对性地对其运动时负荷量较大的肌肉和关节进行擦、揉、捏等。这些弱刺激可以使被按摩者的神经抑制过程增强，神经兴奋过程减弱，从而缓解运动员的过分紧张情绪而起到镇静作用。头部按摩也有镇静的作用。头部按摩的方法如下。

（1）按摩者用拇指指腹揉被按摩者的印堂、太阳穴各 10 次，并将两拇指指腹紧贴于被按摩者印堂上方皮肤，然后来回交叉摩运眉上方 10 次，最后 3 次当拇指摩运到眉梢时再延伸至太阳穴，并在太阳穴上做回旋，最后向外上缘提起而结束。

（2）按摩者两手除了拇指外，其余四指紧贴被按摩者的头部两侧，虎口置于被按摩者的前额，两拇指紧贴被按摩者的额部皮肤，交替向其头顶方向抹动，重复 10 次，揉百会穴、风池穴各 5 次。

（二）运动中按摩

运动中按摩是利用运动中的间歇来进行的，如跳跃、投掷、体操等项目在训练或比赛中均有间歇。运动中按摩的目的是及时消除运动员的疲劳和肌肉僵硬，稳定运动员的心理，提高运动员训练或比赛时的兴奋性。运动中按摩一般是针对负荷量较大的肌群进行的按摩。根据项目的特点和间歇时间的长短，以及在短时间内达到兴奋的目的，按摩者可先采用柔和的手法，再用较重而快速的手法，并着重按摩运动员将承受较大负荷的部位。按摩时间为 3～4 分钟。

（三）运动后按摩

运动后按摩的目的是加速疲劳的消除，有利于运动员体力的恢复。运动后按摩可以与整理活动结合进行，也可以在运动结束后或洗澡后及晚上临睡前进行。运动员处于极度疲劳状态时不宜进行按摩。按摩部位应随运动项目和运动员的疲劳程度而定，一般是运动中承受较大负荷的部位。若运动员运动后严重疲劳，则可进行全身按摩。

项目点拨

　　教师可通过情境设定，让学生对医疗体育有一个感性认识，引起学生对体育保健的重视，让学生明确学习目标和任务要求，然后对学生进行具体内容的教学。在教学过程中，教师应穿插一些小故事、图片或视频等使学生保持学习热情，并鼓励学生分享自己在体育锻炼中曾经发生的有关体育保健的小故事。在课堂上，教师可通过课堂提问、知识竞答等方式巩固学生所学知识；在课堂外，教师可指导学生组织一些有关医疗体育、运动保健按摩的讲座和知识竞赛，在校园、社区等普及体育保健知识，让体育保健知识惠及周围的人。

项目笔记

项目总结

项目评价

教师评价：

学生自我评价：

体育文化欣赏与竞赛

🏠 学习提示

本章主要介绍奥林匹克运动会（简称奥运会）的起源和发展、奥林匹克运动的思想体系、国际奥林匹克运动的组织机构、奥林匹克运动在中国的发展状况，以及 2008 年北京奥运会取得的举世瞩目的成绩，激发青年学生强烈的爱国主义情怀；阐述校园体育文化的内涵，以提高大学生的体育文化素养，引导大学生欣赏体育运动之美；介绍体育竞赛的组织与编排方法。

🔍 项目目标

◎ 了解奥林匹克文化相关知识。
◎ 了解校园体育文化的含义和特点。
◎ 了解体育欣赏的意义，掌握体育欣赏的方法。
◎ 了解体育竞赛组织知识，掌握体育竞赛的编排方法。

任务一　了解奥林匹克文化

学练实践

步骤一：了解古代奥运会

（一）古代奥运会的起源

古代奥运会的起源与古希腊的社会状况有着密切的关系。公元前 9 世纪—公元前 8 世纪，希腊氏族社会逐步瓦解，城邦制的奴隶社会逐渐形成，建立了 200 多个城邦。城邦各自为政，城邦之间战争不断。为了应付战争，各城邦都积极训练士兵。斯巴达城邦的儿童从 7 岁起就由国家抚养，并从事体育、军事训练。战争需要士兵，士兵需要强壮的身体，而体育则是培养能征善战士兵的有力手段。战争促进了古希腊体育运动的开展，古代奥运会的比赛项目也带有明显的军事烙印。连续不断的战争使人民渴望能有一个赖以休养生息的和平环境。后来，斯巴达王和伊利斯王签订了《神圣休战条约》。于是，为准备兵源的军事训练和体育竞技，逐渐变为和平与友谊的运动会。

古代奥运会起源于公元前 776 年，每 4 年举行一次，每年夏天在古希腊奥林匹亚举行。

（二）古代奥运会的盛况

古代奥运会在它延续 1000 多年的时间里，不仅是一个竞技大会，实际上也是古希腊人的一个全国性节日。

《神圣休战条约》宣布之后，成千上万的人便涌向奥林匹亚。在那里，各城邦的代表参加活动和游行；政治使节缔结条约；艺术家展出作品；学者和教师研讨学术；雄辩家发表演说；商人展售商品……

各城邦派出的优秀选手则在竞技场上奋勇拼搏，他们进入赛场，向观众展示他们超人的体能、健美的体形和良好的修养。

古代奥运会已经超出了竞技比赛的范围，它是古希腊政治、经济和文化的重要组成部分，起到了推动政治交流、促进贸易发展、繁荣文化、融合民族感情的作用。它使古希腊人民在和平的气氛中欢聚一堂，其丰富的内容和壮观的场面使它成为古希腊最盛大的节日。在古希腊所有的运动会中，没有比古代奥运更受到古希腊人重视的，也没有一个运动会的参加者比古代奥运会更广泛。古代奥运会在古希腊人心目中是整个古希腊民族精神的象征，其延续时间之长，影响之深远，在人类历史上是罕见的。

古代奥运会有两大特色：① 古代奥运会是内容丰富、形式多样的综合盛会，它包括诗人朗诵作品，演说家发表祝词，开展集市贸易活动等，体育竞技仅是其中的一项内容。② 古代奥运会作为古希腊各民族文化的一部分，起到了团结各族人民、减少和制止战争的积极作用。

（三）古代奥运会的衰落

公元前 5 世纪，古希腊奴隶社会进入了鼎盛期，但随后不久，战争爆发，社会矛盾加剧。公元前 5 世纪末爆发的伯罗奔尼撒战争使古希腊奴隶制开始走向衰败，这也是古代奥运会由兴及衰的转折点。战争使得经济萧条，世风日下，运动竞技失去了原来的意义。

公元前 2 世纪，闻名于世的古代奥运会走向全面衰落。公元 394 年，狄奥多西一世下令终止了古代奥运会。至此，举办了 293 届的古代奥运会从此消失了。

步骤二：了解现代奥运会

（一）现代奥运会的起源

现代奥运会兴起于欧洲资本主义工业时代。它以坚实的社会经济、政治、文化基础为依托，顺应了社会发展的需要和体育发展的潮流，它极大地丰富了体育的内涵，扩大了体育的作用。

18 世纪中叶，欧洲兴起了文艺复兴和启蒙运动。人文主义者颂扬古代奥运会的崇高竞技精神，引起了史学界、文化体育界对奥林匹亚的重视和神往。1859—1889 年，在希腊人杜巴斯的倡导下举行过 4 次奥运会，但都没有多大影响。

法国教育家、国际体育活动家、历史学家皮埃尔·德·顾拜旦是现代奥运会的发起人。从 1888 年开始，顾拜旦就提出复兴奥林匹克运动的倡议，并前往多国宣传和呼吁。在他的推动下，1894 年 6 月 23 日，国际奥林匹克委员会（简称"国际奥委会"）在法国巴黎成立。

国际奥委会是奥林匹克运动会的领导机构，国际奥委会的委员以个人身份当选，不代表国家，主席由国际奥委会全体会议选举产生，任期 8 年，连选连任时，每届任期 4 年。第 1 届国际奥委会全体会议选举希腊诗人维凯拉斯为国际奥委会第一任主席，顾拜旦为秘书长，决定 1896 年 4 月在希腊雅典举行第 1 届现代奥运会，以后每 4 年举办一届。

（二）现代奥运会的发展

从 1894 年国际奥委会成立至今，现代奥运会已经走过了 100 多年的历程，这期间无论是奥运会本身，还是它存在的社会环境都发生了巨大而深刻的变化。奥运会的发展过程按其特征大体上可以分为四个阶段。

1. 现代奥运会的初创时期（1894—1919 年）

这期间正是世界政治经济关系发生急剧变化的时期，现代运动项目仅在少数国家有所发展，世界范围的体育竞赛活动很少进行。奥运会尚未形成一定的规模。1908 年，奥运会实施了标准化和规范化管理，为未来奥运会的举办构建了基本框架。1912 年，奥运会从参赛国家、运动员人数、场地设施到组织工作都有了较大提高。

这一时期，国际奥委会、国际单项体育组织和国家奥委会还只是一个松散的机构。国际奥委会在委托某一城市承办奥运会时，还缺乏领导和监督，以至于奥运会的一切事宜均由东道主安排。

2. 现代奥运会的推广时期（1920—1945 年）

因第一次世界大战而中断数年的奥运会于 1920 年重新举行。经过发展初期的实践，现代奥运会的组织者意识到奥运会规范化的重要性。在发展初期初步形成框架的基础上，现代奥运会的各项制度逐步健全，在组织化、规范化方面逐渐完善。现代奥运会的基本框架、运行机制和基本特征在这一时期逐步形成，体育比赛项目的安排逐渐合理，比赛设施进一步完善，比赛时间有了限制。先进的技术（如电子计时、终点摄影、自动打印等）被充分应用到比赛中。1928 年，女子田径项目被正式列为奥运会比赛项目，这一个重要变化对现代奥林匹克运动的普及和发展起到了推动作用。这一时期的另一个重要发展是从 1924 年开始举办冬奥会。

在这一时期，现代奥林匹克运动的组织机构得到发展，各国际单项体育联合会相继成立，初步形成国际奥委会、国际单项体育联合会和国家奥林匹克委员会（简称"国家奥委会"）三大支柱各司其职的局面。国际奥委会逐渐从奥运会的具体技术事务中解脱出来，更多地在领导、协调、决策等方面发挥作用。

3. 现代奥运会的发展时期（1946—1980 年）

第二次世界大战结束后，各国经济振兴和科技发展，促进了奥林匹克运动的发展。奥运会每届参赛国家和人数以及竞赛项目都在增加；顾拜旦关于在各大洲轮流举办奥运会的设想得以实现；各洲范围的运动会、残疾人奥运会相继产生。随着奥林匹克运动的普及，竞技运动水平也迅速提高。奥运会向大型化、艺术化方向发展。先进电子设备的应用，以及违禁药物鉴别技术的提升和检查力度的加大使比赛的公正性得到加强。

4. 现代奥运会的改革时期（1981 年至今）

进入 20 世纪 80 年代后，在萨马兰奇的领导下，国际奥委会针对现代奥林匹克运动所面临的各种问题进行了大规模的改革。国际奥委会在文化教育、科学技术方面开始注重奥林匹克思想的传播。举办奥林匹克艺术节、建立博物馆、举办"国际奥林匹克日"纪念活动、定期召开奥林匹克科学大会等都对奥林匹克思想起到很好的宣传作用。国际奥委会组织结构上的自我更新与完善，使国际奥委会同其他机构的联系日益密切。自 20 世纪 80 年代以来，国际奥委会建立了专职的总部，保证了有组织结构和功能比较健全的机构对各方面工作的领导。国际奥委会自 1981 年起第一次有了正式的法律地位，开始以法人的身份参与处理各种重大体育事务。在经济上，国际奥委会大胆进行商业性开发，通过各种活动创造财富，为现代奥林匹克运动的发展奠定了良好的经济基础。

这一时期发生的一个重要变化是奥林匹克组织与各国政府进行合作，同时国际奥委会保持了自己的独立性。国际奥委会允许商业的介入，同时对商业化采取一定的限制措施。这种务实的态度促进了奥林匹克运动向健康的方向发展。

（三）现代奥运会赛事

1. 夏季奥运会

夏季奥运会每4年举办一届，从1896年至今，已举办了32届，第6届、第12届、第13届因为两次世界大战而被迫停办。第1届仅有14个国家参与，311名男运动员参加9个大项、43个单项的比赛，现已发展到200多个国家和地区，近12000名运动员参加33个大项、300多个单项的比赛。

2. 冬季奥运会

冬季奥运会也是每4年举办一届，自1924年在法国夏蒙尼举办第1届至今，已举办了24届。目前比赛项目有冰球、冰上舞蹈、现代冬季两项（滑雪和射击）、滑雪（高山滑雪、越野滑雪、跳台滑雪、自由式滑雪）、滑冰（速度滑冰、花样滑冰、短道速滑）和雪橇（有舵雪橇、无舵雪橇）、冰壶及单板滑雪等。

3. 残疾人奥运会

残疾人体育活动是从第一次世界大战后发展起来的，最早是由英国人古特曼首创了残疾人体育竞赛。1960年，在意大利举办夏季奥运会时，第一次同时组织了残疾人奥运会。此后，伴随着4年一届的夏季奥运会，残疾人奥运会也都同时在奥运会主办国举行。夏季残奥会已举行了16届。

步骤三：奥林匹克运动与世界

奥林匹克运动在发展过程中逐渐形成了以奥林匹克主义为核心的思想体系。这一体系主要由奥林匹克主义、奥林匹克宗旨、奥林匹克精神、奥林匹克格言等组成。

现代奥林匹克是以体育运动为基本内容的一种社会文化现象，它包括各种文化形式，如体育竞技、音乐、美术、建筑艺术、雕塑、文学、设计等，从不同方面、不同层次，在每4年一届的奥运会中高度集中地表现出来，挖掘和展示着人类社会中一切美好的事物。各种文化形式和艺术手段在奥运会上都找到了自己发挥的天地，并成为这一盛大的社会文化运动的组成部分。气势磅礴的奥运会建筑群、形象生动的绘画和雕塑、旋律无限的音乐和器乐、抒情优美的文学和诗歌、隆重庄严的各种仪式、鲜明独特的象征性标志、格言、会旗、会歌、会标、奖牌、吉祥物、宣传画等。这些可触、可见、可听的精神、物质及制度文化，从社会文化的方方面面均反映着人类文明的进步，并推动着人类社会的发展。

（一）奥林匹克运动的思想体系

1. 奥林匹克主义

奥林匹克主义是将身、心和精神方面的各种品质均衡地结合起来，并使之得到提高的一种人生哲学。它将体育运动与文化、教育融为一体。奥林匹克主义所建立的生活方式，是以奋斗中体验到的乐趣、优秀榜样的教育价值和对一般伦理基本原则的推崇为基础的。

根据以上表述，人们把奥林匹克主义的基本内容归纳为以下几个方面：奥林匹克主义的中心思想是人的和谐发展；体育运动是实现人的和谐发展的途径；体育运动必须与教育、文化相结合；人的和谐发展的关键是生活方式的改善。

2. 奥林匹克宗旨

奥林匹克运动的宗旨是，通过没有任何歧视、具有奥林匹克精神的体育活动来教育青年，从而为建立一个和平、美好的世界做出贡献。

3. 奥林匹克精神

奥林匹克精神就是互相了解、友谊、团结和公平竞争的精神。奥林匹克精神强调对文化差异的容忍和理解，强调友谊、团结、互相了解，其意义就在于它为奥林匹克运动提供和开创了一种必不可少的文化氛围和精神境界。奥林匹克精神强调竞技运动的公平与公正。各国运动员只有在公平的基础上竞争，才有意义，才能保持和加强团结、友谊的关系，奥林匹克运动才能实现它神圣的目标。

4. 奥林匹克格言

最初的奥林匹克格言是"更快、更高、更强"。这一格言是由亨利·马丁·迪东提出的。顾拜旦借用过来，将其用于奥林匹克运动。1920年，国际奥委会将其正式确认为奥林匹克格言。该格言在1920年安特卫普奥运会上首次被使用。

2021年7月，国际奥委会在其第138次全体会议上投票表决，同意在奥林匹克格言"更快、更高、更强"之后加入"更团结"。四个词在一起的呈现形式是"更快、更高、更强——更团结"。

"更快、更高、更强——更团结"的内涵是非常丰富的。它不仅表达了奥林匹克运动不断进取、永不满足的奋斗精神和不畏艰险、勇攀高峰的拼搏精神，还指出人类命运与共，需要团结一致，共同应对挑战。

（二）奥林匹克运动的标志系统

1. 奥林匹克标志

奥林匹克标志由五个不同颜色、互相套接的圆环组成，五环的颜色分别为蓝、黄、黑、绿、红。五个圆环从左到右互相套接，上面是蓝环、黑环、红环，下面是黄环、绿环。

奥林匹克标志象征五大洲和全世界的运动员在奥运会上相聚一堂，充分体现了奥林匹克主义的内容，"所有国家——所有民族"的"奥林匹克大家庭"主题。

2. 奥林匹克会徽

奥运会会徽是一届奥运会的徽记，是该届奥运会最权威的形象标志。会徽的图样不仅要体现奥林匹克精神，还要反映出奥运会举办国和主办城市的特征。各届奥运会会徽未经奥运会组委会同意，不得用于广告和商业活动，从而保证了奥运会会徽的严肃性和权威性。奥运会会徽常出现在举办国或其他国家各种与该届奥运会有关的出版物、纪念品或建筑物上，这很好地起到了宣传奥林匹克精神的作用，并为奥运会组委会和举办国带来了可观的经济效益。

奥林匹克会徽是由奥林匹克标志同其他特殊图案共同组成的图样。任何国家、地区和奥运会组委会要使用奥林匹克会徽，都必须提交国际奥委会执行委员会批准，各国奥委会专用的奥林匹克会徽还必须在经国际奥委会批准后的6个月内在本国注册，否则国际奥委会将撤销批准。

3. 奥林匹克会旗

奥林匹克会旗为白底，无边，中间是奥林匹克标志。奥林匹克会旗于1913年在顾拜旦的构思和建议下制作而成，并在1914年巴黎奥林匹克代表大会上为庆祝国际奥委会成立20周年首次被升起。在 1920 年安特卫普奥运会的开幕式上，比利时国家奥委会绣了一面同样的锦旗并将其升在主体育场；这届奥运会后，这面锦旗被赠送给国际奥委会并成为夏季奥运会正式会旗。

4. 奥运会会歌

奥运会会歌是一首希腊古典管弦乐曲，由希腊人萨马拉斯作曲、帕拉马斯作词，曾在 1896 年第 1 届奥运会开幕典礼上被演唱。1958 年，在日本东京召开的国际奥委会全体会议上正式将其确认为奥林匹克会歌。奥运会会歌歌词原文为拉丁文，其主要的含义是从奥林匹克活动中追求人生的真、善、美。

5. 奥运会吉祥物

吉祥物最早出现在 1968 年格勒诺布尔冬季奥运会上。该届冬奥会特别计划委员迈克尔·维黛尔女士以一只名为"雪士"的溜冰熊作为吉祥物，熊身穿着法国国旗三种颜色的衣服。夏季奥运会中最早采用吉祥物的是 1972 年慕尼黑奥运会，一只取名为"瓦尔迪"的小猎狗的出现，吸引了广大运动员、教练员和赴会宾客，极大地活跃了整个比赛中紧张激烈的气氛，各方人士都感到很兴奋。从此，各届奥运会的主办国都仿效德国在奥运会上设立吉祥物的做法。

（三）奥林匹克的仪式

奥林匹克仪式是指围绕奥运会而举行的一系列礼仪性的活动，主要有圣火传递仪式、开幕式、闭幕式和颁奖仪式。

1. 圣火传递仪式

奥林匹克圣火是在国际奥委会许可下，在奥林匹亚由日光点燃的火焰。在奥运会前夕传递圣火开始于 1936 年柏林奥运会，它象征着光明、勇敢、团结、友谊，代表着奥林匹克崇高的理想。

圣火点燃及传递仪式按古希腊的方式进行。在开幕式上，火炬手手持火炬，在人们的欢呼声中点燃位于主体育场醒目位置的奥林匹克圣火。承担这个使命的多是一些著名运动员。

2. 开幕式和闭幕式

开幕式和闭幕式是奥运会期间最隆重的仪式，也是奥林匹克运动奉献给世界最绚丽的人类文明之花，是体育与艺术完美的结合。开幕式一般由入场仪式、宣布开幕、宣誓仪式以及大型文艺表演组成。

奥运会开幕式、闭幕式是主办国展示民族文化的极好时机，也是全人类分享主办国人民的激情和感受的令人难忘的舞台。作为一种人类的文化艺术形式，它已经打破了人类不同文化、种族和意识形态的隔阂，建立起使所有人在奥林匹克的悠久传统中体验激情与和谐的共同基础。在这一盛大的奥林匹克艺术活动中，世界就在这一刻融为一体。

3. 颁奖仪式

无论是在古代奥运会上，还是在现代奥运会上，向运动员颁奖都是十分隆重并且令人激动的时刻。颁奖时先宣布获奖运动员（队）的国籍和姓名，获前三名的运动员（队）站在颁奖台上，第一名居中且位置稍高，然后由国际奥委会主席或由他指定的委员，在有关的国际单项体育联合会主席或其代表的陪同下，向获奖运动员（队）颁奖。授奖后，在冠军运动员（队）所属国国歌声中升所属国国旗，这时获奖运动员（队）要面向旗帜站立。

升国旗和奏国歌的仪式不但可以激发有关国家运动员（队）和民众的爱国主义热情，而且可以增强奥林匹克运动的影响力，对奥林匹克的发展起到很好的促进作用。

（四）奥林匹克的文化活动

奥林匹克主义谋求把体育运动与文化和教育融合起来。为此，在一个多世纪的发展历程中，奥林匹克运动形成了一系列丰富多彩的文化活动。

1. 奥林匹克艺术节

奥林匹克艺术节是指在奥运会前后，由主办国和主办城市组织举行的各种艺术表演和艺术展览，以充分展示本国民族传统文化和其他国家的民族文化，是奥林匹克文化的重要内容。

艺术节一般由歌舞、戏剧、音乐、电影演出及各种艺术展览组成。随着奥运会规模的不断扩大，显示主办国文化多样性、普遍性的奥林匹克艺术节的举办时间也从奥运会期间延伸至奥运会开幕前后的几个月，甚至几年。例如，1968 年墨西哥奥运会艺术节为期一年；1980 年莫斯科奥运会艺术节为期一年半；2000 年悉尼奥运会艺术节为期近 4 年；2008 年北京奥运会从 2003 年 6 月 23 日就开始举办第 1 届艺术节，以后每年一届，至 2008 年奥运会举办年为止。

2. 奥林匹克纪念品收藏和展览

一些国家不仅有庞大的奥林匹克纪念品收藏队伍和各种体育收藏协会，还建有多种内容和形式的体育博物馆，用于举办展览会、交易会和展销会。奥林匹克纪念品的收藏分为三大系列：奥林匹克邮票收藏、奥林匹克纪念币收藏和奥林匹克纪念物收藏。

奥林匹克纪念品展览是奥林匹克纪念品收藏的展示手段。目前，许多国家建有各类体育博物馆、体育名人堂，用于举办临时性奥林匹克体育展览及博览会等。

3. 奥林匹克雕塑和绘画

在古希腊时代，人们认为雕塑是艺术和生活的一致表现。古希腊的奥林匹亚有数千座雕塑。奥林匹克赛场上英姿飒爽的运动员及他们健美的形体、发达的肌肉，甚至激烈竞争的场面，都是艺术家们喜爱表现的题材。100 多年来，历届奥运会主办城市都会出现许多雕塑作品。1989 年，中国奥委会将《千钧一箭》《走向世界》两件雕塑作品赠送给国际奥委会，分别陈列在奥林匹克博物馆和瑞士洛桑奥林匹克公园。

绘画艺术早在古代就被用于纪录和表现奥林匹克运动会，但因为绘画作品难于保存，古希腊时期的绘画作品以陶器彩绘形式保留下来的居多。现代奥林匹克题材的绘画呈现多元的发展趋势。在每届奥运会期间的主题绘画艺术展上，人们都可以看到各国艺术家们的作品。当今，艺术家们借助于现代科技手段强化奥林匹克绘画的效果，计算机技术也被运用于奥林匹克绘画创作中，给奥林匹克绘画作品带来了更大的创造空间。

步骤四：奥林匹克运动与中国

（一）中国早期的奥林匹克竞赛活动

1890 年，在上海圣约翰书院举行的以田径为主项的运动会是中国最早的体育运动会。随后，各地学校纷纷效仿，各种学校运动会和校际运动会大量出现。

1910 年，全国学校区分队第一次体育同盟会成立，并举办了中国首次具有全国性质的运动会。

1922 年，王正廷担任国际奥委会委员。

1928 年，中国获准派团参加在荷兰阿姆斯特丹举行的第 9 届奥运会，但只派了宋如海一人作为观察员出席而未参赛。

1932年，第10届奥运会在美国洛杉矶举行。中国派出一个代表团：代表沈嗣良，教练宋君复，选手刘长春。这是中国运动员第一次正式进入奥运会赛场，向全世界宣告了中国奥林匹克运动的存在。

1936年，第11届奥运会在德国柏林举行。中国代表团共有运动员69人、考察员34人参加。

1948年，第14届奥运会在英国伦敦举行。中国派出33名运动员参赛。

（二）中华人民共和国成立后的奥林匹克运动

中华人民共和国成立后，中国发生了翻天覆地的变化，这为奥林匹克运动在我国的开展提供了良好的机遇，使它在中国蓬勃地发展起来。

1949年10月，全国体育工作者代表大会在北京召开，商议中国体育发展事宜。

1962年6月，中华全国体育总会成立，这标志着中国体育运动的发展进入一个新的阶段。7月，我国派出体育代表团参加第15届奥运会。

1979年11月，国际奥委会通过决议，承认中国奥委会是中华人民共和国唯一合法国家代表。

1984年7月29日，在美国洛杉矶举行的第23届奥运会上，我国射击运动员许海峰夺得自选手枪慢射金牌，这是该届奥运会的首枚金牌，也是中国第一枚奥运金牌。此次奥运会上，中国体育代表团共获金牌15枚、银牌8枚、铜牌9枚，金牌总数列第4名，揭开了我国奥运史上新的一页。

在2004年雅典奥运会、2008年北京奥运会、2012年伦敦奥运会、2016年里约热内卢奥运会、2020年东京奥运会上，中国均居金牌榜前列。

（三）2008年北京奥运会

1.2008年北京奥运会申办理念

2008年奥运会既是历史赋予我们的机遇，也是历史给予我们的挑战。绿色奥运、科技奥运、人文奥运三位一体的口号本身就是2008年北京奥运会的最大特色和亮点。

（1）绿色奥运。

绿色奥运是奥林匹克运动发展的新潮流。北京为实现绿色奥运所采取的措施包括加快实施北京市的环保规划，促进城市的可持续发展，兴建奥林匹克公园，扩大人均占有森林和绿地的面积，改善水体质量，唤起民众的环保意识，提高城市的文明水平。

（2）科技奥运。

科技奥运是指在奥林匹克运动中广泛运用高科技手段。科技奥运首先需要科技产业的迅速发展，从而带动相关技术和产品的升级换代；其次，奥运会是最新科技成果的展示场，如各种应用程序、电子计分系统、通信手段的应用等；再次，奥运会能推动整个城市的现代化水平，促进高科技在电子、信息、环保、交通及旅游产业等方面的应用。科技奥运在北京发展"知识经济"的过程中发挥了重要作用。

（3）人文奥运。

人文奥运突出"以人为本"的理念，倡导体育与文化、教育的有机结合。人文精神强调人的尊严和人的价值。2008年北京奥运会是歌颂人、尊重人的展示窗口，一切以人为中心，构建和谐、文明的人文舞台。人文奥运是人文精神与社会环境的结合。人文精神是社会环境的内化，社会环境是人文精神的外化，由人文奥运凸显出来的北京奥运特色也由这两者淋漓尽致地展现出来。每种特定的文化传统都有其特定的人文精神，人文精神体现在传统文化中。中国传统文化有其充满魅力的价值观念、人文观念、思维模式和行为模式，追求和谐是中国传统文化的一个特色，也是北京奥运的特色之一。

2.2008 年北京奥运会会徽

"中国印·舞动的北京"为 2008 年北京奥运会会徽。会徽以印章作为主体表现形式，将中国传统的印章和书法等艺术形式与运动特征结合起来，人的造型同时形似现代的"京"字，蕴含着浓郁的中国韵味。

"中国印·舞动的北京"的独特之处在于：① 它是中国特点、北京特点与奥林匹克运动元素巧妙地结合；② 城市加年份的标准字体设计别出心裁、独树一帜；③ 整体结构与独立结构比例协调；④ 有利于形象景观的应用和市场开发。

3.2008 年北京奥运会口号

"同一个世界，同一个梦想"和"One World，One Dream"为 2008 年北京奥运会中文、英文主题口号。

"同一个世界，同一个梦想"集中体现了奥林匹克精神的实质和普遍价值观——团结、友谊、进步、和谐、参与和梦想，表达了全世界人民在奥林匹克精神的感召下，追求美好未来的共同愿望；深刻反映了 2008 年北京奥运会的核心理念，体现了作为三大理念核心和灵魂的人文奥运所蕴含的和谐价值观。

4.2008 年北京奥运会吉祥物

2008 年北京奥运会吉祥物由五个拟人化的娃娃形象组成，统称"福娃"，分别是"贝贝"（鲤鱼）、"晶晶"（熊猫）、"欢欢"（奥运圣火）、"迎迎"（藏羚羊）和"妮妮"（燕子），他们的名字连起来读就是"北京欢迎你"。

2008 年北京奥运会吉祥物的每个娃娃都代表一个美好的祝愿：繁荣、欢乐、激情、健康和好运。娃娃们带着北京的盛情，将祝福带往世界各个角落，邀请各国人民共聚北京，欢庆 2008 年北京奥运会盛典。

（四）2022 年北京冬奥会

2015 年 7 月 31 日，北京携手张家口获得了 2022 年第 24 届冬奥会的举办权。北京成为奥运历史上第一个既举办过夏季奥运会又举办冬奥会的城市。2022 年北京冬奥会设 7 个大项、15 个分项、109 个小项。

2022 年北京冬奥会部分大项的项目介绍如下。

1. 冰上项目

（1）短道速滑：全称"短跑道速度滑冰"，比赛场地的大小为 30 米 ×60 米，跑道每圈的长度为 111.12 米。短道速滑起源于 19 世纪 80 年代的加拿大，当时加拿大一些速度滑冰爱好者常到室内冰球场上练习，随之产生了室内速度滑冰的比赛。20 世纪初，这项比赛亦逐渐在欧洲和美洲国家广泛开展，1992 年被列为冬奥会比赛项目。短道速滑比赛采用淘汰制，以预赛、复赛、半决赛、决赛的比赛方式进行。

（2）速度滑冰：一项比赛滑行速度的冰上体育运动。人们参加速度滑冰运动可增进身心健康，促进人体新陈代谢，增强心肺功能和抗寒能力，培养坚毅顽强的意志品质。速度滑冰项目按照国际滑冰联盟的规则规定，分短距离、中距离、长距离和全能比赛。

（3）花样滑冰：运动员穿着脚底装有冰刀的冰鞋，靠自身力量在冰上滑行，表演以技术动作为基础编排的节目，由裁判组评估打分、排出名次。

（4）冰球：又称"冰上曲棍球"。冰球运动将多变的滑冰技艺与敏捷娴熟的曲棍球技艺相结合，是对抗性较强的集体冰上运动项目之一。运动员穿着冰鞋滑行，手拿冰球杆拼抢击球。球一般用硬橡胶制成，厚 2.54 厘米，直径为 7.62 厘米，球重 156～170 克。比赛时，每队上场 6 人，即前锋 3 人，后卫 2 人，守门员 1 人。运动员用冰球杆将球击入对方球门，以进球多者为胜。

（5）冰壶：又称"掷冰壶""冰上溜石"，是以队为单位在冰上进行的一种投掷性竞赛项目。冰壶为圆壶状，周长约为 91.44 厘米，高（从壶的底部到顶部）为 11.43 厘米，质量（包括壶柄和壶栓）最大为 19.96 千克。有人把冰壶称作"冰上国际象棋"，这一比喻很好地诠释了冰壶的趣味性与高雅。

2. 雪上项目

（1）自由式滑雪：于 20 世纪 60 年代在美国诞生，是在高山滑雪的基础上发展形成的。自由式滑雪是以滑雪板和滑雪杖为工具，在专门设置的滑雪场地上，通过完成一系列的规定和自选动作而进行的雪上技巧性比赛项目。

（2）冬季两项：雪上运动项目之一，它是越野滑雪与射击相结合的运动，要求运动员身背专用小口径步枪，每滑行一段距离进行一次射击，最先到达终点者获胜。它起源于挪威，与人们在冬季狩猎活动有关。1960 年斯阔谷冬奥会将冬季两项列为正式比赛。1992 年阿尔贝维尔冬奥会增设女子比赛。

（3）北欧两项：起源于北欧，由越野滑雪（借助滑雪用具，运用登山、滑降、转弯、滑行等基本技术，滑行于山丘雪原的运动项目）和跳台滑雪（简称"跳雪"，运动员脚着特制的滑雪板，沿着跳台的倾斜助滑道下滑，借助速度和弹跳力使身体跃入空中，整个身体在空中飞行 4～5 秒后，落在山坡上）组成，在挪威、瑞典流传很长时间，是北欧的传统项目，故又称"北欧全能"。19 世纪中期，北欧两项首先出现在挪威。在 1924 年夏慕尼冬奥会上，北欧两项即被列为比赛项目。1988 年卡尔加里冬奥会开始设团体项目。2002 年盐湖城冬奥会新增加了个人追逐（竞速）赛。

（4）雪橇：也称"无舵雪橇""平底雪橇""运动雪橇""短雪橇"，雪橇运动项目之一。运动员仰面躺在雪橇上，两脚在前，通过变换身体姿势来操纵雪橇高速回转滑降。雪橇为木制，底面有一对平行的金属滑板。滑板不得安装能操纵滑板的舵和制动器。男、女单人项目比赛每队限报 3 人，每名运动员可滑行 4 次，以 4 次滑降时间总和计算名次，用时短者为胜。在双人项目比赛时，每队不得超过 2 名运动员，每名运动员可滑行 2 次，以 2 次滑降时间总和评定名次，用时短者列前。

（5）雪车：又称"有舵雪橇"，由无舵雪橇发展而来，是一种集体乘坐雪橇，利用舵和方向盘控制在人工冰道上滑行的运动。在 1924 年夏慕尼冬季奥运会上，雪车被列为正式比赛项目。雪车车体由钢铁和玻璃纤维或碳纤维等高科技材料制成，设计成符合空气动力学的车身复合体。雪车装有把手，底部有两组独立的滑行钢刀，尾部安装有制动器。舵手通过雪车内两个把手控制的滑轮系统驾驶雪车。

（6）钢架雪车：又称为"俯式冰橇"，是一项使用钢架雪车专用橇体，以俯卧姿势完成赛道路线滑行的运动项目。它的最高速度可达至 130 千米／时左右。冬奥运中设立男子和女子的个人赛事。钢架雪车在 1928 年圣莫里茨冬奥会上首次被列为比赛项目，分为男子、女子比赛。直到 20 年之后，圣莫里茨再度举办冬奥会，又把钢架雪车列为比赛项目。钢架雪车项目因危险性较高，曾 2 次被取消冬奥会资格，直到 2002 年盐湖城冬奥会，才再度成为冬奥会的比赛项目。

（7）单板滑雪：又称"滑板滑雪"，起源于20世纪60年代中期的美国，其产生与冲浪运动有关。1965年，舍曼·波潘把两个滑雪板绑在一起，偶然中创造了两脚踩踏在一整块板上的新"滑雪板"，单板滑雪又称"冬季的冲浪运动"，单板滑雪选手用一个滑雪板而不是一双滑雪板，利用身体和两脚来控制方向。

（8）高山滑雪：起源于阿尔卑斯山地域，又称"阿尔卑斯滑雪""山地滑雪"。高山滑雪男子项目有滑降、回转、大回转、超级大回转、全能（滑降/回转）；女子项目有滑降、回转、大回转、超级大回转、全能（滑降/回转）。该项运动将速度与技巧完美地结合在一起，运动员在滑行过程中左右盘旋，将健美与优雅融于一体。

步骤五：了解国际奥林匹克运动的组织机构

（一）奥林匹克三大支柱

奥林匹克思想体系能够得到贯彻，奥林匹克运动的各种活动能够付诸实施，是因为奥林匹克运动有一套结构完整、功能齐全的组织机构。在奥林匹克大家庭的诸多成员中，起支撑作用的是国际奥委会、国家奥委会和国际单项体育联合会。这三个组织机构对奥林匹克运动的生存与发展起着至关重要的作用，缺一不可，故被人们称为奥林匹克"三大支柱"。

三大支柱在奥林匹克运动中承担着不同的责任：国际奥委会负责领导和协调；国际单项体育联合会负责各种技术性事务，如组织比赛、制定竞赛规则等；国家奥委会则负责在本地区开展各种活动，组队参加奥运会等。国际奥委会十分重视这种团结合作的关系，采取各种措施加强三者之间的联系。

1. 国际奥委会

国际奥委会是世界上影响最大的国际体育组织，是一个国际性的、非政府的、非营利的组织。国际奥委会于1981年9月17日得到瑞士联邦议会的承认，确认其为无限期存在的具有法人资格的协会。

国际奥委会是奥林匹克运动的最高权力机构。国际奥委会按照《奥林匹克宪章》领导奥林匹克运动，其具体任务如下：促进体育运动和运动竞赛的协调、组织和发展；通过与官方的或民间的主管组织合作，努力使体育运动为人类服务；保证奥运会正常举行；反对危害奥林匹克运动的任何歧视；支持和促进体育道德的发扬；努力在运动中普遍贯彻公平竞赛的精神，消除暴力行为；领导开展反对体育运动中使用兴奋剂的斗争，采取旨在防止危及运动员健康的措施；反对将体育运动和运动员滥用于任何政治的和商业的目的；努力使奥运会在确保不破坏环境的条件下举行；支持其他致力于奥林匹克教育的机构。

国际奥委会享有奥运会的全部权利，包括对奥运会的组织、开发、广播电视和复制的权利；有关奥林匹克标志、奥林匹克会旗、奥林匹克格言和奥林匹克会歌的一切权利。

国际奥委会有权撤销对国际单项体育联合会的承认，从奥运会比赛项目中撤销运动大项、分项或小项；有权取消对国家奥委会的承认，甚至有权取消奥林匹克运动会组委会承办奥运会的权利；不仅如此，它还具有对一切参与奥运会的违规人员如运动员、裁判员、代表团官员、管理人员进行处分的权力。当然，国际奥委会需要依据《奥林匹克宪章》来行使自己的权力。

国际奥委会的正式用语为法语和英语。如果《奥林匹克宪章》和其他所有国际奥委会文件的英文本、法文本之间出现差异，应以法文本为准。

2. 国际单项体育联合会

国际单项体育联合会在世界范围内管辖一项或几项体育项目并在国家范围内管辖这些项目的组织。大多数国际单项体育联合会只管理一项体育项目，如国际篮球联合会只管理篮球项目，国际足球联合会只管理足球项目，而有些国际单项体育联合会管理若干个体育项目，如国际游泳联合会管理游泳、跳水、水球和花样游泳项目。

国际单项体育联合会在奥林匹克运动中的使命和职能如下：按照奥林匹克精神制定并执行各自体育项目的规则并确保其实施；确保本体育项目在全世界的发展；促进实现《奥林匹克宪章》提出的宗旨，特别是通过推广奥林匹克主义和奥林匹克教育促进宗旨的实现；就组织奥运会的候选者资格，特别是就各自项目的场馆技术方面发表意见；根据《奥林匹克宪章》制定奥运会的参赛资格标准，并将这些标准提交国际奥委会批准；负责奥运会和受国际奥委会庇护的运动会中本体育项目的技术监督和指导；在奥林匹克团结基金计划的具体实施方面提供技术帮助。

3. 国家奥委会

国家奥委会是奥林匹克运动的基层组织，是奥林匹克各种活动的直接承担者。

国家奥委会的职能在于：通过在各层次的学校、体育活动和体育教育的机构和大学推广奥林匹克教育计划，并通过鼓励建立专门致力于奥林匹克教育的机构，如国家奥林匹克学院、奥林匹克博物馆，以及与奥林匹克运动有关的、包括文化计划在内的其他计划，在本国，尤其是在体育和教育领域，宣传奥林匹克主义的基本原则和价值观；确保《奥林匹克宪章》在本国得到遵守；鼓励高水平体育比赛与大众体育的发展；举办课程培训体育管理人员，确保这些课程有助于传播奥林匹克主义的基本原则；采取行动反对体育运动中任何形式的歧视和暴力；采用并贯彻实施《世界反兴奋剂条例》。

国家奥委会有代表各自国家参加奥运会和受国际奥委会庇护的地区的、洲的或世界的综合体育竞赛的专有权利。此外，各国家奥委会有义务选派运动员参加奥运会。

国家奥委会享有在各自国家内选定某个城市申办奥运会的专有权利。

国家奥委会为实现其使命可以与各政府机构合作，保持和谐关系，但国家奥委会不应与任何违背《奥林匹克宪章》的活动产生联系。国家奥委会也可以与非政府机构进行合作。

国家奥委会应保持其自主性，抵制可能妨碍其遵守《奥林匹克宪章》的任何压力，包括但不限于政治、法律、宗教、经济上的压力。

（二）国际奥委会的组织机构

国际奥委会在组织机构上分为国际奥委会全体会议、执行委员会和主席。

1. 国际奥委会全体会议

国际奥委会全体会议是国际奥委会全体委员定期参加的会议，每年至少举行一次。其有权通过、修改和解释《奥林匹克宪章》，选举国际奥委会委员、执行委员和主席；决定奥运会主办城市；批准、接纳国际奥委会的新成员；批准设置或撤销奥运会比赛项目中的运动大项；承认或撤销国家奥委会或国际单项体育联合会在奥林匹克大家庭中的资格；处理其他重大问题。国际奥委会全体会议的决定是最后的决定，因此它也是国际奥委会的最高权力机构。

2. 国际奥委会执行委员会

国际奥委会执行委员会由国际奥委会全体会议授权执行国际奥委会的职责，是处理一切日常事务的常设机构。它保证奥林匹克章程和规划得以实施。

3. 国际奥委会主席

国际奥委会主席主持国际奥委会的全部活动，并始终代表国际奥委会；主席在必要时建立常设或临时的专门委员会和工作组，确定其工作范围并指定成员。

任务二　了解校园体育文化

学练实践

步骤一：了解校园体育文化的含义

校园体育文化是指校园内所呈现的一种特定的体育文化氛围，它是学校的师生员工在体育教学、健身运动、运动竞赛、体育设施建设等活动中形成和拥有的所有的物质和精神财富，以及体育观念和体育意识。它是以学生为主体、以课外体育文化活动为主要内容、以校园精神为主要特征的一种群体文化。它与校园德育文化、智育文化、美育文化等一起构成了校园文化群，又与竞技体育文化、大众体育文化组成了广义的体育文化群。

步骤二：了解校园体育文化的特点

校园体育文化是学校在长期的体育教学实践中逐步形成的一种文化。它是在社会文化环境与学校本身发展的合力作用下形成的。从总体上看，其形成过程是客观的、独立的。育人工作有特色、对外声誉高的学校一般都有优良的、健康向上的校园文化，更有丰富多彩、生动活泼的校园体育文化。作为一种客观存在的形态，校园体育文化会对学校的发展产生积极的影响。校园体育文化具有以下特点。

（一）延续性和继承性

与其他文化一样，校园体育文化具有延续性和继承性，可以形成学校体育传统和风气。学校体育传统和风气是指一个学校在体育活动方面所形成的一种具有普遍性、重复性和相对稳定性的集体行为风尚，是学校教育的一种氛围，是师生员工共同创建的校园文化，是校风的有机组成部分。作为一种社会文化现象，学校体育传统和风气不是在短时间内形成的，而是需要长期的积累才能形成的。

（二）新颖性

校园体育文化的最大特点就在于它的新颖性。譬如，学校运动会上的团体操、健美操、武术表演、趣味游戏等内容，体育社团在公共场合组织的一些表演、训练、竞赛，以及校运动队的优秀运动员在训练、竞赛中所展示的高超技艺，都会给大家带来新奇与惊喜。

（三）闭合性

学校是一个大组织，由一个个小组织构成，因此其具有组织分明、组织单位集中的特点。这使校园体育文化一方面在内容上越发开放，另一方面存在形态上的相对闭合性，从而形成一个个体育文化圈，如院校里某个专业、年级、班级的学生自发组成的专项体育协会等。这些群体组织所形成的相对闭合的体育文化圈，包含了相对独立的集体、相对固定的群体和实际对象。可以说，校园体育文化就是由一个个的体育文化圈组成的，没有体育文化圈，就没有校园体育文化。

步骤三：掌握校园体育文化建设措施

（一）加强媒体宣传力度

学校可以运用标语、图片展览、广播等形式进行体育文化宣传，使师生员工真正认识到强身健体的重要性，培养他们对体育的兴趣，提高他们参与体育的积极性，使他们了解体育、参与体育、享受体育带来的乐趣。

（二）重视课外体育活动

课外体育活动是开展校园体育文化活动的主要途径，它既能帮助学生完成体育锻炼的任务，又能丰富学生的课余文化生活。因此，学校要重视课外体育活动对增强学生锻炼意识和提高学生锻炼积极性的促进作用。

（三）组织体育知识讲座

体育知识讲座是丰富学生体育文化知识的重要手段。学校可以邀请校内外体育专家、运动员配合体育教学任务举办相关的知识讲座，介绍国内外体育赛事、体育形势、体育文化等，以拓宽学生的视野，丰富学生的体育文化知识。

（四）组织体育知识竞赛

学校组织体育知识竞赛具有简单、易行的特点。学校可以通过组织班级、年级，甚至全校的体育知识竞赛活动，提高学生对体育文化的兴趣和参加体育活动的积极性。

（五）发挥市校体育传统并形成特色

校园体育文化的传统和特色指的是一个学校在体育方面形成并延续着的、带有普遍性和相对稳定性的，且重复出现的一种独具特色的文化形态。它表现出自觉的、经常性的基本特征，并具有教育、导向、规范、凝聚和激励的作用。由于各所学校的类型、规模、办学条件、师生构成等的不同，以及学校所处的地区、环境、气候等方面的差异，各所学校建设校园体育文化的具体思路也会有所不同。因此，在建设校园体育文化的过程中，各所学校应该根据自己的具体情况发展校园体育文化，最终形成自己的体育文化特色。

（六）加强校园体育物质文化建设

校园里的体育建筑、设施、场地等本身就是一种文化现象，是体育文化的外化。同时，它们又是意识文化的载体，凝聚和展示着人们的知识、思想和智慧，体现着人们的情操、意志、价值观等多种文化特质，这些特质会对人们起到一种潜移默化的陶冶作用。此外，体育建筑、场地、设施等为师生员工进行体育锻炼提供了物质保障。因此，学校要努力创造条件，加强体育物质文化建设，包括建造体育场馆、完善体育设施，以及合理地使用已有的场地、设施、器材等。

任务三　体育欣赏

学练实践

步骤一：了解体育欣赏的意义

随着社会的进步，以及竞技体育和新媒体技术的迅速发展，欣赏体育比赛已成为人们业余生活的重要内容。体育欣赏丰富着人们的生活，体育欣赏水平已成为评判一个人教育水平的标志之一。体育欣赏在人们现实生活中所占的分量越来越重，人们的文化生活也越来越离不开它。体育比赛所独有的审美价值是其他文化娱乐活动都不能取代的。体育欣赏能调节身心、陶冶情操，满足人们追求完美、高品质生活的需求；能振奋民族精神，启发和增强大众的体育意识，使人们全面投入全民健身活动中去。具体而言，体育欣赏的意义表现在以下几点。

（一）体验不同的体育文化

体育比赛作为人类智慧的结晶，集中反映了不同国家、不同民族的风俗民情和意识观念。体育文化体现在围绕体育比赛而进行的文化艺术活动中，如比赛期间的文艺演出、绘画展览、火炬接力、新闻报道、电视转播、发行邮票和纪念币等。由于这些活动的开展，风格各异的体育文化形式得以在世界各地传播。通过欣赏体育比赛，人们除了可以了解各种人文景观外，还可以欣赏到独具特色的文化艺术形式。

（二）陶冶情操

当代人把欣赏体育比赛作为社会文化生活中的一项重要内容。在现实生活中，人们追求的是完美的、高品质的生活，而体育比赛可以在一定程度上满足现代人的需求。任何一项比赛都是通过个人或集体进行的，是人们在体格、体能、智慧等方面的角逐。通过欣赏体育比赛，观众不仅能欣赏到运动员匀称、优美的体形，还能欣赏到运动员展现出来的准确、干净、利落、新颖、洒脱的动作造型，产生愉悦的感受。另外，欣赏体育比赛还能激发欣赏者热爱体育、追求美好生活的热情。

（三）振奋民族精神

欣赏体育比赛可以强化人们的集体观念，激发人们的爱国主义热情，振奋民族精神。各式各样比赛的参赛者都具有一定社会群体的代表性，他们在比赛场上既要实现自己的价值，又要为其所代表的群体争取荣誉，而欣赏者往往与运动员有着千丝万缕的社会联系，因此，运动竞技的胜负荣辱都与欣赏者息息相关。

例如，在美国洛杉矶举行的第23届奥运会上，中国体育健儿实现了奥运金牌零的突破，全国人民无不欢欣鼓舞。中国体育健儿在奥运会上的优秀表现激发了全国人民"团结起来，振兴中华"的热情，也感染了海外侨胞。中国体育健儿夺得金牌是中华民族的光荣和骄傲。

（四）激发体育意识

体育意识是人们对体育这一社会现象及其功能、作用的认识和反应。体育比赛能启迪和激发人们的体育意识。

1. 健康意识

举办各种体育比赛的主要目的是加深人们对体育的认识，激发人们积极参加体育活动，以提高全民族的健康水平。

2. 拼搏意识

运动员在场上表现出的高超的技艺、灵活多变的战术和充沛的体力，都是其多年大负荷运动训练、战胜身体上和精神上的疲劳及努力拼搏的结果。没有拼搏意识和拼搏精神，运动员就不可能取得成功。这种拼搏意识是激发人们在各项事业中取得优异成绩的精神力量。

3. 创新意识

一名运动员或一个运动队要在比赛场上战胜对手，除了要不断提高自己的身体素质外，还要根据自身的特点，不断改进和创新技战术。创新意识是运动员不断进取、创造优异成绩的重要保证。创新意识可以促进社会各项事业不断发展。

4. 道德意识

道德是社会意识形态之一，是人们共同生活及其行为的准则和规范。运动员在赛场上胜不骄、败不馁，互相尊重，团结友爱，文明礼貌，遵守纪律，公平竞争。拥有这些良好道德行为的运动员是欣赏者学习的榜样，能够影响社会风气。

5. 规则意识

在任何运动项目的比赛中，运动员都要严格遵守比赛规则，服从裁判员的裁决，否则就要受到相应惩罚。这种规则意识可以使比赛有序进行，也会对社会产生积极的影响。

6. 竞争意识

体育比赛具有强烈的竞争性。双方对垒，全力以赴，追求卓越。这种竞争意识对于当今社会中的每个人来说都是一种不可缺少的素质。

步骤二：掌握体育欣赏的方法

（一）从技战术角度欣赏体育竞赛

在体育竞赛中，运动员的技术动作和战术配合是经过长期刻苦训练和多次比赛的磨合而形成的。人们欣赏体育比赛，就要抓住不同项目的特点。一场高水平的足球比赛会给欣赏者带来视觉享受；篮球比赛中，高高跃起的扣篮和盖帽、准确的三分远投能使人拍案叫绝；排球比赛中，扣球队员助跑、起跳及强有力的重扣能使欣赏者赞叹不已。同时，人们还可以欣赏到变化多样的传接配合，如排球战术中二传手手型的突然改变，接力赛跑中队员对接棒时机的掌握，长跑比赛中运动员对体力的分配及根据对手的特点改变战术等。体育竞赛的技战术促使运动员在比体能、比技术的同时也要比智慧，体育竞赛是一种既需要智力又能促进智力发展的运动。从技战术的角度去欣赏体育竞赛，在一定程度上会让欣赏者将团队协作精神应用在实际工作中。

（二）从运动能力和运动精神的角度欣赏体育竞赛

体育竞赛能激励运动员最大限度地发挥自己的运动潜能。通过平时的刻苦训练，运动员获得了良好的身体素质和高水平运动能力。在体育竞赛中，运动员为了达到目标，表现出超乎常人的运动能力和运动水平。观众在欣赏比赛的过程中，可以感受到运动员高超的运动能力，从而了解体育运动对人体的益处，使人们更积极地进行体育锻炼。另外，在体育竞赛的过程中，运动员除了需要具备良好的运动能力外，还需要具备专业的、积极的运动精神，以达到竞赛目标。无论是耐力性运动竞赛，还是技巧性运动竞赛，抑或是力量性运动竞赛，都需要运动员在比赛中顽强拼搏、勇于进取。同时，集体项目还需要队员的团结协作、密切配合，这些积极进取、团结协作的运动精神也会给观众以鼓舞，使观众受到启迪，并在今后的学习、生活、工作中潜移默化地受到影响，积极地面对遇到的困难。

（三）从竞赛规则角度欣赏体育竞赛

任何体育竞赛都有其竞赛规则。为了确保运动员公平竞争，各项运动的竞赛规则都是受到时间、实践的检验而最终确定下来的。这些体育竞赛规则规定了体育竞赛开展时的场地、器材、设施的规范，以及人员所应具备的技术能力和身体素质。在体育竞赛开展的过程中，观众在了解相关竞赛规则的基础上欣赏运动员的竞技过程，可以对运动员在竞争过程中所采取的战术技巧有更深层次的理解，从不同的角度领悟体育竞赛的内涵。

（四）从体育场馆的建筑风格的角度欣赏体育竞赛

体育场馆的建筑风格是一个时代、一个国家文化和艺术的象征，是一个国家的经济、科学技术和传统文化的结晶。许多大型体育场馆都有其独特的风格和结构，给人留下深刻的印象，并使人得到美的艺术享受。

（五）从体育运动器材和服装的角度欣赏体育竞赛

体育运动器材的发展，体现了一个国家的经济和科技的发展水平。随着科技的不断发展，运动服饰的功能不仅仅是在运动场上展现一个国家的文化，对于一些竞速类的运动，高科技运动服饰还能起到降低风阻力、水流阻力，提高运动员速度等的作用。另外，专业化的体育运动器材也为运动员在竞赛过程中的安全提供了更好的保障。观众在欣赏体育竞赛的过程中，如果能够了解这方面的知识，更能体会到科技的变革和社会的发展。这也正是体育竞赛的另一种魅力，即通过体育竞赛的视角向观众展现了世界的进步与发展。

任务四　体育竞赛组织与编排

学练实践

步骤一：学会组织体育竞赛

组织体育竞赛是指竞赛组织方有效地利用体育专业知识、已有的竞赛物资与资料，合理地安排竞赛时间、空间范围等。它是一项十分严密而细致的工作，是体育竞赛能否顺利进行的关键。

正规的体育竞赛组织工作分为赛前准备工作、竞赛期间工作、竞赛结束工作。

（一）赛前准备工作

1. 成立组织机构

组织机构是筹备和指挥竞赛的临时性组织。它的最高组织形式是组织委员会，下设竞赛、裁判、宣传、后勤等小组。大型运动会期间，组织委员会下面应设竞赛、秘书、后勤、保卫、新闻等处，各处下面应设各职能组，如竞赛处下面应设竞赛组、编排组、裁判组、场地组等。

2. 制定竞赛规程

竞赛规程是组织竞赛的指导文件，是竞赛组织者与参赛者进行各项工作的依据，由主办单位根据竞赛要求按规定并提前印发给各参赛单位，以便各参赛单位按要求着手准备参赛。

竞赛规程的内容可根据实际情况确定，一般包括竞赛名称、主（承）办单位、目的和任务、竞赛日期及地点、参加办法（包括组队单位、分组方法、每队限报人数、每项限报人数等）、竞赛办法（包括比赛项目、采用的规则、录取名额、计分方法、奖励办法等）、报名日期及地点、特殊规定、注意事项和其他事宜（服装要求、队旗规格、交通费用、规程解释权等）。

拟定竞赛日程，编排竞赛秩序，编制各种表格，召集领队、教练员会议，布置竞赛有关事宜，也是赛前准备工作的内容。

（二）竞赛期间工作

（1）正式比赛开始前，组织方应举行隆重而简短的开幕式，应迅速整理出场队形，队形应严肃美观，领导所致的开幕词和其他讲话要简短、精练。在大型比赛开始前，组织方还可安排文艺表演或表演比赛。

（2）相关人员对比赛场地、设备和器材进行认真检查和管理。

（3）裁判长加强对裁判员的教育、管理，使其公正、准确地做好裁判工作，对赛场出现的争执，应及时果断处理，必要时由仲裁委员会裁决；严格按竞赛计划掌握比赛时间，杜绝比赛脱节现象，及时对比赛成绩进行登记和公布。

（4）组织方应创造良好的比赛气氛，做好宣传工作，并结合比赛穿插介绍有关体育知识。

（5）医务组到赛场做好应急准备，及时处理伤害事故，并根据项目特点，积极做好伤病预防。

（6）保卫组应随时注意维护场地、宿舍和公共场所秩序，对关键场次更应加强安全防范工作。

（三）竞赛结束工作

（1）举行大会闭幕式。闭幕式可单独进行，也可以在决赛后进行。在大型比赛的闭幕式上，组织方还可安排文艺演出或表演比赛。

（2）组织方写好大会总结，汇编成绩册，安排各队和裁判人员离会，清理器材，进行经费结算。

（3）组织方应按要求向上级申报优异运动成绩，为今后比赛提供参考资料。

步骤二：学会编排体育竞赛

根据体育竞赛的具体要求、项目特点、参赛队（人）数、竞赛期限、场地设备条件等因素，可选用不同的竞赛方法。

（一）循环法

体育竞赛的循环法包括单循环、双循环和分组循环三种方法。

单循环：所有参赛者（队或个人）在比赛中均能相遇一次，最后按参赛者在全部比赛中的胜负场数、得分多少排列名次。这种竞赛方法一般在参赛者不多而竞赛期限较长时采用。

双循环：所有参赛者（队或个人）在比赛中相遇两次，最后按参赛者在全部比赛中的胜负场数、得分多少排列名次。这种竞赛方法一般在参赛者较少而竞赛期限较长时采用。

分组循环：把参赛者（队或个人）分为若干组，分别进行单循环比赛。这种竞赛方法一般在参赛者较多而竞赛期限较短时采用。

循环赛的优点是无论参赛者实力强弱、胜负如何，都须与其他参赛者进行比赛，锻炼机会多，有利于互相学习，能比较准确地反映参赛者的水平，产生的名次较客观。

在循环赛中，各队或运动员普遍出场比赛一次称为"一轮"，每两个队员之间比赛一次称为"一场"，每两个队之间比赛一次称为"一次"。

1. 单循环比赛场数和比赛轮次的计算方法

（1）单循环比赛场数的计算：

$$场数 = 参赛队（人）数 \times [参赛队（人）数 -1] \div 2$$

例如，6个球队参加篮球联赛，采用单循环赛的方法进行，其比赛场数为

$$场数 = 参赛队（人）数 \times [参赛队（人）数 -1] \div 2 = 6 \times (6-1) \div 2 = 15$$

（2）单循环比赛轮数的计算：① 当参赛队（人）数为偶数时，轮数 = 参赛队（人）数 -1，如10个队参加比赛，轮数 = 10-1=9；② 当参赛队（人）数为奇数时，轮数 = 参赛队（人）数，如5个队参加比赛，须进行5轮比赛。

（3）单循环比赛顺序的确定：确定单循环比赛顺序的方法很多，经常采用的方法是逆时针轮转法。其具体方法是，1号位固定不动，其他号位每轮按逆时针方向轮转一个位置，即可排出全部轮次的比赛顺序。例如，6个队参加比赛，首先用号码1～6分别代表各队，按上述方法排出各轮次的比赛顺序，见表5-4-1。其次，通过抽签将队名填入轮次表，再排出比赛日程。

表5-4-1　6个队单循环比赛轮次

第一轮	第二轮	第三轮	第四轮	第五轮
1—6	1—5	1—4	1—3	1—2
2—5	6—4	5—3	4—2	3—6
3—4	2—3	6—2	5—6	4—5

当参赛队（人）数为单数时，用"0"补成双数，然后按逆时针方向轮转排出各轮比赛的顺序。其中，遇到"0"者，该场轮空。例如，5个队参加比赛，单循环比赛轮次见表5-4-2。

表5-4-2　5个队单循环比赛轮次

第一轮	第二轮	第三轮	第四轮	第五轮
1—0	1—5	1—4	1—3	1—2
2—5	0—4	5—3	4—2	3—0
3—4	2—3	0—2	5—0	4—5

根据需要，还可以把第一轮的三场比赛和其他轮次的三场比赛互相调换，或者把第一轮中的三场比赛互相调换。这是在大轮转的基础上进行小调动的办法。

（4）单循环比赛名次的确定：在单循环比赛中，获胜次数多者名次在前。若两个或两个以上的参赛者（队或个人）获胜次数相等，则根据他们相互比赛的胜负比率[胜次数÷负次数或胜次数÷（胜次数＋负次数）]来决定名次。首先计算次率，其次计算场率，再次计算局率，最后计算分率，直至算出全部名次为止。

2. 双循环比赛轮次表的编排

双循环比赛轮次表的编排方法与单循环比赛轮次表的编排方法相同，只是要排出第一循环和第二循环的比赛轮次表。例如，5个队参加比赛，双循环比赛轮次见表5-4-3。

表5-4-3　5个队双循环比赛轮次

循环	第一轮	第二轮	第三轮	第四轮	第五轮
第一循环	0—1	0—2	0—3	0—4	0—5
	5—2	1—3	2—4	3—5	4—1
	4—3	5—4	1—5	2—1	3—2
第二循环	0—1	0—2	0—3	0—4	0—5
	2—5	3—1	4—2	5—3	1—4
	3—4	4—5	5—1	1—2	2—3

3. 分组循环的编排

分组循环就是把参赛者（队或个人）分成若干小组，采用两阶段或三阶段的分组循环比赛。例如，15个队参加比赛，分成3个小组，每个小组进行10[5×（5-1）÷2]场比赛，3个小组共进行30场比赛，需要的轮数为5轮。经过分组循环比赛，排出各小组的名次后，各组再进行第二阶段的比赛。第二阶段的比赛可采用下列方法。

（1）将各小组第1名编在一组，进行单循环比赛，决出第1~3名；将各小组第2名编在一组，决出第4~6名；将各小组第3名编在一组，决出第7~9名；将各小组第4名编在一组，决出第10~12名；将各小组第5名编在一组，决出第13~15名。

（2）如果比赛期限短，则可只将第一阶段各小组的第1名和第2名编在一组进行比赛，决出第1~6名，其他各队不再参加第二阶段的比赛。

（3）如果第一阶段的预赛分两个小组进行单循环比赛，那么第二阶段可将两个小组的前两名编在一组争夺第1~4名，将两个小组的第3名和第4名编在一组争夺第5~8名，其余类推。

4. 循环制的抽签方法

根据竞赛规程规定，在比赛前，主办单位召集各领队进行公开抽签，并排好比赛轮次表，使各队明确比赛的次序、日期、时间和地点，以便做好准备。

（1）单循环比赛的抽签：主办单位按参加比赛的队数排好比赛轮次表，备好签号，召集各队进行抽签，然后将队名填入比赛轮次表。

（2）分组循环比赛的抽签：主办单位在领队会上协商确定种子队。种子队的队数一般等于分组的组数。如果竞赛分4个组进行，则主办单位应设4个种子队。为了使比赛更合理，主办单位也可以多选出几个种子队，但种子队的队数必须是组数的倍数。例如，比赛分4个组进行，主办单位可确定8个种子队，并按下列方法编成小组：第1号种子与第8号种子编为一组，第 2 号种子与第 7 号种子编为一组，以此类推，如图 5-4-1 所示。

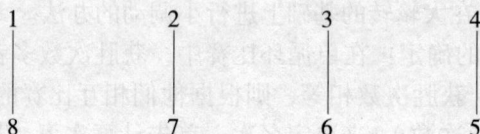

```
    1           2           3           4
    |           |           |           |
    |           |           |           |
    8           7           6           5
```

图 5-4-1

抽签方法：种子队先抽签，以确定各种子队的组别；其他各队后抽签，以确定组别。例如，20 个队分为 4 个小组，除了 8 个种子队外，其余 12 个队再抽签。签号分 4 组，每组有相同的 3 个签，由 12 个队抽签确定组别，然后把各队按组别填入各组的比赛轮次表。

（二）淘汰法

淘汰法是指在比赛进行过程中逐步淘汰成绩差的选手，最后决出优胜者的比赛方法。

1. 单淘汰赛

在单淘汰赛中，所有参赛者（队或个人）按一定的比赛秩序比赛，即相邻的两名参赛者（队或个人）先进行比赛，败者被淘汰，胜者进入下轮比赛，直到剩余最后一名参赛者（队或个人），最后这个参赛者（队或个人）就是这次淘汰赛的冠军。

单淘汰赛具有强烈的对抗性，比赛双方没有任何妥协的可能性，也没有受第三方影响或影响第三方的可能性，非胜即败。采用这种比赛方法，可以在很短的时间内安排大量的参赛者（队或个人）进行比赛，使比赛逐渐激烈，并在达到高潮的一场比赛——决赛后结束整个比赛。就体育竞赛的特点来说，淘汰赛是一种很好的比赛方法。

（1）单淘汰赛号码位置数的选择方法。

当采用单淘汰赛的比赛方法时，应灵活地选择最接近参赛队（人）数的较大的 2 的乘方数作为号码位置数。比赛常用的号码位置数有 16（2^4）、32（2^5）、64（2^6）、128（2^7）。

若参赛队（人）数不等于号码位置数，则需要在比赛的第一轮设置一定数量的轮空位置，使参加第二轮比赛的参赛队（人）数正好是 2 的乘方数。

$$轮空数 = 号码位置数 - 参赛队（人）数$$

当参赛队（人）数稍大于 2 的乘方数，用轮空法使轮空队（人）数太多时，可采用轮号法。以最接近参赛队（人）数的较小的 2 的乘方数作为号码位置数，安排一部分参赛者（队或个人）进行轮号。两名参赛者（队或个人）使用一个号码先进行一场比赛。轮号法和轮空法在本质上是相同的。

（2）单淘汰赛轮数和场数的计算方法。

计算轮数：单淘汰赛所采用的号码位置数为 2 的乘方数，即 2^n（n 为正整数）。其中，指数 n 为轮数。

4 个号码位置数，$4 = 2^2$，即 2 轮。

8 个号码位置数，$8 = 2^3$，即 3 轮。

16 个号码位置数，$16 = 2^4$，即 4 轮。

32 个号码位置数，$32 = 2^5$，即 5 轮。

64 个号码位置数，$64 = 2^6$，即 6 轮。

例如，14 名运动员参加淘汰赛，则按 16 个号码位置数计算，比赛轮数为 4 轮。16 名运动员单淘汰赛的轮数如图 5-4-2 所示。

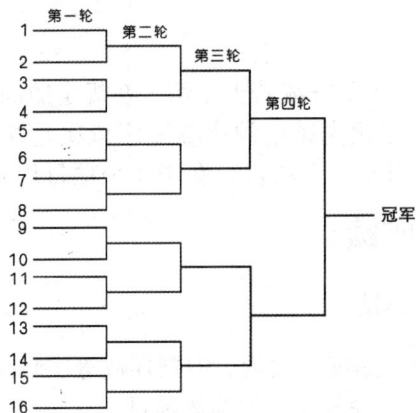

图 5-4-2

计算场数：

$$场数 = 参赛队（人）数 -1$$

例如，16 人参加单淘汰赛，比赛场数为 16-1=15（场）。

2. 双淘汰赛

参赛者（队或个人）按编排的秩序进行比赛，失败两场即被淘汰，最后失败一场者为亚军，未败者为冠军，这种比赛方法称为双淘汰赛。

（1）双淘汰赛轮数和场数的计算方法。

计算轮数：胜方轮数的计算方法与单淘汰赛的计算方法相同；负方轮数等于胜方轮数加 1。

计算场数：

$$场数 =2× 参赛队（人）数 -3$$

这个计算公式的推导过程如下：胜方比赛场数为参赛队（人）数减 1，负方比赛场数为参赛队（人）数减 2。设参赛队（人）数为 x，则双淘汰赛场数 = 胜方比赛场数 + 负方比赛场数，即（$x-1$）+（$x-2$）=$2x-3$。

例如，8 人参加双淘汰赛，胜方轮数为 3 轮（8=2^3）。胜方比赛场数 = 参赛队（人）数 -1=8-1=7（场）。负方轮数 = 胜方轮数 +1=3+1=4（轮），负方比赛场数 = 参赛队（人）数 -2=8-2=6（场）。因此，8 人参加双淘汰赛共需进行 7 轮、13 场比赛。

（2）双淘汰赛比赛秩序。

以 8 人为例，双淘汰赛比赛秩序如图 5-4-3 所示。

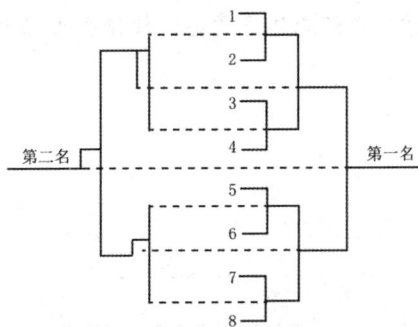

图 5-4-3

（三）轮换法

轮换法是指参赛者（队或个人）分成若干小组，在规定的同一时间内分别进行各个项目的比赛，赛完一项后，各小组按预先排定的比赛顺序依次轮换，再进行下一项比赛的比赛方法。例如，体操团体比赛的男子 6 个项目、女子 4 个项目均采用轮换法进行。

步骤三：评定竞赛成绩

（一）单项成绩的评定方法

（1）以客观的时间、距离、高度、质量、中靶环数等实际计量来评定参赛者的成绩和名次，如田径、游泳、举重、划船、摩托车、射箭等项目。

（2）按完成动作和自选动作的质量来评定，如体操、跳水、武术、舞龙、舞狮等项目。

（3）根据比赛总积分、战胜对手的情况或其他特定因素来进行评定。

（二）团体名次的计算方法

（1）大型综合性运动会，如奥运会、全运会等，有两种团体名次排列方法：一种是按金牌数量和奖牌数量排名；另一种是按团体总分来排名。在按团体总分排名时，对各项前八名以 9、7、6、5、4、3、2、1 的分值计算在各单位的总分里。

（2）田径、游泳等比赛分男、女团体，以男、女团体总分来衡量各队的实力，计分方法如下：若总分相等，则可采取第一名多者或破纪录多的，团体名次列前。

（3）体操、武术、跳水、自行车等项目，也有以参赛队（人）各项得分的总和来决定团体名次的。

（4）拔河、乒乓球、羽毛球、网球等项目，还可以获胜场或盘数来决定团体名次。

项目点拨

教师可通过情境设定，引导学生了解相关的奥运知识、体育文化，让学生明确学习目标和任务要求，然后对学生进行具体内容的教学。在教学过程中，教师可运用多种教学方式激发学生的学习兴趣，例如，通过视频、新闻媒介等手段拓展奥运知识，提高学生的体育文化素养，还可指导学生组织有关奥运会的知识竞赛，邀请著名体育人士走进校园，在校园、社区等普及奥运知识，引导学生利用所学知识组织体育竞赛，让体育文化走进校园，影响周围每个人，营造良好的全民健身氛围。

项目笔记

项目总结

_____
_____
_____
_____
_____

项目评价

教师评价：
_____
_____
_____
_____
_____

学生自我评价：
_____
_____
_____
_____
_____

项目六

职业体能

🏠 学习提示

本章根据职业岗位特点与体能的关系，介绍不同职业类别的锻炼手段，使大学生掌握实用科学的锻炼身体、职业保健的方法。

🔍 项目目标

◎ 了解职业性体育相关知识。
◎ 掌握不同岗位的职业体能训练方法，并能够在实践中学以致用。

任务一 了解职业性体育

学练实践

步骤一：了解职业性体育的重要性

自 1999 年大规模扩招以来，我国高等教育的发展可谓日新月异。据教育部公布的《2019年全国教育事业发展统计公报》，截至 2019 年，我国普通高等学校有 2688 所，其中本科院校有 1265 所，高职（专科）院校有 1423 所。高职（专科）院校约占全国高校数量的 53％；高职（专科）在校生有 7776 万人，约占全国高等学校在校生总量的 69％，高等职业技术教育已占据我国高等教育的"半壁江山"。高等职业教育是高等教育的重要组成部分。按照联合国教育、科学及文化组织 1997 年颁布的《国际教育分类标准》，高等职业教育主要培养技术型人才和技能型人才，直接为社会生产、建设、管理、服务等领域提供从事生产、经营、管理服务的一线高级应用型技术人才，在人才培养目标上突出职业性、应用性的特点，与普通高等教育培养学术型、研究型、工程型人才相比，实用性体现得非常明显。2016 年，《教育部关于全面提高高等职业教育教学质量的若干意见》首次明确指出："高等职业教育作为高等教育发展中的一个类型，肩负着培养面向生产、建设、服务和管理第一线需要的高技能人才的使命，在我国加快推进社会主义现代化建设进程中具有不可替代的作用。"

步骤二：了解职业性体育的相关知识

（一）职业性体育的概念与分类

在中国特色社会主义现代化的建设中，社会的职业分工、劳动形式、生产工具及竞争机制随着高、精、尖现代技术的发展，发生了巨大的变化。社会分工越来越细，职业种类越来越多，社会对高素质劳动者的需求也越来越迫切，高等职业教育成为国家培养高素质技能型人才的重要方式。对学生进行职业性体育、终身体育教育是高职院校体育课程建设的中心任务。为此，在对学生进行公共基础体育教学的同时，高职院校还应增加与学生未来职业相适应的特色体育知识和内容的学习，使他们牢固树立职业性体育意识，掌握适应就业所需的体育能力、自我保健能力、心理调控能力和终身体育锻炼的能力，培训学生在高效率、快节奏的劳动竞争或职业转换中始终保持良好的心理状态和体质基础。

1. 职业实用性体育的基本概念

职业实用性体育是在普通体育课教学的内容、形式、功能和一般身体素质练习的基础上，专门结合职业特点而开设的，与职业岗位知识、素质及技能相关的，突出职业实用性需要的特色体育或专门的职业运动训练。通过职业实用性体育教学，高职院校教师依据高职学生未来所从事职业所需的身体素质、运动技能及工作形式、条件、性质、特点或工作姿势等，规划与设计突出实践性的职业实用性体育的教学内容和方法，向学生传授消除职业疲劳、预防职业病、增进身心健康的职业实用性体育知识与方法。

2. 职业实用性体育的分类

（1）职业适应性体育。

职业适应性体育指人们以社会上不同的职业特点为导向设计的与职业相适应的专门性体质与能力锻炼活动，如以提高耐力、力量等身体素质为主的体育活动。

（2）职业保健性体育。

职业保健性体育指人们以防治职业疾病为目的，以"预防为主，健康第一"为原则的体育活动。

（3）休闲体育。

休闲体育指人们为提高生活质量而进行的健身运动，包括具有游戏性、社交性、娱乐性的休闲运动项目，如野外远足、徒步登山等。

（二）职业性体育的目的和基本任务

1. 职业实用性体育的目的

职业实用性体育的目的：培养未来职业从业人员优良的心理素质，为其终身体育奠定基础，为提高劳动效率、社会生产力服务。

2. 职业实用性体育的基本任务

职业实用性体育的基本任务：发展学生从事现代职业所需要的身体素质和体育能力，帮助学生树立"健康第一"的理念，提高其职业实用性体育技能，培养其终身体育意识和良好的心理素质，帮助其选择合适的职业实用性体育项目，使其学会自我保健。

（三）职业性体育教法要求

（1）学校以"健康第一"的现代教育理念和"课内外一体化"课程建设为指导思想，充分发挥学生的主体作用和教师的主导作用，努力倡导开放式、探究式教学，努力拓展职业实用性体育课程的时间和空间，为全面开展职业实用性体育课程积累经验。

（2）教师要根据学生准职业的具体特点、学生身心发展的特点、学生的学习特征、教育规律，认真开展体育课程的教学工作研究，加强教材教法研究，不断提高教学质量。

（3）教师要与时俱进，不断提高现代教育技术水平，努力设计和制作多样化的多媒体课件，提高自身的业务素养和教学水平，积极构建自身的专业知识结构和能力结构，以适应职业实用性体育课程建设的实际需要。

（4）教师应注意理论与实践相结合，坚持"基础理论以够用为度，实用知识、实践能力、素质养成以实效为镜"的教学原则，积极借助先进的教学手段和音像教材，使理论与教学实践紧密结合，给予学生正确、科学的指导。

（5）教师应遵循"安全第一"的原则，增强健康意识，努力加强拓展训练和其他教学环节中安全隐患的排查工作。

步骤三：了解体能与职业的关系

体能不仅与健康息息相关，而且与职业联系密切。实践证明，经常参加健身活动且体能良好的人，不仅工作效率高，缺勤次数少，而且患职业病或由其他原因造成体力衰竭的疾病的可能性都小得多。在履行工作职务中，身体健康最简单、最实际的定义是个体具有对日常身体需求做出反应的能力，能够以足够的体力和精力应付突然的挑战。如果个体能满足每天的能量需要，能处理各种意想不到的额外需求，具有一种现实而积极的自我形象，并能主动预防潜在的健康问题，那个体就是健康的。

知识窗

研究表明，当工作繁重时，健康值偏低的人只能以 25% 的能力工作 8 小时，普通健康状况的人能以 33% 左右的能力工作 8 小时，而健康状况好的人能以 40% 的能力保持工作 8 小时之久。健康状况良好、态度积极的人可在 8 小时中一直维持他们高达 50% 的健康值。健康值相对较高的人的工作能力要高于健康值偏低的人的工作能力。在某些工作中，健康的工人所干的工作量是健康状况欠佳的工人的 4～6 倍，而这种较高的健康值就来自较高的体能。

精力充沛、积极热情的人更容易被雇用，这一点在目前来说已是公认的事实。由健身活动带来的良好体能，能够增进健康、陶冶情操及保证安全，使得那些精力充沛又积极热情的人员有更多机会来表现自己，甚至获得晋升。因此，现代社会更应重视健身活动在工作领域的作用，重视体能对职业的积极影响。

（一）与职业有关的体能

一般来说，与健康有关的体能，与职业也有关联，但职业的性质对体能还有特别的要求，与一些体能指标有着更为密切的关系。与职业有关的体能主要有以下几种。

（1）神经肌肉协调性与反应时。神经肌肉协调性主要反映一个人的视觉、听觉和平衡感与熟练的动作技能相结合的能力。反应时是速度素质的一种表现形式，是指从给予刺激到开始发生动作之间的时间。反应时短，表示反应速度快。在职业方面，神经肌肉协调性与反应时对巩固技能定型、提高技能及判断力有明显作用。

（2）肌肉力量与耐力。良好的肌肉耐力可以有效地降低职业损伤发生的概率。

（3）灵敏性与平衡能力。灵敏性是指在身体活动过程中，身体既快速又准确地变化移动方向的能力。平衡能力是指当运动和静止时，身体保持稳定的能力。对从事高空作业、交通运输等职业的人员而言，灵敏性与平衡能力是不可或缺的。

（4）柔韧性。良好的柔韧性对提高身体活动范围、预防肌肉紧张、改善服务类职业人员的体态有明显的作用。

（5）应激与心理调节。应激是指个体对环境刺激的一种异性生物学反应。积极的应激有助于职业人更好地适应工作环境，增强其心理调节能力与抗挫折能力。

（二）职业岗位与体能的关系

现代社会职业种类繁多，分工精细，各具特色，就其劳动性质、活动状态及对人体的影响与体能的关系大致可分为六种。（表6-1-1）

表6-1-1 职业岗位与体能的关系

类型	职业工种	劳动形式与特点	对人体的一般影响	体能需求		
				适应性体育	保健性体育	社会体育
伏案型	银行工作人员、财务人员、邮政工作人员、票务员、话务员、排版员、缝纫工、作家、医生、学生、干部、司机等	长期伏案坐姿脑力劳动为主，要使腕、指持续工作，身体活动范围小，常处于静止状态等	精神高度集中，大脑容易疲劳，屈颈含胸，驼背，颈椎易增生，眼肌疲劳，弱视，坐骨神经受压，下肢易麻木，肩臂负担较重，腕、指腱鞘劳损，心血管机能减退，易患生活方式疾病	坚持健身走，健身跑，自行车远骑，郊游，各种俯卧撑、立卧撑、双杠上支撑摆动、支撑跳跃、屈伸臂悬垂卷腿、实心球前后抛掷、引体向上、大幅度腹背前后屈转腰、前后压腿、提腿、转胯、蹲起，联合健身器械健美锻炼，进行篮球运动、排球运动、乒乓球运动、羽毛球运动、跳绳	头颈运动，晨操，工间操，桌椅健身操，眼睛保健操，健身操，踢键，太极拳（剑）、轻器械哑铃操等，加强闲置部位的肌肉张力练习	（1）参与全民健身运动，如休闲娱乐活动、趣味性体育游戏。 （2）利用单项或组合健身器械进行健身、健美锻炼，如健美操、体育舞蹈、太极拳。 （3）进行高雅娱乐性活动，如台球运动、保龄球运动、高尔夫球运动、羽毛球运动、乒乓球运动、桥牌运动、棋类运动。 （4）进行休闲文化活动，如琴棋书画。 （5）进行社交类活动，如交际舞等。 （6）调节心理活动，如郊游、野餐、游泳、划船、滑冰等。 （7）进行民族体育锻炼，如太极拳（剑）、剑术、毽球运动等。
交往型	文秘、公关人员、翻译人员、记者、经理、促销员等	记录、记忆、谈话、书写、内勤、操作电脑、接待访谈人员、社会交往等，体力活动少	精神过度紧张与松弛，生活不规律，交际多，易伤身（烟酒），患胃病、心血管疾病较多	选择"伏案型"中适应性体育练习，另加形体、健美锻炼，礼仪姿态性锻炼，体育舞蹈	选择"伏案型"中保健体育练习，保证睡眠，生活有规律，戒烟、戒烟，饮食有度	
流动型	护士、售货员、餐旅服务人员、纺织工、巡查员、营销员等	往返行走、简单而轻的体力活动，下肢负担重	易患胫骨疲劳性骨膜炎，膝关节、踝关节损伤，腰肌劳损	选择"伏案型"中适应性体育练习，加强腰、腿肌肉力量练习	多做徒手伸展体操、哑铃操，按摩腿腰肌肉	
站立型	教师、园艺工、林场工、车钳铣刨工、机械操作工、木工、烹调厨工、轮机驾驶人员、保安值勤人员等	长时间站立或躬身操作，手眼不停操作，精神紧张	下肢肿胀瘀血，血流回心缓慢，易患下肢静脉曲张及心血管疾病，腰腿肌肉僵直，易患胃下垂，人体协调机能下降	选择"伏案型"中适应性体育练习，重点发展上下肢、躯干肌肉力量，做简单器械体操，加强下肢、髋关节柔韧性练习，练习健身、慢跑、台阶跳、俯卧撑、仰卧起坐、连续蹲起	经常做广播体操，腿部肌肉按摩，太极拳、游泳、跑步及其他休闲娱乐性活动，缓解精神紧张，提高心血管系统机能	

续表

类型	职业工种	劳动形式与特点	对人体的一般影响	体能需求		
				适应性体育	保健性体育	社会体育
运动型	航海员、潜水员、锻工、管工、铸造工、矿工、钻井工、搬运装卸工、电焊工、农林工、环卫工、油井工等	全身运动性体力运动，劳动强度大，固定重复用力，动作复杂，蹲、弓、立姿兼有	运动器官和心肺系统负担重，易引起过度疲劳，工作条件艰苦，有害气体影响心肺功能，大关节肌肉易损伤	轻器械体操练习，轻杠铃练习，健美肌肉锻炼，走跑交替活动，乒乓球运动、羽毛球运动、平衡木练习等协调性肌肉力量练习	各种按摩，消除肌肉疲劳。选择活动性游戏、娱乐性休闲体育，调节神经疲劳和心理疲劳，勤洗热水澡，促进全身血液循环。合理饮食，改善消化系统功能	
高能型	电力（电话）外线人员、桥梁工程人员、铁道铺设人员、冶炼工、地质勘探人员、导游等	综合体能要求较高，高空平衡能力要求较强，心理素质要求稳定，高空、高温、攀登作业操作能力和耐力综合素质要求较高	四肢肌肉易损伤，易患风湿性关节炎，心理易紧张、疲劳，易患消化性疾病	爬杆（爬绳）、平衡木，引体向上，屈臂悬垂练习，登山、攀岩、举重、快速上下、攀爬肋木、越野跑，发展腿部力量练习	按摩、健身操、太极拳，放松性娱乐活动，调节心理疲劳	

　　表6-1-1所列各项为概括性内容，均与职业性体育相关，包涵适应性体育、保健性体育、社会体育。作为终身职业素质教育，将三者结合，便于学校选择、安排体育课程，同时为学生在未来职业生涯中了解职业性质、选择合适的体育锻炼方法、提高生活质量提供参考。

任务二　掌握不同岗位的职业体能训练方法

学练实践

步骤一：掌握伏案型岗位职业特点及职业体能训练方法

（一）伏案型岗位职业特点

1. 伏案型岗位职业分布特征

　　根据《中华人民共和国职业分类大典（2022年版）》，伏案型岗位工作者主要集中在第一大类、第二大类、第三大类人员中，他们都是文职人员，包括党的机关、国家机关、群众团体和社会组织、企事业单位负责人，专业技术人员，办事人员和有关人员。

2.伏案型岗位职业身体活动特征

伏案型岗位从业人员主要以脑力工作为主。长期伏案工作，容易造成腿脚不灵、颈椎病、腰痛和坐骨神经痛等；随着社会竞争的不断升级，人们对时间的概念更加明确，对效率的要求更加高，高标准的工作定额、任务指标及各种考评，都容易造成从业人员心理压力过大，身体易处于透支状态；脑力劳动过度和精神长期紧张容易引起慢性疲劳综合征。

（二）伏案型岗位职业体能训练方法

1.力量素质训练

（1）颈肩部肌群力量素质训练。

①直立提拉。（图6-2-1）

【主要锻炼肌肉】三角肌前束、斜方肌、肱二头肌。

【动作要领】两脚开立，间距与肩同宽，上体正直，两手窄握杠铃，持杠铃下垂于体前，然后以肩带肌群向上收缩的力量，带动两臂上臂贴身向上提杠铃至下颌位置，稍停后慢慢还原。

【动作要点】两臂拉引杠铃应贴近身体，两肘尽量上抬，高于肩，前臂和手腕下垂。

【提示】可用哑铃进行练习。在办公室也可用公文包等替代杠铃或哑铃。

②站立前平举。（图6-2-2）

【主要锻炼肌肉】三角肌前束、中束，肱三头肌。

【动作要领】两脚开立，间距与肩同宽，上体正直，两手持哑铃下垂于体前，然后两肘微屈，两手经体前举起哑铃至稍高于肩，稍停后慢慢还原。

【动作要点】肘关节微屈，这样有利于三角肌的收缩；两手举起哑铃时，上体不要后仰。

【提示】可用杠铃进行练习。在办公室也可用公文包等替代杠铃或哑铃。

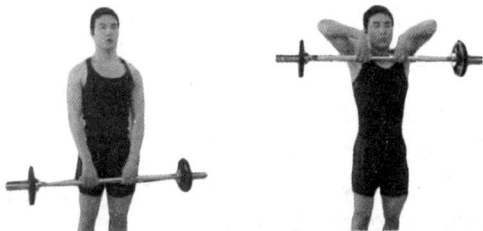

图 6-2-1

图 6-2-2

③站立侧平举。（图6-2-3）

【主要锻炼肌肉】三角肌中束。

【动作要领】两脚开立，间距与肩同宽，上体正直，两手持哑铃下垂于体侧，然后两肘微屈，两手持铃向两侧上方提起至与肩同宽，稍停后慢慢还原。

【动作要点】肘关节微屈；两手举起哑铃时，上体不要后仰。

【提示】可用拉力器或橡皮条侧平举，也可采用单手进行练习。

④俯立飞鸟。（图6-2-4）

【主要锻炼肌肉】三角肌后束、上背部肌群。

【动作要领】两脚开立，间距略比肩宽，上体前屈至约与地面平行，挺胸紧腰，两手持哑铃直臂下垂于腿前，然后两肘微屈，两臂向两侧提举哑铃至最高点，稍停后慢慢还原。

【动作要点】挺胸紧腰；两手举起哑铃时，肘关节微屈。

【提示】可用拉力器或橡皮条进行练习，也可采用俯卧飞鸟。

图 6-2-3

图 6-2-4

⑤杠铃坐姿颈前推举。（图6-2-5）

【主要锻炼肌肉】三角肌前束、中束，肱三头肌。

【动作要领】坐在凳上，上体正直，挺胸紧腰，两手握杠铃，掌心向前，两臂屈肘将杠铃置于胸前锁骨和两肩上，然后将杠铃垂直向上推起至两臂伸直，稍停后慢慢还原。

【动作要点】上推时，上体不要后仰。

【提示】可用哑铃进行练习，也可采用站立式，但应避免借助腿部等力量练习而影响锻炼效果。

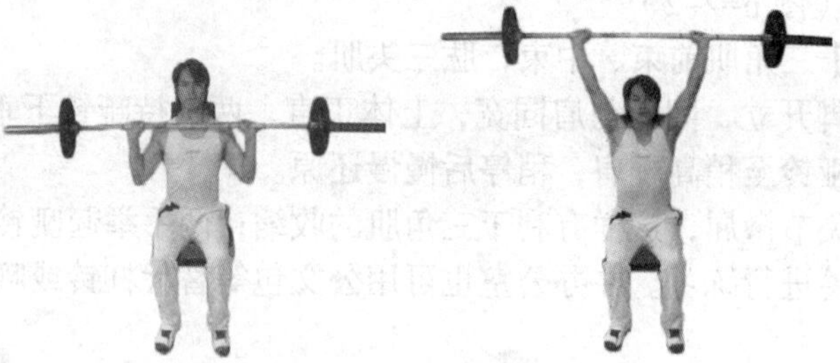

图 6-2-5

⑥杠铃坐姿颈后推举。（图6-2-6）

【主要锻炼肌肉】三角肌中束、后束，斜方肌，肱三头肌等。

【动作要领】坐在凳上，上体正直，挺胸紧腰，把杠铃置于颈后肩上，两手比中握距略宽握住横杠，然后将杠铃垂直向上推起至两臂伸直，稍停后慢慢还原。

【动作要点】握距不同，锻炼部位也有所不同，宽握时重点锻炼三角肌，窄握时重点锻炼肱三头肌。

【提示】可用哑铃进行练习，也可采用站立式，但应避免借助腿部等力量练习而影响锻炼效果。

图 6-2-6

⑦杠铃耸肩。（图6-2-7）

【主要锻炼肌肉】斜方肌、颈部肌部及上背部肌群。

【动作要领】两脚开立，间距与肩同宽，上体正直，两手握杠，握距同肩宽，两手持杠铃下垂于体前，两肩放松，然后两手以斜方肌的收缩力量向上提起杠铃，两肩耸起，然后还原。

【动作要点】两臂在动作过程中始终不动。

【提示】可用哑铃进行练习。

图6-2-7

（2）腰背部肌群力量素质训练。

①杠铃宽握俯立划船。（图6-2-8）

【主要锻炼肌肉】背阔肌中下部、斜方肌、冈下肌及三角肌后束等。

【动作要领】两脚开立，间距与肩同宽，上体前屈至约与地面平行，两手直臂下垂，宽握杠铃于腿前，肩关节放松，挺胸沉腰，略抬头，上体不动，然后以背阔肌用力，贴身将杠铃提起，稍停后慢慢还原。

【动作要点】背部保持平直，头稍抬起。

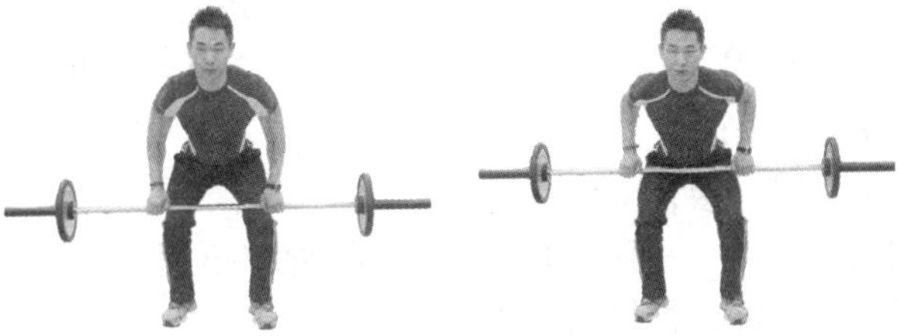

图6-2-8

②杠铃并握俯立划船。

【主要锻炼肌肉】背阔肌等。

【动作要领】挺胸收腹，沉腰，略抬头，杠铃置于两腿之间，两臂伸直，两手靠近并握杠铃的横杠一端，肩关节放松，上体不动，然后利用背阔肌的收缩力量，提起杠铃的一端至胸腹部。提铃时，两臂上臂贴近体侧，稍停后慢慢还原。

【动作要点】基本同宽握俯立划船。练习时，还可垫高两脚，以加大动作幅度，提高练习效果。

【提示】杠铃俯立划船根据握距的宽窄，除上述两种外，还有中握俯立划船（两手握距同肩宽）和窄握俯立划船（两手握距约20厘米）两种。中握俯立划船和窄握俯立划船重点锻炼背阔肌上部肌群。

③哑铃划船。（图6-2-9）

【主要锻炼肌肉】上背肌。

【动作要领】一手握哑铃，拳眼向前，成单侧跪撑，上体前屈至约与地面平行，单手持铃，肩关节放松下垂，持哑铃一侧的腿微屈，支撑于地面，然后背阔肌收缩用力，把哑铃由腿侧向上提起至肩部高度，稍停后慢慢还原。一臂练完再练另一臂。

【动作要点】当哑铃被提起至最高点时，上体稍向另一侧转体，以利于上背部肌群的彻底收缩。

【提示】为集中背阔肌的用力，减少两腿和腰背肌群的负担，还可进行杠铃俯卧划船和俯卧拉练习，以增强锻炼效果。

④ 单杠胸前引体向上。（图 6-2-10）

【主要锻炼肌肉】背阔肌、肱二头肌。

【动作要领】两手正握单杠，两手比肩稍宽，腰部以下放松，两腿可并拢悬垂或两腿小腿交叉向后弯起，然后以背阔肌和肱二头肌收缩的力量，两臂屈肘引体至下颌超过横杠为止，稍停后慢慢还原。

【动作要点】在引体向上的过程中，肩胛骨收拢，然后身体慢慢下落。

【提示】还可做单杠颈后引体向上，即在做引体时将横杠拉至颈后肩部，动作过程和用力特点同单杠胸前引体向上。女子力量较弱，可做仰式引体向上。

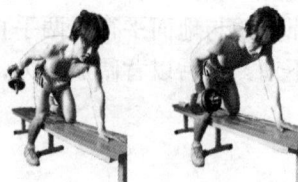 

图 6-2-9   图 6-2-10

⑤ 俯卧挺身。（图 6-2-11）

【主要锻炼肌肉】竖脊肌等腰背部肌群。

【动作要领】俯卧在长凳上，两腿向后伸直，两脚脚跟固定，然后以腰背肌群的收缩力量，上体向上挺起至超过水平位，稍停后慢慢还原。

【提示】俯卧挺身也可在垫子上练习。在练习过程中，两臂伸直或抱于后脑或置于背部；在挺身过程中，也可以左右转体。此外，练习到每组能做 20 次以上时，两手可以在颈后持杠铃片来进行练习。

图 6-2-11

⑥ 俯身弯起。（图 6-2-12）

【主要锻炼肌肉】竖脊肌等腰背部肌群。

【动作要领】两脚自然分开，把杠铃置于颈后肩上，上体保持正直，挺胸立腰，下背肌群始终控制住，上体前屈时应慢些，前屈至约与地面平行，然后以腰背肌群力量，上体抬起还原。

【动作要点】腰背肌始终紧张，挺胸立腰，身体重心略向后移，上体在前屈时要缓慢平稳，避免引起腰背扭伤。

⑦直腿硬拉。（图6-2-13）

【主要锻炼肌肉】竖脊肌等腰背部肌群。

【动作要领】两脚开立，间距与肩同宽，两手正握杠，握距略比肩宽，上体前屈至约与地面平行，两腿微屈，挺胸紧腰，然后用腰背肌群力量，上体慢慢抬起至全身立状，挺胸送髋，稍停后慢慢还原。

【动作要点】上体抬起过程中，速度要慢，始终要保持挺胸收腹紧腰。

图6-2-12   图6-2-13

（3）腿部肌群力量素质训练。

①深蹲。

【主要锻炼肌肉】股四头肌、臀大肌、下背部肌群和小腿肌群等。

【动作要领】两脚开立，间距与肩同宽，两手握杠铃于肩后，挺胸，立腰，抬头，两腿下蹲至最低点稍停，紧接着股四头肌用力还原。

【动作要点】蹲起时，始终保持挺胸，收腹，立腰，杠铃运行路线应是直上直下。

②半蹲。

【主要锻炼肌肉】股四头肌、臀大肌、背部肌群和小腿肌群等。

【动作要领】预备姿势同深蹲，然后两腿慢慢屈膝下蹲至大腿约与地面平行为止，稍停后慢慢还原。

【动作要点】动作过程中，上体始终保持正直，挺胸，收腹，立腰，从下蹲起至腿即将伸直时，股四头肌主要用力。

③坐姿腿屈伸。

【主要锻炼肌肉】股四头肌。

【动作要领】坐在装有伸腿架的卧推凳上，两脚脚背分别紧贴于下托棍的下缘，两腿弯曲，两踝勾重物，两手握住凳的两边，上体挺直，用股四头肌的收缩力量慢慢使两腿伸直，保持静止收缩状态2～3秒，然后慢慢还原。

【动作要点】背部始终紧贴靠板，腿伸展时，要充分伸直，这是发展腿部股四头肌前束力量的一种有效办法。

④俯卧腿弯举。（图6-2-14）

【主要锻炼肌肉】股二头肌。

【动作要领】俯卧在腿弯举器上，两腿并拢伸直，两脚踝关节置于阻力滚垫下，然后股二头肌用力，使两腿屈膝向上弯起，稍停后慢慢还原。

【提示】也可在综合训练器的腿屈伸架上做俯卧腿弯举。

图 6-2-14

（4）腕部肌群力量素质训练。

①站立背后腕弯举。（图 6-2-15）

【主要锻炼肌肉】前臂肌群。

【动作要领】两脚自然开立，两臂于背后下垂，两手与肩同宽握杠，掌心向后，前臂屈肌群收缩，屈腕，然后慢慢还原。

图 6-2-15

②坐姿腕弯举。（图 6-2-16）

【主要锻炼肌肉】前臂肌群。

【动作要领】坐在凳上，两脚分开，与肩同宽，上体略前倾，两手掌心向前正握（或反握）杠铃，两臂屈肘，前臂贴住大腿，手腕下垂，然后两腕做屈伸动作。

【动作要点】在动作过程中，两臂上臂不得前后移动。

【提示】可站立或两臂固定在凳上进行练习。

③正握弯举。（图 6-2-17）

【主要锻炼肌肉】前臂肌群。

【动作要领】坐在凳上，腰背挺直，两手正握杠铃，上臂靠托于固定斜托板，两脚稍分开。吸气，将持铃向上举至肩前，手腕与前臂保持在一条直线上，稍停后慢慢还原。

图 6-2-16 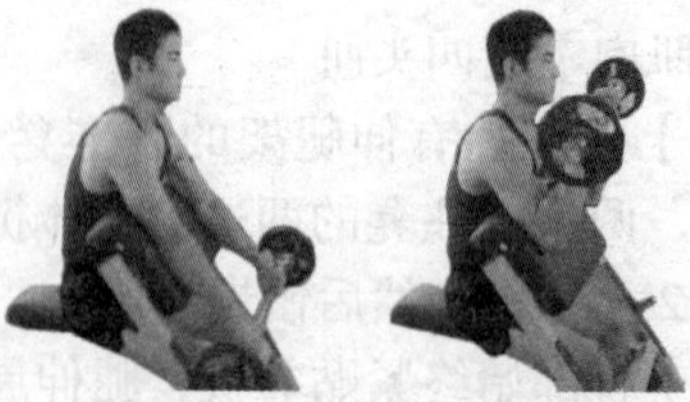   图 6-2-17

（三）肩颈部、腰背部肌群的调节和放松

长时间处于固定坐姿会使肢体特别紧张和疲劳，其中出现症状较多的有颈肩综合征（颈肩部肌肉痉挛、紧绷，严重者颈肩部酸痛、头晕眼花）、握拳手（手因长期握笔或鼠标而使屈肌过分紧张）和腰腿僵（腰部或腿部僵直、麻木）等。

研究表明，久坐（特别是超过 4 小时以上的久坐）会导致胸锁乳突肌、斜方肌、竖脊肌、股二头肌等处于紧张、疲劳的状态，进而导致血液循环障碍、新陈代谢水平降低。

为了避免出现以上问题，每坐 1 小时后，我们一定要抽出一定时间在座椅上做一些拉伸运动加以放松。另外，我们还可以做简单、易学、实用的拉伸操（注意：取坐姿，我们必须尽最大能力将每一节动作的拉伸做到位，并且在拉伸最大幅度处停留 20 秒，保持拉伸，以有酸痛感为宜）。

1. 侧颈按揉

侧颈按揉如图 6-2-18 所示。

动作要领：头部向右侧倾，右手扶于头左侧并下压，左手手指按压并揉搓左颈侧面。稍停，换另一侧做。

作用：此动作可放松颈两侧的肌肉，尤其可放松胸锁乳突肌。

2. 伸臂抬掌

伸臂抬掌如图 6-2-19 所示。

动作要领：两臂前伸，两手指尖向下，掌心、掌根尽量向前。

作用：此动作可放松手掌和前臂部的屈肌群。

3. 挺胸展臂

挺胸展臂如图 6-2-20 所示。

动作要领：两臂向后伸直放于椅背上，两手掌心向下，胸部和肩部向前挺伸。

作用：放松胸部和肩前部的肌肉。

4. 后仰抬臂

后仰抬臂如图 6-2-21 所示。

动作要领：两臂向上伸直，两手合掌，同时头部尽量后仰。

作用：放松头颈四周和下背部的肌肉。

图 6-2-18　　　图 6-2-19　　　　图 6-2-20　　　　图 6-2-21

5. 托肘拉臂

托肘拉臂如图 6-2-22 所示。

动作要领：左臂向右平举，左手掌心向后，同时右臂屈肘，将左臂托起，并将左臂尽量向后拉伸。稍停，再换另一侧做。

作用：放松背部肌肉。

6. 颈后引臂

颈后引臂如图 6-2-23 所示。

动作要领：左臂在头后屈肘，同时右手扶于左肘，向右拉伸左臂。稍停，换另一侧做。

作用：放松肩部肌肉。

7. 坐姿转体

坐姿转体如图 6-2-24 所示。

动作要领：右腿大腿抬起放于左腿大腿上，同时上体右转，右手扶于椅背，左手自然放于右膝外侧，头向右转。稍停，换另一侧做。

作用：放松腰部及脊柱两侧的肌肉。

8. 抬脚下压

抬脚下压如图 6-2-25 所示。

动作要领：右脚放于左膝上，两手扶于右膝且用力下压。稍停，换另一侧做。

作用：放松大腿内侧和后侧肌肉。

图 6-2-22　　　　图 6-2-23　　　　图 6-2-24　　　　图 6-2-25

9. 屈膝压腿

屈膝压腿如图 6-2-26 所示。

动作要领：右腿屈膝上抬，两手交叉相扣扶于右腿小腿并向后拉伸，使大腿尽量贴近胸部。稍停，换另一侧做。

作用：放松大腿后侧和臀部的肌肉。

10. 坐姿伸腿

坐姿伸腿如图 6-2-27 所示。

动作要领：坐于椅边，两腿并拢伸直，脚尖尽量勾起，上体保持正直。

作用：放松小腿后侧和大腿后侧的肌肉。

11. 坐姿下腰

坐姿下腰如图 6-2-28 所示。

动作要领：两手于背后交叉相握，两臂伸直向上抬起，上体下压并尽量靠近腿部。

作用：放松大腿、小腿后侧肌肉和腰背部肌肉。

12. 坐姿架腿

坐姿架腿如图 6-2-29 所示。

动作要领：右腿屈膝后抬，膝关节放于椅上，脚背贴于椅背上沿，同时左腿微屈站立，两手扶支撑物，向下压腿、压髋。稍停，换另一侧做。

作用：放松髋部和大腿前侧的肌肉。

 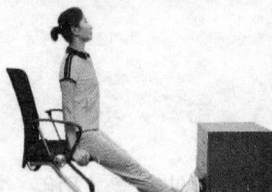  

图 6-2-26　　　　图 6-2-27　　　　图 6-2-28　　　　图 6-2-29

步骤二：掌握综合型岗位职业特点及职业体能训练方法

（一）综合型岗位职业特点

1. 综合型岗位职业分布特征

根据《中华人民共和国职业分类大典（2022年版）》，综合型岗位主要集中在第八大类不便分类的其他从业人员中，如市场调研员、医务工作者等。他们所从事的工作性质复杂，工作模式不固定，具有一定的变化性。

（1）人员流动的复杂性。

综合型岗位的工作形式复杂性，导致其人员的流动性较强。例如，导游、乘务员等，每天流动于不同的地区，工作繁杂，体能消耗大。又如，长期出差在外的采购员，一方面要全面了解本行业的市场行情，另一方面要不断观察市场动态，游走于各类采购市场之间。综合型岗位从业人员的流动性还体现在从业人员的频繁更替上。例如，市场销售人员的流动性强，稳定性较差，部分销售人员在从事一定时间的销售工作后，会选择其他行业。

（2）工作强度大。

综合型工作岗位不像站立型和伏案型工作岗位那样形式单一，而是较为多变，因此，这类岗位从业人员普遍工作强度较大。综合型工作岗位工作的复杂性还体现在实现其自身价值途径的多样性。例如，新闻工作者除了要不断写新闻报道，还要阅读相关书籍，不断提高自身的专业素养，更需要奔波于各地，进行新闻报道。新闻工作者实现自我价值需要多方面能力的提升和经验的积累。因此，伴随着此类型工作岗位的是较大的工作压力和工作强度。

（3）工作形式多样化。

综合型工作岗位的工作形式不拘一格，工作场所可能不固定。例如，有的市场推广人员长期游走于各地，以不同的形式推广不同公司或者企业的产品，其工作形式比较多样化，有一定的随机性和自由性。

2. 综合型岗位职业身体活动特征

综合型岗位的工作性质特殊，往往对从业者的身体有较高的要求。综合型岗位从业人员长期从事复杂的劳动，会机体受到多方面的损伤，需要进行综合性的锻炼。

（1）作息不规律。

综合型岗位的工作性质特殊，综合性岗位从业人员往往作息不规律。例如，一些警务工作者往往白天休息、晚上工作，或者连续工作和连续休息，这使得这类人员的身体机能的适应性较差，长期如此，人容易出现各种各样的生理疾病。

（2）缺少必要的身体锻炼方法。

由于工作繁重、作息不规律，综合型岗位从业人员往往缺乏必要的身体锻炼。例如，医护人员作息的不规律性，使该类人员很少进行规律性锻炼的时间和精力，其身体机能可能会因此逐渐下降。

（3）身体活动负荷低，持续时间长。

综合型岗位从业人员大多从事的是负荷较低但持续时间较长的工作。例如，保安人员的工作包括岗亭执勤及定时巡逻，同时包括一些其他杂事，工作负荷往往不会太大，但持续时间较长。这种类型的工作考验的是人的精力，而非身体机能，因此并不能有效提高从业人员的身体健康水平，相反会使其产生一定的身体疲劳和疾病。

（4）脑力劳动与体力劳动并重。

综合型岗位综合了脑力劳动和体力劳动，更加考验从业人员身体的综合耐受能力。例如，创业初期的私营企业主不仅要考虑其产品的市场销路、企业的发展出路，还要身体力行地进行一定量的体力劳动。这类人群的脑力和体力支出容易超出人体所能承受的负荷，因此这类人极易出现各类身体疾病。

（二）综合型岗位职业体能训练方法

1. 耐力素质训练

（1）有氧耐力练习。

①有氧耐力的定义。

有氧耐力是指机体长时间进行有氧供能的工作能力。负荷强度为人体最大负荷强度的75%～85%，心率一般在140～170次/分。时间最少5分钟，一般在15分钟以上。决定机体有氧耐力的生理因素主要是运动中氧气的供应因素和作为能量物质的糖原含量。

②有氧耐力的练习方法。

· 持续负荷法。

持续负荷法是发展有氧耐力的主要方法。其特点是负荷量大，没有间歇。持续负荷法根据速度是否变化又分为匀速练习和变速练习两种。练习者采用持续负荷法练习时，每次负荷时间不少于30分钟。对有一定训练水平的运动员而言，负荷时间可以达60～120分钟。练习强度可以通过测定心率来计算，练习者的心率可控制在150～170次/分。采用变速练习时，练习者可在练习过程中逐步提高速度，即从较低的强度提高到中等强度。例如，练习者可用较低的速度完成第一个1/3的距离，然后将速度提高到稍低于中等强度的水平，用中等强度的速度完成最后1/3距离。此外，练习者还可以不断变换强度。例如，在每1～10分钟的最高运动强度负荷后，练习者可穿插安排中等运动强度负荷，以保证机体在下一次提高负荷前稍有调整。练习者采用最大负荷时，心率可达到180次/分，恢复阶段降到140次/分。有节奏的、波浪形变化的强度安排有助于练习者进行大负荷练习，并能有效增强心脏和中枢神经系统的功能，提高机体在不同情况下的适应能力，从而大大提高有氧耐力水平。

· 间歇练习法。

间歇练习法是一种采用各种强度的重复刺激，并在练习之间按预定计划安排间歇时间，不完全休息的练习方法。这种方法对发展耐力水平非常有效。间歇练习的主要影响因素有强度、负荷量、持续时间、间歇时间、休息方式等。

强度：进行短距离或中距离间歇训练时，心率应达到170～180次/分。进行长距离间歇训练时，心率应达到160～170次/分。练习者循序渐进地提高强度，可以有效地增强心脏功能，达到发展有氧耐力的目的。

负荷量：负荷量一般用距离和时间来表示。其基本要求是一次练习负荷量不要过大，若一次练习负荷量大，持续时间长，则会导致工作强度下降，不利于心脏功能的增强。

持续时间：练习持续时间可根据练习任务和练习者的自身情况确定。每一次练习的持续时间可分别为15～90秒、2～8分钟等。整个练习的持续时间应尽可能延长，保持在半小时以上。这样有助于提高有氧能力，增强心脏功能，有利于意志品质的培养。

间歇时间：练习者为实现对呼吸和心血管系统不间断的刺激，主要以心率来控制间歇时间。其基本要求是练习者须在机体尚未完全恢复（心率恢复到120～140次/分）时进行下一次练习。这样可使练习者在积极性休息阶段摄取大量氧气，并使整个练习过程的摄氧量和每搏输出量都保持在较高的水平上。

休息方式：采用低强度的积极性休息方式（如慢跑），以对肌肉中的毛细血管起到按摩作用，使血液尽快流回心脏，再重新分配到全身，以尽快排除机体中堆积的酸性代谢产物，以利于下一次练习。

组织方式：间歇练习法发展有氧耐力一般有两种组织方式：一种是分段练习，即以练习的次数与组数安排练习；另一种以连续间歇方式安排练习。

（2）无氧耐力练习。

① 无氧耐力的定义。

无氧耐力是指机体在缺氧状态下，长时间对肌肉收缩供能的工作能力。练习者常采用短时间、最大用力和短暂休息重复运动的方法进行练习，如快速的间歇跑、重复跑、400 米跑和对抗性球类比赛等。

② 无氧耐力的练习方法。

·间歇练习法。

间歇练习法是发展无氧耐力常用的练习方法。在为发展无氧耐力而进行的间歇练习中，练习者要考虑练习强度、练习时间和间歇时间的组合，要以运动中能产生高浓度的乳酸为依据。因此，练习强度、练习密度较大，间歇时间较短，练习时间一般应长于 30 秒，以 1～2 分钟为宜。这种练习强度、练习时间及间歇时间的组合能最大限度地动用糖酵解系统供能的能力，从而有效地提高无氧耐力。

·缺氧练习法。

缺氧练习法是指在屏气或减少吸气的条件下进行练习的方法，其目的是造成体内缺氧，以提高无氧耐力。

2. 灵敏素质训练

灵敏素质是人体综合能力的反映，受遗传因素的影响很大。为了提高灵敏素质，练习者应尽可能地采取逐渐增加复杂程度的练习方式，也可以通过改变条件、器械或器材等方式增加技术动作的复杂性和难度。另外，练习者还应着重培养和提高自身掌握动作的能力、反应能力、平衡能力、观察能力、节奏感等。

（1）打乒乓球练习。

打乒乓球是提升灵敏素质的一种运动。眼睛注视来球的方向，要看准球再出板。打乒乓球可以发展手臂和腰部的力量，提高快速反应能力。

（2）跳绳练习。

① 跳绳基本功。

两脚并拢，进行弹跳练习 2～3 分钟（弹跳高度为 3～5 厘米）。刚开始跳绳时，注意手腕做弧形摆动。初学者先跳 10～20 次，休息 1 分钟后，重复跳 10～20 次。非初学者可先跳 30 次，休息 1 分钟后，再跳 30 次。

② 单脚屈膝跳。

右腿屈膝，向前抬起。左脚脚尖踮起，单脚跳 10～15 次，换左腿屈膝，右脚跳，重复上述动作。休息 30 秒，每侧各做 2 轮。

③ 分腿合腿跳。

先做跳绳准备运动，然后跳绳。跳跃时，两脚分开；着地时，两脚并拢。重复动作 15 次。

④ 两臂交叉跳。

先做跳绳准备运动，然后两臂交叉跳绳。当绳子在空中时，两臂交叉；在两脚跳过交叉的绳子之后，两臂恢复原状。

⑤ 两人跳绳。

·采取并排站立的姿势。每人用外侧的手握住绳柄。两人同时用双脚跳绳，然后练习同时用单脚跳绳。

·采取一前一后的站立姿势。比较高的人站在后面，并挥动跳绳。

3. 心理素质训练

（1）通过体育运动缓解压力。

① 参加一些运动量小、缓和的运动项目，如慢跑、打太极拳等，使心情平静下来，然后逐渐过渡到大运动量的运动。如果压力来源于工作，那么参加一些以集体配合为主的运动，如篮球运动、排球运动、毽球运动等，在集体协作、默契配合中享受愉悦、快乐、幸福，使烦恼得以排解。

② 变换运动环境。人都有一种求新求异的心理，变换环境其实就是满足这种心理会对缓解压力能起到意想不到的效果。例如，经常在室内工作的人，到户外去爬山，到林荫路上跑步，会感觉轻松、愉快。

③ 运动前调节心理有利于在运动中更好地释放压力。例如，在安静的地方闭目养神，做几次深呼吸，或对着镜子进行自我鼓励，或听一曲喜欢的音乐，转移注意力，以达到最好的放松、减压的效果。

④ 不要固定进行某一项体育锻炼，而应交替进行多项体育运动。如果只参加某一项体育运动，会很单调。进行不同内容的体育运动，既能调节情绪，又可开阔视野，在精神上、身体上都会得到好处。

⑤ 运动后补充营养。运动后应多食用牛奶、豆制品、蔬菜、水果等食物，有助于缓解疲劳和调节不良情绪。

（2）工作间隙缓解压力的伸展运动。

① 手臂伸展运动。

·两臂后伸高抬。（图6-2-30）

【动作要领】直立，两臂伸到背后，两手紧握一条围巾；两臂伸直，尽量抬高，挺胸；保持这个姿势，坚持30～45秒，放松身体。重复上述动作。此动作可以伸展胸部、背部、臂部。

·两臂前伸摇摆。（图6-2-31）

【动作要领】直立，十指交叉，两臂向前伸直，与肩同高，掌心向外；两脚不动，上体慢慢向左扭转，两臂伸向正左侧后再向右扭转，一直到两臂伸向身体正右侧后还原；放松身体，然后重复上述动作。此动作可伸展腰部和上背部。

图6-2-30　　　　　　　　　　　　　图6-2-31

·两手触星星。（图6-2-32）

【动作要领】坐在椅子上，目视上方，十指交叉，掌心向上，两臂尽量垂直向上伸展。保持15秒，还原放松。此动作可同时伸展腿、腹、上体。

·拉伸手臂。（图6-2-33）

【动作要领】坐在椅子上，上体直立；左臂向右平举，右臂屈肘，右手轻轻托住左臂肘部，向后拉，15秒后，还原放松。然后换另一侧，重复此动作3～5次。此动作可伸展肩部。

·屈肘练习。（图6-2-34）

【动作要领】坐在凳子上，左臂于头后屈肘，肘尖向上，左手指向右肩胛骨，右手轻轻压在左肘上，15～30秒后，还原放松。之后，两手互换，重复此动作3～5次。此动作可伸展臂部、胸部和肩部。

图6-2-32　　　　　图6-2-33　　　　　图6-2-34

②上体伸展运动。

·俯身前伸。（图6-2-35）

【动作要领】坐在椅子上，两腿分开，比肩稍宽；头朝下，上体向前弯曲，同时颈部和身体的其他部位放松；尽量保持此姿势片刻，具体时间视个人情况而定。呼气，使全身放松；吸气，慢慢还原。暂停片刻，重复此动作1～3次。此动作可放松上半身。

·侧身运动。（图6-2-36）

【动作要领】坐在椅子上，左手置于大腿上，右臂上举并向左侧屈，同时上体左屈，保持15～30秒，放松还原，换成

图6-2-35　　　　图6-2-36

另一侧，重复此动作3～5次。此动作可充分伸展腰部、胸部。

·侧坐转身。（图6-2-37）

【动作要领】侧坐在椅子上，目视前方，身体的右侧面正对椅子靠背；两腿并拢，两手抓住椅背的两角；吸气，伸直脊柱；慢慢呼气，同时扭动身体，面向椅子的靠背，注意从后背开始扭动，左手推、右手拉椅背。重复此动作3～5次。放松全身，交换方向后再重复上述动作。此动作可伸展腰部、背部。

③腿部伸展动作。

·压腿展臂。（图6-2-38）

【动作要领】将椅子的靠背面向墙壁；身体的左侧正对椅子站立，距椅子1步到1步半远；左脚放在椅子上；两臂向上伸直，肩部抬高，掌心向下，颈部、肩膀和喉咙放松；上体慢慢左倾，左腿膝关节弯曲，成直角，右腿拉直，右脚脚掌贴地，两眼正视前方，伸展腰腿。保持此姿势20～30秒，放松，交换方向。重复上述动作3～5次。此动作可使全身得到舒展。

④全身伸展运动。

·伏椅放松。（图6-2-39）

【动作要领】坐在椅子前面，姿势不限，舒适即可；将前额抵在椅子上，两手可垫在前额

下方，也可以搭放在腿上，弓背；呼气，全身放松。保持这个姿势片刻，时间长短视个人情况而定。此动作可使全身放松。

图 6-2-37　　　　　　　图 6-2-38　　　　　图 6-2-39

步骤三：掌握站立型岗位职业特点及职业体能训练方法

（一）站立型岗位职业特点

1. 站立型岗位职业分布特征

根据《中华人民共和国职业分类大典（2022 年版）》，站立型岗位主要集中在第四大类到第七大类人员中，这些人员大多数时间是在站立过程中从事体力劳动的人员，包括社会生产服务和生活服务人员，农、林、牧、渔业生产及辅助人员，生产制造及有关人员，军队人员，等等。该工作岗位对责任心的要求相对较高，工作环节要求细致严密，服务敏感性强，从业人员必须精神饱满、情绪稳定，有较强的自我控制能力和排除干扰能力，有比较强的应变能力。例如，餐饮、宾馆前台人员等是必须保持站姿的从业人员，他们的表现将体现所在单位的形象和精神面貌，因此，必须服务热忱，但久而久之，易造成职业倦怠。

2. 站立型岗位职业身体活动特征

站立型岗位从业人员主要以体力劳动为主，心理负荷相对较小。

身体持续处于站立姿态，对于下肢和腰腹肌的力量、耐力及协调平衡能力有较高的要求。站立是一种静力性工作，直立体位时，因血液重力的流体静力学作用，血液会滞留在心脏水平以下的血管中，由于静脉管壁较薄，易于扩张，容积大为增加，滞留了大量血液，致使静脉回流量下降，易疲劳、影响下肢的回心血流。因此，站立时间长会引起脚背浮肿、静脉曲张等症状。发病工龄一般为 6～8 年，女性的发病率更高。位于心脏以上部位的颈、脑部也易血液供应不足，从而出现头晕、头痛等症状。

（二）站立型岗位职业体能训练方法

站立型岗位从业人员在体能训练中应以发展下肢和腰腹部的力量为主，并练习一些形体操、健美操，以形成合理的站立姿势与优美的体形。站立型岗位从业人员还可考虑开展野外生存训练、攀岩、自行车运动等项目，这对发展下肢、腰腹部力量，改善身体的平衡能力和灵敏素质都具有良好的效果。

1. 力量素质训练

（1）腿部肌肉的训练方法。

①深蹲。（图 6-2-40）

【主要作用】发展股四头肌、臀大肌、下背肌群和小腿肌等。

【动作要领】两脚开立，与肩同宽，脚尖稍向外分开，肩负杠铃，挺胸立腰，略抬头，然后两腿下蹲至最低点，紧接着股四头肌用力还原。

【注意事项】蹲起时始终保持挺胸收腹，立腰，杠铃运行路线应是直上直下，切勿在蹲起时先抬起臀部，这样会使杠铃重心前移，增加颈部与腰背肌的负担，影响练习效果。如果在深蹲过程中感到很难掌握身体重心的平衡，可在两脚脚跟下垫一块厚5厘米左右的木板进行练习。

②提踵。

提踵动作就是抬起脚跟，它是发展腓肠肌和比目鱼肌的主要手段。其方法有站立负重提踵、坐姿提踵和骑人提踵三种。

【主要作用】发展腓肠肌和比目鱼肌。

【注意事项】练习时要匀速进行，膝关节保持伸直，用力时，意识集中在腓肠肌和比目鱼肌上。

·站立负重提踵。（图6-2-41）

【动作要领】两手持杠铃于肩上，然后反复做提踵动作。练习者可以在特制的站立提踵架上进行练习。

图6-2-40　　　　　　　　图6-2-41

·坐姿提踵。（图6-2-42）

【动作要领】坐在凳上，两手将杠铃或其他重物置于大腿前端（勿使其滑动），两手握杠，前脚掌踏于10厘米厚的踏板上，脚跟露出踏板，提起脚跟，使腓肠肌和比目鱼肌极力绷紧，稍停，脚跟下落至低于踏板面，直至不能再低为止，然后重复练习。提起脚跟时吸气，落下脚跟时呼气。

·骑人提踵。（图6-2-43）

【动作要领】骑人提踵需由两个人合作完成。练习者上体前屈至约与地面平行，两臂伸直撑在凳子或固定物上，同伴骑在其臀部后端，练习者反复做提踵动作。两人轮流练习。

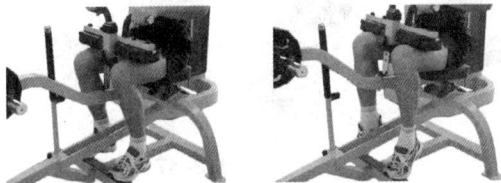

图6-2-42　　　　　　　　图6-2-43

③负重半蹲。（图6-2-44）

【主要作用】发展股后肌群及股四头肌的内外侧肌。

【动作要领】两脚开立，与肩同宽，脚尖稍向外分开，肩负杠铃，挺胸立腰，两腿屈膝下蹲，大腿约与地面平行，然后伸腿起立。大重量半蹲时可屏气进行，轻重量半蹲时自然呼吸。

【注意事项】身体直上直下，挺胸立腰，半蹲时两膝要向两侧分开，也可以做静力半蹲或全蹲。

④箭蹲。（图6-2-45）

【主要作用】发展股四头肌前半部、髂腰肌。

【动作要领】直立，立背抬头，两手握哑铃垂于体侧，两脚间距与肩同宽，一脚向前跨一大步，两腿屈膝，跨出腿大腿约与地面平行，另一腿膝关节触地，形同箭步，然后还原至直立姿势，两腿交替重复练习，自然呼吸。

【注意事项】练习时，收腹立腰，保持身体上下移动，忌身体前倾后仰。

图6-2-44   图6-2-45

⑤俯卧腿屈伸。（图6-2-46）

【主要作用】主要发展股二头肌的力量。

【动作要领】身体俯卧在凳上，使膝关节正好抵住凳缘。两腿伸直，脚踝紧贴于托棍的下缘，两脚踝关节勾住重物，两手握住凳的前端，小腿向上弯起收紧，大腿始终贴紧凳面，保持静止状态2～3秒，然后慢慢还原。练习过程中，小腿向上弯起时用鼻子吸气，还原时用嘴呼气。

【注意事项】小腿向上弯起时要快，还原时缓慢。

⑥坐姿腿屈伸。（图6-2-47）

【主要作用】发展股四头肌的力量。

【动作要领】坐在装有伸腿架的卧推凳上，两脚脚背分别紧贴于托棍的下缘，两腿屈膝，两脚踝关节勾重物，两手握住凳的两边，上体挺直，用股四头肌的收缩力慢慢使两腿伸直，保持静止收缩状态2～3秒，然后慢慢还原。

【注意事项】练习时，背部始终要紧贴靠板，腿做屈伸动作时，要充分伸直，这是发展腿部股四头肌力量的一种有效办法。

图6-2-46   图6-2-47

⑦负重蹲跳。

【主要作用】发展弹跳能力。

【动作要领】颈后肩上负重或穿沙衣、腿绑沙袋，两手持杠铃，自然呼吸，做半蹲或全蹲跳动作。

【注意事项】练习过程中要挺胸立腰，保持腰部紧张，半蹲跳时，两脚站距要比肩宽；全蹲跳时，两脚站距要比肩窄。两膝要向两侧外分，不要向前，以免损伤膝部。

⑧蛙跳。

【主要作用】发展股直肌、大腿肌肉和髋关节力量。

【动作要领】两脚分开，两腿屈膝成半蹲，上体稍前倾，两臂在体侧成预备姿势，两臂预摆，两腿用力蹬伸，髋、膝、踝三个关节充分伸直，两臂迅速前摆，带动身体向前上方跳起，全脚掌落地，屈膝缓冲，两臂成预摆姿势。练习时，每次进行 3～4 组，每组连续跳跃 5～7 次。另外一种练习方法是两手背握，两腿下蹲像青蛙一样连续跳跃 20～30 米的距离。

【注意事项】两臂引摆身体，膝、踝关节充分蹬伸。

（2）腰腹部肌肉的训练方法。

①悬垂屈腿举腿。（图 6-2-48）

【主要作用】发展腰腹肌力量。

【动作要领】两手与肩同宽正握单杠（或肋木），两腿交叉并拢，身体悬垂，然后两腿屈膝上抬，使大腿靠近胸部，接着慢慢放腿还原。

【注意事项】练习时，身体前后摆动不可以太大，缩起小腿时要尽力把两膝向上提升，以腰腹肌的力量完成整个动作。

图 6-2-48

②悬垂直腿上举。

【主要作用】发展腰腹肌的力量。

【动作要领】两手与肩同宽正握单杠（或肋木），两腿并拢，身体悬垂，然后两腿直腿向上举，使大腿靠近胸部，接着慢慢放腿还原。

【注意事项】身体正直，以腰腹肌的力量完成平举和下放。

③屈膝仰卧起坐。（图 6-2-49）

【主要作用】发展腹直肌（上腹）的力量。

【动作要领】仰卧，两腿并拢，两腿置于托棍下缘固定，两手贴耳（或两手交叉于胸前），然后以上腹部肌群收缩使躯干向上弯起至上体接近腿部，静止数秒，接着上体慢慢后仰还原。

【注意事项】当屈体收腹时，下背部应紧贴地面。

【提示】仰卧起坐如能准确做 20 次以上，可在颈后负重进行练习。

④仰卧举腿。（图 6-2-50）

【主要作用】发展中、上腹肌的力量。

【动作要领】起始坐姿，仰卧于斜板上，两手紧握头后方的固定物，全身伸直；动作开始后，收缩腹肌，将保持伸直的两腿向上举起，通过收腹带动两腿尽量往上伸展，直到最大程度，保持静止状态 1～2 秒，两腿慢慢回落。两腿向上弯起时吸气，回落时呼气。

【注意事项】腹肌发力，使两腿缓慢下落；练习过程中，向上提腿时，臀部尽量上挺，两腿还原时，脚尖绷紧。

图 6-2-49   图 6-2-50

⑤ 仰卧两头起。

【主要作用】发展腹直肌的力量。

【动作要领】仰卧于地上，两腿伸直，两臂伸直，当上举两腿时，上体同时抬起，两手碰两腿小腿，还原。练习时先吸气后呼气。

【注意事项】举腿与上体抬起同时进行，不可成仰卧起坐。

2. 柔韧素质训练

柔韧素质是指人体关节活动幅度的大小以及跨过关节的韧带、肌腱、肌肉、皮肤及其他组织的弹性和伸展能力。柔韧素质包括两个方面的含义：一是关节活动幅度的大小；二是跨过关节的韧带、肌腱、肌肉、皮肤等软组织的伸展性。

经常做一些拉伸运动，如伸展胳膊，扭腰，可以降低受伤概率，减轻肌肉酸痛。拉伸运动也有利于塑造良好的体态。

（1）发展柔韧素质的方法。

① 静力性伸展运动（个体静态伸展运动）：静力性伸展运动是在一定时间里，局限在一定活动范围内的伸展活动。

② 动力性伸展运动：由一整套大幅度动作组成，比静力性伸展运动强度要高，一般放在静力性伸展运动之后，可为训练或比赛做准备。动力性伸展运动能够刺激神经系统，使肌肉和关节为接下来的激烈运动做好准备。动力性伸展运动的主要特征是动作剧烈。

③ 被动伸展运动：由一名同伴或一名教练协助运动员来完成。练习者和陪同者一定要掌握必要的技巧，以保证安全。被动伸展运动对于提高运动员的关节活动范围特别有效。协助练习的同伴或教练员必须小心，避免运动员受伤。

（2）柔韧素质练习的顺序。

柔韧素质练习通常情况下先从中心部位（即腰部、背部、臀部和大腿后部）开始。先拉伸这些部位的肌肉，能够影响身体其他部位的肌肉群，使全身的灵活性得以发挥到极致。先拉伸大的肌肉群可以使相对较小的肌肉群的灵活性发挥出更大的潜能。

练习者在拉伸中心部位的肌肉群之后，就可以进行身体其他部位的拉伸运动了。

① 腰背部柔韧素质练习。

腰背部极易劳累，因此在运动之后进行适当的背部拉伸练习是非常必要的。

· 前俯腰：主要用来提高腰部向前运动的能力。

【动作要领】并步站立，两腿夹紧直立，两手十指交叉，两臂伸直上举，手心向上。然后上体立腰前俯，两手手心尽量向下贴紧地面，两膝挺直，髋关节屈紧，腰背部充分伸展。两手从脚外侧抱紧脚跟，使胸部贴紧两腿，充分伸展腰背部。持续一定时间后再放松起立。还可以在两手触地时向左右侧转腰，用两手手心触及两脚外侧的地面，增大腰部伸展时左右转动的柔韧性。

【动作要点】两腿直立，挺胸沉腰，充分伸展腰背部，胸部与两腿贴紧。

· 后甩腰：主要用来提高腰部向后运动的能力。

【动作要领】并步站立，一腿支撑，另一腿向后上直腿摆动，同时两臂伸直，随身体向后屈，做向后的摆振动作，使腰背部充分压紧，腰椎前面充分伸展。

【动作要点】后摆腿和两臂向后振摆同时进行；支撑腿伸直。头部后屈，两臂向体后振摆，做协调性后摆助力动作。

· 腰旋转：主要用来增大腰部的左右旋转幅度。

【动作要领】两脚左右开立，间距略宽于肩，两臂自然垂于体侧，以髋关节为轴上体前俯，然后以腰为轴，上体自前向右、向上再向左，做顺时针或逆时针旋转；同时，两臂随上体做顺时针或逆时针的环绕动作，以增大腰部旋转的幅度。

【动作要点】尽量增大绕环幅度，速度由慢到快，使腰椎关节完全得到活动、伸展。

②腿部柔韧素质练习。

· 正压腿：主要用来发展腿部后侧肌肉的柔韧性。

【动作要领】面对横木或有一定高度的物体站立，一腿提起，把脚跟放在横木上，脚尖勾紧；两手扶按在抬起腿膝关节外，两腿伸直，腰背挺直，髋关节摆正，上体前屈并向前、向下做压振动作。左右腿交替进行。

【动作要点】两腿都要伸直；上体向前、向下压振时，腰背要直。压振幅度由小到大，直到能用下颌触及脚尖。

· 侧压腿：主要用来发展腿部内侧肌肉的柔韧性。

【动作要领】侧对横木或有一定高度的物体站立，一腿支撑，另一腿抬起，脚跟放在横木上，脚尖勾紧；两腿伸直，腰背保持直立，髋关节正对前方，然后上体向横木侧压振。左右腿交替进行。

【动作要点】上体保持直立向侧、向下压振；压振幅度逐渐加大，髋关节一直正对前方。

· 后压腿：主要用来发展腿部前侧肌肉的柔韧性。

【动作要领】背对横木或有一定高度的物体站立，一腿支撑，另一腿向后举起，脚背放在横木上，腿和脚背都要伸直，上体直立，髋关节正对前方，上体向后仰并做压振动作。左右腿交替进行。

【动作要点】两腿伸直，支撑腿直立且全脚掌着地站稳；挺胸、展髋、腰后屈；向后压振幅度逐渐加大。

· 前压腿：主要用来发展腿部后侧肌肉和髋关节的柔韧性。

【动作要领】一腿屈膝支撑，另一腿向前伸直，脚跟触地，脚尖勾紧上翘，踝关节紧屈；两手抓紧前伸的脚，上体前俯；两臂屈肘，两手用力后拉，同时上体尽力屈髋前俯，用头顶或下颌触及脚尖。略停片刻后上体直起，略放松后接着做下一次。左右脚交替进行。

【动作要点】挺胸直背，沉腰前俯；挺膝坐胯，屈髋触脚。

· 仆步压腿：主要用来发展大腿内侧和髋关节的柔韧性。

【动作要领】两脚左右开立，左腿屈膝全蹲，全脚掌着地；右腿挺膝伸直，脚尖内扣，尽量远伸。然后，身体重心从左脚移至右脚，成另一侧的仆步。可一手扶膝（全蹲腿的膝关节），另一手按另一膝（伸直腿的膝关节），向下压振；还可两手分别抓住左右脚，做向下压振和左右移换身体重心的动作。

【动作要点】挺胸沉腰，下振时逐渐用力，身体重心左右移动时要低稳且缓慢。开胯沉髋，挺胸下压，使臀部和腿内侧尽量贴近地面移动。

· 竖叉：主要用来发展大腿前后侧和髋关节的柔韧性。

【动作要领】两腿前后分开成一条直线，前腿的脚跟、腓肠肌和大腿后肌群压紧地面，脚尖勾紧上翘，正对上方；后腿的脚背、膝关节和股四头肌压紧地面，脚尖指向正后方；髋关节摆正与两腿垂直，臀部压紧地面。上体正直。可做上体前俯压振动作，也可做上体后屈压振动作，增大动作难度和拉伸幅度，动作幅度和压振力量由小到大。

【动作要点】挺腰直背，沉髋挺膝；前俯勾脚，后屈伸踝。

· 横叉：主要用来发展腿内后侧和髋关节的柔韧性。

【动作要领】两腿左右一字伸开，两手可辅助支撑；两腿后侧着地，压紧地面，两脚的脚跟着地，两脚脚尖向左右侧伸展或勾紧，胯充分打开。可上体前俯，拉长腿后侧肌肉并充分开胯；也可上体向左右侧倾，充分拉长大腿内后侧肌肉并增大胯的活动幅度。

【动作要点】挺腰立背，开胯沉髋；挺膝勾脚，前俯倾倒。

项目点拨

教师可通过情境设定，让学生对职业体能有一个感性认识，引起学生对职业体能训练的重视，让学生明确学习目标和任务要求，然后对学生进行具体内容的教学。在教学过程中，教师可拓展一些体能训练应用知识，让学生不仅能掌握理论知识，还能将所学知识应用于实践中，实现理论与实践的有机结合；还可以组织学生进行体能训练大比拼，以赛促练，以赛促学。

项目笔记

项目总结

项目评价

教师评价：

学生自我评价：

田径运动概述

田径运动

学习提示

田径运动是其他各项运动的基础。大学生掌握田径运动项目基础知识、基本技能等，能全面有效地发展身体素质和运动技能，同时对其他各项运动技术的发展和成绩的提高都有很好的促进作用。

项目目标

◎掌握短跑、中长跑、接力跑、跨栏跑的技术，并能够将理论与实践相结合。

◎掌握跳高、跳远的技术。

◎掌握推铅球、掷铁饼、掷标枪的技术。

◎学会欣赏田径比赛，并能够组织田径比赛，在赛中学，在学中练。

任务一　学习跑的技术

学练实践

步骤一：学习短跑

短跑包括 100 米跑、200 米跑和 400 米跑等项目。

（一）100 米跑

1. 起跑

田径竞赛规则规定，短跑比赛运动员必须采用蹲踞式起跑姿势（图 7-1-1），必须使用起跑器，要按发令员的口令完成起跑动作。

图 7-1-1

起跑器的安装方式主要有普通式和拉长式两种，运动员应根据个人的身高、体形、身体素质和技术水平等情况来选择起跑器的安装方式。

（1）普通式：前起跑器距起跑线一脚半长，后起跑器距前起跑器一脚半长。前后起跑器的抵足板与地面的夹角分别约成45°和75°，两起跑器的左右间隔约为15厘米。

（2）拉长式：前起跑器距起跑线两脚长，后起跑器距前起跑器一脚长，起跑器的抵足板与地面的夹角及两起跑器左右间隔与普通式基本相同。

起跑技术包括"各就位""预备"和鸣枪三个阶段。

听到"各就位"口令后，运动员走到起跑器前，俯身，两手撑地，两脚依次蹬在前后起跑器的抵足板上，脚尖应触及地面，后腿膝关节跪地。接着两臂收回到起跑线后撑地，两臂伸直，两手间距离比肩稍宽，四指并拢与拇指成八字形，颈部自然放松，身体重心均匀地落在两手、前腿和后膝之间，注意听"预备"口令。

听到"预备"口令后，运动员逐渐抬起臀部，臀部要稍高于肩部，身体重心适当向前上方移动，肩部稍超出起跑线，身体重心落在两臂和前腿上。两脚紧贴起跑器抵足板，集中注意力听枪声。

听到枪声后，两手迅速推离地面，两臂屈肘做积极、有力的前后摆动，同时两腿快速用力后蹬起跑器，后腿快速蹬离起跑器后迅速屈膝向前上方摆出，前腿快速、有力地蹬伸。

2. 起跑后的加速跑

起跑后的加速跑是从蹬离起跑器到途中跑之间的一个跑段，一般为30米左右，其任务是尽快加速达到自己的最高速度。

起跑后第一步约三脚半长，第二步约四脚至四脚半长，以后步长逐渐增大，直至达到途中跑的步长。腿蹬离起跑器后，身体处于较大的前倾姿势，为了使身体不向前摔倒，要积极加快腿的蹬伸与臂的摆动，保持身体平衡。

最初几步两脚着地点并非在一条直线上，随着速度的加快，两脚内侧着地点逐渐趋于在一条直线上。

3. 途中跑

途中跑在整个短跑中是最长的一个跑段，其主要的任务是继续保持较长距离的最高速度。其动作特点是前脚掌落在身体重心投影点的稍前面，脚触地后膝关节微屈，脚跟下沉，使身体重心很快地移过垂直阶段；接着后腿的髋关节、膝关节、踝关节依次迅速伸展，完成快速、有力的后蹬。后蹬的角度约为50°，后蹬的方向要正。随着腿的落地动作，摆动腿的大腿迅速前摆，小腿随惯性折叠。蹬地腿蹬地时，大腿积极向前上方摆动，并把同侧髋一起带出。落地前，大腿要迅速积极地下压，这时由于惯性的缘故，小腿自然前伸，接着前脚掌迅速而有弹性地向下、向后做扒地动作。

途中跑时，头要正对前方，两眼要向前平视，上体保持正直或微向前倾。以肩关节为轴，两臂轻松而有力地向前摆动。前摆时，不超过身体中线和下颌，上臂与前臂之间所成的角度约为90°；后摆时，肘关节要稍微向外。摆臂动作应以自然协调为原则。

4. 终点跑

终点跑是全程跑的最后一个跑段，要求运动员在离终点线15～20米处时，尽力加快两臂摆动的速度和加大两臂摆动的力量，保持上体前倾角度，当离终点线一步距离时，上体急速前倾，两手后摆，用胸部或肩部冲向终点线，跑过终点后逐渐减速。

（二）200米跑和400米跑

200米跑和400米跑有一半以上的距离是在弯道上进行的，弯道跑与直道跑的技术有区别。

1. 弯道起跑和起跑后的加速跑

为了便于弯道起跑后能有一段直线距离进行加速跑，运动员应将起跑器安装在弯道跑道的右侧，起跑器对着弯道的切线方向。弯道起跑后，前几步应沿着内侧分道线的切线跑进。加速跑的距离适当缩短，上体抬起较早。在进入弯道时，运动员应尽可能地沿着跑道内侧跑，身体及时向内侧倾斜。

2. 弯道跑

运动员从直道进入弯道时，身体应有意识地向内倾斜，加大右侧腿和臂的摆动力量和幅度，身体应向圆心方向倾斜。后蹬时，右腿用前脚掌的内侧，左脚用前脚掌的外侧蹬地。两腿摆动时，右腿膝关节稍向内摆动，左腿膝关节稍向外摆动。两臂摆动时，右臂前摆稍向左前方，后摆时肘关节稍偏向右后方；左臂稍离躯干做前后摆动。弯道跑的两腿蹬地与摆动方向都应与身体向圆心方向倾斜趋于一致。从弯道跑进直道时，运动员应在弯道最后几步，逐渐减小身体内倾角度，自然跑几步，然后做一个进入直道的调整，按直道途中跑技术跑进。

步骤二：学习中长跑

中长跑项目包括800米跑、1500米跑和3000米障碍跑。

知识窗

中长跑时，运动员应注意调整呼吸的节奏。呼吸应自然和有一定的深度，一般是跑两三步一呼气，跑两三步一吸气。随着跑速的提高，呼吸频率也相应加快。中长跑时，由于强度大、竞争激烈，运动员为了提高呼吸效率可采用半张的口与鼻子同时呼吸的呼吸方法，以最大限度地满足机体对氧气的需要。

中长跑时，运动员跑一段距离后会不同程度地感觉胸部发闷、呼吸困难、动作无力，迫使跑速降低，这种生理现象叫"极点"。当"极点"出现时，运动员应适当降低跑速，深呼吸，特别是加深呼气，同时要以顽强的意志坚持下去。

（一）起跑和起跑后的加速跑

中长跑采用站立式起跑姿势，当运动员听到"各就位"的口令后，迅速走到起跑器后，将力量较大的脚放在前面，前后脚距离约一脚长，左右脚距约半脚长，后脚前脚掌触地，眼看起跑线前5～10米处，两臂一前一后，身体保持稳定，集中注意力听枪声。当听到枪声后，两腿迅速用力蹬地，两臂配合腿部动作做快速、有力的摆动，使身体迅速向前冲出，在短时间内获得较快的跑速，然后进入匀速、有节奏的途中跑。

（二）途中跑

途中跑的距离最长，是中长跑的主要部分。中长跑的强度小于短跑，跑速相对较慢，动作速度相对较慢，用力程度相对较小，除了因战术需要而改变跑的节奏外，一般多采用匀速跑。中长跑的途中跑要做到技术合理、速度均匀、节奏感强、全身动作协调有力。

（三）终点跑

终点跑是运动员在十分疲劳的情况下，竭尽全力进行最后一段距离的冲刺跑。在运动员实力接近的条件下，终点跑技术的高低决定着比赛的胜负。

什么时候开始终点冲刺，这要根据比赛项目、训练水平、战术要求和临场情况等因素决定。一般情况下，800米跑可在最后200～300米开始加速，1500米跑在最后300～400米，5000米以上可以在最后400米或稍长的距离开始加速，长距离的项目加速距离可更长些。速度占优势的运动员采取紧跟策略，在进入最后直道时，才开始做最后冲刺超越对手。

步骤三：学习接力跑

接力跑一般分为4×100米接力跑和4×400米接力跑。

（一）4×100米接力跑技术

1.起跑

（1）持棒起跑：第一棒运动员采用蹲踞式起跑姿势，其基本技术类同短跑起跑，通常右手持棒，接力棒不得触及起跑线及起跑线前面的地面。

（2）接棒人起跑：第二、第三、第四棒运动员多采用半蹲式或站立式起跑姿势。第二棒和第四棒运动员站在跑道外侧，第三棒运动员站在跑道内侧。接棒运动员起跑姿势的选择主要取决于能否快速起跑和进入加速跑，并能清晰地看到传棒运动员及设定的起动标志。

2.传接棒

（1）上挑式［图7-1-2(a)］。接棒人手臂自然后伸，与躯干成40°～45°，掌心向后，虎口张开朝下。传棒人将棒由下向前上方挑送到接棒人手中。

（2）下压式［图7-1-2(b)］。接棒人手臂后伸，与躯干成50°～60°，掌心向上，虎口向后，拇指向内。传棒人将棒的前端由上向下压送到接棒人手中。

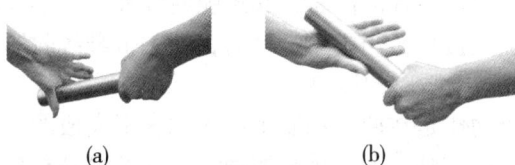

(a)　　　　(b)
图7-1-2

（二）4×400米接力跑技术

4×400米接力跑的传接棒技术相对简单，由于传棒人最后跑速已不快，接棒人应目视传棒人，顺其跑速接棒，然后快速跑出。

步骤四：学习跨栏跑

（一）110米跨栏跑技术

1.起跑至第一栏技术

起跑至第一栏要求步数固定，步长稳定，准确地踏上起跨点。若采用8步起跑，则起跨腿放在前起跑器上；若采用7步起跑，则摆动腿放在前起跑器上。同短跑相比上体抬起较快，大约在第6步时身体姿势已接近短跑途中跑的姿势。

2. 途中跑技术

跨栏途中跑是由 9 个跨栏周期组成的，每个跨栏周期由一个跨栏步和栏间跑构成。

（1）过栏技术（图 7-1-3）：由起跨攻栏、腾空过栏和下栏着地构成。

图 7-1-3

起跨攻栏：起跨离地前身体重心积极前移，身体重心移过支点后，起跨腿的脚跟提起，上体加速前移，在摆动腿屈膝折叠积极前摆的配合下完成后蹬，形成有利的攻栏姿势。快速高摆攻栏腿，加大两腿之间的夹角。起跨腿着地时，摆动腿由体后向前摆动，脚跟靠近臀部，膝向下，以髋为轴，大腿带动小腿积极向前上摆至膝超过腰部高度。

两腿蹬摆配合完成起跨动作过程中，上体随之加大前倾幅度，摆动腿异侧臂屈肘向前上方摆出，肘关节达到肩的高度，另一臂屈肘摆至体侧，整个身体集中向前用力。

腾空过栏：起跨结束后，摆动腿继续向前上方高抬，异侧臂屈肘后摆，超过栏板高度后，摆动腿的小腿迅速前摆，几乎伸直，脚尖微微上翘，使大腿伸肌拉长准备积极下压着地。在摆动腿前摆的同时，异侧臂伸向栏板上方，与摆动腿基本平行。同侧臂后摆，加大上体前倾幅度，躯干与摆动腿形成锐角，目视前方。

在摆动脚脚掌到达栏板之前，起跨腿一侧的髋关节保持伸展，大腿屈肌处于拉紧状态，小腿约与地面平行或膝略高于踝，两腿在过栏前形成 120° 以上的夹角。

下栏着地：摆动脚脚掌移过栏板的同时，起跨腿屈膝外展，小腿收紧抬平，脚尖勾起，脚跟靠臀，以膝领先经腋下加速提拉，当脚掌过栏后，膝关节继续收紧向身体中线高抬，脚掌沿最短路线向前摆出，身体成高抬腿跑的姿势。

过栏时，两腿剪绞换步动作是在两臂和躯干协调配合下完成的。摆动腿的异侧臂和经腋下向前提拉的起跨腿做相向运动，膝、肘几乎相擦而过，臂的摆动积极、有力，摆过肩轴以后屈肘内收摆向体后，另一臂屈肘前摆，以维持身体平衡。

伸直下压的摆动腿在接近地面时，前脚掌做积极的扒地动作。脚落地后，踝关节稍有缓冲，但脚跟不触地面，膝关节、踝关节保持伸直，使身体重心保持在较高的位置。躯干应保持一定的前倾幅度，起跨腿大幅度带髋提拉，两臂积极摆动，形成有利的跑进姿势。

（2）栏间跑技术：用三步跑过，其三步的步长分别是小、大、中。

第一步：为使跨跑紧密结合，在下栏着地时，应充分发挥踝关节及脚掌的力量，借起跨腿的高抬快摆和两臂前后用力摆动，加速身体重心前移。

第二步：高抬大腿，用前脚掌着地，上体稍前倾，两臂积极前后摆动。

第三步：其动作特点与跨第一栏前的最后一步相同，形成一个快速的"短步"，摆动腿抬得不高，放脚积极而迅速。

合理的栏间跑技术表现为栏间三步步长比例合理，身体重心高、起伏小，频率快，节奏稳定，直线性强，更加接近平跑技术。

3. 全程跑技术

全程跑技术与栏间跑技术要有机地结合，跨过最后一个栏架后，要像短跑一样冲刺。

（二）400 米跨栏跑技术

400 米跨栏跑距离较长，对运动员的节奏、速度、速度耐力有较高的要求。400 米跨栏跑起跑技术与 400 米起跑技术基本相同。全程跑一般固定步数过栏较好，但由于身体疲劳，在跑程后段的栏时步数可能增加，因此，运动员应该掌握两腿过栏技术。好的跨栏跑技术表现为跑速均匀、节奏准确、动作轻松。

任务二　学习跳的技术

学练实践

步骤一：学习跳高

随着跳高技术的发展，正式比赛已经比较普遍采用背越式跳高技术（图 7-2-1），背越式跳高技术由助跑、起跳、过杆和落地四个部分组成。

图 7-2-1

（一）助跑

一般助跑分为前段直线跑和后段弧线跑。前段直线跑时，前脚掌着地，富有弹性地跑；提高身体重心，步幅均匀，不断加速；进入后段弧线跑时，前脚掌沿弧线落地，外侧摆动腿有弹性地蹬地，上体逐步向弧线内侧倾斜。助跑的节奏要快，特别是助跑最后两步髋关节前送的幅度要大，迈步时，上体保持较垂直的姿势，摆动腿积极、充分地后蹬，起跳腿快速前伸，髋关节自然前送。助跑时，两臂应积极、有力地前后摆动，弧线跑时，外侧手臂摆动幅度应大于内侧手臂的摆动幅度。

（二）起跳

起跳腿以大腿带动小腿积极下压着地，起跳脚脚跟外侧先着地，接着滚动至全脚掌着地，脚尖朝向弧线的切线方向。随着身体由内倾转为垂直，起跳脚迅速完成缓冲和蹬伸动作，顺势向上跳起。

摆动腿蹬离地面以后，以髋部发力，大腿加速向前摆，同时屈膝折叠，摆动腿摆过起跳腿前方后应向里转，而小腿和脚要稍外展。摆动腿沿着助跑弧线的延伸方向加速上摆，直至减速制动。两臂的摆动要与摆动腿的摆动协调配合。

（三）过杆

当起跳腿蹬离地面结束起跳以后，身体应保持伸展的姿势向上腾起，同时在摆动腿和同侧臂的带动下，围绕身体纵轴旋转，使身体转向背对横杆。当头和肩越过横杆以后，运动员及时地仰头、倒肩和展体，并利用身体重心向上的速度，收腹挺髋，形成身体的背弓姿势。这时两腿屈膝稍后收，两臂置于体侧。当身体重心移过横杆时，身体应做相反的补偿，即含胸收腹，控制上体继续下旋，同时以髋部发力，带动大腿和小腿加速向后上方甩，使整个身体脱离横杆。

（四）落地

保持着屈髋伸膝的姿势下落，最后以上背部或背部先落于海绵垫上。落在海绵垫后，运动员要做好缓冲控制，防止受伤。

步骤二：学习跳远

跳远技术由助跑、起跳、腾空和落地四个部分组成。（图 7-2-2）

图 7-2-2

（一）助跑

助跑是为了获得理想的水平速度，并为准确踏板和快速、有力的起跳做好准备。助跑距离与运动员的年龄、运动水平和发挥速度的能力有关，一般为 28 ~ 50 米。男子助跑为 16 ~ 24 步，女子助跑为 14 ~ 18 步。在助跑过程中，运动员要注意把握身体重心、节奏，在最后一步达到助跑最高速度。

（二）起跳

在助跑的倒数第二步，当摆动腿着地时，起跳腿膝关节迅速前移，上体正直，起跳腿自然积极地前摆。在起跳腿的大腿前摆时，腿抬起的高度要比短跑时低些，并积极主动下压，用全脚掌踏上起跳板，然后，屈膝缓冲，身体重心稍降低，当身体重心移至起跳腿支点的垂直部位时，起跳腿迅速用力蹬伸，使髋关节、膝关节、踝关节迅速伸直，上体挺起，摆动腿的大腿积极向前上方摆至水平位置，小腿自然下垂，完成起跳动作。

起跳腿同侧臂屈肘向前上方摆起，异侧臂屈肘向侧摆起，当两臂肘关节摆至略低于肩或与肩同高时，突停，使身体借助于摆臂的惯性提肩、拔腰、挺胸、顶头，帮助身体重心上提，增大起跳效果。

（三）腾空

起跳腾空后的空中动作主要有挺身式、蹲踞式和走步式，以下介绍挺身式。

起跳腾空后，摆动腿的大腿积极下放，小腿随之向下、向后方摆动。留在体后的起跳腿向摆动腿靠拢。当达到腾空最高点时，身体充分伸展，形成挺胸展髋姿势。两臂上举或后摆，然后收腹团身，落地瞬间两腿前伸，成落地动作。

（四）落地

落地前，上体不要过分前倾，大腿要尽量上举靠近胸部。将要落地时，小腿积极前伸，两脚接触沙面后，两腿迅速屈膝缓冲，两臂积极向前挥摆，臀部前移，上体前倾，使身体重心迅速移过支撑面。为了避免落地时身体后坐，可采用以下两种落地姿势：① 前倒姿势，当脚跟着地后，前脚掌下压，两腿屈膝前跪，身体移过支撑点后继续向前移动，并向前倒下；② 侧倒姿势，当脚跟着地后，一腿紧张支撑，另一腿放松，身体向放松腿的前侧方倒下。

任务三 学习投的技术

学练实践

投掷是人体利用自身能力，通过一定的运动形式，将器械掷至最大远度的一种运动方法。投掷的项目有推铅球、掷铁饼与掷标枪等。

步骤一：学习推铅球

背向滑步推铅球技术由握球和持球、预备姿势、滑步、最后用力和维持身体平衡五个部分组成。

（一）握球和持球

以右手为例，五指稍微分开，将球放在食指、中指和无名指指根处，拇指和小指扶在球的两侧，手腕背伸。握好球后，将球放在锁骨窝处，贴于颈部，右臂屈肘向外，掌心向内，左臂上举。（图7-3-1）

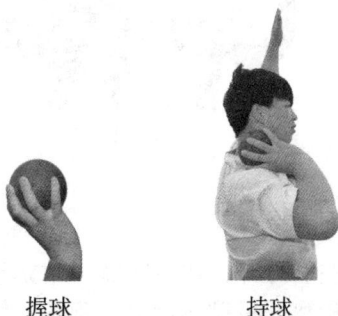

握球　　持球

图 7-3-1

（二）预备姿势

持球后，运动员站在投掷圈的后部，背对投掷方向，右脚外沿贴近投掷圈，身体重心落在右脚上，左脚在后，以脚尖自然点地。身体从正直姿势开始向前屈体，待上体与地面平行时，右腿屈膝下蹲，形成团身姿势。

（三）滑步

预备姿势完成后，臀部带动身体重心略向投掷方向移动，使其移离身体的支撑点（右脚），以便于滑步和避免身体重心起伏过大。左腿以大腿带动小腿迅速向抵趾板方向摆出并外旋，右腿积极蹬伸，及时拉收并内旋，两腿摆蹬协调配合，推动身体向投掷方向快速移动。

（四）最后用力

最后用力是背向滑步推铅球技术的重要环节。滑步结束后，左脚脚掌内侧着地支撑，右腿弯曲，支撑身体。左脚脚尖与右脚脚跟在一条直线上，肩轴与髋轴成扭紧状态，右腿积极蹬转，推动右髋向投掷方向转动，左臂由胸前向投掷方向牵引摆动，身体重心逐渐移至左腿，左膝被动微屈。左臂由上向身体左侧靠压制动，右臂向投掷方向转动，用力推球。铅球快离手时，手腕、手指向外拨球。

（五）维持身体平衡

铅球离手后，两腿交换，降低身体重心，以维持身体平衡。

步骤二：学习掷铁饼

正式比赛中铁饼的质量男子为2千克，女子为1千克。掷铁饼的技术动作分为握饼、旋转、最后用力和维持身体平衡五个技术环节。其中，旋转和最后用力动作是关键。
掷铁饼动作要领（以右手为例）如下。

（一）握饼

五指自然分开，拇指和手掌平靠铁饼，其余四指末节扣住铁饼边缘，手腕微屈，铁饼上缘靠于前臂。铁饼握好后，右臂自然放松下垂于体侧（图7-3-2）。握饼时，五指分开的距离和四指末节扣住铁饼边缘的多少可以根据自身情况适当调整。

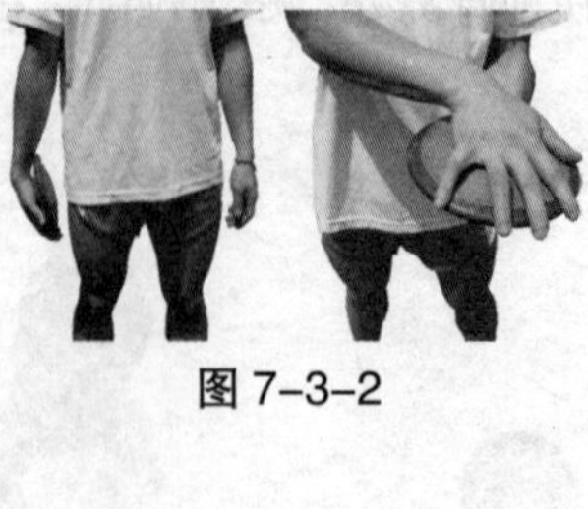

图7-3-2

（二）旋转

1. 预备姿势和预摆动作

投掷者背对投掷方向，两脚左右分开，比肩略宽。站立于投掷圈投掷方向中线的两侧，两膝微屈，两脚平行，左脚脚尖稍稍离开投掷圈后沿。预备姿势站好后，身体重心靠近右腿，右臂于体侧前后放松摆动。当饼摆至身后时，右腿稍微蹬地，同时，微收腹带动右臂向左充分摆动。当铁饼摆至左后约同肩高或略低于肩时，左手托饼，身体重心移至左腿。然后，躯干带动放松的右臂向右后方摆动，保持微收腹，躯干大幅度向右转动。两腿保持微屈，身体重心移向右腿。头随着肩轴的转动而自然转动。摆至回摆点时，铁饼约与肩同高。在预摆结束时，身体充分扭紧。

2. 进入旋转

预摆结束后，右脚稍蹬地，以左脚前脚掌为轴，左脚脚尖、左膝和左臂同时向投掷方向转动，右臂充分伸展并保持在身后。保持较低的身体重心，躯干稍稍前倾，身体重心由右腿逐渐移向左腿，形成左侧旋转轴。

进入旋转时，身体重心由右腿充分向左侧旋转轴移动，以及人体保持良好的超越器械状态，对于后续技术动作的顺利完成尤为重要。

3. 旋转

旋转的目的是使人体和铁饼在最后用力之前获得一定的预先速度，并形成身体充分扭紧和超越器械状态，同时为最后用力形成有利的预备姿势。在身体重心移向左腿的过程中，左膝、左肩和视线转向投掷方向，形成身体左侧旋转轴。右腿以大腿带动，右脚贴近地面，沿大半径围绕左侧旋转轴摆动。身体重心通过弯曲的左腿时，左脚稍蹬地推动身体重心向投掷圈的中心移动。左脚蹬离地面，身体进入腾空状态。在保持上肢充分伸展的同时，右髋迅速向内转动，缩小下肢转动的半径和提高角速度，形成身体进一步扭紧和超越器械状态。

右脚前脚掌积极着地，落于投掷圈中心附近，并且不停顿地快速转动。身体重心压在右脚上，形成以身体右侧为轴的单腿支撑旋转。同时，左脚迅速后伸外旋，以前脚掌内侧主动落地，形成投掷最后用力预备姿势。整个旋转过程中注意右臂和铁饼置于身后，躯干跟随骨盆和两腿转动，保持较低的身体重心。

（三）最后用力

最后用力是掷铁饼完整技术中最重要的阶段，它的主要目的是进一步为铁饼加速，并形成铁饼出手的适宜初始状态。在这个阶段中，人体用力工作距离越长，作用于铁饼的力量越大、速度越快，则铁饼出手时的初速度就越大，加之合理的出手角度和适宜的飞行状态，投掷距离就越远。

在右脚落地之后不停顿地转动过程中，左脚在投掷圈投掷方向中线稍偏左贴近投掷圈前沿处积极落地。在右腿支撑身体、人体充分扭紧和超越器械的最后用力预备姿势基础上，右髋、右腿迅速向投掷方向转动，有力地带动躯干和右臂运动，促使铁饼沿最大弧线向投掷方向加速转动。

身体左侧形成有力支撑，使身体右侧和铁饼绕左侧轴转动。当右髋的转动接近投掷方向时，边转动边向前送髋并蹬伸右腿。左肩和左臂也加速向左转，拉长胸部肌群。这时铁饼已沿大半径运行到右肩后方比肩略低的部位。随着右腿继续蹬转用力，身体重心向支撑的左腿移动。与鞭打出手动作相配合，身体左侧轴保持稳固并积极支撑用力，在此基础上躯干和右臂以爆发式迅猛用力完成以胸带臂的鞭打出手动作（注意铁饼出手时的拨指动作，使其沿顺时针方向旋转）。铁饼出手即刻，身体重心达到较高位置。整个旋转过程中注意右臂和铁饼置于身后，躯干跟随骨盆和两腿转动，保持较低的身体重心。

（四）维持身体平衡

铁饼出手后，为了避免犯规，投掷者应降低身体重心，及时交换两腿位置，并顺转动惯性转体，以维持身体平衡。

步骤三：学习掷标枪

掷标枪是一个比较复杂的多轴性旋转项目。它的完整技术是由肩上持枪经过一段预先助跑连接投掷步获得动量，通过爆发式的最后用力作用于标枪的纵轴上，将标枪经肩上投出去。

动作要领如下（以右手为例）。

（一）握法和持枪

掷标枪时，投掷者必须单手握在标枪把手处。

现代标枪运动员握枪主要采用两种方法：一种是用右手拇指和食指末端握住标枪把手后端边缘，其余手指自然扶握在枪身上（图7-3-3）；另一种是用右手拇指和中指末端握住标枪把手后端边缘，其余手指自然扶握在枪身上。握法的选用应根据合理的技术要求和运动员握枪时的感觉而定。

图7-3-3

持枪：多数人采用肩上持枪法。持枪于右肩上方，标枪一端稍高于头。这种持枪法手腕放松，便于向后引枪，目前采用的较多。另一种持枪方法是持枪于右肩上方右耳旁。运动员采用这种持枪方法时，能较好地控制标枪的角度，但右臂与手腕比较紧张。

（二）助跑

助跑的目的是在最后用力前获得预先速度，并在助跑中做好引枪动作，为最后用力创造条件。助跑从助跑的第一步开始，至最后一步左脚着地时停止。助跑全程需跑14～18步，距离一般为25～35米。助跑可分为预跑和投掷步两个阶段。

（1）预跑阶段：预跑从开始助跑时起至开始引枪时止。

（2）投掷步阶段：预跑结束开始进入投掷步阶段，此时左脚的落地位置应在第二标志物的延长线附近。投掷步阶段通常从右腿前迈开始，到最后一步左脚着地时结束。

投掷步的第一步：左脚踏上第二标志线，右脚积极向前迈步，脚掌落地位置稍偏右，右肩向右转动并开始向后引枪，左肩向标枪靠近，左臂在胸前自然摆动，眼前视。

投掷步的第二步：右脚落地，左脚离地前迈时，髋关节向右转动，右肩继续向右转动并完成引枪动作。上体转成侧对投掷方向，左脚前脚掌落地后，与投掷方向成较大的角度，左臂摆至身体左侧，上体正直，眼前视。

投掷步的第三步（交叉步）：投掷步第二步左脚落地时，右腿自然弯曲，右腿大腿带动小腿积极向前迈步，左腿猛蹬伸，使右腿大腿加速前迈，成交叉步，左臂自然摆至胸前，右臂伸直充分后引，右脚脚尖与投掷方向成45°左右，躯干与右腿成一条直线。

投掷步的第四步：从助跑过渡到最后用力的衔接步。交叉步结束前，左腿积极迈第四步，用脚掌内侧落地。

投掷步的步数通常有四步、五步和六步。

四步投掷步：当左脚踏上第二标志线后，右腿前迈为第一步，第一步和第二步进行引枪，第三步为交叉步，第四步过渡到最后用力。

五步投掷步：当左脚踏上第二标志线后，右腿前迈为第一步，然后左腿前迈为第二步，同时引枪，第三步引枪结束，第四步为交叉步，第五步过渡到最后用力。

六步投掷步：当左脚踏上第二标志线后，右腿迈步为第一步，第一步和第二步进行引枪，第三、第五步分别为两个交叉步，第四步为跨步，第六步过渡到最后用力。

现代世界优秀标枪运动员在投掷步阶段所表现出来的运动学特征可以概括为"低、平、快"。具体来说，即助跑时身体的腾起高度相对较低，人体运动的轨迹较平，助跑的速度较快，特别是要求人体和器械具有较高的水平速度，并与最后用力衔接好。在此阶段，人体和器械出现大幅度的上下起伏是没有任何意义的，只会降低水平速度。

（三）最后用力

最后用力：投掷步最后一步，落地后，右腿积极蹬地转髋，肩关节向投掷方向转动，右臂上臂向上转动，带动前臂和手腕向上翻转。当上体转到正对投掷方向时，右臂翻到肩上，左肩内转，成满弓姿势。然后，右臂上臂带动前臂向前做爆发式的鞭打动作，使标枪向前飞出。在标枪离手的刹那，甩腕，使标枪沿纵轴顺时针方向转动。

（四）维持身体平衡

标枪出手后，运动员随着向前的惯性继续向前运动，为了防止犯规，应及时向前跨一两步，身体稍向左转，并降低身体重心，以维持身体平衡。

👆 项目点拨

教会：教师可通过情境设定等多种教学方法，让学生明确学习目标和任务要求，然后对学生进行具体内容的教学，深入挖掘田径运动的思政元素，教会学生田径运动相关技术，使学生能够运用跑、跳、投的基本技术进行体育锻炼，提高身体素质。

勤练：教师应根据学生对田径各项运动技术实际的掌握情况，有针对性地、循序渐进地设置跑、跳、投项目的学练节奏，既要避免运动负荷过小无法对学生机体产生有效的刺激，又要避免运动负荷过大对学生机体产生过分刺激。教师在传授田径运动技能的同时应加强学生课堂体能训练，使学生在充足的体能保障基础上最大限度地提高技战术水平。

常赛：教师可指导学生运用所学知识组织各种规模的田径竞赛，使学生参与其中，乐享其中，在赛中体验田径运动的乐趣，进而达到以赛促练、以赛促学的目的。

📝 项目笔记

项目总结

项目评价

教师评价:

学生自我评价:

球类运动

学习提示

　　球类运动已经成为当今社会体育运动的一个重要组成部分，它历来是大学生最喜爱的运动项目。大学生参与球类运动，不仅能培养团队精神，学习合作和与人相处的技巧，还可以调节心情、释放压力，享受运动带来的乐趣。

　　本章介绍篮球、排球、足球、乒乓球、羽毛球、网球等球类运动。大学生通过学习，可以了解球类运动的基本规律，掌握球类运动的基础知识、基本方法和基本技能，具备从事球类运动的能力和欣赏水平。

项目目标

◎ 掌握篮球、排球、足球等大球类运动的技术方法。
◎ 掌握乒乓球、羽毛球、网球等小球类运动的技术方法。
◎ 学会欣赏球类运动，并能够组织球类比赛，在赛中学，在学中练。

任务一　学习篮球运动

篮球运动概述

学练实践

步骤一：学习篮球基本技术

（一）移动

1. 基本站立姿势

基本站立姿势：队员在球场上经常保持的一种既稳定又能突然起动的站立姿势。

动作要领：两脚前后开立，距离与肩同宽，膝稍屈，身体重心落在两脚前脚掌之间，上体前倾，抬头，收腹，含胸，两臂稍屈，自然置于体侧，注意场上情况，以便及时向球场任意方向移动。

2. 起动

起动是在静止或行进间，利用突然快跑甩开对手的一种方法，在比赛中运用较多。起动可分为面向前方的起动、侧向前方的起动、背向前方的转身起动。

动作要领：在基本站立姿势的基础上，起动时，前脚掌用力蹬地使动作具有突然性。起动前的前2或3步要短而快，同时身体前倾，加快速度。

起动

3. 急停

起动之后，未能摆脱防守队员时，可以用急停来摆脱防守队员。完成急停动作有两种方法：跨步急停（两步停）和跳步急停（一步停）。

跨步急停

（1）跨步急停（两步停）。

跨步急停（两步停）常在高速奔跑中采用，以摆脱防守或接球后突破。

动作要领：急停时，一脚先向前跨出一大步，脚跟先着地，上体后仰，身体重心下降，用腰部力量控制身体前冲，另一脚向前跨出一步，脚尖稍向内转，前脚掌内侧用力蹬地。两腿屈膝，身体侧转，身体重心放在两腿之间，两臂微屈，身体保持平衡。

跳步急停

（2）跳步急停（一步停）

动作要领：在跑动中，用单脚跳起（不要太高），起跳后，身体稍后仰，两脚平行或前后同时落地，屈膝，身体重心下降，保持身体平衡。

4. 转身（前转身、后转身）

转身是以一脚为中枢脚，另一脚向任意方向移动的动作。转身可分为前转身和后转身。

前转身

（1）前转身。

一脚在中枢脚前面跨过叫作前转身。

动作要领：向右做前转身时，右脚为中枢脚，身体重心移到右脚，右脚前脚掌用力蹍地，左脚前脚掌内侧蹬地。在转身过程中，身体重心在一个水平面上，不能上下起伏。

后转身

（2）后转身。

一脚从中枢脚后面跨过叫作后转身。

动作要领：向右做后转身时，左脚为中枢脚，身体重心移到左脚，左脚前脚掌用力蹍地，右脚前脚掌内侧蹬地，同时用力向右后方转胯、转肩；右脚蹬地后，迅速从左脚后面跨步落地，身体重心不要上下起伏。（图 8–1–1）

图 8–1–1

转身（前转身或后转身）是队员为了摆脱防守而经常运用的方法，尤其是当进攻队员背对球篮接球时，可利用转身切入篮下投篮或传球。此外，转身还经常与保护球、掩护配合、抢篮板球结合使用。

5. 滑步

滑步是队员防守时主要采取的移动技术。滑步可分为侧滑步、前滑步和后滑步三种。

动作要领：防守的基本姿势是两脚开立，间距略比肩宽，两腿屈膝，身体重心降低，两臂张开，上体稍前倾。向左（右）做侧滑步时，左（右）脚向左（右）跨步，同时右（左）脚蹬地向左（右）滑动。前、后滑步动作相同，只是向前、向后进行。滑步时，要始终保持屈膝、低身体重心的姿势，便于随时滑动。

侧滑步

6. 后撤步

后撤步是变前脚为后脚的一种方法。当进攻队员持球向防守队员前脚方向突破时，防守队员必须运用后撤步结合侧滑步来堵截对方突破路线，保持正确的防守位置。

动作要领：做后撤步时，前脚向侧蹬地，身体重心后移，前脚移到后脚的斜后方，紧接滑步。保持防守姿势，后撤的角度不宜过大，保持身体重心稳定。

后撤步

（二）传接球

传接球是篮球比赛中运用最多的基本技术，它是配合进攻的纽带。

1. 双手胸前接球

动作要领：接球时，两眼注视来球，手指自然分开，两手拇指相对成八字形，手指指尖指向前上方，两手成一个半圆形。当手指触球后，两臂随球后引，缓冲来球的力量，手指握球于胸前。身体保持平衡，做好传球投篮或突破的准备。（图8-1-2）

2. 双手胸前传球

动作要领：两脚前后开立，两腿微屈，上体稍前倾，身体重心放在两脚前脚掌之间，两手手指自然分开。两肘弯曲，掌心空出，两手拇指成八字形，持球于胸前。原地传球时，后脚蹬地，身体重心前移，两前臂迅速向前方伸直，手腕翻转，拇指下压，手腕前屈，用食指拨球将球传出。（图8-1-3）

双手胸前传球

图8-1-2　　　　　　　　　　　　　　图8-1-3

3. 单手肩上传球

动作要领：原地在右手肩上传球时，两脚前后开立，左脚向前，左肩对传球方向。右手上托球于肩上，掌心空出，以转体、挥臂及用手指拨球的力量将球传出。（图8-1-4）

单手肩上传球

图8-1-4

4. 双手头上传球

动作要领：传球时，两脚前后开立，面对传球方向，两手举球于头上，两肘自然弯曲，以蹬地、收腰、甩腕及手指拨球的力量将球传出。（图8-1-5）

双手头上传球

图8-1-5

5. 单手体侧传球

动作要领：传球时，两脚前后分开，两腿微屈，两手持球于胸前。传球时，右手持球后引，经体侧向前做弧线摆动，手腕前屈，用手的力量将球传出。（图8-1-6）

图8-1-6

6. 反弹传球

动作要领：反弹传球时，两手持球于胸前，利用手腕、手指的抖动力量，使球通过地面反弹给同伴，球的着地点应根据两个队员之间的距离而定。球弹起的高度最好在接球队员的腰部以下。

反弹传球

易犯错误：反弹传球时容易忽略传球角度。球从地面弹起的高度，取决于传球的角度。传球的角度越小，球的着地点就越靠近接球队员，球反弹起来的高度也就越低。

7. 行进间传球

动作要领：行进间传球是运用单、双手传球完成的配合动作。行进间传球时，手臂与脚步配合要协调，接球后，中枢脚提起跨步。必须在中枢脚着地以前将球传出，否则会造成"带球跑"违例。因此，传球时，手臂动作应迅速，球出手要快。向跑动中的同伴传球时，一定要将球传到同伴的腰前约一步距离，做到"球领人"，传球动作要柔和。

（三）投篮

1. 原地双手胸前投篮

原地双手胸前投篮

动作要领：两脚左右或前后站立，两腿微屈，前脚掌着地，上体稍前倾，眼睛注视球篮，两手五指自然张开，持球两侧稍后部位，两手拇指相对成八字形，用手指和手掌接触球，掌心空出，持球于胸前。投篮时，两脚蹬地，身体伸展，同时两臂向前上方伸出，两手拇指向前上方用力推进，手腕稍有外翻，使球从拇指、食指和中指的指尖投出，向后旋转飞行。（图8-1-7）

图 8-1-7

2.原地单手肩上投篮

动作要领：以右手投篮为例，右手五指自然张开持球的后下部，左手扶球左侧，上臂与前臂成90°，而手腕后伸也与前臂成90°。用力时，两脚蹬地，右臂伸展，右手向上方拨球，由拇指和小指控制方向。球到最高点时，食指和中指用力将球拨出。这样的投篮会使球产生后旋，碰到篮板或篮筐不会产生很大的反弹。（图 8-1-8）

原地单手
肩上投篮

图 8-1-8

3.行进间单手低手投篮

动作要领：以右手投篮为例。两手接球时，右脚跨出一大步，左脚跟上快速踏地起跳，腾空后由下向上"伸（臂）""屈（腕）""拨（指）"，将球投出。（图 8-1-9）

行进间单手
低手投篮

图 8-1-9

4.行进间单手投篮

动作要领：第一步，跨步接球；第二步，持球踏跳；第三步，空中进行单手肩上投篮。由于惯性大，投篮时力量要轻。（图 8-1-10）

图 8-1-10

5. 原地跳起单手肩上投篮

动作要领：以右手投篮为例。两手持球于胸前，两脚前后开立，两腿微屈，身体重心在两脚之间。起跳时，两腿迅速屈膝，两脚前脚掌用力蹬地向上起跳，两手举球到右肩上，右手托住球，左手扶球的左后侧方。身体接近最高点时，左手离开球，右臂向前上方伸出，手腕前屈，用食指和中指拨球，将球投出。落地时，屈膝缓冲。（图 8-1-11）

原地跳起单
手肩上投篮

图 8-1-11

（四）运球

1. 原地运球

动作要领：两脚左右或前后开立，上体稍前倾，身体重心落在前脚掌上。运球时，以肘关节为轴，五指自然分开，掌心空出，用手指、手腕和前臂的力量，柔和地随球向下按运球。

2. 行进间直线运球

动作要领：向前运球时，两腿微屈，上体前倾，手指按在球的后上部，跑动步法和球弹起的高度、速度应协调。手臂动作与原地运球相同。

3. 运球急停急起

动作要领：运球急停时，可采取两步急停。跨出第一步时，身体后仰，运球手按球的上部，降低球的反弹高度，同时身体重心下降，用腿和另一臂保护球；急起时，手按球的后上部，身体重心移至前脚掌，后脚迅速蹬地，加速向前运球。超越对方。

运球急停急起

4. 体前变向换手运球

动作要领：以右手变左手为例。变向前，一般右脚在前，右手拍球的右上部，使球从体前向左侧运行，然后突然改变运球方向。右脚蹬地，上体左转，以手臂和上体保护球。左手立即运球，向前推进。（图 8-1-12）

体前变向换手
运球

图 8-1-12

5. 运球后转身

动作要领：以右手运球为例。防守队员位于运球队员左侧时，右脚在前，应迅速上左脚（左脚为中枢脚），右手按球的前上部，随后转身，将球拉到身体后侧方，换左手拍球的后上部，运球到右侧，右脚贴近防守队员的右侧，从防守队员的右侧突破后，继续用左手运球。（图 8-1-13）

运球后转身

图 8-1-13

（五）突破

持球突破是持球队员运用移动和运球技术快速超越对手的方法。

1. 交叉步突破

以中枢脚为轴，利用交叉步突然变向突破对手。

交叉步突破

2. 同侧步突破

利用球和身体向异侧做假动作，然后从同侧突破对手。

注意事项：持球突破时，要把真假动作结合起来，真真假假，让对手摸不清自己的意图。

同侧步突破

（六）个人防守

1. 防无球队员

防守队员在防守无球队员时，选位最重要，应时刻注意人、球、篮筐的位置，根据球的转移情况随时调整防守位置，集中注意力，张开手臂，随时断球。球近时，防守队员要面向对手；球远时，防守队员要侧对对手。

防无球队员

2. 防持球队员

防持球队员时，防守队员要随时调整好防守位置和防守距离，在对手接到球时，迅速移动到位，手脚紧密配合防守。防善于突破的对手时，平步站立，张开两臂以扩大防守面积；防善于投球的对手时，两脚前后站立，一臂上举，另一臂侧举。

防持球队员

3.抢断球

抢断球的关键是判断准确和动作快捷，把握好时机，避免扑空或失误。例如，在防守持球队员时，要紧逼。每个队员都有自己习惯的运球手，应紧逼对手到自己最惯用手的一侧，迫使对手背对防守队员和篮筐。一旦对手转身背对自己，防守队员就应紧紧贴住对手；同时，还应张开两臂、手掌，一旦有机会便可以出手断球。只要对手伺机传球，便可下手抢断球。需要注意的是，抢断球很容易犯规，因此，最好先将球捅掉，即使无法得到球，同伴也有机会抢到球。

（七）抢篮板球

抢进攻篮板球

1.抢进攻篮板球

动作要领：在进攻队员抢篮板球时，要根据在场上所处的位置，及时判断球可能反弹下落的方向与落点，利用快速起动，直接冲向篮下或借助于闪晃的假动作迅速绕过对手去抢占有利位置，并积极争抢篮板球。

抢防守篮板球

2.抢防守篮板球

动作要领：防守队员在抢篮板球时，虽然处于进攻队员和球篮之间的较有利位置，但在争夺篮板球时，首先要挡住对方，密切注视球的反弹方向和进攻队员的动向，贯彻"先挡人，后抢球"的原则，防止对手乘机冲向篮下抢夺篮板球。

步骤二：学习篮球基本战术

（一）进攻战术

1.进攻战术基础配合

（1）传切配合。

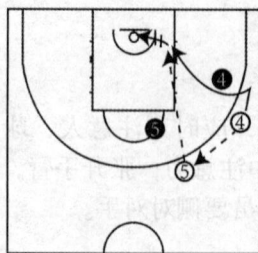

传切配合是队员之间利用传球和切入技术所组成的简单配合。它包括一传一切配合和空切配合两种。传切配合是一种基本且简单易行的战术配合，在竞赛中经常被采用。

① 一传一切配合是指持球队员传球后摆脱防守队员，向球篮方向切入接回传球投篮的配合。（图8-1-14）

② 空切配合是指无球队员掌握时机，摆脱对手，切入篮下接球投篮或做其他战术配合。（图8-1-15）

传切配合

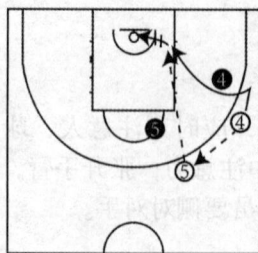

图8-1-14　　　　　　图8-1-15

突分配合

（2）突分配合。

突分配合是指持球队员突破对手后，遇到对方补防时，及时将球传给进攻时机最好的同伴进行进攻的一种配合方法。（图8-1-16）

（3）策应配合。

策应配合是指进攻队员在前场或全场通过中间队员组织的接应和转移球的战术配合，多用于制造空切、绕切及掩护等进攻机会。（图8-1-17）

（4）掩护配合。

掩护配合是队员利用身体合理地挡住同伴对手的移动路线，或是主动利用同伴挡住自己对手的移动路线，从而摆脱防守队员，获得进攻机会的一种配合方法。掩护的种类很多，按掩护位置分有侧掩护、后掩护、前掩护。（图8-1-18）

策应配合　掩护配合

 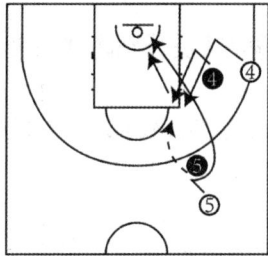 

图8-1-16　　　　　　图8-1-17　　　　　　图8-1-18

2. 快攻战术。

快攻是由防守转入进攻时，以最快的速度、最短的时间在人数上形成以多打少的优势，或在人数相等及人数少于对方的情况下，趁对方立足未稳，果断而合理地组织进攻的一种速战速决的进攻战术。

① 快攻发动的时机：抢得后场篮板球时；抢、打、断球获球时；跳球时；对方投中篮后，掷端线界外球时。

② 快攻战术的形式如下。

长传快攻战术：队员在后场获球后，立即把球传给迅速摆脱对方进行偷袭的同伴。

短传快攻战术：队员在防守中获球后，立即以快速的奔跑和短促的传接球迫近对方篮下进行攻篮。

运球突破快攻战术：在防守中获球后，在不便于传球的情况下，应快速运球推进，创造或寻找配合机会，以提高快攻的速度。

③ 快攻战术的结构：快攻的发动与接应阶段；快攻的推进阶段；快攻的结束阶段。

（二）防守战术

1. 防守战术基础配合

（1）"关门"配合。

"关门"配合是两个防守队员协同防守突破的配合方法。当进攻队员运球突破时，防守突破的队员向侧后方移动挡住其移动路线。临近突破一侧的防守队员应及时快速地向突破队员的前进方向移动，与突破队员靠拢，像两扇门一样关起来，堵住进攻队员的前进路线。

"关门"配合

如图8-1-19所示，当⑤向右侧突破时，❹和❺进行"关门"；当⑤向左突破时，❻和❺进行"关门"。

（2）夹击配合。

夹击配合是两个防守队员积极防守一个进攻队员的配合方法。（图8-1-20）

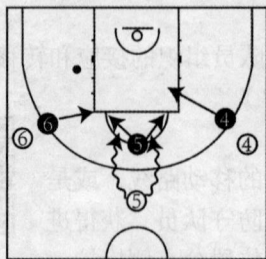

夹击配合

图 8-1-19　　　　　　　　　　图 8-1-20

2. 半场人盯人防守战术

半场人盯人防守战术是在每名防守队员分别防守一名进攻队员的基础上相互协作的一种全队防守战术。

根据防守区域的大小,半场人盯人防守战术可以分为半场扩大人盯人防守战术和半场缩小人盯人防守战术。

(1)半场扩大人盯人防守战术。

半场扩大人盯人防守战术控制的区域范围比较大,一般是距球篮八九米。因此,这种防守战术用来对付中远投较难,但对于突破和控制球能力较差的队是比较有效的。(图 8-1-21)

(2)半场缩小人盯人防守战术。

半场缩小人盯人防守战术控制的防区范围比较小,一般距球篮 6 米左右。防守队员主要占据控制三分线以内的防区,重点是防对方的篮下进攻。(图 8-1-22)

(3)练习方法。

学生四人一组,分成若干组,先由两组学生站成两前锋和两后卫的攻防阵型。防守队员站在对手与球篮之间,进攻队员在小范围内进行移动以摆脱防守队员,防守队员要跟随进攻队员移动,并保持正确的防守姿势。练习若干次后,攻守方相互交换练习。

3. 进攻半场人盯人防守战术

进攻半场人盯人防守战术是运用传切、掩护、策应及突分等基础配合组成的进攻战术。进攻半场人盯人防守战术是基本的防守战术,在比赛中运用得较多。因此,每一个篮球队都应该掌握进攻半场人盯人防守战术。

(1)进攻半场人盯人防守的队形。

① "2-1-2"队形,单中锋站在罚球线附近。(图 8-1-23)

② "1-3-1"队形,双中锋上、下站位。(图 8-1-24)

图 8-1-21

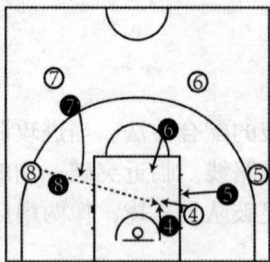

图 8-1-22

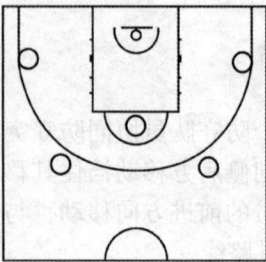

图 8-1-23

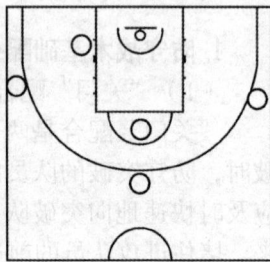

图 8-1-24

(2)练习方法。

学生两人一组,分成若干组,先由一组学生进行练习,练习一定次数后,换一组进行练习。进攻队员在接球之前,一定要用假动作吸引防守,然后突然摆脱对手接球,也可以摆脱拉

出，或摆脱插中要球。

（三）区域联防战术

区域联防战术是由攻转守时，防守队员迅速退回后场，按分工负责防守一定的区域（防守进攻该区域的球和进攻队员），以一定的形式把每个防守区域的同伴有机地联系起来的全队防守战术。

1. 区域联防战术的形式

常用的区域联防战术的形式有三种。前面站两名队员，中间站一名队员，后面站两名队员，这种队形叫"2-1-2"联防（图8-1-25）；各个防区衔接的地方为两名队员共同防守的区域，现多采用这种联防形式。其他形式还有"2-3"联防（图8-1-26），即前面站两名队员，后面站三名队员，这种形式的篮下防守力量较强；还有"3-2"联防，即前面站三名队员，后面站两名队员。

2. 练习方法

学生四人一组，分成若干组，先由两组学生进行练习，一组进攻，另一组防守，练习一定时间后，换两组进行练习。要求：防守队员要积极、快速移动，防有球队员要上前紧逼，防投为主，防突为辅。临近的防守队员要进行保护，准备协助"关门"。离球远的防守队员要偏向有球侧，但要做到人球兼顾。（图8-1-27）

篮球竞赛
规则简介

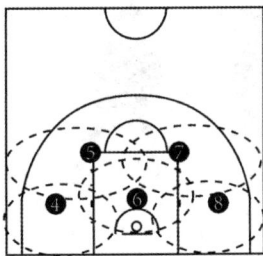
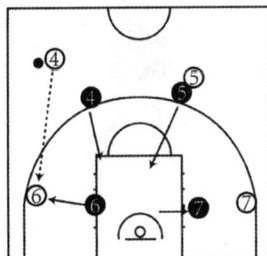

图8-1-25　　　　　　图8-1-26　　　　　　图8-1-27

任务二　学习排球运动

排球运动
概述

学练实践

步骤一：学习排球基本技术

（一）准备姿势和移动

1. 准备姿势

准备姿势如图8-2-1所示。

两脚左右开立，比肩稍宽，两脚脚尖适当内扣，脚跟稍抬起，膝关节弯曲，上体自然前倾，身体重心稍靠前，两臂放松弯曲置于腹前，眼看来球，两脚始终保持微动。准备姿势主要

图8-2-1

用于一般的垫球、接发球等，当接扣球和接拦回球时，膝关节弯曲的幅度要更大。按照身体重心的高中低，准备姿势可分为稍蹲准备姿势、半蹲准备姿势和低蹲准备姿势。

2. 移动

移动步法

移动是为了迅速接近球，保持好人与球的位置关系，以保证击球动作的合理性，便于击球。队员迅速移动可占据有利的位置，争取时间和空间的优势。比赛中常用的移动步法有并步、滑步、交叉步、跨步、跑步和后退步。

（1）并步与滑步。

当身体距离来球一步左右时采用并步。并步主要用于传球、垫球和拦网等。如向左移动，首先右脚蹬地，左脚先向左侧跨出，右脚迅速并上，成击球前的准备姿势。当来球距离身体较远时，可连续快速并步以接近来球，连续并步被称为滑步。

（2）交叉步。

当身体距离来球 2～3 米时采用交叉步。如向左移动，身体稍向左侧转动，右脚先向左脚后方交叉跨出一步，然后左脚向左跨出，同时身体转向来球方向，保持击球前的姿势。（图 8-2-2）

（3）跨步。

当来球较低，距离身体 1 米左右时采用跨步。跨步可单独使用，也可与滑步、交叉步和跑步的最后一步结合使用。采用跨步移动时，一脚用力蹬地，另一脚向来球方向跨出一大步，同时两腿屈膝，上体前倾，身体重心下降并移至跨出腿上。（图 8-2-3）

图 8-2-2　　　　　　　　图 8-2-3

（4）跑步。

当身体距离来球较远时采用跑步。首先判断好来球的方向，两臂用力迅速摆动，逐步加大步幅，加快步频。在接近来球时，降低身体重心并减速制动，做好击球准备。

（5）后退步。

当来球在身体背后时，来不及迅速转身时采用后退步。移动时，身体重心适当降低，两脚迅速交替向后退步，上体不要后仰。

（二）发球

发球是比赛的开始，也是进攻的开始。进攻性的发球可以直接得分，或破坏对方的战术组成，以起到先发制人的作用。相反，如果发球不好，发球方就可能处于被动状态。

发球技术可分为正面下手发球、侧面下手发球、正面上手发球、勾手发球等。

1. 正面下手发球

正面下手发球

以右手发球为例，发球时，面对球网，两脚前后开立，左脚在前，两膝微屈，上体前倾。左手持球置于胸前，右手扶球，两眼注视球。发球时，左手将球在体前右侧抛起，约 25 厘米高。在抛球的同时右臂后摆，待球下落到适当部位时，右臂以肩为轴迅速向前挥动，用拳、全手掌或虎口对准球的后下部把球击出，同时身体重心顺势前移。击球后，发球员要迅速入场准备防守。（图 8-2-4）

图 8-2-4

2. 侧面下手发球

侧面下手发球能够利用身体的转动，便于用力。以右手发球为例，左肩对网站立，两脚左右开立，与肩同宽，两膝微屈。上体稍前倾，左手持球置于胸前，右手扶球。发球时，左手将球在身体的正前方抛起，高约 25 厘米，离身体约一臂远。在抛球的同时，右臂摆至身体右侧下方，利用右脚蹬地和向左转体的力量带动右臂向前摆动（手臂伸直），用拳、全手掌或虎口对准球的后下部把球击出，同时身体重心顺势前移。击球后，发球员要迅速入场准备防守。（图 8-2-5）

图 8-2-5

3. 正面上手发球

正面上手发球便于观察对方，发球的准确性较高，易控制落点。发球时，正面上手发球能利用身体动作，加大发球的力量和速度，具有一定的攻击性。以右手发球为例，面对球网站立，左脚在前，左手托球于体前，将球平稳地抛向右肩前上方，高度适中，同时，右臂屈肘后引，肘与肩平，上体稍向右转，抬头，挺胸，展腹，手掌自然张开。利用蹬地、转体、收腹的力量，右臂向前上方快速挥动，在右肩前上方伸直手臂的最高点处，用全掌击球的后中下部。击球时，手指和手掌要张开与球吻合，手腕要迅速做推压动作，使球上旋飞行。击球后，身体重心顺势前移，发球员迅速入场准备防守。（图 8-2-6）

正面上手发球

图 8-2-6

4. 勾手发球

勾手发球速度快、力量大，有攻击性。以右手发球为例，左肩对网，两脚前后开立稍比肩宽，身体重心稍偏于右脚上，左手持球置于胸前。发球时，左手将球垂直、平稳地向左侧前上方抛起，在抛球的同时，身体重心下降并迅速向右脚移动，以带动放松的右臂向身体右侧后方摆动，同时做挺胸动作。击球时，右脚用力蹬地，身体重心移至左脚上，右臂利用向左转体的协调力量迅速挥到最高点，右手用全手掌对准球的后中下部将球击出。在击球的刹那，迅速收腹、屈体，并继续加大击球力量击球，同时身体重心顺势前移。击球后，发球员迅速入场准备防守。（图8-2-7）

图8-2-7

（三）垫球

垫球技术是接发球、接扣球以及后排防守的主要技术动作，是组织反攻战术的基础，有正面双手垫球、体侧双手垫球、背向双手垫球、单手垫球、跨步垫球、让垫球、挡球及其他部位垫球。

1. 正面双手垫球

正面双手垫球是最基本、最常用的垫球技术。垫球时，两臂对准垫球方向伸直插向球下，两手上下重叠，两手拇指平行向前，两手根部靠紧，两臂夹紧，手腕下压，两臂前臂外旋，使前臂腕关节以上10厘米处形成垫击球的平面。击球时，借助蹬地、提腰、提肩、抬臂、压腕的协调力将球击出。（图8-2-8）

2. 体侧双手垫球

当来球在体侧时，可采用体侧双手垫球技术。右侧垫球时，先以左脚前脚掌内侧蹬地，右脚向右跨出一步，身体重心移至左脚，两腿保持弯曲。与此同时，两臂伸直向右侧伸出，使右臂高于左臂，左臂微向下，击球时用左转体和收腹的动作，配合提肩、抬臂，在身体右侧稍前的位置截住球，两臂垫击球的后下部。来球在身体左侧时，以相反方向的动作击球。（图8-2-9）

图8-2-8

图8-2-9

3. 背向双手垫球

常在接应同伴来球或第三次处理过网球时采用背向双手垫球。垫球时，要判断好球的飞行方向，迅速移动到球的落点处，背对出球方向，两臂夹紧伸直，插在球下。击球时，蹬腿、抬头、挺胸、展腹、后仰，直臂向后上方摆动抬送球。

4. 单手垫球

当来球快速飞向体侧较远距离而来不及用双手垫球时可采用单手垫球。单手垫球动作快，手臂伸得远，击球范围大，但由于触球面积小，控制球的能力比双手垫球差，能用双手垫球时，尽量不用单手垫球。运用单手垫球时，前臂内侧、掌根下部触球。如来球低，也可用手背插入球下做铲球动作将球垫起。

5. 跨步垫球

队员向前或向侧跨出一步的垫球方法被称为跨步垫球。跨步垫球适合在来球距身体1米左右，来球弧度较小或速度较快，身体来不及正对来球时使用。

判断来球的落点，及时向前或向侧跨出一大步，屈膝制动，身体重心落在跨出腿上，上体前倾，臀部下降，两臂插入球下，击球的后下部。

6. 让垫球

当来球弧度小、速度快，前冲而追胸时，身体向侧移动，避开来球的飞行路线，让球飞向体侧，用体侧垫球的方法将球垫起叫作让垫球。让垫球技术主要用于接弧度较小的冲飘球。

7. 挡球

当来球高、速度快、力量大，不便于垫球和传球时，可用双手或单手在胸前以上挡击来球。双手挡球的手型有抱拳式和并掌式两种。

抱拳式是两肘弯曲，一手半握拳，另一手外抱，两掌外侧所形成的平面向前；并掌式是两肘弯曲，两手虎口交叉，两掌相叠，掌心向前成勺形。挡球时，手臂屈肘上举，肘尖向前，手腕后伸，以手掌外侧和根部所组成的平面挡击球的后下部。手腕要紧张，用适度的力量将球向前上方挡起，击球点一般在脸额或两肩的前上方。

单手挡球时，手臂屈肘上举，肘尖向前，手腕后伸，用掌根或拳心平面击球的后下部，击球瞬间，手腕要紧张。如球体位置较高，还可以跳起挡球。

8. 其他部位垫球

当来球速度快，非常突然，来不及移步、降低身体重心、伸臂击球和侧身让球时，可用身体其他部位来垫球，如体侧屈肘垫球（主要利用上臂外侧部位）、胸部垫球、头顶球等。规则的变化使身体各部位都有可能触及球体，丰富了垫球技术的多样性。

脚垫球主要在来球远而低、变化突然、时间短促，无法用其他垫球技术来击球时采用，属于应急性技术动作。脚垫球主要有脚背垫球和脚内侧垫球两种。

（1）脚背垫球：一脚支撑，另一脚迅速向来球方向伸去，利用伸大腿、摆小腿的动作，使脚背插入球下。击球，利用小腿继续上摆、脚踝上挑的动作，以脚背上部触球的下部（或侧下部），将球垫起。脚背垫球后，若身体失去平衡，可采用侧倒地或后倒坐地等动作进行自我保护。

（2）脚内侧垫球：动作方法与脚背垫球相似，但在击球时，击球脚脚尖要上翘，脚踝紧张，以脚内侧垫球的后下部。

（四）传球

传球是排球比赛中的一项重要技术，也是排球比赛中衔接防守和反攻的技术，包括正面传球、背向传球、侧向传球和跳起传球四种。传球质量直接影响战术配合的质量，关系到扣球效果。

传球

1. 正面传球

（1）准备姿势。

正对来球，两脚开立，两膝稍弯曲，上体挺起，仰头看球，两手自然抬起，两臂屈肘，两手成传球手型。

（2）手型。

两手自然张开，手指微屈成半球形，手腕后仰，拇指相对成近似一字形置于额前，以拇指内侧、食指全部、中指的第二、三指节触球的后下部，无名指和小指在球的两侧辅助控制球的方向。（图8-2-10）

（3）传球。

传球时，主要以蹬地、伸膝、伸臂的协调动作和手指、手腕的弹力将球传出。击球点在额前上方一球距离处。（图8-2-11）

图 8-2-10　　　　　　　　　　　图 8-2-11

2. 背传

背对传球目标的传球被称为背传，主要用于组织进攻。传球前背对传球目标，上体保持正直或稍后仰，击球点比正面传球的击球点要高。迎球时，微仰头挺胸，在下肢蹬地的同时，上体向后上方伸展。击球时，手腕适当后仰，掌心向上，击球的下部，利用抬臂、送肘的动作和手指、手腕的弹力将球向后上方传出。

（五）扣球

扣球是进攻中最积极、最有效的得分手段。扣球质量是衡量一个球队进攻能力的重要因素之一。扣球的威力体现在速度、力量、高度、变化和技巧等方面。扣球由准备姿势、助跑、起跳、空中击球和落地动作衔接而成，主要有正面扣球、扣快球、单脚起跳扣球、调整扣球和自我掩护扣球。下面主要介绍正面扣球、单脚起跳扣球。

1. 正面扣球

正面扣球是一种基本的扣球方法。初学者必须在掌握好正面扣球技术后，再学习其他扣球技术。（图8-2-12）

正面扣球

图 8-2-12

（1）准备姿势。

助跑前采用稍蹲姿势，两臂自然下垂，在离网 3 米左右处，观察判断，做好向各个方向助跑起跳的准备。

（2）助跑。

助跑时，队员要视球的远近和个人习惯采用一步、两步、三步等不同的步数，一般采用两步助跑。扣球助跑时，可采用并步起跳、跨跳起跳。两步助跑时，左脚先向前迈出第一步，紧接着右脚跨出一大步，左脚及时并上，踏在右脚前，两脚脚尖稍内扣，准备起跳。

（3）起跳。

在助跑跨出最后一步，左脚并上踏地制动的同时，两臂自后积极向前摆动，随着两腿蹬地向上起跳，两臂配合起跳有力地向上摆动。

（4）空中击球。

起跳后，挺胸展腹，上体稍向右转，右臂屈肘上举后引，置于头的右侧后方，身体成反弓形。挥臂时，以迅速转体、收腹动作发力，依次带动肩、肘、腕向前上方成鞭甩式挥动。击球时，五指微张，以全手掌包满球，在手臂伸直后的最高点前上方击球的后中部，同时主动用力屈腕、屈指向前推压球，使球上旋飞行。

（5）落地。

击球后，顺势收手臂以免触网。落地时，两脚前脚掌先着地，然后过渡到全脚掌着地。着地的同时，顺势屈膝、收腹，缓冲下落力量。

2. 单脚起跳扣球

单脚起跳扣球能充分利用助跑速度，比双脚起跳扣球冲得更远、跳得更高，兼有位置差和时间差的特点，对突破和避开拦网有较大作用。单脚起跳扣球时，可采用一步、两步或多步助跑。助跑的路线与球网的夹角宜小，以免造成前冲力过大而碰网或过中线犯规。助跑的最后一步以左脚向扣球点位置跨出一大步，身体重心稍后仰，在右脚向上摆动时，左脚用力蹬地起跳，两臂积极配合上摆，起跳后的扣球动作与正面扣球基本相似。

（六）拦网

拦网是防守的第一道防线，也是反攻的重要环节。成功的拦网可以直接阻挡或拦回对方的扣球，使己方直接得分或使本方由被动变为主动，削弱对方的进攻力量，减轻本方防守的压力。

拦网有单人拦网和集体拦网。拦网由准备姿势、移动、起跳、空中击球和落地动作衔接而成。

1. 单人拦网

单人拦网如图 8-2-13 所示。

拦网

图 8-2-13

（1）准备姿势。

面对球网，两脚左右开立，约与肩同宽，距网 30 ～ 40 厘米，两膝微屈，两臂屈肘置于胸前。

（2）移动。

通常采用沿中线的平行并步或交叉步移动，在距球较远时可采用跑步法移动。

（3）起跳。

起跳时，身体重心降低，两膝弯曲，用力蹬地，使身体垂直起跳，两臂以肩发力贴近身体向上摆动，帮助身体跳起。两手从额前沿球网向上方伸出，两臂平行伸直，肩上提。

（4）空中击球。

拦网时，两臂应伸过网去接近球。两手自然张开，屈指、屈腕成勺形。当手触球时，两手要突然张开，手腕下压盖在球的前上方。拦网后，要做含胸动作，以保持身体平衡。

（5）落地。

手臂要先后摆或上提，从网上收回至本方上空，再屈肘向下收，以免触网；同时两腿屈膝缓冲，两脚落地，随即转身面向后，为下一个动作做准备。

2.集体拦网

集体拦网有双人拦网和三人拦网两种。集体拦网除要求队员掌握个人拦网技术外，还要求队员注重互相配合。以双人拦网为例，双人拦网是集体拦网的主要形式，常由2号位、3号位或3号位、4号位队员组成，针对中路进攻，则可能形成由3号、2号与4号位队员组成的三人拦网。

步骤二：学习排球基本战术

排球基本战术是队员在比赛中根据排球竞赛规则和排球运动特点，以双方的具体情况和临场情况为依据，有意识地运用技术配合所采取的有组织、有目的、有预见性的行动。

（一）排球阵容配备

阵容配备就是合理地使用本队队员的一种组织手段。阵容配备的目的在于把全队的力量有效地组织起来，最大限度地发挥每一个队员的特长和作用，发挥总体优势。阵容配备的基本形式主要有"4-2"配备、"5-1"配备两种类型。

1."4-2"配备

"4-2"配备即安排2个二传手站在对称的位置上，2个主攻手和2个副攻手分别站在两个对角，使前排在任何时候都能保持1个二传手和2个进攻手，以充分发挥攻击力量。

2."5-1"配备

"5-1"配备即安排1个二传手和5个进攻手，这种配备攻击性强，容易组织快速多变的进攻战术。

（二）换位

为了有效地发挥每个队员的特长，加强攻防力量，弥补阵容配备上的某些缺陷，在规则允许的条件下，队员可以采用换位的方法。当发球队员击球后，双方可以在本方场区任意交换位置。换位一般有下列几种情况。

1.前排队员之间的换位

（1）为了便于组织进攻，可把二传手换到2号位或3号位。

（2）为了加强进攻力量，可把进攻力量最强的队员换到4号位或2号位，把善于扣快球的队员换到3号位。

（3）为了加强拦网力量，可把拦网能力强的队员换到3号位或与对方主攻队员相对应的位置上。

2. 后排队员之间的换位

（1）为了发挥个人的特长，可采用专位防守，把后排队员换到各自专守的区域内。

（2）为了在比赛中便于运用"插上"战术，可把二传手换到1号位或6号位，以缩短其插上的时间。

（三）基本战术

1. 进攻战术

（1）"中二三"进攻战术。

"中二三"进攻战术是由前排中间3号位队员做二传手，将球传给4号位、2号位队员或后排3名队员进攻的战术形式。

（2）"边二三"进攻战术。

"边二三"进攻战术是由前排2号位队员做二传手，将球传给3号位、4号位队员或后排3名队员进攻的战术形式。

（3）"插三二"进攻战术。

"插三二"进攻战术是由后排1名队员在对方发球后，从后排插上到网前2号位、3号位之间做二传，将球传给前排3名队员或后排2名队员进攻的战术形式，有1号位、6号位、5号位插上三种方法。这种进攻战术的最大特点是前排保持3点进攻，战术变化多，但对二传手的要求较高。

2. 防守战术

（1）5人接发球战术。

除1名二传手在网前站立或从后排插上外，其余5名队员担负一传任务：① "中一二"进攻阵型、"边一二"进攻阵型：前排中间队员或前排两边队员做二传手将球传给其他2名前排队员扣球的进攻阵型（图8-2-14）；② "插上"进攻阵型：后排队员插到前排做二传手，将球传给前排3名队员扣球的进攻阵型。

（2）接发球站位阵型。

①5人接发球站位阵型及负责区域。（图8-2-15）

"一三二"阵型，也称W形阵型。这是初学者进行比赛的最基本站位阵型。其特点是5名队员分布均衡，二传手站在网前，前面3人接前区球，后面2人接后区球，职责分明；但由于队员之间的交界点较多，会出现相互干扰和互抢互让的现象。

"一二一二"阵型，也称M形阵型。其特点是5名队员分布均衡，分工明确，前面2人接前区球，中间的人接中区球，后面2人接后区球，有利于接落点分散、弧度大、速度慢的球，但不利于接落点集中在场地两腰及后区的大力球和平冲飘球。

一字形阵型。其是对付跳发球、大力发球、平冲飘球的有效站位阵型。这几种发球的落点大多集中在球场中后区，接发球时，5名队员成一字形排开，左右距离较近，每人守一条线，互不干扰。

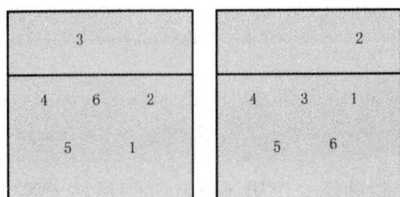

"中一二"进攻　　"边一二"进攻

图8-2-14

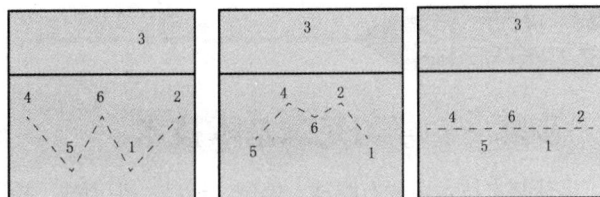

"一三二"阵型　　"一二一二"阵型　　一字形阵型

图8-2-15

②4人接发球站位阵型及负责区域。（图 8-2-16）

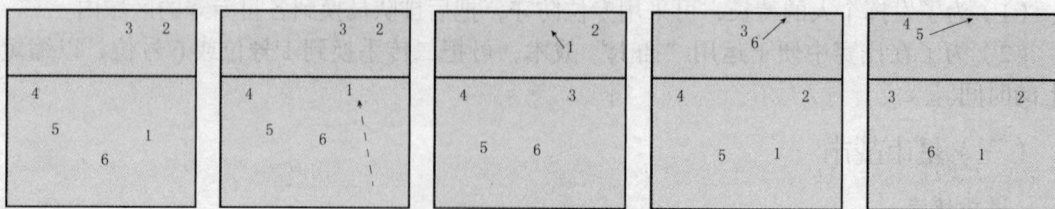

图 8-2-16

此外，站位阵型还有 3 人及 2 人接发球站位阵型。

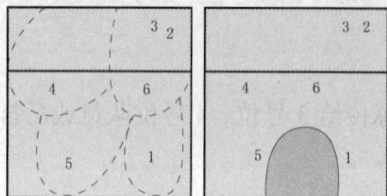

图 8-2-17

（3）接扣球站位阵型。

接扣球站位阵型如图 8-2-17 所示。

这里主要介绍双人拦网时的防守阵型。

①"边跟进"防守阵型：也称为马蹄形防守阵型，对防守对方大力扣球及多变战术有利，其弱点是球场中间空隙较大，队员可采用灵活跟进来解决这个问题。

②"心跟进"防守阵型：由 6 号位队员跟进防吊球及前区球的防守阵型。例如，对方 4 号位队员进攻时，本方 2 号位和 3 号位队员拦网，4 号位队员后撤至距拦网队员 4 米左右处进行防守，6 号位队员跟至距拦网队员 3 米附近防守，5 号位和 1 号位队员防守后场，每人负责一个防区。

"心跟进"防守阵型对接吊球和拦网弹起的球较为有利，也便于接应和组织反攻，但后场只有两人防守，空隙较大，容易造成后场中央和两腰空当。

3.进攻打法

（1）强攻：在没有同伴掩护的情况下，在对方有准备的拦防情况下，强行突破的进攻。强攻的二传球较高，根据不同的二传球位置，强攻可以分为集中进攻、拉开进攻、围绕进攻、调整进攻等，后排队员的高球进攻也属于强攻的打法。

排球竞赛
规则简介

（2）快攻：扣二传手传出的各种平快球，以及利用这些平快球做掩护所组成的各种战术配合。快攻可以分为平快球进攻、自我掩护进攻和快球掩护进攻三类。平快球进攻分为近体快、短平快、背快、背平快、平拉开、背溜、调整快、远网快、后排快和单脚起跳快等方式。自我掩护进攻分为"时间差"进攻、"位置差"进攻、"空间差"进攻，其中"空间差"进攻包括"前飞""背飞""拉三""拉"等。快球掩护进攻包括交叉进攻（如前交叉、后交叉、背交叉、反交叉和假交叉）、梯次进攻、夹塞进攻、双快和三快进攻、双快一跑动进攻、"立体"进攻。

足球运动概述

任务三　学习足球运动

学练实践

步骤一：学习足球基本技术

足球基本技术主要有踢球、停球、运球、头顶球、抢截球、假动作、掷界外球和守门员技术等。

（一）踢球

踢球是足球技术中的主要技术。踢球是队员有目的地把球传给同伴。踢球方法有很多，按脚与球的接触部位可分为脚内侧踢球、脚背正面踢球、脚背内侧踢球、脚背外侧踢球等。

1. 脚内侧踢球

脚内侧踢球适用于踢定位球或踢来自不同方向的地滚球，在短传配合时被广泛使用。

支撑脚踏在球的侧方 8～15 厘米处，支撑腿微屈；在支撑脚着地的同时，踢球腿以髋关节为轴由后向前摆动，屈膝外转，小腿加速前摆，脚内侧正对出球方向，脚尖稍翘起，脚掌与地面平行，用脚内侧击球的后中部。踢球后，脚随球前摆，但前摆幅度不宜过大。（图 8-3-1）

图 8-3-1

2. 脚背正面踢球

（1）脚背正面踢定位球。

直线助跑，最后一步步幅稍大并要积极着地，支撑脚踏在球的侧方 8～20 厘米处，脚尖正对出球方向，支撑腿微屈，身体保持平衡；同时踢球脚后摆，踢球腿小腿尽力后抬。在支撑脚着地的同时，踢球腿以髋关节为轴，大腿带动小腿前摆。当膝关节摆至接近球的垂直面上方的刹那，踢球腿小腿爆发式前摆，脚背绷直，脚趾扣紧，以脚背正面击球的后部。（图 8-3-2）

脚背正面踢球

（a）　　　　　　　　　　　　　（b）

图 8-3-2

（2）脚背正面踢侧面半高球。

根据来球速度及运行轨迹，选好击球点，身体侧对球方向，身体向支撑脚一侧倾斜展腹，踢球腿抬起，大腿带动小腿由后向前急速摆动，用脚背正面击球的后中部，同时身体向出球方向扭转。击球后，踢球脚随球前摆着地，以保持身体平衡。（图 8-3-3）

图 8-3-3

3. 脚背内侧踢球

踢定位球时，斜线助跑，助跑方向与出球方向约成45°角。支撑脚外侧积极着地，踏在球的侧后方23～30厘米处，支撑腿微屈，脚尖指向出球方向，身体稍向支撑脚一侧倾斜并转向出球方向；踢球腿以大腿带动小腿积极前摆，膝关节摆到球内侧垂直方向时小腿加速前摆，同时脚尖稍外转，脚背绷直，脚趾扣紧，脚尖指向斜下方，以脚背内侧击球的后中部。踢球后，踢球腿随球继续前摆，两臂随踢球动作自然摆动。（图8-3-4）

脚背内侧
踢球

图 8-3-4

4. 脚背外侧踢球

脚背外侧踢球适用于踢定位球和向外旋转的弧线球。

脚背外侧踢定位球时，助跑、支撑脚的位置和踢球腿的摆动基本上与脚背正面踢定位球相同，只是用脚背外侧触球。在踢球腿的膝关节摆到接近球的垂直上方的刹那，小腿加速前摆，膝关节和脚尖内收，脚背绷直，脚趾扣紧，以脚背外侧踢球的后中部。踢球后，踢球腿随势继续前摆。（图8-3-5）

脚背外侧踢球

（二）停球

停球是指队员有目的地运用身体的合理部位，把运行的球挡在所需的范围内。比赛中常用的停球有脚内侧停球、脚底停球和胸部停球等。

1. 脚内侧停球

脚内侧停球
地滚球

脚内侧停球适用于停地滚球和空中球。

（1）脚内侧停地滚球。面对来球，支撑腿站稳，膝关节微屈，停球腿屈膝外转并前迎；停球脚脚尖翘起，在球与脚接触前的瞬间开始后撤，向下轻压球，把球停在身前。（图8-3-6）

图 8-3-5

图 8-3-6

脚内侧停
空中球

（2）脚内侧停空中球：根据来球的速度及运行轨迹，及时移动到位。若来球为平空球，则队员应根据临场的实际情况选择适当高度的接球点，抬起停球腿，使脚内侧对准来球的方向并前迎，脚在接触球的一瞬间后撤，将球接在所需的位置上。（图8-3-7）

（3）脚内侧停反弹球：支撑脚踏在球落点的侧方，膝关节微屈，上体稍前倾并向停球方向微转，同时停球脚提起，停球腿踝关节放松，用脚内侧对准球的反弹方向，在球落地反弹刚离地面时，用脚内侧压球的后中上部。如果要把球停向左侧，那么支撑脚应踏在球落点的左侧方，脚尖指向左侧，同时上体也向左侧前倾。（图8-3-8）

脚内侧停
反弹球

图8-3-7　　　　　　　　　　　　　　图8-3-8

2. 脚底停球

脚底停球适用于停地滚球和反弹球，一般被初学者采用。

（1）脚底停地滚球。支撑脚站在球的侧后方，膝关节微屈，脚尖正对来球，同时停球脚提起，膝关节自然弯曲，脚尖翘起，脚跟离地面的距离小于球的直径，踝关节放松，用脚前掌触球的后中上部，触球瞬间，脚踝轻轻下压。（图8-3-9）

脚底停地滚球　　脚底停反弹球

（2）脚底停反弹球。身体正对来球，支撑脚踏在球落点的侧后方，停球脚的前脚掌对准球的反弹方向，触球的后中上部，在球刚刚反弹的一刹那，脚踝轻轻下压。（图8-3-10）

图8-3-9　　　　　　　　　　　　　　图8-3-10

3. 胸部停球

胸部停球触球面积大、位置高、有弹性，适用于停高球和空中平直球。胸部停球有收胸式停球和挺胸式停球两种方法。

收胸式停球　　挺胸式停球

（1）收胸式停球。准备停球时，身体正对来球，两脚前后开立。在球与胸部接触前的瞬间，身体重心迅速后移，收胸、收腹挡压球，以缓冲来球力量，把球停在身前。（图8-3-11）

（2）挺胸式停球。挺胸式停球一般用于停高于胸部的下落球。身体正对来球，下颌内收，两臂自然张开，两脚前后开立，身体重心落在两脚之间，两膝微屈。在球与胸部接触前的瞬间，两脚蹬地，同时展腹，上体稍后仰，用挺胸动作把球停在自己的控制范围内。（图8-3-12）

图8-3-11　　　图8-3-12

（三）运球

运球又称带球。它是队员在跑动中用脚的推拨动作使球保持在自己控制范围内而做的连续触球动作。常用的运球方法有脚内侧运球、脚背正面运球、脚背外侧运球、拨球、扣球等。

脚内侧运球

1. 脚内侧运球

脚内侧运球是运球技术中速度最慢的一种方法。一般当运球接近对手，需要用身体掩护球时，多采用脚内侧运球。

运球时，支撑脚稍向前跨，踏在球的前侧方，膝关节稍屈，上体前倾向左转。随着身体向前移动，运球脚提起，用脚内侧推球的后中部。（图8-3-13）

2. 脚背正面运球

脚背正面运球适用于突破对手后进行较长距离的快速运球。

身体自然放松，上体稍前倾，两臂自然摆动，步幅不要过大，运球脚提起时，膝关节弯曲，脚跟提起，脚尖向下，在迈步前伸着地前，用脚背正面推拨球前进。（图8-3-14）

脚背正面
运球

图8-3-13　　　　　　　　　　　图8-3-14

3. 脚背外侧运球

脚背外侧运球适用于快速奔跑和向外改变方向时。

要领：上体稍前倾，两臂自然摆动，步幅要小。运球脚提起时，膝关节弯曲，脚跟提起，脚尖内转，在迈步前伸着地前，用脚背外侧推拨球。（图8-3-15）

脚背外侧
运球

图8-3-15

拨球

4. 拨球

运球脚利用踝关节向侧方的转动，以脚背内侧或脚背外侧触球，将球拨向身体的侧前方、侧方、侧后方。（图8-3-16）

图8-3-16

5. 扣球

扣球的方法与拨球基本相同，不同的是它的用力是突然的，并伴随着突然转身或急停，使对手在来不及调整身体重心的瞬间，突然从反方向推送球越过对方防守。（图 8-3-17）

扣球

图 8-3-17

（四）头顶球

头顶球是争取时间、夺得空中优势的一项重要技术，常用于抢截、传球和射门等。它主要有前额正面顶球和前额侧面顶球两种。

1. 前额正面顶球

面对来球，两脚开立，两膝微屈，上体后仰，两眼注视来球，两臂自然张开，当球接近身体垂直线时，两脚用力蹬地，上体由后急速前摆，收腹，颈部紧张并做点头动作，用前额正中部位将球顶出。（图 8-3-18）

前额正面顶球

2. 前额侧面顶球

面对来球，两脚左右站立，两膝微屈，上体和头偏向一侧，借脚蹬地、转体和甩头力量，用前额侧面部位将球顶出。（图 8-3-19）

图 8-3-18　　　　　　　　　　　　　图 8-3-19

（五）抢截球

抢截球是一种积极有效的防守手段，利用争夺、堵截、破坏以延缓或阻拦对方的进攻。它主要有正面跨步抢截球和侧面合理冲撞抢截球。

1. 正面跨步抢截球

正面跨步枪截球适用于抢截对手正面运来的球。

两脚前后开立，两膝微屈，身体重心下降并落在两脚间，面向对手站立。在对手运球脚触球后即将着地或刚着地时，抢球者的支撑脚立即用力后蹬，抢球脚以脚内侧对着球跨出。抢球腿微屈，上体前倾，身体重心移至抢球脚上，另一脚立即前跨。如双方的脚同时触球，则抢球者的脚要顺势向上提拉，使球从对方脚背滚过，同时身体重心要迅速跟上，把球控制好。在球稍远抢不到球的情况下，抢球者可用脚尖捅球。（图 8-3-20）

正面跨步
抢截球

2. 侧面合理冲撞抢截球

侧面合理冲撞枪截球适用于抢球者和运球者平行跑动时抢截球。

当与对手并肩跑动时，抢球者身体重心稍下降，同对手接触一侧的手臂要紧贴身体。当对手靠近自己一侧的脚离地时，抢球者用肘关节以上部位，迅速合理地冲撞对手的相同部位，使其身体失去平衡而离开球，随即将球截获。（图8-3-21）

图 8-3-20   图 8-3-21

3. 铲球

当抢球者位于运球者侧方或侧后方，用单脚脚掌铲球时，抢球者降低身体中心，在球离开运球者脚下的瞬间，抢球者靠近运球者一侧的腿用力蹬地，另一腿以脚外侧着地从地面滑出，以脚掌将球铲出。身体向铲球腿一方倾倒，小腿、大腿、臀部、上体依次着地，同时辅以与铲球腿同侧的前臂斜向撑地，以缓冲身体倒地时的冲力。（图8-3-22）

图 8-3-22

（六）假动作

假动作是队员运用各种动作假象迷惑对方或调动对方，从而更好地实现自己真实意图的一种有效手段，常用的有踢球假动作、接球假动作和运球假动作三种。

1. 踢球假动作

传球前，当对手跑来抢球时，运球者可先做假动作，诱使对手堵截传球路线，然后改变方向传球。例如，运球者先摆动右腿向右假踢，诱使对手向自己的右前方堵截，再突然改变脚法将球向左前方传出或运球。（图8-3-23）

图 8-3-23

2.接球假动作

接球前，当对手上来抢截时，接球者可假做向左（右）接球，诱使对手堵截自己的左（右）侧，然后突然改为向右（左）侧接球。

3.运球假动作

当对手迎面抢球时，运球者的左脚从球前绕过，佯装向左推球，使对手身体重心向自己左侧移动，顺势换右脚向右前方推球，从而超越对手。（图8-3-24）

图8-3-24

（七）掷界外球

掷界外球是一个下端固定的爆发式平摆运动，需要稳固的支撑；根据身高和臂长掌握合理的掷出角（不超过45°），掷出角是影响远度的重要因素。一般球出手早掷出角大，反之则小；球出手速度快则掷得远，这需要队员具备一定的力量素质和协调用力能力；充分利用助跑的初速度有助于将球掷远。掷界外球分为原地掷界外球和助跑掷界外球，下面介绍原地掷界外球。

原地掷界外球

面对出球方向，两脚前后（或左右）开立，两脚均应有一部分站立在边线上或边线外。后腿屈膝，上体后仰成背弓，身体重心移到后脚上（左右开立时，身体重心在两脚之间），两手自然张开，拇指相对，持球的侧后部，两臂屈肘将球置于头后。掷球时，后脚用力蹬地（或两脚用力蹬地），两腿迅速伸直，身体重心由后脚移到前脚，收腹屈体，同时两臂急速前摆。当将球摆到头上时，用力甩腕将球掷出。掷球时，后脚可沿地面向前滑动，两脚均不得离开地面。（图8-3-25）

图8-3-25

（八）守门员技术

守门员技术包括位置选择、准备姿势、移动、接球、扑球、拳击球、托球、运球、掷球和踢球等，其中最主要的是接球技术。接球技术包括接地滚球、接平空球、接高空球等。

1.接地滚球

两脚前后（或左右）开立，脚尖正对来球，上体前屈，两腿屈膝下蹲，两臂并肘前迎，两手小指靠近，手掌对球。在手触球的瞬间，两臂随球后引，并屈肘、屈腕，两臂靠近将球抱于胸前。（图8-3-26）

2.接平空球

身体正对来球，两臂屈肘稍上举，两手靠近，五指微屈，手掌对球。当手触球时，手指和手腕适当用力，两臂顺势屈肘后引，转腕将球抱于胸前。（图8-3-27）

3.接高空球

快速移动起跳，两臂上伸迎球，两手拇指成八字形，手指微屈，手掌对球。当手触球时，手腕和手指适当用力将球接住，两臂顺势屈肘下引，并转腕将球抱于胸前。（图8-3-28）

守门员技术－接地滚球

守门员技术－接平空球

守门员技术 –
接高空球

正面　　侧面

图 8-3-26　　　　图 8-3-27　　　　图 8-3-28

4. 扑平空球

身体在空中伸展，手指用力抓住球，接球后，球、肘、肩、上体、臀、腿外侧依次着地并迅速团身。（图 8-3-29）

守门员技术 –
扑平空球

图 8-3-29

步骤二：学习足球基本战术

足球基本战术是指在比赛攻守过程中，为了战胜对手，队员根据实际情况所采取的个人行动和集体配合的总称。战术在比赛中的作用是将集体的力量组织起来，发挥每一个队员的特长，通过一定的阵型和配合方法，使队员在技术、身体素质、战术意识等方面发挥较高水平，取得优异成绩。

（一）比赛阵型

比赛阵型是指比赛场上队员的位置分布，是攻守力量搭配和职责分工的形式。比赛阵型要根据本队特点和参赛队的特点来选择。现代足球的特点是采用"全攻全守"型打法，常用阵型有 4-3-3 阵型、4-4-2 阵型、5-3-2 阵型、3-5-2 阵型、4-2-4 阵型等。

（二）进攻战术

1. 个人进攻战术

个人进攻战术即每个参赛队员在场上运用个人技术进行跑位、传球、运球突破、协同进攻等的总称，是足球比赛的基础。

2. 局部进攻战术

局部进攻战术指比赛中二人或三人有组织地进行配合的进攻战术。

3. 全队进攻战术

（1）边路进攻。在对方半场两侧地区发动的进攻称边路进攻。由于边线地区防守人数少，空当大，从该区进攻容易奏效。边路进攻主要由个人突破，中锋、前卫、边卫也可起到边锋作用，最后阶段将球传向中区，由中锋包抄射门。

（2）中路进攻。在对方半场中间地带发动的进攻为中路进攻。中路进攻能直接威胁守方球门，因此守方必定层层布防，这就要求进攻队员必须积极策应、跑位，以打乱守方的布局。中路进攻通常通过中锋的切入与插上的前卫之间的配合或个人运球突破等渗透到有效射门区进行射门。

（三）防守战术

1. 个人防守战术

（1）选位与盯人。防守队员原则上应站在对手与本方球门中心所构成的直线上，与对手的距离要根据场区情况及球所处的位置来决定。防守队员要盯紧有球的对手和逼近球门的无球对手，针对对方的主要得分手，要实行紧逼盯人防守，同队其他队员则应注意选位与保护。

（2）保护与补位。保守与补位是局部地区集体防守的基础，保护是补位的前提，没有保护也不可能有效地补位。防守队员补同伴在防守中出现的漏洞称为补位，补位是防守队员之间互相协助的集体防守战术。

2. 全局防守战术

全局防守战术包括盯人防守、区域防守和混合防守三种。

（四）足球运动战术配合要求

无论是整体配合还是两人或三人的区域进攻配合，都要符合以下三点要求。

（1）配合时机要恰到好处。

（2）技术的运用要合理。

（3）配合结束时，要求人到位、球到位。

（五）足球战术练习中应注意的问题

各种技术的合理应用包含着丰富的战术内容，因此，战术的训练要密切结合技术的练习，练习技术时也要密切联系战术的实际需要，这样才能在比赛中应用自如。

（1）进攻原则：制造宽度；加大深度；机动灵活；随机应变。

（2）防守原则：延缓对方的进攻；在人数与对方保持平衡；防守队员间缩小距离；紧逼对手，争取夺球。

足球竞赛
规则简介

任务四 学习乒乓球运动

乒乓球运动
概述

学练实践

步骤一：学习乒乓球基本技术

（一）握拍法

握拍法指单手持球拍的方法。国际上流行直式和横式两种握拍方法，两种握法各有千秋，实践时应因人而异。下面以右手持拍为例讲解。

（1）直式握拍法：球拍正面，拇指第一指节和食指第二指节握拍，拍柄压住虎口（两指间距离适中）；球拍背面，中指、无名指和小指自然弯曲斜形重叠，中指第一指节顶住球拍的后上部使球拍保持平稳。（图8-4-1）

（2）横式握拍法：中指、无名指和小指自然地握住拍柄，拇指在球拍正面轻贴在中指的旁边，食指自然伸直斜放于球拍背面，虎口轻微贴拍，击球时，拇指和食指帮助手腕调节拍形和挥拍动作。正手攻球时，食指向上移动；反手攻球时，拇指向球拍中部移动，以帮助手腕下压加大击球力量。（图8-4-2）

图8-4-1　　　　　　　　　　　图8-4-2

（二）准备姿势

两脚开立，约与肩宽，两膝微屈稍内扣，以前脚掌内侧着地，身体重心在两脚中间，上体微前倾。下颌微收，两眼注视来球，持拍臂自然弯曲，手腕放松，拍面自然后仰，置于腹前，左臂自然弯曲抬起，高于台面。

准备姿势的重点和难点是两脚前脚掌内侧着地，两腿屈膝提踵，放松微动。

（三）发球技术

发球是乒乓球比赛中唯一不受对方来球限制的技术，它可以让发球者最大限度地实现自己的战术意图，具有较强的主动性。因此，发球是乒乓球比赛中创造得分机会的主要技术。

1. 正手平击发球

身体离球台约40厘米，两脚开立，略宽于肩，左脚稍前。左手将球向上抛起，身体稍右转，同时右臂内旋，使拍面稍前倾，向右后方引拍。当球从高点下降至稍高于球网时，击球中上部并向左前下方挥动，以向前发力为主。击球后迅速还原。（图8-4-3）

正手平击发球

图8-4-3

2. 反手平击发球

身体离球台约40厘米，两脚开立，略宽于肩，右脚稍前。左手将球向上抛起，身体稍左转，同时右臂外旋，使拍面稍前倾，向左后方引拍。当球从高点下降至稍高于球网时，击球中上部并向右前下方挥动，以向前发力为主。击球后迅速还原。（图8-4-4）

图 8-4-4

3.正手发下旋加转球与不转球

身体靠近球台，左脚稍前，左手掌心托球置于身体右前方。左手将球抛起的同时，腰向右后转，右臂向后上方引拍，拍面后仰，直握拍手腕作伸，横握拍手腕略向外展。当球从高点下降至稍高于球网或与球网同高时，右臂前臂在腰的带动下向左前下方挥动，同时手腕作屈并内收，以球拍远端（拍头）触球，击球的中下部并向底部摩擦。正手发不转球与正手发下旋加转球的区别在于：手臂外旋幅度小，拍面后仰角度小，以球拍中后部偏右的地方触球，击球的中部或中下部，减小向下摩擦球的力量，近似将球向前推出，使击球的作用力接近球心，从而形成不转球。球发出后，挥拍动作尽可能停住，以利于还原。（图 8-4-5）

图 8-4-5

正手发下
旋加转球
与不转球

4.反手发下旋加转球与不转球

身体靠近球台，右脚稍前，左手掌心托球置于身体左前方。左手将球抛起的同时，腰向左后转，右臂向左后上方引拍，拍面后仰，直握拍手腕作屈，横握拍手腕略向外展。当球从高点下降至稍高于球网或与球网同高时，右臂前臂在腰的带动下加速向右前下方挥动，同时直握拍手腕作伸，横握拍手腕内收，以球拍远端（拍头）触球，击球的中下部并向底部摩擦。反手发下旋加转球与不转球的区别与正手发下旋加转球与不转球的区别类似。控制动作幅度，快速还原。（图 8-4-6）

图 8-4-6

（四）攻球技术

攻球技术是乒乓球技术中重要的得分技术之一。它在击球方式上以撞击为主，具有击球速度快、动作幅度小、进攻性强的特点。

正手攻球

1. 正手攻球技术

（1）正手快攻。

身体离台约40厘米，左脚稍前。右臂自然弯曲并内旋使拍面稍前倾，身体重心移向右脚，前臂横摆引拍至身体右侧后方。右脚稍用力蹬地，髋关节略向前转动，腰向左转，上臂带动前臂快速向左前方挥动迎球，在球的上升期（或高点期）击球的中上部。触球瞬间，前臂迅速收回，以向前打为主，略带有摩擦，手腕辅助发力，身体重心由右脚移至左脚。击球后迅速还原。（图8-4-7）

图 8-4-7

（2）正手扣杀。

站位远近视来球长短而定，左脚稍前。右臂自然弯曲并内旋使拍面稍前倾，球拍成半横状，随着腰、髋的转动，右臂将球拍引至身体右后方，适当加大引拍距离。右臂借腰、髋的左转及腿的蹬力向前迎球。当来球跳至高点期（位置合适可在上升期）时，右臂上臂带动前臂加速向左前下方发力，拍面前倾，击球的中上部，以撞击为主，略带有摩擦（近网除外）。击球后，身体重心由右脚移至左脚。扣杀后，立即还原，准备连续扣杀。（图8-4-8）

图 8-4-8

2. 反手攻球技术

身体离球台40~50厘米，右脚稍前。身体略左转，使腰部扭紧，右肩略下沉，右臂前臂引拍至身体左侧，略高于来球。右臂前臂借助腰、髋的突然转动向右前方用力。右臂上臂贴近躯干，肘部内收，在来球的上升期或高点期击球的中上部。手腕和食指压拍，中指在拍后，选定用力方向后将球击出。击球后迅速还原。（图8-4-9）

图 8-4-9

（五）推挡技术

推挡是我国直拍快攻打法的基本技术之一，特别是在左推右攻打法中占有极其重要的地位。推挡可分为平挡、快推、加力推、减力挡、推下旋、推侧旋等。下面主要介绍平挡和快推。

1. 平挡

右臂上臂自然贴近身体,拍面稍前倾,将球拍引至身体前方,在来球的上升期触球的中部或中上部。击球瞬间,只以前臂和手腕轻轻用力向前上推出,主要借助来球的反弹力将球挡回(回击弧圈球时,球拍需高于来球,在来球的上升后期击球)。(图8-4-10)

直拍推挡技术

图 8-4-10

2. 快推

右臂上臂和肘内收,自然靠近身体右侧,以肩为轴,将球拍引至身体前方。当来球跳至上升期时,右臂前臂和手腕迅速向前略向上推出,拍面稍前倾,击球的中上部。以右臂前臂和手腕发力为主,并适当借力。(图8-4-11)

图 8-4-11

(六)搓球技术

搓球是近台还击下旋球的一种基本技术,其可为拉弧圈球创造条件。它与攻球技术结合起来可以形成搓攻技术。在接发球时,搓球可作为一种有效的过渡方式,为下一板创造进攻机会。

1. 慢搓

(1)反手慢搓。

右脚在前或两脚平行站立,身体离台40～50厘米。右臂内旋使拍面后仰,前臂向左上方引拍至胸前,横握拍手腕适当外展,直握拍手腕作屈,拍头指向斜上方。当来球跳至下降前期,右臂前臂带动手腕加速向右前下方用力摩擦球,拍面后仰,击球的中下偏外侧部位。击球后,右臂前臂顺势前送,并注意还原。(图8-4-12)

横拍反手搓球技术

图 8-4-12

(2)正手慢搓。

正手慢搓的动作与反手慢搓的动作相同,但方向相反。

2. 快搓

（1）反手快搓。

两脚平行或右脚稍前，身体靠近球台。右肘自然靠近身体，后引动作幅度较小，拍面稍后仰。当来球跳至上升期时，利用上臂前送的力量，前臂和手腕配合，借力结合发力，触球的中下部并向前下方用力摩擦。尽快还原，准备下一板球。（图 8-4-13）

图 8-4-13

（2）正手快搓。

正手快搓的动作与反手快搓的动作相同，但方向相反。

（七）弧圈球技术

弧圈球技术是现代乒乓球中主流的进攻技术，其优势是将球的速度和旋转有效地结合起来。

1. 正手弧圈球

判断来球，确定拉球时间和拉球部位。两脚开立，左脚稍前，收腹、含胸、屈膝，使身体重心降低，身体重心落在两脚之间。腰、髋向右转动，身体重心置于右脚前脚掌，右肩略下沉，左肩自然转向来球方向，右腿屈膝程度加大，右臂自然下垂，在转腰的带动下经腹前向右侧下方移动，将球拍引至身体右侧腰部下方稍后处。右臂自然放松，肘关节夹角保持在 $150° \sim 170°$。右脚蹬地，髋关节适当前转，腰部带动右臂上臂向左转动，右臂前臂向左前上方挥动击球。通常击球的中部或中上部（如果增加侧旋可击球略偏右处并带侧向摩擦），前臂和手腕即将触球时迅速内收，手指在触球瞬间抓紧球拍。来球下旋强烈或击球点较低时，多向上摩擦；反之，在保证必要弧线的前提下，可增加撞击力量以增强球的前冲力。击球后，右臂继续顺势挥动，身体重心移到左脚后，迅速还原。

2. 反手弧圈球

反手弧圈球的动作原理与正手弧圈球类似，但左右方向相反。队员在拉反手弧圈球时还需注意几点：① 近台反手拉球时，站位基本上以左脚在前为主；中远台拉球时，站位多以两脚平行或右脚稍前为主。② 反手拉球时，在引拍阶段，右肘要稍微离开身体，放在身体外侧，以确保球拍在身体前有一定的击球空间。③ 近台反手拉球时，引拍动作幅度不宜过大。

步骤二：学习乒乓球基本战术

乒乓球基本战术是队员根据自己和对手的具体情况，正确而又有目的地把自己所掌握的各种技术有意识地组合起来，从而充分发挥自己的技术风格特点，抓住对方的弱点，采用合理的方法和手段战胜对手。

（一）发球抢攻战术

1. 正手发转与不转短球，配合发长球抢攻

正手发转与不转短球至对方近网或中路，一般先发加转球，后发不转球，伺机抢攻，落点以近网为主，配合底线似出台未出台长球，使对方难于接发球抢位或抢攻。

2. 正手发急球，配合发近网短球抢攻

正手发右侧上旋急球（奔球）至对方中路或右侧，迫使对方打对攻或后退削球，伺机抢攻、抢拉。如对方有所准备，则突然减力发近网短球以创造机会抢攻。

反手发上、下旋急球，配合发近网短球抢攻。

反手发上、下旋急球至对方反手位或中路，迫使对方打对攻或反手搓球，再伺机抢攻、抢拉。待对方站位远离球台时，突发近网短球，以创造机会抢攻、抢拉。

（二）对攻战术

1. 压反手，伺机侧身正手攻

用快推、加力推、推下旋或反手攻压对方反手位，伺机侧身正手进攻；或推开角度，逼对方后退。侧身攻后要力争连续进攻，专攻对方两角。

2. 压左调右，转攻两角

用推挡或反手攻、拉压住对方反手位，迫使对方站位偏左，突变正手，伺机正手进攻对方两角。

3. 连压中路，突变攻两角

用推、拉、攻紧压对方中路，伺机突变进攻对方两角；压中路球后应快速追身。

（三）搓攻战术

1. 搓逼反手大角，突变直线，伺机进攻

先用下旋搓球逼对方反手位大角，视其准备侧身攻或将注意力集中在反手位时，突变直线伺机进攻。

2. 搓转与不转球，创造机会，伺机进攻

一般先搓转球，然后用相似的动作搓不转球，伺机进行抢攻或拉弧圈球。在运用球的旋转变化时，最好能与球的落点相结合。

乒乓球竞赛规则简介

任务五　学习羽毛球运动

学练实践

步骤一：学习羽毛球基本技术

（一）握拍方法

羽毛球的握拍方法有正手握拍法和反手握拍法两种。握拍一定要"活"，即打什么球握什么拍，只有灵活多变，才能充分发挥击球的力量，控制击球的方向。

1. 正手握拍法

首先用左手拿住拍杆，使拍面与地面成垂直状，然后，右手张开成握手状，握住拍柄，使手掌小鱼际部分靠在拍柄底部，虎口对着拍柄窄面内侧的小棱边，拇指与食指自然地贴在拍柄两面的宽面上。中指、无名指和小指自然并拢握住拍

羽毛球运动概述

正手握拍法

柄，食指与中指稍微分开，掌心不要贴紧拍柄，要留有空隙，这样有利于手腕和手指发力及灵活运用。（图8-5-1）

图8-5-1

2. 反手握拍法

在正手握拍的基础上，把球拍稍微外旋，拇指上提，食指收拢，使拇指压在拍框内侧的小棱边上，食指、中指、无名指和小指并拢。（图8-5-2）

反手握拍法

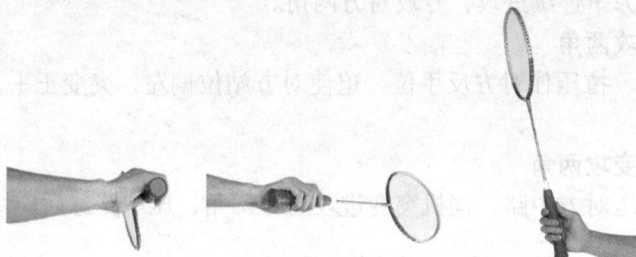

图8-5-2

（二）发球方法

1. 正手发后场高远球

正手发后场高远球主要是把球发得又高又远，使球飞行到对方底线上空时，几乎垂直下落，球的落点在对方场内端线附近。（图8-5-3）

正手发后场
高远球

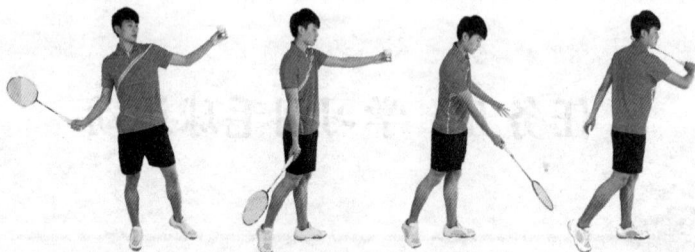

图8-5-3

动作要领：身体稍向右转，左肩对向球网。身体重心移至右脚，右臂向右后上方摆起，完成引拍动作。完成引拍动作之后，紧接着身体重心随着上体由侧对前方转向正对前方而移至左脚，右脚脚跟提起，上体微微前倾，右臂前臂向侧下方挥动，上体由侧对球网转向正对球网时，左手松开球使球自然下落，此时，右腕尽量伸展做最后的击球动作，右臂前臂紧接着往上方挥动，此时前臂内旋，使腕部由伸展至微屈，击球瞬间，手指紧握球拍，完成闪腕动作，以正拍面击球。球的飞行弧度与地面的仰角一般大于45°。完成击球动作之后，右臂前臂继续内旋，并随着挥拍的惯性，自然向左肩上方挥动，然后回收至胸前，并将握拍调整成正手握拍形式。

2. 发网前小球

发网前小球是把球发至对方发球区内前发球线附近，球的飞行速度较慢，飞行弧度较低，球贴网而过。它包括正手发网前小球和反手发网前小球。

正手发网前小球动作要领：站位比发高远球较靠近前发球线，准备姿势、引拍、挥拍、击球与发高远球基本一致，但整个动作幅度较小，击球瞬间不需紧握拍柄，而是利用手腕和手指的力量从右向左横切推送，将球轻轻发出，使球贴网而过，飞行过网后即下落，落点在前发球线内。

正手发
网前小球

反手发网前小球动作要领：面向球网，右脚在前，左脚在后，脚跟提起，身体重心放在右脚上，上体稍微前倾，右手反手握拍，左手捏住羽毛，球托向下，斜放在拍面前面。挥拍击球时，球拍稍微向后摆，然后向前挥动，右臂前臂向前上方推送，同时带动手腕由屈到伸向前摆动，并利用拇指的顶力，轻轻地切击球托的侧后部。击球后，右臂前臂上摆到一定高度即停止，使球贴网而过随即下落，落点在前发球线内。（图8-5-4）

图 8-5-4

3. 发后场平高球

后场平高球在空中的飞行弧度稍低于高远球，而飞行速度稍快于高远球，球较快地越过对方身体落在对方场内端线附近。发后场平高球是发球抢攻的手段之一。发后场平高球可用正手和反手。以下以正手发后场平高球为例介绍发后场平高球技术。

动作要领：持球与准备姿势同发高远球。挥拍击球时不要紧握拍柄，要利用前臂力量挥动球拍，带动手腕、手指向前上方击球。拍面稍向前推送，使球的飞行方向与地面的仰角小于45°，球运行到最高点后逐渐下落至对方场内端线附近。

正手发
后场平高球

（三）击球方法

1. 击高远球

击高远球是击打来自对方的高球使球越过对方的拦截，落到对方场区的底线内的击球方法。

动作要领：准备时，判断对方来球方向和落点，侧身后退使球在自己右肩上方的位置，左脚在前，右脚在后，身体侧对球网，身体重心落在右脚上，左臂屈肘，左手自然上举，右手持拍于右肩后方，两眼注视来球。击球时，由准备动作开始，右臂上臂后引，肘关节上提至高于肩部，将球拍后引至脑后，手腕外展后伸，然后在右脚蹬地、转体和腰腹的协调用力下，以肩为轴，右臂上臂带动前臂快速向前上方甩动手腕，在手臂伸直的最高点击球（图8-5-5）。击球后，右臂随惯性往左下方减速摆动，并收拍至胸前。

正手击高远球

图 8-5-5

2. 吊球

正手吊球

吊球是指把对方击来的高球从后场区还击到对方的前场区的击球方法。其是调动对方、打乱对方阵脚，组织战术配合的一种击球技术。吊球虽然用力较小，但需要有很高的准确性。根据来球的不同路线和高度，吊球可采用正手或反手、高手或低手来打。高手吊球按球的飞行弧线和击球动作的不同可分为劈吊、轻吊和拦截吊三种。

动作要领：准备姿势与击高远球相似，只是击球时用力不同。在挥动球拍时，拍面移动轨迹成半弧形，击球瞬间前臂突然减速，快速闪动手腕击球托的偏右侧。打对角吊球时，当对方来球较高时，手腕向下切削的角度要大些，力量也要稍大些。当对方来球较平时，手腕前推的幅度要大些，向下切削的力量要小一些。吊直线球时，拍面正对前方，向前下压。

3. 扣杀球

扣杀球是把对方击来的中后场高球，在尽量高的击球点上用较大的力量和较快的速度，以向下的线路向对方场区压下去，将球回击到对方的中后场区的击球方法。扣杀球是主动进攻与得分的重要技术。

动作要领：杀球准备姿势、击球动作与击高远球大致相同，不同的是在击球瞬间需用全力，充分利用右腿的蹬力、腰腹力、臂力、腕力及身体重心的转移，快速将球向前下方击出。球拍触球时拍面前倾向前下方用力，手握紧球拍，击球点在右肩前上方。击球后，球拍随惯性向左下方摆动，身体重心由右脚移至左脚。（图 8-5-6）

图 8-5-6

4. 挑球

挑球是指运动员把对方击来的吊球或网前球自下而上地挑高回击到对方后场底线上空的击球方法。

正手挑球动作要领：判断来球，快速上网，左脚积极蹬地前移，右脚向正手网前跨一大步，右脚脚尖稍朝外。球拍前伸，右臂前臂外旋，手腕伸展把球拍引至右侧下方，左臂自然后伸起平衡作用。击球时，右臂前臂内旋，手腕发力，球拍以正拍面击球托后下部，并向前上方提拉挥动。击中球之后，球拍前上方挥动并制动，采用垫步步法迅速回至场区中心位置。

正手挑球

反手挑球动作要领：判断来球，快速上网，左脚向左前移一小步，同时上体稍左转，左脚后蹬，右脚向左前方跨一大步。球拍由身前引向左下方，拍面朝上，上体前倾。击球时，左脚跟进一小步，形成稳定的弓箭步，右手手腕由外展至内收，由微屈至伸，右臂由下向上挥动击球。击中球之后，左脚跟进一小步，身体重心上提，球拍随惯性向前上方挥动并制动，采用垫步步法迅速回至场区中心位置，恢复成准备姿势。

5. 搓球

搓球是一种近网击球技术，是羽毛球技术中特别细腻的一种击球方法。

正手搓球动作要领：上网步法要快，左脚蹬地，右脚向网前跨成弓箭步，侧身对网，身体重心在右脚上。持拍手臂向前伸出，出手要快，手腕和手指自然放松。击球时，持拍手臂的前臂稍外旋，手腕由后伸至稍内收并闪动，用手指控制好拍面并发力，使搓出的球尽可能贴网而过。（图8-5-7）

正手搓球

反手搓球动作要领：上网步法要快，左脚蹬地，右脚向网前跨成弓箭步，侧身对网，身体重心在右脚上，握拍手臂向前伸出，出手要快，手腕、手指自然放松，前臂稍上举，手腕前屈，握拍手高于拍面，反拍迎球。击球时，主要靠前臂的前伸外旋和手腕由内收至外展的合力，搓击球托的侧底部，使球上旋翻滚过网。

6. 勾球

勾球是把在本方左（右）边网前球击到对方的左（右）边网前。网前勾球有正手、反手勾球两种。

动作要领：看准来球快速上网，侧身对网，身体重心在右脚上。持拍手臂的前臂前伸稍有外旋，手腕稍后伸，手腕、手指自然放松。拍柄向外捻动，拇指贴在拍柄宽面，食指第二指节在拍柄背面宽面，拍柄不触掌心。击球时，持拍手臂的前臂稍内旋，手腕由后伸至内收闪动，肘部略回收，拍面朝对方右网前拨击球托侧底部，使球飞向对方右网前。

正手勾球

7. 推球

推球是指在网前较高的击球点，以比较低平的弧线，用直线或斜线将来球还击到对方场区端线附近的两个底角的一种进攻性技术。

动作要领：正手推球时，右臂前臂内旋，手腕稍背伸，然后迅速伸直闪腕，食指向前压，小指、无名指突然握紧拍柄，使球拍急速地由右前经上到左推击球托的右下侧面，使球快速飞向对方底角。反手推球时，右臂前臂稍外旋，手腕微屈，然后伸直闪腕，中指、无名指和小指突然握紧拍柄，拇指顶压拍柄，推击球的左侧面，使球快速飞向对方底角。

正手推球

8. 扑球

扑球是指快速上网将对方击来刚过网的、高度仍在网沿上的球快速挥击下压过去。扑球速度快，球飞行的路线短，往往使对方来不及挽救。因此，扑球是威力较大的进攻技术之一。

动作要领：一经判断来球，即采用蹬跨步或跳步快速起动上网，拍面前倾，在网前高于网的位置，以右臂前臂带动手腕闪击。（图8-5-8）

正手扑球

图 8-5-7　　　　　　　　　　　　　　图 8-5-8

正手平抽球

9. 平抽球

平抽球是指将位于身体左侧或右侧，高度在肩以下、腰以上的来球平抽到对方区域。

动作要领：击球时，以腰为竖轴，以转髋发力开始，紧接着手臂快速摆动，抖腕，充分发挥手腕的爆发力。

10. 平挡球

平挡球是指将对方击过来的贴身球，用前臂、手腕和手指发力击球。挡球的击球技术类似平抽球，球飞行的形式也与抽球相同，但行程较短，球常落于对方前场或中场。

正手平挡球

动作要领：准备击球前，两脚平行站立，稍宽于肩，两腿屈膝，右脚稍向右侧迈出，上体稍右倾，右臂举拍，肘关节保持一定角度。当来球过网时，身体重心偏向右脚，右臂向右侧下方伸出，右手放松握拍击球。击球后，右臂顺惯性向前上方挥动，收回至体侧。

（四）步法

羽毛球比赛中，运动员须在场地上快速变向奔跑将对方击过来的、落在场地上不同位置的球还击回去，有娴熟到位的步法才能充分发挥击球技术。因此，步法是羽毛球运动的灵魂。

羽毛球步法分为上网步法、后退步法、两侧移动步法、前后连贯步法等。不管哪种步法，都包括从中心位置的准备姿势开始的起动、移动、协助完成击球动作和回动四个技术环节。

1. 准备姿势

准备姿势分为两种：一种是接发球准备姿势，即左脚在前，右脚在后，侧身对网，身体重心在左脚上，右脚脚跟离地，两膝微屈，收腹含胸，左臂屈肘，右手放松握拍举于胸前，两眼注视对方发球动作；另一种是双方对击过程中的准备姿势，即右脚在前，左脚在后，前脚掌着地，脚跟提起，两膝微屈，上体稍前倾，身体重心落在两脚之间，右手持拍于胸前，随时准备起动。

2. 步法的四个技术环节

起动：对来球做出判断，迅速向击球位置移动。

移动：起动后快速运动到击球位置。移动的基本步法有垫步、交叉步、小碎步、并步、蹬跨步、蹬转步和腾跳步等。根据移动的距离，移动包括一步、两步或三步移动。运动员可以将不同步法结合起来进行移动。

协助完成击球动作：运动员根据不同的击球方式调整到最合适、最有利的击球位置上，使击球时全身能协调发力。羽毛球的击球动作需要下肢移动的配合。移动与挥拍击球是步法结构的关键部分。

回动：击球后运动员要快速回到场区中心位置，做好准备姿势迎接下一来球。回动时，运动员应根据场上的具体情况和战术选择移动步法。

3. 上网步法

从场区中心位置向网前移动的步法，叫作上网步法。上网步法分为前交叉跨步上网、垫步上网和蹬跳步上网，这里重点介绍前交叉跨步上网步法。

前交叉跨步上网动作要领：起动后，右脚先向来球方向垫一步，左脚再迈一步，紧接着左脚后蹬，身体侧对球网，右脚向来球方向跨一大步，用正手击球。前交叉跨步上网步法的技术重点是蹬跨有力，落地脚指向上网方向并在远端落地。

4. 后退步法

从场区中心位置退到底线的步法，叫作后退步法。后退步法主要有侧向并步后退步法和侧向交叉步后退步法。

侧向并步后退步法动作要领：在对方击球前的一刹那，脚跟提起轻跳，迅速调整身体重心至右脚，接着右脚蹬地快速向右后方撤一小步，上体右转，侧身对网，紧接着左脚并步靠近右脚，右脚再向后移至来球位置。在移动中做好手部准备动作，待来球在右肩上方下落时，做正手底线原地击球或跳起击球动作。侧向并步后退步法多用于右后上方来球的正手击球。

交叉步后退步法动作要领：与侧向并步后退步法大致相同，只是右脚蹬地向后方或左后方迈步，上体转动幅度较侧向并步后退步法大，且稍有后仰并倒向左后场区。左脚从体后或体前交叉一步，右脚移至来球下方的位置，做头顶原地击球或跳起击球动作。

5. 两侧移动步法

两侧移动步法多用于接对方的杀球和半场低平球。其站位和准备姿势与上网步法基本相同。

动作要领：向右侧移动时，两脚左右开立，脚跟稍提起，根据来球调整身体重心，上体稍倒向右侧，左脚脚掌内侧用力蹬起，右脚同时向右侧转，跨大步成弓步。向左侧移动时，根据来球调整身体重心，上体稍向左侧倒，右脚脚掌内侧用力蹬起，左脚同时向左侧转，跨大步。来球较远时，左脚先向左侧移半步，上体向左转身的同时，右脚向左前交叉跨大步成弓步。

6. 前后连贯步法

前后连贯步法是指两个或两个以上的击球动作之间的移动是连贯的，包括后场至前场的连贯步法和前场至后场的连贯步法。

后场至前场的连贯步法是在后场完成击球动作，身体姿势复原后，以交叉步冲向网前做上网移动动作，一般从后场到网前只需三四步。

前场至后场的连贯步法是在网前完成击球动作，身体姿势复原后，左脚蹬地，右髋向右后转动，右脚后撤，以并步或交叉步移至后场。

前后场连贯步法的练习通常使用"十字步法训练法"，即结合上网步法和后退步法，连续向右前、左前、右后、左后四个方向连贯移动的方法。

步骤二：学习羽毛球基本战术

羽毛球战术的目的都是把球击到对方场区内，使球落在地上或触到对方的身体，不让对方接到球，或造成对方击球失误。羽毛球战术非常多，按参与的人数可分为单打战术、双打战术；按发球、接发球可分为发球战术、接发球战术；按球路可分为拉开战术、四方球战术、重复球战术、下压战术、追身球战术等。以下介绍羽毛球的单打战术和双打战术。

（一）单打战术

1. 控制后场，高球压底

控制后场，高球压底主要是力量和后场的高球、吊球、杀球技术的较量。发球开始时运用高远球或进攻性的平高球压对方后场底线，迫使对方后退，当对方回球不到位时，以扣杀球制胜；当对方疏于前场防守时，以轻吊、搓球等在网前轻取。轻吊必须在若干次高远球大力压住后场，对方又不能及时回到前场的基础上进行。

2. 打四角球，高短结合

打四角球，高短结合要求运动员有较强的控制球落点的能力且能灵活快速地使用步法。在后场，击球技术以高远球、平高球和吊球为主；在前场，运动员则以放网前球、推球和挑球准确地攻击对方场区前后左右四个角落，调动对方前后左右奔跑，再向对方场区空当进攻制胜。

3. 下压为主，控制网前

下压为主，控制网前是进攻型打法，能够快速上网，控制网前，对速度耐力和力量耐力要求较高。运动员先发制人，然后快速上网以搓球、推球、扑球、勾球等技术控制网前，通常也称"杀上网"。这种打法对体力的消耗较大，因此体力往往成为成败的关键因素。

4. 快拉快吊，前后结合

快拉快吊，前后结合是一种积极主动、快速进攻的打法。这种打法要求运动员身体素质好，速度耐力好，技术熟练，具备突击进攻的特长。己方队员以平高球快压对方后场两底线，配合快吊网前两角或运用劈杀引对方上网，当对方被动回击网前球时，己方队员迅速控制网前，运用网前搓球、勾球技术推后场底线两角，迫使对方疲于应付，为前场扑杀和中后场大力扣杀创造机会，突然进攻。

5. 守中反攻，攻守兼备

守中反攻，攻守兼备是一种攻中有守、守中有攻的打法。己方队员击平高球和快吊球，使球飞向对方前后左右四个角，以快速灵活的步法、多变的球路调动对方，诱使对方在进攻中匆忙移动，勉强扣杀；或当对方回球质量较差时，抓住有利战机，奋起反击。这种打法要求运动员具备优良的速度耐力、快速的反应能力、顽强拼搏的精神、良好的心理素质及灵活的步法，以确保在逆境中保持沉着冷静，反败为胜。

（二）双打战术

1. 前后站位打法

前后站位打法是发球时所采用的战术。己方运动员充分运用搓球、吊球、推球、扑球技术，寻找空隙，一举打乱对方站位。发球员发球后立即举拍封堵前场区，另一名队员负责中场或后场的各种来球。己方运动员通过后攻前扑，后场连续大力扣杀，前场积极封堵，当回球在网前附近时，一举给予对方致命打击。

2. 左右站位打法

左右站位打法是运动员处于接发球状态和受到下压进攻时所采用的战术。两人各负责左右半场区的防守，以平抽球、平挡球压住对方后场底线两角，造成对方回球无力。当对方发来或打来的平高球落点在己方后场时，己方运动员从原来的前后站位转换为左右站位，这样可以确保己方运动员在对方扣杀球时也能以平抽球反击或挑高远球至对方后场底线两角，一举扣杀或吊球成功。

3. 轮换站位打法

轮换站位打法是指运动员在比赛中根据情况不断地变换站位。一种站位是前后站位，当对方回击高球至己方后场偏一侧时，己方前面队员要直线后退，后方的队员看情况移动，两人变成左右站位。另一种站位是左右站位，在对击过程中，己方一旦有机会进行下压进攻时，一名队员快速上网封堵，另一名队员快速移动到后场进行大力扣杀、吊球，使对方处于被动地位。

任务六　学习网球运动

网球运动
概述

学练实践

步骤一：学习网球基本技术

（一）握拍方法

握拍方法分为大陆式握拍、东方式握拍、西方式握拍、半西方式握拍和双手握拍 5 种。目前，比较流行的握拍方式是半西方式握拍。在选择握拍方式时，运动员应根据个人的身体条件和习惯，找到较舒服的握拍方法。以下以右手持拍为例介绍各持拍方法。

1. **大陆式握拍**

大陆式握拍如图 8-6-1 所示。

食指成"扣扳机"状。

大陆式握拍法多用于截击和发球。

食指下关节紧贴在第 2 个面上。

V 字形虎口对准拍柄第 1 个和第 8 个面的交界处，手掌根部与球拍底部齐平。

图 8-6-1

2. **东方式握拍**

（1）东方式正手握拍（俗称握手式）。（图 8-6-2）

（2）东方式反手握拍。（图 8-6-3）

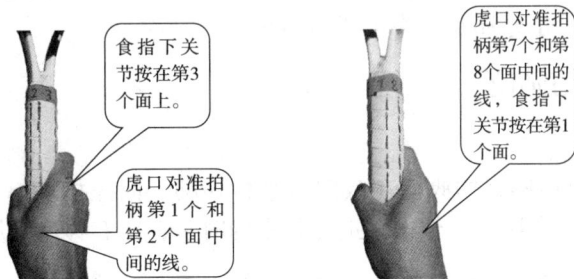

食指下关节按在第 3 个面上。

虎口对准拍柄第 1 个和第 2 个面中间的线。

图 8-6-2

虎口对准拍柄第 7 个和第 8 个面中间的线，食指下关节按在第 1 个面。

图 8-6-3

3. **西方式握拍**

西方式握拍如图 8-6-4 所示。

4. **半西方式握拍**

半西方式握拍如图 8-6-5 所示。

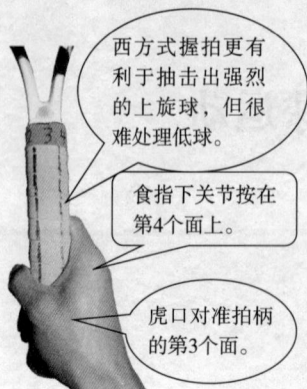

西方式握拍更有利于抽击出强烈的上旋球，但很难处理低球。

食指下关节按在第4个面上。

虎口对准拍柄的第3个面。

图 8-6-4

综合了西方式握拍的旋转和东方式握拍的力量。

主流握拍法。

食指下关节按在第3个和第4个面之间，也可以说食指下关节紧压在第4个面上。

V字形虎口对准拍柄第2个和第3个面之间的线。

图 8-6-5

5. 双手握拍

双手握拍如图 8-6-6 所示。

两手靠拢紧握球拍。

左手为东方式握拍，食指下关节按在第7个面上，左手握在右手的上方。

右手是大陆式握拍（或东方式正手握拍），食指下关节按在第2个面上（或食指下关节按在第3个面上）。

图 8-6-6

（二）网球准备姿势

面对球网，两脚开立，略比肩宽，膝部放松微屈，上体稍前倾，身体重心置于两脚前脚掌之间，脚跟稍抬起。右手轻握球拍，左手扶住拍颈，球拍置于胸腹前，拍头指向前方略偏左，微上翘，高于握拍手腕，两肘轻触腰侧部，两眼注视着球。重要的是身体要放松，要根据来球迅速地移动，做出是正手击球还是反手击球的判断。

（三）常用步法与站位

1. 常用步法

（1）侧滑步：面对球网，两脚向左或向右平行移动。向左移动时，右脚先蹬地，然后左脚蹬地，两脚腾空后，先右后左，依次落地（几乎同时）；向右移动则反之。（图 8-6-7）

向右滑步　　　　向左滑步

图 8-6-7

（2）交叉步：向右移动时，右转体，左脚前跨交叉于右脚侧前方，右脚向右侧迈步。向左移动时，动作相同，方向相反。交叉步多用于底线处的移动。（图8-6-8）

向右交叉步　　　　　　　　　向左交叉步

图 8-6-8

（3）小碎步：当接近击球位置时加快脚步，两脚积极地进行小幅度调整，然后跨步击球。在挥拍击打落地球前，运动员可以通过小碎步移动使身体处于最佳击球位置。

（4）分腿垫步。（图8-6-9）

观察对手动态

对手击球瞬间，两脚有弹性地踏跳，以提高自己的反应速度、移动速度。

分腿垫步是一种起到衔接、变速作用的串联方法，能及时地调整身体状态。

图 8-6-9

2. 基本站位

（1）准备姿势。（图8-6-10）

面对球网，两眼注视来球，两脚开立略宽于肩，两膝微屈。

身体重心放于两脚前脚掌之间，上体稍前倾。保持较低的身体重心。

右手握住拍柄，左手扶住拍颈，将球拍放置于胸腹之间，手腕低于拍头，拍头朝向斜上方。

图 8-6-10

（2）击球站位。（图8-6-11）

两脚平行站立，击球时，身体重心落在右脚上，利用转肩、转体的力量去迎击球。运动员采用开放式站位，有较多的击球点可以选择。

半开放式站位和开放式站位动作相近，身体重心都在右腿上，只是左腿更靠前一点，可以更好地利用线动力和角动力。

一般髋、肩侧对来球，两脚前后站立。击球前，身体重心在后脚上。击球时，身体重心移至前脚。关闭式站位适合初学者。

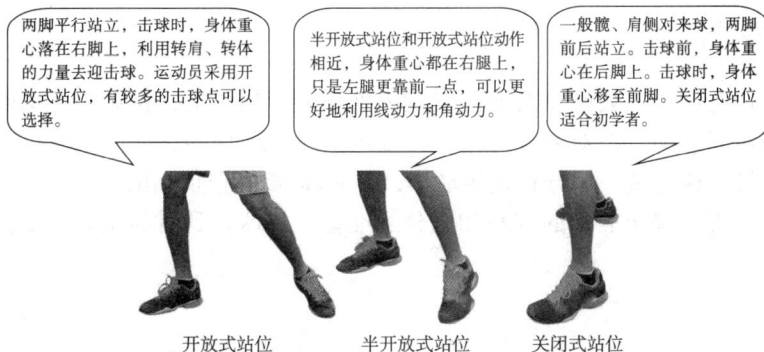

开放式站位　　　半开放式站位　　　关闭式站位

图 8-6-11

发球技术

（四）发球技术

发球分为平击发球、切削发球和上旋发球三类。

平击发球几乎没有旋转，球速快、力量大，球的飞行路线成直线，成功率偏低，但一旦成功往往能直接得分，或者使运动员占据场上的主动权。通常运动员会在一发时把球发向中路。

切削发球是向球施加侧旋，球的飞行轨迹和落地后的弹跳方向都会出现偏移。此发球能使接发球员的防守面积加大，为发球者建立优势，而且比平击发球的成功率高。切削发球是一般选手常用的发球技术，它可用于第一发球或第二发球。

上旋发球大大提高了运动员发球的成功率。与平击发球相比，上旋发球的过网高度较高，球落地后弹起的高度超过平击发球和切削发球。上旋发球飞行弧度大，落地弹跳高，稳定性好，一般用于一发失误后的第二发球。（图8-6-12）

接着蹬地、转髋、向上顶肘、挠背做鞭打动作。

两臂摆动同下同上，左手用三个手指持球进行抛球。

左臂直臂匀速将球托起，球出手的高度在眼睛上下，左臂继续随球向上移动。

右臂随挥至身体左侧，头部尽量保持稳定。

大陆式或东方式反手握拍。

前脚脚尖指向右侧网柱，后脚平行于底线。

抛球手靠近球拍的拍颈位置，两臂自然放松。

屈膝、顶髋，背部伸展。

持拍手的肩、肘在同一条线上。

击球点通常在身体略靠前20厘米的位置。

身体重心移至前脚。

图8-6-12

（五）接发球技术

接发球时，接发球员一般站在对方能发到内外角的中角线上，接第一发球时站位稍后些，接第二发球时站位略靠前。在对方发球前，接发球员膝关节屈曲，两腿叉开；在对方抛球准备击球时，接发球员快速地做一个分腿垫步动作，并判断来球迎前回击。

接好发球的关键：快速准确的判断和充分的准备。将球打到对面是第一要义，接下来再考虑回球的质量。

（六）正手击球技术

正手击球技术如图 8-6-13 所示。

判断来球，移动、侧身后摆引拍，手腕放松，拍柄对着球网。

右脚蹬地顶髋转肩，向左转体，右手挥拍击球，拍子的移动路线成√形，右手手腕保持固定，拍头略低于手腕。

右手沿着球飞行的方向前送拍，并做"雨刷"般的击球。

随挥至左肩上方结束。

两眼注视来球，做好击球准备。

左臂打开以保持身体平衡，此时身体重心在右腿上。

在身体斜前方击球，拍面垂直地面。

拍触球后，多向前送一些，这会使击球更准确。

身体重心前移落在左脚，身体也随着转向球网。

图 8-6-13

（七）反手击球技术

初学者一般在学会正手击球后再学习反手击球，因其技术与正手击球有相似之处，学起来会更加容易。双手反手击球技术是初学者首要学习的技术，相对于单手反手击球技术来说比较简单，更容易学习。

反手击球技术

1. 双手反手击球

双手反手击球如图 8-6-14 所示。

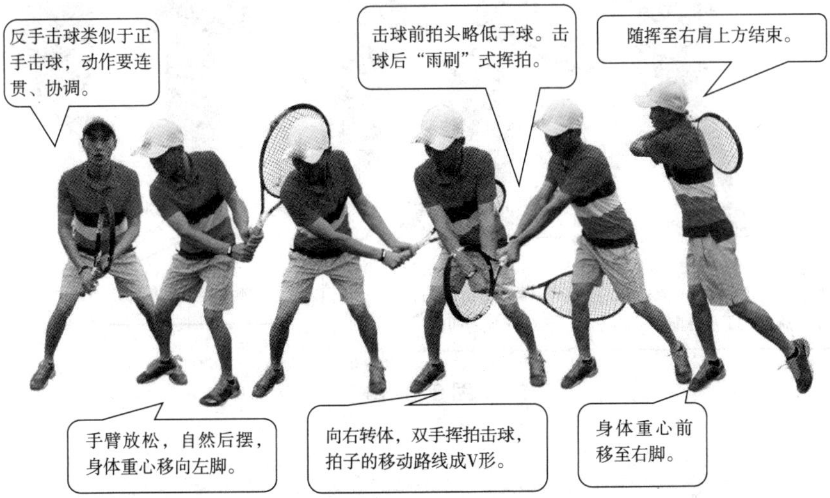

反手击球类似于正手击球，动作要连贯、协调。

击球前拍头略低于球。击球后"雨刷"式挥拍。

随挥至右肩上方结束。

手臂放松，自然后摆，身体重心移向左脚。

向右转体，双手挥拍击球，拍子的移动路线成V形。

身体重心前移至右脚。

图 8-6-14

2. 单手反手击球

单手反手击球如图 8-6-15 所示。

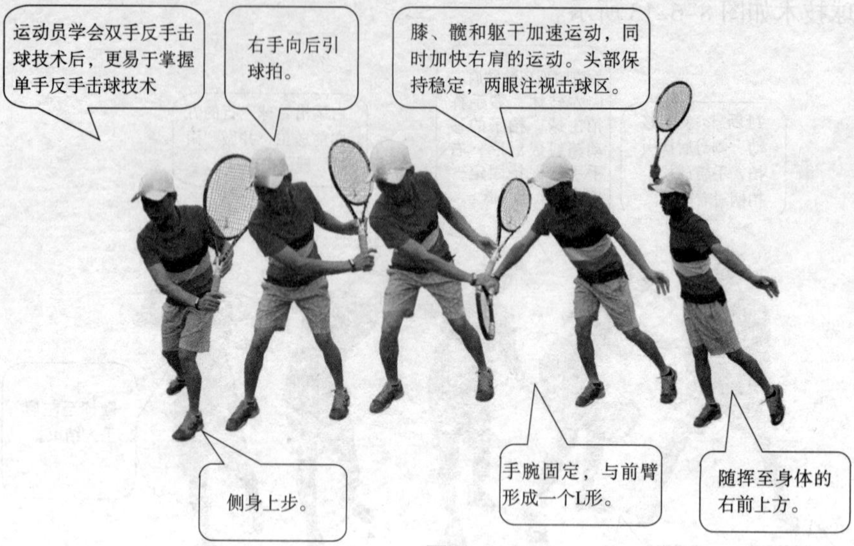

运动员学会双手反手击球技术后,更易于掌握单手反手击球技术

右手向后引球拍。

膝、髋和躯干加速运动,同时加快右肩的运动。头部保持稳定,两眼注视击球区。

侧身上步。

手腕固定,与前臂形成一个L形。

随挥至身体的右前上方。

图 8-6-15

(八) 截击技术

截击技术

截击技术是在网前进行的一种攻击性击球方法,即在球落地之前,将来球击回对方场地。它回击速度快、力量大、威力大,使对方难以应付,是迅速取胜的一种有效手段。脚步灵活是做好截击的基础。截击分为正手截击(图 8-6-16)和反手截击(图 8-6-17)两种。

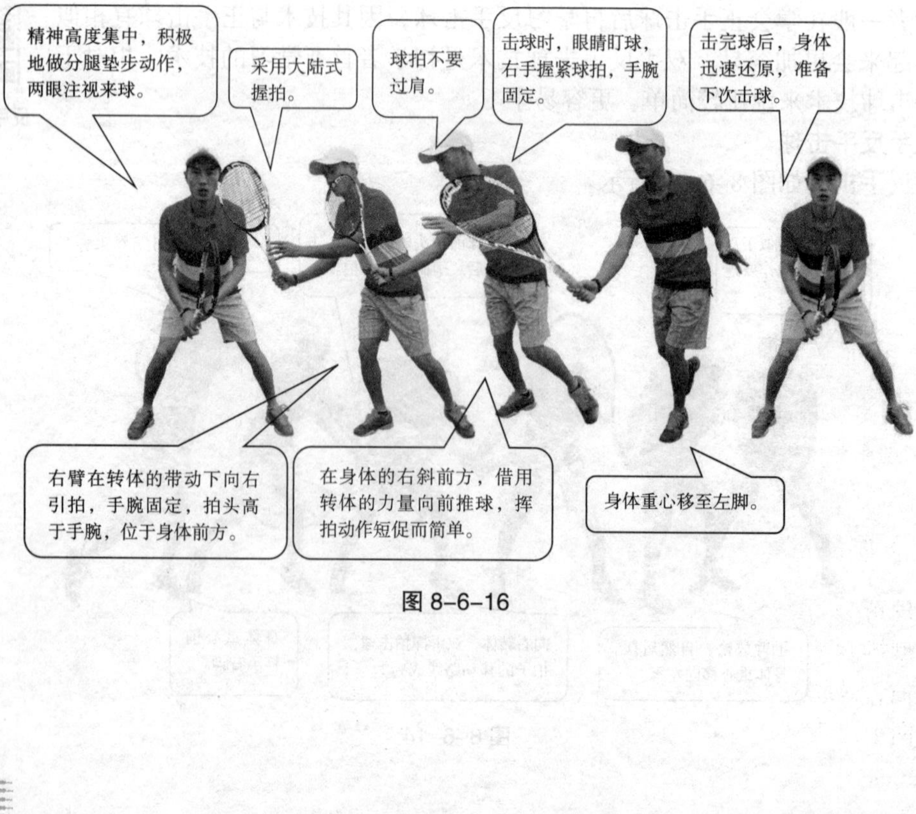

精神高度集中,积极地做分腿垫步动作,两眼注视来球。

采用大陆式握拍。

球拍不要过肩。

击球时,眼睛盯球,右手握紧球拍,手腕固定。

击完球后,身体迅速还原,准备下次击球。

右臂在转体的带动下向右引拍,手腕固定,拍头高于手腕,位于身体前方。

在身体的右斜前方,借用转体的力量向前推球,挥拍动作短促而简单。

身体重心移至左脚。

图 8-6-16

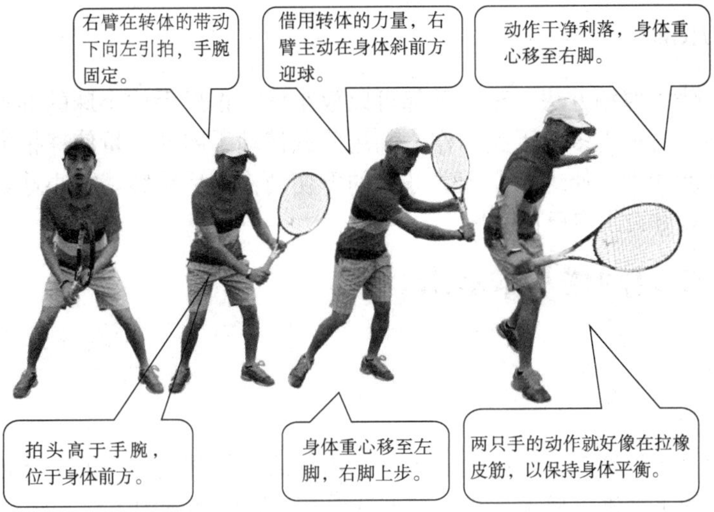

右臂在转体的带动下向左引拍，手腕固定。

借用转体的力量，右臂主动在身体斜前方迎球。

动作干净利落，身体重心移至右脚。

拍头高于手腕，位于身体前方。

身体重心移至左脚，右脚上步。

两只手的动作就好像在拉橡皮筋，以保持身体平衡。

图 8-6-17

（九）高压球技术

高压球技术如图 8-6-18 所示。

高压球技术是对付对方挑高球的技术。其动作类似发球，是在头部上空用扣杀动作还击来球，堪称击球中的"重炮"，是迅速制胜的"利剑"。

一般在发球线附近使用。

边移动边盯球。

球下落速度快，击球时机很关键。

击球点通常在体前20厘米的位置。

看准时间，将球击到对方场区空当，随挥至身体左侧。

判断来球，迅速侧身和举拍，积极移动。

通过交叉步和小碎步调整身体位置以找到最佳击球位置。

右肩和右肘在同一条线上。

身体重心转至右脚，准备发力击球。

随着髋、躯干和肩向前转动，在向上挥拍的过程中，两腿换位以保持身体平衡。

图 8-6-18

（十）挑高球

挑高球可分为防守型挑高球和进攻型挑高球两种。防守型挑高球是为了赢得时间，摆脱困境。进攻型挑高球是在对方上网时，己方将球挑到对方后场较深处，使之被动或失误。

击球前，球拍充分后摆。击球时，向上挥拍击打球的下部，手腕绷紧，挥拍动作要尽可能地向前、向上。

（十一）放小球

放小球采用大陆式握拍方法。正反手都可以放小球。正反手放小球的准备动作和正反手击球一样，侧身对网，要求更多的手腕动作，利用前臂带动手腕的力量使球拍沿着球的下部急剧滑动，以缓冲球的前冲力，使球急剧随着球拍的下切动作向后旋转。放小球最重要的是突然性和隐蔽性，不能让对方看出自己的意图。

步骤二：学习网球基本战术

（一）单打战术

1. 发球上网战术

发球上网战术是指发球者发出强劲有力的平击球或旋转球后，快速上网抢攻。发球上网战术是一种先发制人的主动进攻战术，是上网型选手在比赛中得分的主要手段。

（1）球发向对方二区外角，冲至发球线前偏左处截击斜线球或偏右处截击直线球。

（2）球发向对方二区内角，冲至发球线前正手击斜线球或直线球；或者反手击斜线球或直线球。

（3）球发向对方一区外角，冲至发球线前偏右处正手截击斜线球或偏左处反手截击直线球。

（4）球发向对方一区内角，上网战术与球发向对方二区内角相同。

2. 随球上网战术

随球上网战术是当双方在底线对攻时及对方发出质量不高的短球或中场球时，己方果断地用正反手抽击球或削球，并迅速随球上网截击的战术。其是比赛主要的得分手段。

当上一拍的回球落点很深时，或者当对方利用底线击球大范围地调动己方，己方能及时判断对方回球的质量与落点时，可采用随球上网战术。当随球上网的机会出现时，己方应及时移动到位截击偷袭，从而为己方建立优势或使己方直接得分。

3. 底线战术

（1）对攻：在底线，用正反手抽击球技术与对手对攻，加强正反手抽击球的力量并加快击球速度，适当调整击球角度，善于调动对方，攻击对方薄弱环节，寻找机会制胜。

（2）拉攻：在底线，用十分稳定的正反手两面拉上旋球技术或用正手拉、反手削的战术调动对方，拉垮对方，创造战机。

（3）吊攻：在底线，左右对攻，或者在拉攻瞬间，突然放一个网前小球，使对方失误或陷入被动。

（4）侧攻：在底线，利用强有力的正手抽击球，连续攻击对方反手位和正手位，或连续打出回头球。

（5）逼攻：在底线，发挥正反手抽击的优势，迎击上升球，以快节奏赢得最佳落点，逐步将对手逼上险境。

4. 破网战术

对付上网型的对手，己方应采用不同的破网战术，如斜线破网、直线破网、挑高球等，让对手心有余悸，无所适从。破网的角度要大，挑高球既要高又要深。

5. 发球战术

（1）发球既要稳定、匀速，又能击中对方弱处，这是造成对手失误，稳中取胜的关键。

（2）发球要有变化，要根据不同场地、不同对手、不同站位等，发出不同速度、不同落点和不同旋转度的球。

（3）在硬地上多发平击球，加强速度；在沙土及草地上要多发旋转球，增加球的变向和变化。

（4）对手站位靠近时，己方应发快速平击球，使其无暇判断来球；对手站位偏远时，己方应加大角度，加大旋转，出其不意地将球发到另一侧，调动对方。

6. 接发球战术

（1）对方发球上网时，己方勿盲目破网，应多打刚过网的低短球，使对方难于截击，造成对方被动回球。

（2）对方发球后不上网，己方应尽可能攻其反手底线，再寻机上网截击。

（3）接二发球时，己方站位稍靠前，抓准时机打对方场区的空当或中路，然后随球上网。

7. 强攻反手战术

多数的业余选手都存在正手强、反手弱的现象，因此己方可连续攻对方反手位，以寻得制胜的战机。例如，己方发球攻对方反手位后伺机上网截击；己方反复攻对方反手位后寻机上网截击。

8. 高吊反手战术

一般业余选手畏惧高吊球，对于又深又高的反手底线球更是束手无策。对付此类选手时，己方要善于把握时机，击打又高又深的反手高球，使对手回球失误或陷入被动。例如，对方发球，己方挑反手高球，上网寻机截击；对方接发球后，己方直接挑反手高球，再上网寻找战机。

9. 突击网前战术

一般业余选手快速移动能力差，且难以处理移动中的网前低球，对付此类选手己方可突然打出网前吊球，以取得意想不到的效果。例如，己方与对方在底线耐心地对拉球，找准机会，打出自己擅长的反手或正手切削吊球到网前，随球移动至场地中部，回击对方被动的短球或高吊球。

（二）双打战术

双打比赛场地与单打比赛场地相比，场地大了不少，相对来说对方比赛得分的机会更多，偶然性更大。然而，场上的人数由2人增加到4人，人数的增加也使得双方比赛节奏比单打更快，加上现阶段双打更多地使用网前技术，也使得比赛变得更加激烈，回合数更少，每一比分在很短的时间内就会结束。

1. 双打比赛基本站位

（1）前后站位：发球员应站在中线和单打线的中间，准备发球上网，其同伴应站在另一侧的中线与双打边线之间的中点，距网前大约2.7米处（以各向左右移动一步，能封住单打线与双打线之间的狭窄通道和球场中区为准）。［图8-6-19(a)］

（2）澳式站位：发球时发球员与网前的同伴都站在中线的同一侧。发球员在靠近"T"点的位置发球，发球后迅速移到另一侧。此站位优点在于可以迫使接发球擅长打斜线的球员改打直线，从而增加其失误率，并让接发球方的网前球员很难抢网得分，让擅长反手截击或击球的发球球员在优势侧打到更多的球。［图8-6-19(b)］

（3）I形站位：发球员的搭档站在网前的中线位置，发球员的位置靠近"T"点。这一站位要求发球前就要与队友商量好移动方向，网前队员要蹲得低一些，发球后两人反向移动。运用此战术会使接发球员犹豫接发球方向，再加上发球两人的移动，会使得接发球员的注意力分散，从而增加接发难度，造成击球的不稳定。［图8-6-19(c)］

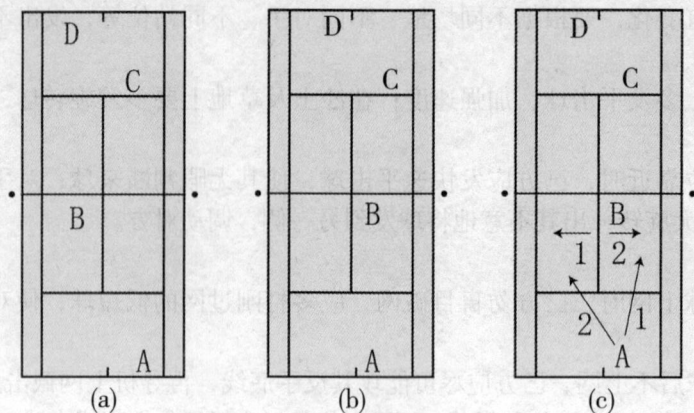

图 8-6-19

注：A、B、C、D 分别为 4 名运动员。

2. 双打发球战术

（1）发球上网战术：发球员发球后上网，与同伴形成双上网阵型。上网后，中场的第一次截击球要平、深、大角度。如球发向对方右区，上网用正手截击斜线球；球发向对方左区，上网用反手截击斜线球。

（2）发球抢网战术：如同乒乓球双打，同伴用手势发出抢网信号，并提示发球员发球落点，随时准备上网截击，给对方以极大的压力。如球发向对方右区，网前队员向右快速移动，抢网截击，同伴移动到左区补位；球发向对方左区，网前队员向左快速移动，抢网截击，同伴移动到右区补位。

（3）澳大利亚式网前抢网战术：大致与发球抢网战术相同，不同的是网前站位有所区别，同伴站位靠近中线，随时准备向两侧抢网。

3. 双打接发球战术

（1）接发球抢网战术：当接球员接了一个高质量的回球时，应立即前移抢网，同伴也应在另一侧上网，形成双上网，给对方回球造成较大的压力。

（2）接发球双底线战术：如两人的底线技术好，而对方的发球和抢网技术更突出，那么己方应坚持采用两人退至底线回击球的战术，以降低对方进攻的成功率，并伺机打出高质量的穿越球和反击球。

网球竞赛规则简介

项目点拨

教会：教师可通过情境设定等多种教学方法，让学生明确学习目标和任务要求，然后对学生进行具体内容的教学，深入挖掘球类运动的思政元素，教会学生球类运动相关技术，使学生全面提高身体素质。

勤练：教师应根据学生对各项球类运动技术实际的掌握情况，有针对性地、循序渐进地设置球类项目的学练节奏，既要保证学练频率，又要保证运动安全。教师在传授球类运动技能的同时应加强学生体能训练，使学生在充足的体能保障基础上最大限度地提高技战术水平。

常赛：教师可指导学生运用所学知识组织各种规模的球类竞赛，使学生参与其中，乐享其中，在赛中体验球类运动的乐趣，进而达到以赛促练、以赛促学的目的。

项目笔记

项目总结

项目评价

教师评价：

学生自我评价：

项目九

武术与防身运动

📖 学习提示

　　武术是中华民族宝贵的文化遗产，也是一项集中体现中华民族风格和特色的传统体育项目。长拳是一项影响广泛、深受广大学生喜爱的武术拳种；太极拳以其松、缓、匀、圆、舒、劲等独特风格和魅力赢得不同年龄段人群的青睐。本章主要介绍武术的基础知识、初级长拳（第三路）的基本套路、24式简化太极拳的基本技术及散打、擒拿与女子防身术的动作要领和练习方法。

🔍 项目目标

　　◎掌握初级长拳（第三路）、24式简化太极拳的基本技术。

　　◎掌握散打、擒拿、女子防身术的动作要领和练习方法。

　　◎带动身边同学组织武术与防身运动相关活动，宣传中国传统武术文化，营造浓厚的学练氛围，以赛促学，以学促练。

武术概述

任务一　学习初级长拳（第三路）

学练实践

步骤一：掌握初级长拳（第三路）的动作名称

长拳概述

　　初级长拳（第三路）的动作名称如表9-1-1所示。

表9-1-1　初级长拳（第三路）的动作名称

段数	动作名称			
预备式	1. 虚步亮掌	2. 并步对拳		
第一段	1. 弓步冲拳	2. 弹腿冲拳	3. 马步冲拳	4. 弓步冲拳
	5. 弹腿冲拳	6. 大跃步前穿	7. 弓步击掌	8. 马步架掌
第二段	1. 虚步栽拳	2. 提膝穿掌	3. 仆步穿掌	4. 虚步挑掌
	5. 马步击掌	6. 插步双摆掌	7. 弓步击掌	8. 转身踢腿马步盘肘

续表

段数	动作名称			
第三段	1. 歇步抢砸拳	2. 仆步亮掌	3. 弓步劈拳	4. 换跳步弓步冲拳
	5. 马步冲拳	6. 弓步下冲拳	7. 插步亮掌侧踹腿	8. 虚步挑拳
第四段	1. 弓步顶肘	2. 转身左拍脚	3. 右拍脚	4. 腾空飞脚
	5. 歇步下冲拳	6. 仆步抢劈拳	7. 提膝挑掌	8. 提膝劈掌弓步冲拳
结束动作	1. 虚步亮掌	2. 并步对拳	3. 还原	

步骤二：练习初级长拳（第三路

初级长拳（第三路）
分解动作

（一）预备式

两脚并步站立，两臂垂于身体两侧，五指并拢贴靠腿外侧，眼向前看。（图9-1-1）

要点：头要端正，下颌微收，挺胸、沉腰、收腹。

1. 虚步亮掌

（1）右脚向右后方撤步成左弓步。右掌向右、向上、向前画弧，掌心向上；左臂屈肘，左掌提至腰侧，掌心向上。目视右掌。［图9-1-2(a)］

（2）右腿微屈，身体重心后移。左掌经胸前从右臂上向前穿出伸直；右臂屈肘，右掌收至腰侧，掌心向上。目视左掌。［图9-1-2(b)］

（3）身体重心继续后移，左脚稍向后移，脚尖点地，成左虚步。左臂内旋向左、向后画弧成勾手，勾尖向上；右手继续向后、向右、向前上画弧，屈肘抖腕，在头前上方成亮掌（即横掌），掌心向前，掌指向左，目视左方。［图9-1-2(c)］

要点：三个动作必须连贯。成虚步时，身体重心落于右腿上，右腿大腿约与地面平行，左腿微屈，左脚脚尖点地。

2. 并步对拳

（1）右腿蹬直，左腿提膝，左脚脚尖内扣，上肢姿势不变。［图9-1-3(a)］

（2）左脚向前落步，身体重心前移。左臂屈肘，左勾手变掌经左肋前伸；右臂外旋向前下落于左掌右侧，两掌同高，掌心均向上。［图9-1-3(b)］

（3）右脚向前上一步，两臂下垂后摆。［图9-1-3(c)］

（4）左脚向右脚并步，两臂向外、向上经胸前屈肘下按，两掌变拳，拳心向下，停于腹前。目视左侧。［图9-1-3(d)］

| | (a) | (b) | (c) | (a) | (b) | (c) | (d) |

图9-1-1　　　　图9-1-2　　　　　　　　图9-1-3

要点：并步后挺胸、沉腰。对拳、并步、转头要同时完成。

（二）第一段

1. 弓步冲拳

（1）左脚向左上一步，脚尖向斜前方；右腿微屈，成半马步。左臂向上、向左格打，左拳拳心向后，与肩同高；右拳收至腰侧，拳心向上。目视左拳。［图9-1-4(a)］

（2）右腿蹬直成左弓步。左拳收至腰侧，拳心向上；右拳向前冲出，高与肩平，拳眼向上。目视右拳。［图9-1-4(b)］

要点：成弓步时，右腿充分蹬直，右脚脚跟不要离地。冲拳时，尽量转腰送肩。

2. 弹腿冲拳

身体重心前移至左腿，右腿屈膝提起，脚背绷直，猛力向前弹出伸直，高与腰平。右拳收至腰侧，左拳向前冲出。目视前方。（图9-1-5）

要点：支撑腿可微屈，弹出的腿要有爆发力，力达脚尖。弹腿与冲拳要协调，同时完成。

3. 马步冲拳

右脚向前落步，脚尖内扣，上体左转。左拳收至腰侧，两腿下蹲成马步，右拳向前冲出。目视右拳。（图9-1-6）

(a)　　　　　(b)

图9-1-4　　　　　　图9-1-5　　　　　图9-1-6

要点：成马步时，大腿约与地面平行，两脚平行，脚跟外蹬，挺胸、沉腰。

4. 弓步冲拳

（1）上体右转90°，右脚脚尖外撇向斜前方，成半马步。右臂屈肘向右格挡，拳心向后。目视右拳。［图9-1-7(a)］

（2）左腿蹬直成右弓步。右拳收至腰侧，左拳向前冲出。目视左拳。［图9-1-7(b)］

要点：成弓步时，左腿充分蹬直，左脚脚跟不要离地。冲拳时，尽量转腰送肩。

5. 弹腿冲拳

身体重心前移至右腿，左腿屈膝提起，脚背绷直，猛力向前弹出伸直，高与腰平。左拳收至腰侧，右拳向前冲出。目视前方。（图9-1-8）

要点：支撑腿可微屈，弹出的腿要有爆发力，力达脚尖。弹腿与冲拳要协调，同时完成。

6. 大跃步前穿

（1）左腿屈膝上提。右拳变掌内旋，以掌心向下挂至左膝前侧，左拳变掌摆至后方，上体前倾。目视右手。［图9-1-9(a)］

（2）左脚向前落步，两腿微屈。右掌继续向后挂。目视右掌。［图9-1-9(b)］

（3）左腿屈膝向后提起，然后猛力蹬地向前跃出。两掌向前、向上画弧摆起。目视右掌。［图9-1-9(c)］

（4）右腿落地全蹲，左腿落地向前铲出成仆步。右掌变拳抱于腰侧，左掌由上向右、向下画弧成立掌，停于右胸前。目视左脚。［图9-1-9(d)］

(a)　　　　　(b)　　　　　　　　　　(a)　　　　(b)　　　(c)　　(d)
图 9-1-7　　　　　　　图 9-1-8　　　　　　　　图 9-1-9

要点：跃步要远，落地要轻，整个动作要协调连贯。

7. 弓步击掌

右腿用力蹬直成左弓步。左掌经左脚脚背向后画弧至身后成勾手，左臂伸直，勾尖向上。右拳变掌由腰侧向前推出，掌指向上，掌外侧向前。目视右掌。（图 9-1-10）

8. 马步架掌

（1）身体重心移至两腿中间，左脚脚尖内扣成马步，上体右转。右臂向左侧平摆，稍屈肘；同时左勾手变掌由后经左腰侧从右臂内向前上穿出，两手掌心均向上。目视左手。〔图 9-1-11(a)〕

（2）右掌立于左胸前；左臂向左上屈肘抖腕亮掌于头部左上方，掌心向上。目视右侧。〔图 9-1-11(b)〕

要点：抖腕、甩头要同时。成马步时，大腿约与地面平行，两脚平行，脚跟外蹬，挺胸、沉腰。

（三）第二段

1. 虚步栽拳

（1）右脚蹬地，右腿屈膝提起；左腿伸直，以左脚前脚掌为轴向右后转体 90°。右掌由左胸前向下经右腿外侧向后画弧成勾手；左臂随转体外旋，使掌心向左。目视前方。〔图 9-1-12(a)〕

（2）右脚向右落地，身体重心移至右腿，下蹲成左虚步。左掌变拳下落于左膝上，拳眼向里，拳心向后；右勾手变拳，屈肘向上架于头部右上方，拳心向前。目视左方。〔图 9-1-12(b)〕

2. 提膝穿掌

（1）右腿稍伸直。右拳变掌收至腰侧，掌指向下；左拳变掌向左、向上画弧盖压于头上方，掌心向前。〔图 9-1-13(a)〕

（2）右腿蹬直，左腿屈膝提起，左脚脚尖内扣。右掌从腰侧经左臂内侧向右前上方穿出，掌心向上；左掌收至右胸前成立掌。目视右掌。〔图 9-1-13(b)〕

(a)　　　　　(b)　　　　　(a)　　　　(b)　　　(a)　　(b)
图 9-1-10　　　　　图 9-1-11　　　　图 9-1-12　　　　图 9-1-13

3. 仆步穿掌

右腿全蹲，左腿向左侧铲出成仆步。右臂不动，左掌由右胸前向下经左腿内侧向左脚脚背穿出。目随左掌转视。（图9-1-14）

4. 虚步挑掌

（1）右腿蹬直，身体重心前移至左腿，成左弓步。右掌稍下降，左掌随身体重心前移挑起。［图9-1-15(a)］

（2）右脚向左前方上步，左腿半蹲，成右虚步。身体随上步左转180°。在右脚上步的同时，左掌由前向上、向后画弧成立掌，右掌由后向下、向前上挑成立掌，指尖与眼平。目视右掌。［图9-1-15(b)］

(a)　　　　　　　　(b)

图 9-1-14　　　　　　　　图 9-1-15

5. 马步击掌

（1）右脚落实，脚尖外撇，身体重心稍升高并右移；左掌变拳收至腰侧；右掌俯掌向外搂手。［图9-1-16(a)］

（2）左脚向前上一步，以右脚为轴向右后转体180°，两腿下蹲成马步。左掌从右臂上成立掌向左侧击出；右掌变拳收至腰侧。目视左掌。［图9-1-16(b)］

要点：右手做搂手时，先使臂稍内旋、腕伸直，手掌向下、向外转，接着臂外旋，掌心经下向上翻转的同时抓握成拳。右手收拳和左手击掌动作要同时进行。

6. 插步双摆掌

（1）身体重心稍右移，同时两掌向下、向右摆。目视右掌。［图9-1-17(a)］

（2）右脚向左腿后插步，前脚掌着地。两臂继续由右向上、向左摆，停于身体左侧，两掌均成立掌，右掌停于左肘窝处。目随两掌转视。［图9-1-17(b)］

(a)　　　　(b)　　　　(a)　　　　(b)

图 9-1-16　　　　　　　　图 9-1-17

要点：两臂要画立圆，幅度要大，摆掌与后插步协调配合。

7. 弓步击掌

（1）两腿不动。左掌收至腰侧，掌心向上；右掌向上、向右画弧至右臂伸直，右掌成立掌，掌心向前。［图9-1-18(a)］

（2）左腿后撤一步，成右弓步。右掌向下、向后伸直摆动，成勾手，勾尖向上；左掌成立掌向前推出。目视左掌。［图9-1-18(b)］

8.转身踢腿马步盘肘

（1）两脚以前脚掌为轴向左后转体180°。在转体的同时，左臂向上、向前画半立圆，右臂向下、向后画半圆。［图9-1-19(a)］

（2）上动不停，两脚不动，右臂由后向上、向前画半立圆，左臂由前向下、向后画半立圆。［图9-1-19(b)］

（3）上动不停，右臂向下、向身后摆动成反臂勾手，勾尖向上；左臂向上摆动成亮拳，掌心向前上方。右腿伸直，右脚脚尖勾起，向额前踢。［图9-1-19(c)］

（4）右脚向前落地，脚尖内扣。右手不动，左臂屈肘下落至胸前，左手掌心向下。目视左掌。［图9-1-19(d)］

（5）上体左转90°，两腿下蹲成马步。同时左掌向前、向左平搂变拳收至腰侧，右勾手变拳，右臂伸直，由体后向右、向前平摆，至体前时屈肘，肘尖向前，高于肩平，拳心向下。目视肘尖。［图9-1-19(e)］

(a)　　　　　(b)　　　　　(a)　　　　　(b)　　　(c)　　(d)　　　(e)

图9-1-18　　　　　　　　　　　　　　图9-1-19

要点：两臂抡动时要画立圆，动作连贯。盘肘时要快速有力，右肩前送。

（四）第三段

1.歇步抡砸拳

（1）身体重心稍升高，右脚脚尖外撇。右臂由胸前向上、向右抡直；左拳向下、向左摆动，使左臂抡直。目视右拳。［图9-1-20(a)］

（2）上动不停，两脚以前脚掌为轴，向右后转体90°。右臂向下、向后抡摆，左臂向上、向前随身体转动。［图9-1-20(b)］

（3）紧接上动，两腿全蹲成歇步。左拳向下平砸，拳心向上，左臂微屈；右臂屈肘向上举起。目视左拳。［图9-1-20(c)］

要点：抡臂动作要连贯完成，画成立圆。歇步要两腿交叉全蹲，左腿大小腿靠紧，臀部贴于左腿小腿外侧，左腿膝关节在右腿小腿外侧，左脚脚跟提起；右脚脚尖外撇，全脚掌着地。

2.仆步亮掌

（1）左脚由右腿后抽向后迈步，左腿蹬直，右腿半蹲，成右弓步。上体微向右转。左拳收至腰侧，右拳变掌向下经胸前向右横击掌。目视右掌。［图9-1-21(a)］

（2）右脚蹬地，右腿屈膝提起，上体右转。左拳变掌从右掌上向前穿出，掌心向上；右掌平收于左胸前。［图9-1-21(b)］

（3）右脚向右落步，右腿屈膝全蹲，左腿伸直成仆步。左掌向下、向后画弧成勾手，勾尖向上；右掌向右、向上画弧微屈，抖腕成亮掌，掌心斜向前。头随右手转动，至亮掌时，目视左方。［图9-1-21(c)］

图 9-1-20 　　　　　　　　　　　　图 9-1-21

要点：落步下蹲时，先成右仆步，然后迅速过渡成左仆步，成左仆步时左腿充分伸直，左脚脚尖内扣，右腿全蹲，两脚脚掌全部着地。上体挺胸、沉腰，稍左转。

3. 弓步劈拳

（1）右腿蹬地立起；左腿收回并向左前方上步。右掌变拳收至腰侧，拳心向上；左勾手变掌由下向前上经胸前向左做搂手［图 9-1-22(a)］

图 9-1-22

（2）右腿经左腿前方向左绕上一步，左腿蹬直成右弓步。左手向左平搂后再向前挥摆，虎口向前。［图 9-1-22(b)］

（3）在左手平搂的同时，右掌向后平摆，然后再向前、向上抢劈拳，拳高与耳平，拳心向上，左掌外旋接扶右臂前臂。目视右拳。［图 9-1-22(c)］

要点：左右脚上步稍带弧形。

4. 换跳步弓步冲拳

（1）身体重心后移，右脚稍向后移动。右拳内旋向下画弧挂至右膝前侧；左掌下按至右膝旁，掌指向上。目视右掌。［图 9-1-23(a)］

（2）右腿自然上抬，上体稍向左扭转。右掌挂至身体左侧，左掌后摆。目随左掌转视。［图 9-1-23(b)］

（3）右脚以全脚掌用力向下震踩，与此同时，左脚急速离地抬起。右掌由左向上、向前搂盖后变拳收至腰侧；左掌向下、向上、向前摆动，掌心向前。上体右转，目视左掌。［图 9-1-23(c)］

（4）左脚向前落步，右腿蹬直成左弓步。右拳向前冲出，拳眼向上，拳高与肩平；左掌摆至右臂上臂外侧，掌背贴靠上臂，掌指向上。目视右拳。［图 9-1-23(d)］

图 9-1-23

要点：换跳步动作要连贯、协调。震脚时，右腿要弯曲，右脚全脚掌着地，左脚离地不要太高。

5. 马步冲拳

上体右转90°，身体重心移至两腿中间，成马步。右拳收至腰间，拳心向上；左掌变拳向左冲出，拳眼向上。目视左拳。（图9-1-24）

6. 弓步下冲拳

右腿蹬直，左腿屈膝，上体稍向左转，成左弓步。左拳变掌向下经体前向上架于头部后上方，掌心向上，右拳自腰侧向左斜下方冲出。目视右拳。（图9-1-25）

7. 插步亮掌侧踹腿

（1）上体稍右转。两手交叉成十字。目视两手。［图9-1-26(a)］

（2）右脚蹬地并向左腿后插步，以前脚掌着地。左掌由体前向下、向后画弧成勾手，勾尖向上；右掌由前向右、向上画弧抖腕亮掌，掌心向上。目视左侧。［图9-1-26(b)］

（3）身体重心移至右腿，左腿屈膝提起，向左上方猛力踹出。上体右倾，上肢姿势不变，目视左侧。［图9-1-26(c)］

(a)　　　　(b)　　　　(c)

图9-1-24　　　　图9-1-25　　　　图9-1-26

要点：插步时，上体稍向右倾斜，腿、臂的动作要同时进行。侧踹高度不能低于腰，大腿内旋，着力点在脚跟。

8. 虚步挑拳

（1）左脚在左侧落地。右掌变拳稍后移，左勾手变拳由体后向左上挑，拳眼向上。［图9-1-27(a)］

（2）上体左转90°，微含胸前俯。左拳继续向前、向上画弧上挑，右拳向下、向前画弧收至身体右后侧，同时右膝提起。目视右拳。［图9-1-27(b)］

（3）右脚向左前方上步，脚尖点地，身体重心落于左脚，左腿下蹲成右虚步。左拳向后、向下画弧收至腰侧，拳心向上；右臂屈肘，右拳向前挑出，拳眼斜向上，与肩同高。目视右拳。［图9-1-27(c)］

(a)　　　　(b)　　　　(c)

图9-1-27

（五）第四段

1. 弓步顶肘

（1）身体重心升高。右臂内旋向下画弧下挂至右膝内侧，左拳保持不变。目视前下方。〔图9-1-28(a)〕

（2）左腿蹬直，右腿屈膝上抬。左拳变掌，右拳不变，两臂向前、向上画弧摆起。目随左掌转视。〔图9-1-28(b)〕

（3）左脚蹬地起跳，身体腾空，两臂继续画弧至头上方。〔图9-1-28(c)〕

（4）右脚先落地，右腿屈膝，左脚向前落步，以前脚掌着地。同时两臂向右、向下屈肘停于左胸前，右拳变掌，左掌变拳。右掌掌指贴靠于左拳拳面。〔图9-1-28(d)〕

（5）左脚向左上一步，左腿屈膝，右腿蹬直成左弓步。右掌推左拳，左肘尖向左顶出，高与肩平。目视左方。〔图9-1-28(e)〕

(a)　　　　(b)　　　　(c)　　　　(d)　　　　(e)

图9-1-28

要点：交换步时，两脚不要跳得过高，但要跳得快。两臂抡摆时要成圆弧。

2. 转身左拍脚

（1）以两脚前脚掌为轴向右后转体180°，左腿蹬直成右弓步。随着转体，右臂向上、向右、向下画弧抡摆，同时左拳变掌向下、向后、向前上抡摆。〔图9-1-29(a)〕

（2）身体重心移至右腿，左腿伸直向前上踢起，脚背绷平。左掌变拳收至腰侧，右掌由体后向上、向前拍击左脚脚背。〔图9-1-29(b)〕

要点：右掌拍左脚时手掌稍横过来，拍脚要准确而响亮。

3. 右拍脚

（1）左脚向前落地，左拳变掌向下、向后摆，右掌变拳，拳心向下。〔图9-1-30(a)〕

（2）右腿伸直向前上踢起，脚背绷平。左掌由后向上、向前拍击右脚脚背，右拳收至腰侧。〔图9-1-30(b)〕

要点：右掌拍脚时手掌稍横过来，拍脚要准确，声音要响亮。

4. 腾空飞脚

（1）右脚向前落地。〔图9-1-31(a)〕

（2）左脚向前摆起，右脚猛力蹬地跳起，左腿屈膝继续向前上摆，同时右拳变掌向前、向上摆起，左掌先上摆而后下降拍击右掌掌背。右腿继续上摆，脚背绷平。右手拍击右脚脚背，左掌由体前向后上举。〔图9-1-31(b)〕

(a)   (b)   (a)   (b)   (a)   (b)

图 9-1-29   图 9-1-30   图 9-1-31

要点：蹬地要向上，不要太向前冲，左膝尽量上提。击响要在腾空时完成，右臂伸直成水平。

5. 歇步下冲拳

（1）左脚、右脚先后相继落地。左掌变拳收至腰侧，拳心向上。［图 9-1-32(a)］

（2）身体右转 90°，两腿全蹲成歇步。右掌抓握、外旋变拳收至腰侧；左拳由腰侧向前下方冲出，拳心向下。目视左拳。［图 9-1-32(b)］

6. 仆步抡劈拳

（1）身体起立，右臂由腰侧向体后伸直，左臂随身体起立向上摆起。［图 9-1-33(a)］

（2）以右脚前脚掌为轴，左腿屈膝提起，上体左转270°。左拳由前向后下画立圆一周，成勾手，勾尖向上；右拳由后向下、向前上画立圆一周，右拳变掌，掌心斜向上。［图 9-1-33(b)］

（3）上体右转 180°，左腿向后落一步，屈膝全蹲，右腿伸直，右脚脚尖内扣成右仆步。右掌变拳由上向下抡劈，拳眼向上；左勾手变拳后上举，拳眼向上。目视右拳。［图 9-1-33(c)］

(a)   (b)   (a)   (b)   (c)

图 9-1-32   图 9-1-33

要点：抡臂时，两臂一定要画立圆。

7. 提膝挑掌

（1）身体重心前移成右弓步。同时右拳变掌由下向上抡摆，左拳变掌稍下落，右手、左手掌心向左。［图 9-1-34(a)］

（2）左臂、右臂在垂直面上各画立圆一周。右手掌心向左，左掌变勾手，同时右腿屈膝提起，左腿挺膝伸直独立。目视前方。［图 9-1-34(b)］

要点：抡臂时要画立圆。

8. 提膝劈掌弓步冲拳

（1）下肢不动。右掌由上向下猛劈，停于右腿小腿内侧，用力点在小指一侧，掌心向左；左勾手变掌，左臂屈臂向前停于右臂上臂内侧，掌心向右。目视右掌。［图9-1-35(a)］

（2）右脚向右后落地；身体右转90°，同时左掌变拳收至腰侧，右臂内旋向右画弧搂手。［图9-1-35(b)］

（3）上动不停，左腿蹬直成右弓步。右手抓握变拳收至腰侧，左拳由腰侧向左前方冲出，拳眼向上。目视左拳。［图9-1-35(c)］

| (a) | (b) | (a) | (b) | (c) |

图9-1-34　　　　　　　　　图9-1-35

（六）结束动作

1. 虚步亮掌

（1）左腿小腿收于右膝后，两拳变掌，两臂右臂在上、左臂在下屈肘交叉于体前。目视前方。［图9-1-36(a)］

（2）左脚向左前落步，脚尖点地，身体重心后移，右腿半蹲，上体稍右转。［图9-1-36(b)］

（3）左脚脚尖稍向右移，右腿下蹲成左虚步。左臂伸直向左、向后画弧成反手；右臂伸直向下、向右、向上画弧抖腕亮掌，掌心斜向上。目视左方。［图9-1-36(c)］

2. 并步对拳

（1）左脚后撤一步，同时两掌从两腰侧向前穿出，掌心向上，两臂伸直。［图9-1-37(a)］

（2）右脚后撤一步，同时两臂分别向体后下摆。［图9-1-37(b)］

（3）左脚后退半步向右脚并拢。两臂由后向上经体前屈肘下按，两掌变拳，停于腹前，拳心向下，拳面相对。目视左方。［图9-1-37(c)］

3. 还原

两臂自然下垂，目视正前方。（图9-1-38）

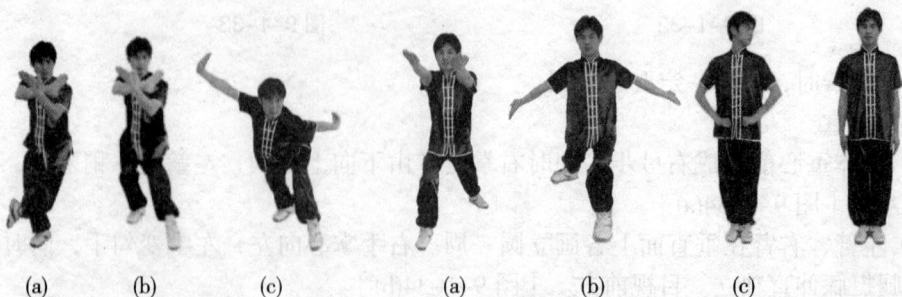

| (a) | (b) | (c) | (a) | (b) | (c) | |

图9-1-36　　　　　　　　　图9-1-37　　　　　　　图9-1-38

任务二　学习 24 式简化太极拳

学练实践

步骤一：掌握 24 式简化太极拳的动作名称

24 式简化太极拳的动作名称见表 9-2-1。

24 式简化太极拳概述

表 9-2-1　24 式简化太极拳的动作名称

组别	动作名称		
第一组	1. 起势	2. 左右野马分鬃	3. 白鹤亮翅
第二组	4. 左右搂膝拗步	5. 手挥琵琶	6. 左右倒卷肱
第三组	7. 左揽雀尾	8. 右揽雀尾	
第四组	9. 单鞭	10. 云手	11. 单鞭
第五组	12. 高探马	13. 右蹬脚	14. 双峰贯耳　15. 转身左蹬脚
第六组	16. 左下势独立	17. 右下势独立	
第七组	18. 左右穿梭	19. 海底针	20. 闪通臂
第八组	21. 转身搬拦捶	22. 如封似闭	23. 十字手　24. 收势

步骤二：练习 24 式简化太极拳

24 式简化太极拳（完整示范）

（一）起势

（1）两脚并步，身体自然直立，全身放松，目视前方。（图 9-2-1）

（2）身体重心移至右脚，左脚轻轻抬起，向左平行开步，两脚与肩同宽，脚尖向前，身体重心移至两脚之间。（图 9-2-2）

（3）两臂向前慢慢抬起，掌心向下，与肩同宽，抬至与肩同高。（图 9-2-3）

（4）两腿屈膝半蹲，同时两手轻轻下按至腹前，目视前方。（图 9-2-4）

要点：左脚开步时，要缓慢柔和，脚跟先提起，开步后脚尖先着地，随身体重心的移动慢慢过渡到全脚掌着地。两手下按时，要松肩、沉肘，手指自然微屈。

（二）左右野马分鬃

（1）丁步抱球：上体微向右转，身体重心移至右腿上，同时右臂收于右肩前稍屈，掌心向下，左手经体前向右画弧于右手下，掌心向上，两手成抱球状，左脚随即收到右脚内侧，脚尖点地成丁字步，目视前方。（图 9-2-5）

（2）转腰上步：上体稍向左转，左脚向左前方迈出。（图 9-2-6）

（3）弓步分掌：上动不停，左脚脚跟轻落地面，身体重心前移，右脚脚跟向后蹬转成左弓步，同时左右手分别向左上、右下分开，左手高与眼平，掌心斜向上，右手落于右胯旁，掌心向下，指尖向前。两臂保持弧形，目视前方。（图 9-2-7）

图 9-2-1 　　图 9-2-2 　　图 9-2-3 　　图 9-2-4 　　图 9-2-5 　　图 9-2-6 　　图 9-2-7

要点：左脚落地要轻，弓步时右脚脚跟向后蹬转，两脚之间横向距离要保持在 10～30 厘米。两臂要保持弧形。在做丁字步抱球动作时，若腿部有力量，脚尖可不触地。

（4）后坐翘脚：身体重心后移至右腿，收髋后坐，左脚脚尖向上翘起。（图 9-2-8）

（5）随后身体稍左转，身体重心前移，右手翻转，掌心向上，左手向前、向左画弧，掌心向下，两手成抱球状。（图 9-2-9）

（6）身体重心继续前移至左腿，右脚向前上步，收至左脚内侧，成丁字步抱球状。同（1）解，唯左右相反。（图 9-2-10）

（7）同（3）解，唯左右相反。（图 9-2-11）

（8）同（4）解，唯左右相反。（图 9-2-12）

图 9-2-8 　　　图 9-2-9 　　　图 9-2-10 　　　图 9-2-11 　　　图 9-2-12

（9）同（5）解，唯左右相反。（图 9-2-13）

（10）同（6）解，唯左右相反。（图 9-2-14）

（11）同（2）解。（图 9-2-15）

（12）同（3）解。（图 9-2-16）

攻防含义：我方一手化解对方攻击的手臂，另一手攻击对方。

图 9-2-13 　　　图 9-2-14 　　　图 9-2-15 　　　图 9-2-16

（三）白鹤亮翅

（1）身体重心稍前移，左手翻掌，掌心向下，右手向前、向左画弧，掌心向上。（图 9-2-17）

（2）右脚向前跟进半步，随后身体重心后移至右腿，左脚脚尖点地，上体稍向右转，右手向右额前提起，掌心向左，左手向左下落，目视右手。（图 9-2-18、图 9-2-19）

（3）左脚向前落步，脚尖点地，成左虚步，同时身体稍向左转，左手落于左胯前，掌心

向下，指尖向前，目视前方。（图9-2-20）

图9-2-17　　图9-2-18　　图9-2-19　　图9-2-20

要点：做定势时，胸部不要挺出，两臂要保持弧形，以腰带臂转动。

攻防含义：我方可用右手防守对方的上部攻击，左手化解对方的下部攻击。

（四）左右搂膝拗步

（1）上体微向左转，左手向左斜前方弧形摆起，右手向前下落。（图9-2-21）

（2）上体稍向右转，左手随转体右后弧形摆起，掌心向下，右手向下、向右斜后方摆起，身体重心后移，左脚轻轻抬起，收至右脚脚内侧，目视右手。（图9-2-22、图9-2-23）

（3）左脚向前落步，脚跟先着地，身体左转，右手经右耳侧向前推出，身体重心前移成左弓步，右手高与鼻尖平，左手向下、向左画弧落于左胯前，掌心向下，指尖向前。目视前方。（图9-2-24、图9-2-25）

（4）身体重心后移，左脚脚尖内扣。（图9-2-26）

（5）左脚脚尖外撇，身体重心前移，身体左转，左手翻掌向左后摆起，掌心向上，右手向左下落至左胸前。目视左手。（图9-2-27）

图9-2-21　图9-2-22　图9-2-23　图9-2-24　　图9-2-25　　图9-2-26　　图9-2-27

（6）身体重心移向左腿，右脚向前上步落于左脚内侧，成丁字步。（图9-2-28）

（7）右脚向前偏右上步，左手经左耳上沿向前推出，右手向右下画弧。

（8）身体右转，右脚向前偏右上步，成右弓步，左手经左耳上沿向前推出，高与鼻齐，右手向右下画弧落于右胯前。目视前方。（图9-2-29）

（9）同（4）解，唯左右相反。（图9-2-30）

（10）同（5）解，唯左右相反。（图9-2-31）

（11）同（6）解，唯左右相反。（图9-2-32）

（12）身体重心保持在右脚，左脚向前迈出，左手掌心向下、向左画弧落于左胯前，右手经右耳侧向前推掌。（图9-2-33）

（13）左脚向前落步成左弓步，右手高与鼻尖平，目视前方。（图9-2-34）

图 9-2-28　　图 9-2-29　　　图 9-2-30　　　图 9-2-31　　　图 9-2-32　　　图 9-2-33　　　图 9-2-34

要点：上步落地要轻，脚跟先着地，推掌时要沉肩垂肘，坐腕舒掌，与弓步上下协调。

攻防含义：我方一手化开对方的进攻，另一手攻击对方。

（五）手挥琵琶

（1）身体重心前移，右脚向前跟进半步。（图 9-2-35、图 9-2-36）

（2）身体重心移至右腿，身体稍向右转，左脚轻轻抬起，同时，左手向前上挑掌，高与鼻尖平，掌心向右，右手收回于左肘内侧，掌心向左，上体微向左转，左脚脚跟落地，脚尖翘起，目视前方。（图 9-2-37）

要点：身体要平稳自然，胸部要放松，两臂要沉肩垂肘，左脚落地时与左手立掌沉腕、身体微向左转的动作协调，身体重心平稳。

攻防含义：我方用右手防守对方的进攻，同时左手攻击对方。

（六）左右倒卷肱

（1）上体稍向右转，右手向下、向右画弧，掌心向上。（图 9-2-38）

（2）上体继续右转，右手继续向右斜后上方摆起，左手翻掌，掌心向上。（图 9-2-39）

（3）左脚轻轻抬起收至右脚内侧，右掌收至右耳侧。（图 9-2-40）

（4）左脚向后撤步，上体稍向左转，右掌沿耳际上沿向前推出，高与鼻平，掌心向前，左掌向下、向左画弧，掌心向上。（图 9-2-41）

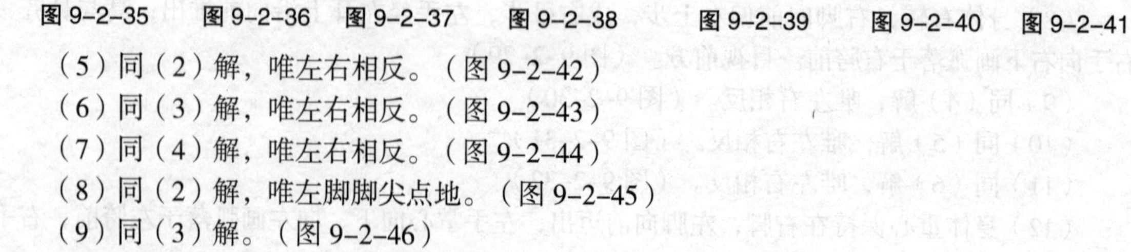

图 9-2-35　　　图 9-2-36　　　图 9-2-37　　　图 9-2-38　　　图 9-2-39　　　图 9-2-40　　　图 9-2-41

（5）同（2）解，唯左右相反。（图 9-2-42）

（6）同（3）解，唯左右相反。（图 9-2-43）

（7）同（4）解，唯左右相反。（图 9-2-44）

（8）同（2）解，唯左脚脚尖点地。（图 9-2-45）

（9）同（3）解。（图 9-2-46）

（10）同（4）解。（图 9-2-47）

（11）同（5）解。（图 9-2-48）

图9-2-42　　图9-2-43　　图9-2-44　　图9-2-45　　图9-2-46　　图9-2-47　　图9-2-48

（12）同（6）解。（图9-2-49）

（13）同（7）解。（图9-2-50）

（14）同（8）解。（图9-2-51）

要点：向前推掌手臂不要推直，后撤手臂要随转体弧形后摆。

攻防含义：化解对方的进攻。

图9-2-49　　图9-2-50　　图9-2-51

（七）左揽雀尾

（1）"掤"：上体向右转，右手向右斜后上方弧形摆起，右臂屈肘收至右胸前，掌心向下，左手向下、向右画弧，掌心向上，与右手成抱球状，同时左脚收于右脚内侧，成丁字步，目视右手前方。（图9-2-52、图9-2-53）

（2）左脚向左前方上步，脚跟先着地，左手向前上、右手向右下同时分出。（图9-2-54）

（3）身体重心前移，左脚落实，右脚脚跟向后蹬转，成左弓步，同时左手继续向前掤出，高与肩平，掌心向后，右手下落至右胯旁，掌心向下，手指向前。目视前方。（图9-2-55）

（4）"捋"：上体微向右转，左手随即前伸翻掌向下，右手翻掌向上，身体重心随即后移。（图9-2-56）

（5）身体重心后移至右腿，身体随即向右后转，右手随转体向右后上方弧形摆动，左手收于腹前，掌心向下，目视右掌。（图9-2-57）

（6）"挤"：上体左转，右手折回，向左手手腕内侧挤，左手翻转掌心向内。（图9-2-58）

图9-2-52　　图9-2-53　　图9-2-54　　图9-2-55　　图9-2-56　　图9-2-57　　图9-2-58

（7）身体重心前移，上体左转成左弓步，同时右掌指根部附于左手手腕内侧，左臂屈肘横于胸前，两手同时向前慢慢挤出，掌心向下，目视前方。（图9-2-59）

（8）两手左右分开，与肩同宽，右腿屈膝，上体后坐，左脚脚尖翘起，同时两手屈肘回收至胸前，掌心向下。（图9-2-60）

（9）身体重心前移，左脚落实，成左弓步，同时两手向上、向前挤出，掌心向前，腕高与肩平。目视前方。（图9-2-61）

要点：掤出时，两臂前后均保持弧形，掤要区别于野马分鬃。下捋时，要转腰后移动身体重心。向前挤时，上体要正直，挤的动作与弓腿相协调。

攻防含义：我方用左手防守对方进攻，并用两手顺势捋拉对方，待对方失去身体重心或回撤时，挤按攻击对方。

（八）右拦雀尾

（1）身体重心后移，上体微向右转。（图9-2-62）

（2）上体继续右转，左脚脚尖内扣，右手向右水平画弧至右侧。（图9-2-63、图9-2-64）

（3）身体重心移向左腿，右脚收至左脚内侧，成丁字步，左臂平屈于胸前，掌心向下，右手向下画弧，掌心向上，两手成抱球状。（图9-2-65）

（4）同左拦雀尾（2）解，唯左右相反。（图9-2-66）

（5）同左拦雀尾（3）解，唯左右相反。（图9-2-67）

（6）同左拦雀尾（4）解，唯左右相反。（图9-2-68）

图9-2-59　　　图9-2-60　　　图9-2-61　　　图9-2-62　　　图9-2-63

图9-2-64　　　图9-2-65　　　图9-2-66　　　图9-2-67　　　图9-2-68

（7）同左拦雀尾（5）解，唯左右相反。（图9-2-69）

（8）同左拦雀尾（6）解，唯左右相反。（图9-2-70）

（9）同左拦雀尾（7）解，唯左右相反。（图9-2-71）

（10）同左拦雀尾（8）解，唯左右相反。（图9-2-72）

（11）同左拦雀尾（9）解，唯左右相反。（图9-2-73）

要点与攻防含义同左揽雀尾。

图9-2-69　　　图9-2-70　　　图9-2-71　　　图9-2-72　　　图9-2-73

（九）单鞭

（1）上体后坐，稍向左转。（图9-2-74）

（2）上体继续左转，右脚脚尖内扣，身体重心左移，左手随转体向左画平弧，右手经腹前至左肋前，掌心向左。目视左手。（图9-2-75）

（3）身体重心右移，上体右转，同时右手向右上方画弧，掌心由内转向外，左手向下画弧至左腹前，掌心向下。目视右手。（图9-2-76）

（4）身体重心继续移向右腿，左脚收于右脚内侧成丁步，右掌变勾手，左手摆至右胸前，掌心向内。目视右勾手。（图9-2-77）

（5）左脚向左前方上步，脚跟先着地，身体同时左转，左手向左前方平行画弧。（图9-2-78）

（6）身体重心前移，左脚落实，成左弓步，同时左手翻掌向前推出，掌心向前，高与眼平，右勾手停于身体右侧斜后方。目视前方。（图9-2-79）

图9-2-74　　图9-2-75　　图9-2-76　　图9-2-77　　图9-2-78　　图9-2-79

要点：上体要保持正直，左手向外翻掌前推时，要随转体边翻边推出，沉腕、舒指；左肘与左膝上下相对，不可偏斜。

攻防含义：我方用右手化解对方的进攻，用左手攻对方胸、面部。

（十）云手

（1）上体右转，左脚脚尖内扣，左手向下经腹前向右画弧至右肋前，掌心向内，右勾手变掌。目视右手前方。（图9-2-80）

（2）右掌向下画弧，掌心向下，左手继续向上画弧，掌心仍向内。（图9-2-81）

（3）上体向左转，身体重心向左移动，随转体左掌经脸前向左画弧，掌心转向右方，右掌向下经腹前向左上摆起。目视左掌前方。（图9-2-82）

（4）身体重心移向左腿，右脚向左脚并步，两脚相距10厘米，脚尖向前，右掌继续向上弧形摆起，掌心向内，左掌翻掌开始下落，掌心向下。（图9-2-83）

（5）身体向右转，右掌经面前向右画弧，掌心向内，左掌下落至左肋斜前方。目视右掌前方。（图9-2-84）

（6）身体继续向右转，随转体右手继续向右画弧，左手向右摆于右肋前，掌心向内。目视右手前方。（图9-2-85）

（7）身体重心移向右腿，左脚向左平行开步，同时右手翻掌，掌心向下，左掌向上画弧至右肩前，掌心仍向内。（图9-2-86）

图 9-2-80　　图 9-2-81　　图 9-2-82　　图 9-2-83　　图 9-2-84　　图 9-2-85　　图 9-2-86

（8）同（2）解。（图 9-2-87）

（9）同（3）解。（图 9-2-88）

（10）同（4）解。（图 9-2-89）

（11）同（5）解。（图 9-2-90）

（12）同（6）解。（图 9-2-91）

（13）同（7）解。（图 9-2-92）

图 9-2-87　　　图 9-2-88　　　图 9-2-89　　　图 9-2-90　　　图 9-2-91　　　图 9-2-92

（14）同（4）解。（图 9-2-93）

（15）同（5）解。（图 9-2-94）

要点：身体转动时要以腰背为轴，纵轴旋转，带动两臂，两臂要保持弧形，肘关节稍下沉，身体重心要平稳，不可忽高忽低。移动时，脚尖先着地，再踏实，眼随云手而移动。

攻防含义：我方用两手拨开对方的进攻。

（十一）单鞭

（1）上体继续右转，右手向右画弧，左手经腹前向右上方画弧至右肋前，掌心向内。目视右手前方。（图 9-2-95）

（2）同上单鞭（4）解。（图 9-2-96）

（3）同上单鞭（5）解。（图 9-2-97）

（4）同上单鞭（6）解。（图 9-2-98）

图 9-2-93　　　图 9-2-94　　　图 9-2-95　　　图 9-2-96　　　图 9-2-97　　　图 9-2-98

要点与攻防含义同上单鞭。

（十二）高探马

（1）身体重心前移，右脚向前跟进半步，身体重心再后移，左掌翻转，掌心向上，右勾手变掌，掌心斜向上。（图9-2-99）

（2）左脚向前迈步，脚尖点地，成左虚步，右手经右耳旁向前推掌，掌心向前，手指与眼同高，左手收至胸前，掌心向上。目视前方。（图9-2-100）

要点：跟步移身体重心时，身体不要有起伏，左脚迈步与右手前推要协调。

攻防含义：我方左手撤防，用右手攻击对方。

（十三）右蹬脚

（1）左手前伸至右手手腕背面，掌心向上，两手相互交叉，上体微向右转。（图9-2-101）

（2）随即两手分开，左手翻转，两手掌心斜向下，左脚脚跟轻轻抬起。（图9-2-102）

（3）左脚向左斜前方落步，身体微向左转，身体重心前移，两手分别向左右两侧分开。（图9-2-103）

（4）两手继续向下画弧并由外向内翻转，至腹前交叉，上托于胸前，右掌在外，两手掌心均向上，同时右脚向左脚内侧靠拢，脚尖点地。目视右前方。（图9-2-104）

图9-2-99　　图9-2-100　　图9-2-101　　图9-2-102　　图9-2-103　　图9-2-104

（5）两掌上提，同时右腿屈膝上提。（图9-2-105）

（6）两掌外翻，分别向左右画弧至两臂侧平举，两肘下沉，两臂成弧形，同时右脚向右前上方慢慢蹬出。目视右手。（图9-2-106）

要点：蹬脚时，右脚脚尖回勾，力达脚跟，右掌与右蹬脚的方向要一致。两手分开时，腕与肩齐平，支撑腿微屈，上体不可后仰。

攻防含义：我方用两手向外分开抵挡对方的进攻，同时用右脚蹬击对方胸部、腹部。

（十四）双峰贯耳

（1）右腿屈膝小腿收回，左手向前平摆至胸前，两手于体前下落至右膝两侧，两手掌心斜向上。（图9-2-107）

（2）右脚向右前方落步，脚跟先着地，再全脚落实，两掌变拳收至身体后侧。（图9-2-108）

（3）身体重心前移，成右弓步，同时两拳分别从身体两侧向上、向前画弧至前方，高与耳齐，与头同宽，拳眼斜向下。目视右拳。（图9-2-109）

图 9-2-105　　　图 9-2-106　　　图 9-2-107　　　图 9-2-108　　　图 9-2-109

要点：定势时，头颈正直，松腰，两拳松握，沉肩垂肘，两臂保持弧形。

攻防含义：我方两拳下落化解对方攻击，随之两拳合击对方耳部。

（十五）转身左蹬脚

（1）身体重心后移，上体向左转，右脚脚尖翘起后内扣，两拳同时变掌，分别向左右两侧分开。（图 9-2-110）

（2）身体重心移向右脚，左脚收于右脚内侧，成丁步，同时两手分别向下画弧，在腹前交叉后托至胸前，左掌在外，掌心均向内。（图 9-2-111、图 9-2-112）

（3）、（4）同右蹬脚（5）、（6）解，唯左右相反。（图 9-2-113、图 9-2-114）

（5）左腿屈膝收回，脚尖向下。（图 9-2-115）

要点：左蹬脚的方向与右蹬脚的方向成180°，其他要求同右蹬脚。

攻防含义：同右蹬脚。

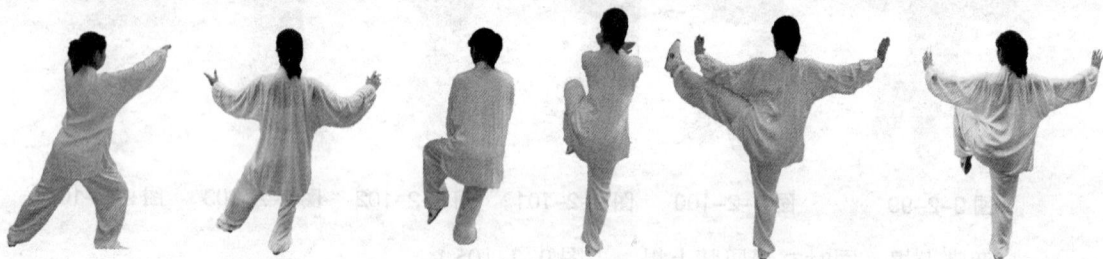

图 9-2-110　　　图 9-2-111　　　图 9-2-112　图 9-2-113　　　图 9-2-114　　　　图 9-2-115

（十六）左下势独立

（1）上体稍右转，右掌变成勾手，左掌向上、向右画弧落于右肩前，掌心斜向后。目视右手。（图 9-2-116）

（2）右腿下蹲，左腿向左侧（偏后）平仆，成左仆步；左手下落至右腹前。（图 9-2-117）

（3）左手继续沿左腿内侧向前穿出，掌心向外，上体左转，右勾手下落至体后。目视左手前下方。（图 9-2-118）

（4）身体重心前移，左脚脚尖外撇，右腿蹬直，右脚脚尖内扣，成左弓步，上体微向左转并向前上方抬起；同时左臂继续向前伸出，掌心向右，右勾手下落，勾尖转向上。目视前方。（图 9-2-119）

（5）右腿慢慢屈膝提起，成左独立式；同时右勾手变掌，并由后下方顺右腿外侧向前弧形提起，屈臂立于右腿上方，肘膝相对，掌心向左；左手落于左胯旁，掌心向下，指尖向前。目视右手前方。（图 9-2-120、图 9-2-121）

图 9-2-116　　　图 9-2-117　　　图 9-2-118　　　图 9-2-119　　　图 9-2-120　图 9-2-121

要点：上体要正直，支撑腿膝微屈，提起腿脚尖自然下垂。

攻防含义：我方可用右手牵带对方的进攻，并用右膝、右手攻击对方。

（十七）右下势独立

（1）右脚下落于左脚内侧，前脚掌着地，然后左脚以脚跟为轴脚尖外展，身体随之左转，同时左手向左后平举变勾手，右掌向左摆至左胸前，掌心向左。目视左勾手。（图 9-2-122、图 9-2-123）

（2）、（3）同左下势独立（1）、（2）解，唯左右相反。（图 9-2-124、图 9-2-125）

（4）同左下势独立（4）解，唯左右相反。（图 9-2-126）

（5）同左下势独立（5）解，唯左右相反。（图 9-2-127、图 9-2-128）

要点与攻防含义同左下势独立势。

图 9-2-122 图 9-2-123 图 9-2-124　　　图 9-2-125　　　图 9-2-126　　　图 9-2-127 图 9-2-128

（十八）左右穿梭

（1）身体稍向左转，左脚向前落地，左脚脚尖外撇，随转体落步身体重心前移；左掌翻转移至胸前，掌心向下，右掌向左画弧摆至左腹前与左手成抱球状。（图 9-2-129、图 9-2-130）

（2）身体重心前移，右脚向前跟于左脚内侧，脚尖点地。（图 9-2-131）

（3）上体稍右转，右脚轻轻抬起向前上方上步，偏右（约30°）（图 9-2-132）

（4）身体重心前移，成右弓步，右手向右斜前方弧形摆起，左手下落，然后上体右转，左手从腰间向前推出，右手经面前向上翻掌停于额前上方，掌心斜向上，左手高与眉平，掌心向前。目视左手前方。（图 9-2-133、图 9-2-134）

（5）身体重心稍向后移，微向左转腰，身体重心前移，左脚收至右脚内侧，前脚掌着地；右手翻转移至右胸前，掌心向下，左手同时向下画弧收至右腹前，两手成抱球状。（图 9-2-135、图 9-2-136）

图 9-2-129　图 9-2-130　图 9-2-131　图 9-2-132　图 9-2-133　图 9-2-134　图 9-2-135　图 9-2-136

（6）、（7）同（3）、（4）解，唯左右相反。（图 9-2-137 至图 9-2-139）

要点：两个定势分别面向右侧前方和左侧前方。手推出后，头部、上体不可歪斜，手上举时不要耸肩。

攻防含义：我方一手上架阻挡对方的进攻，另一手推击对方。

（十九）海底针

（1）身体重心前移，右脚向前跟进半步，身体重心再后移至右腿，在跟步的同时，身体稍向右转，同时右手下落经体前向后、向上提至右耳旁，左手向右胸前画弧后，随身体左转落于左胯前，掌心向下，指尖向前。目视前方。（图 9-2-140）

（2）左脚向前落步，脚尖点地，成左虚步，同时右手由右耳旁向前下插掌，掌心向左，指尖斜向下，左手收于左胯旁。目视前下方。（图 9-2-141）

要点：右手插掌时，手腕稍向上提，上体稍前倾，收腹敛臀。左手为平圆，右手为立圆。

攻防含义：化解对方的进攻，顺势攻击对方。

图 9-2-137　　图 9-2-138　　图 9-2-139　　图 9-2-140　　图 9-2-141

（二十）闪通臂

（1）上体稍向后移，直立，左脚轻轻抬起收至右脚内侧，脚尖点地，同时右手向上提起，左手向上摆至右臂前臂内侧。（图 9-2-142）

（2）左脚向前上步，先脚跟着地再全脚落实，身体重心前移，成左弓步，同时右手外翻，掌心斜向上，架于右额斜上方，左手向前平推，高与鼻尖平，掌心向前。目视前方。（图 9-2-143）

要点：做定势时，上体不可过于侧倾，推掌架臂均保持弧形。

攻防含义：右手上架，左手攻击对方胸部。

（二十一）转身搬拦捶

（1）身体重心后移，上体右转，左脚脚尖翘起后内扣，两手同时向上、向右转动，身体重心移向左腿，左手移至胸前，掌心向外，右手继续向右前下方画弧，握拳收至左手下方，拳心向下。（图 9-2-144）

（2）上体继续右转，右脚向前迈步，脚尖外撇，成右弓步，右拳向前下搬盖，拳心向上，左手落于左肋旁。（图9-2-145）

图9-2-142　　　　图9-2-143　　　　图9-2-144　　　　图9-2-145

（3）身体重心前移，左脚向前迈一步，同时上体继续右转，左掌向前上画弧拦出，掌心向右，右拳向右画弧后收至右腰间。目视前方。（图9-2-146）

（4）身体重心前移成左弓步，右拳向前打出，拳眼向上，高与胸平，左手附于右臂前臂内侧。目视右拳。（图9-2-147）

要点："搬"拳与左脚落地相配合，拦时左手稍向内扣下压，"搬"拳与弓步要同时完成，三个动作要连贯协调。

攻防含义：两手搬、拦挡住对方的进攻后，右拳攻对方胸部。

图9-2-146　　　　图9-2-147

（二十二）如封似闭

（1）左手由右腕下向前伸出，右拳变掌，两手掌心翻转向上。（图9-2-148、图9-2-149）

（2）身体重心后移，身体后坐，左脚脚尖翘起然后内扣，两手左右分开并屈肘回收。（图9-2-150）

（3）两手在胸前向内翻转，向下移至腹前，掌心斜向下。（图9-2-151）

（4）身体重心前移，左脚落实，成左弓步，两手向上、向前推出，腕高与肩平，掌心向前。目视前方。（图9-2-152）

图9-2-148　　　图9-2-149　　　图9-2-150　　　图9-2-151　　　图9-2-152

要点：身体后坐时，上体不要后仰，臀部不可凸出，两手推出时上体不得前倾。

攻防含义：我方用两手化解对方的进攻后推击对方。

（二十三）十字手

（1）身体后坐，左脚脚尖翘起，上体右转，左脚脚尖内扣，上体继续右转，右手向右画平弧，右脚脚尖外撇，身体重心移至右腿。目视右手。（图9-2-153、图9-2-154）

（2）右手向下画弧，身体重心左移，右脚脚尖内扣。（图9-2-155）

（3）右脚向左收回，两脚距离同肩宽，两腿伸直，成开立步，同时，两手向下、向内交叉合抱于胸前，右手在外，掌心向上。目视前方。（图9-2-156、图9-2-157）

要点：两手分开合抱时，上体不要前倾；站起后，身体自然正直，头要微向上顶，下颌稍向后收。

攻防含义：我方可用两手捩架对方的进攻。

（二十四）收势

两手向外翻掌，掌心向下，两臂慢慢下落，停于身体两侧，左脚慢慢收至右脚旁。目视前方。（图9-2-158、图9-2-159）

要点：两手左右分开下落时，要注意全身放松，同时气也徐徐下沉，向外呼气。

图9-2-153　　　图9-2-154　　　图9-2-155　　图9-2-156　　图9-2-157　　图9-2-158　图9-2-159

散打概述

任务三　学习散打

学练实践

步骤一：学习实战姿势（以左势为例，以下均同）

实战姿势

侧身，成前后开立步，两手握拳，拳眼斜朝上，两臂左前右后屈举于体前；左臂肘关节夹角在90°～110°，右臂肘关节夹角小于90°，垂肘紧护右肋；下颌微收，闭嘴合齿；面部和左肩、左拳正对对方。（图9-3-1）

要点：实战时根据攻防动作的特点，要求进退灵活，攻守严密，移动方便。姿势不可太低，身体重心控制在两脚之间，两手紧护躯体，暴露给对方打击的有效部位尽量缩小。

图9-3-1

步骤二：学习基本步法

（一）进步

前脚（左脚）先向前进半步，后脚（右脚）再跟进半步。（图9-3-2）

要点：进步步幅不宜过大，后脚跟进后，身体保持实战姿势，进步后跟步，衔接得越快越好。

（二）退步

后脚（右脚）先后退半步，前脚（左脚）再退回半步。（图9-3-3）

要点：参考进步。

（三）上步

后脚（右脚）向前上一步，同时左右拳前后位置互换成反架实战姿势。（图9-3-4）

要点：上步时，身体重心要平稳，两手动作与上步要协调配合，同时进行。

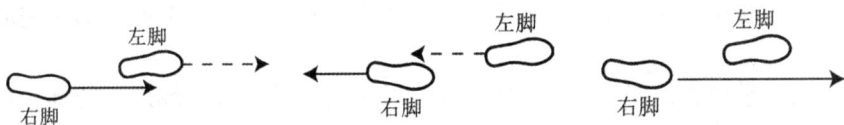

图9-3-2　　　　图9-3-3　　　　图9-3-4

（四）撤步

前脚（左脚）向后撤一步，同时左右拳前后位置互换成反架实战姿势（图9-3-5）

要点：参考上步。

（五）闪步

左（右）脚向左（右）侧移半步，右（左）脚随之向左（右）滑步，同时身体右（左）转约90°。（图9-3-6、图9-3-7）

要点：步法轻灵，转体闪躲动作敏捷。

（六）换步

左脚与右脚同时蹬地并前后交换位置，同时两拳也前后交换位置成反架实战姿势。（图9-3-8）

要点：转换时要以髋关节带动两腿，身体不能明显向上腾起。

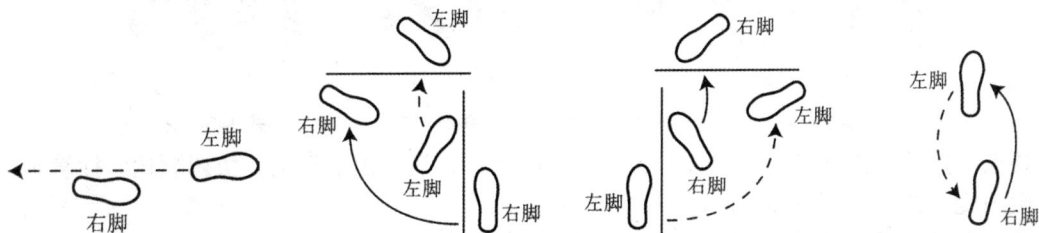

图9-3-5　　　　图9-3-6　　　　图9-3-7　　　　图9-3-8

散打中的步法是非常重要的。实战中，场上情况瞬息万变，步法的快慢、移动距离的大小，直接影响着攻防的效果。

基本拳法

步骤三：学习基本拳法

（一）左冲拳

动作方法：右脚微蹬地，身体重心微前移，同时左拳直线向前冲出，力达拳面。（图9-3-9）

要点：蹬地，拧腰，旋臂，出拳快，上体微前倾，左拳回收后迅速成实战姿势。

攻防含义：适用于近距离攻击，可高低姿势配合，左躲右闪击打对方腰部以上任何部位。多用于以假乱真，以虚招引诱对手。

（二）右冲拳

动作方法：右脚微蹬地，转腰顺肩，右拳直线冲出，力达拳面；左拳回至右肩内侧。（图9-3-10）

要点：充分利用转腰蹬地动作加大冲拳力量，经腰、肩、肘达于拳面。动作完成后以腰带肘主动回收。

攻防含义：右冲拳动作幅度大，力量大，主要攻击对方的面部和胸部、肋部，在左冲拳突破对方防守后使用效果最佳。

（三）掼拳

动作方法：乙右脚微蹬地，合胯向左转腰，同时右拳经外向前、向里横掼，力达拳面或偏于拳眼侧，左拳变掌收护于下颌。（图9-3-11）

要点：右脚扣膝，合胯转腰带动掼拳发力。动作幅度宜小不宜大。

攻防含义：适用于近距离攻击，多用于连击或防守后反击，专击对方头侧或肋部。

（四）抄拳

动作方法：乙右脚蹬地，扣膝合胯，微向左转腰，同时右拳由下向前、向上抄起，右臂上臂和前臂的夹角在90°～110°，拳心朝里，力达拳面，左手回收至右肩内侧。（图9-3-12）

| 图9-3-9 | 图9-3-10 | 图9-3-11 | 图9-3-12 |

要点：抄拳要借助蹬地、扣膝、合胯、转腰动作，发力由下至上，协调顺达。抄拳时，右臂先微内旋再外旋，成螺旋形运行。

攻防含义：适用于近距离攻击对方下颌或胸部、腹部。

步骤四：学习基本腿法

（一）蹬腿

动作方法：乙右腿直立或稍屈，左腿提膝抬起，勾脚，以脚跟领先向前蹬出，力达脚跟。（图9-3-13、图9-3-14）

基本腿法

要点：屈膝高抬，爆发用力，快速连贯。

攻防含义：可主动攻击对方的躯干部位，也可加步法或防守后运用，如进步蹬腿、防拳蹬腿。

（二）踹腿

动作方法：甲左腿直立或稍屈支撑，身体左转180°，同时右腿屈膝前抬，小腿外摆，脚尖勾起，脚掌用力向前踹出，力达脚掌，上体可侧倾。（图9-3-15、图9-3-16）

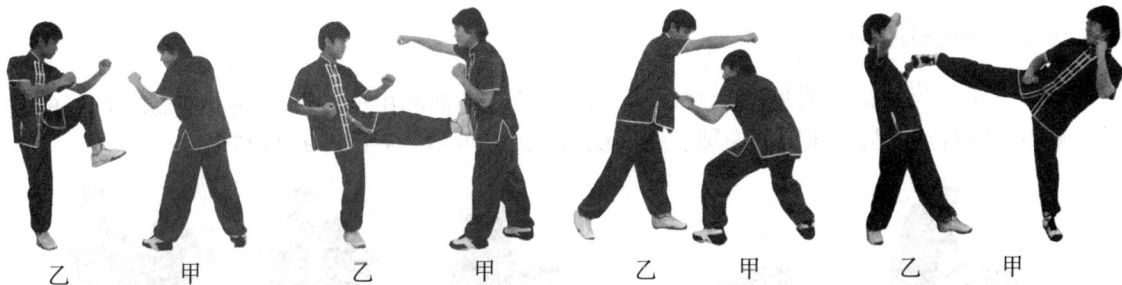

乙 甲	乙 甲	乙 甲	乙 甲
图9-3-13	图9-3-14	图9-3-15	图9-3-16

要点：腿踹出时一定要以大腿推动小腿直线向前发力。

攻防含义：配合步法运用，变化多，适用于不同距离攻击，可攻击人体下、中、上各部位。

（三）横摆踢腿

动作方法：乙左膝外展，上体左转、收腹，带动右腿扣膝、收髋，向左上方横摆踢腿，脚背绷直，力达脚背至小腿下端。（图9-3-17、图9-3-18）

要点：以转体带动摆腿，动作连贯快速。

攻防含义：主要攻击对方肋部、头部，运用得好能起到重击对手的作用。其弧形横摆路线长，易被对方察觉和防守，因此使用时应注意突然性。

（四）勾踢腿

动作方法：甲左膝外展，身体左转180°，收腹合胯，带动右腿直腿勾脚向前、向左弧线擦地勾踢，脚背屈紧内扣，力达脚弓内侧。（图9-3-19、图9-3-20）

乙 甲	乙 甲	乙 甲	乙 甲
图9-3-17	图9-3-18	图9-3-19	图9-3-20

要点：勾踢快速，力点准确，保持身体平衡。

攻防含义：当对方身体重心在前腿时，可击其脚跟，破坏其支撑的稳定性，配合同侧手做切拨对手上盘效果更佳。

步骤五：学习基本摔法

基本摔法

（一）抱腿前顶摔

动作方法：双方由实战姿势开始。当甲拳击乙头部时，乙下潜躲闪，上左步，两手抱甲两腿用力回拉，同时用左肩顶甲腹部，将其摔倒。（图9-3-21、图9-3-22）

要点：下潜时敏捷地抱紧腿，两手回拉与前顶肩同时进行。

攻防含义：无论主动进攻还是防守反击，运用此法一定要掌握好时机、距离。

（二）抱腿别腿摔

动作方法：当甲站立或用左腿弹踢时，乙避势趋进抱起甲的左腿，并上左腿绊别甲的右腿，随即上体右转用胸上压甲的左腿，使其倒地。（图9-3-23至图9-3-25）

乙　甲　　　乙　甲　　　乙　甲　　　乙　甲　　乙　甲

图9-3-21　　　图9-3-22　　　图9-3-23　　　图9-3-24　　图9-3-25

要点：抱腿敏捷，别腿、转体压腿衔接要快而有力。

攻防含义：可用于主动进攻或防守后反击。左右别腿均可使用。

（三）夹颈过背摔

动作方法：甲左直拳击乙头部。乙右臂前臂格挡，左臂由甲右肩上穿过后屈臂夹甲颈部，同时右脚在向右转体时撤步至与左脚平行，两腿屈膝，以左侧髋部紧贴甲前身，继而两腿蹬伸，向下弓腰低头将甲背起后摔倒。（图9-3-26至图9-3-28）

甲　乙　　　　　甲　乙　　　　　　　乙

图9-3-26　　　　图9-3-27　　　　　图9-3-28

要点：夹颈牢，转身快，紧贴靠，低头弓腰、蹬腿协调连贯。

攻防含义：多用于对方冲拳、掼拳击打本方头部时防守后反击。

以上进攻技术可单招练习使用，也可根据动作转换的合理性和可行性进行组合运用。例如，上下结合，手脚并用，左右连击，纵横交错，真假虚实，灵活变换，可使对手顾此失彼，防不胜防。

步骤六：学习基本防守技术

严密有效的防守技术能为保护自己、反攻对方创造有利时机。基本防守技术一般分为非接触防守和接触防守两类。前者是以身法、步法的灵活运转来完成的（即闪躲技术），后者是直接运用手臂、腿脚进行阻挡。

（一）非接触防守

基本防守技术

1. 后闪

动作方法：甲身体重心后移，上体略后仰闪躲，目视对方。（图9-3-29）

要点：后闪幅度不宜大，闭嘴合齿下颌收。

攻防含义：防守对方拳法攻击本方上盘部位，常配合前蹬腿做防守反击练习。

2. 下闪

动作方法：甲屈膝、沉胯、下蹲、缩颈，弧形向下躲闪，两手紧护胸部，目视对方。（图9-3-30）

要点：下闪时，膝、髋、颈部要协调一致。

攻防含义：主要防守对方横向攻击本方头部的左右掼拳、高横踢腿等。

乙　　甲　　　　乙　　甲
图9-3-29　　　　图9-3-30

3. 侧闪

动作方法：乙两腿微屈，上体向左侧或右侧闪躲（也可加步法侧闪，见闪步）。（图9-3-31）

要点：上体含缩，侧身转头，目视对方。

攻防含义：主要闪躲对方左右冲拳正面攻击本方上盘部位。

（二）接触防守

1. 拍挡

动作方法：乙左手以拳心或掌心为力点向里横向拍挡对方进攻。（图9-3-32）

要点：左臂前臂要垂直于地面，拍挡幅度要小，用力短促。

攻防含义：主要防守对方直线型拳法对本方中盘、上盘的攻击。

2. 拍压

动作方法：甲左拳变掌，以掌心或掌跟为力点由上向前下拍压。（图9-3-33）

要点：拍压时，臂内旋，手腕和掌指要紧张用力。

用法：防守对方正面攻击本方中盘的动作，如下冲拳、勾拳、蹬踹腿等。

3. 挂挡

动作方法：甲左臂屈肘，向左侧头部或肩部挂挡。（图9-3-34）

| 乙 甲 | 乙 甲 | 乙 甲 | 乙 甲 |
| 图 9-3-31 | 图 9-3-32 | 图 9-3-33 | 图 9-3-34 |

要点：上臂与前臂叠紧，挂挡幅度要小，用力短促，注意合胸，暴露面要小。

用法：主要防守对方横向型手法或腿法击本方上盘的动作，如左右掼拳、横踢腿等。

4. 提膝

动作方法：甲身体稍右转，右腿微屈独立支撑，左腿屈膝提起，目视前方。根据乙腿法进攻的路线、方位，甲膝关节分别有里合、外摆或垂直向外的变化。（图 9-3-35、图 9-3-36）

要点：沉肩、含胸、收腹，提膝迅速并贴近腹部。

攻防含义：防守对方正面或横向腿法攻本方下盘部位的动作，如弹腿、踹腿、低横踢腿等。

| 乙 甲 | 乙 甲 |
| 图 9-3-35 | 图 9-3-36 |

任务四　学习擒拿

学练实践

擒拿概述

擒拿是我国劳动人民在斗争实践中创造出来的传统技击技术，在武术技击中占有重要地位。擒拿历史悠久，内容丰富，自成体系。其特点是拿一点，制全身，反关节，伤筋骨。用于对敌，擒拿可以制敌自卫；用于健身，擒拿可以强筋骨、益气力。

擒拿技术精巧、内容丰富，民间有"三十六拿法，三十六解法"之说。实际上，流传在民间的擒拿技法远不止 36 种，可以说数不胜数。这里简要介绍一些常用的擒拿手法。

步骤一：学习抓腕

动作方法：甲右手抓握乙右手手腕时，乙左手抓握扣紧甲右手手背，同时右拳变掌由下向上缠绕切压、抓拧回拉甲右手手腕紧贴于身体右侧；随即两腿稍屈，上体右转，以左肘用力下

压甲右肘，迫使甲上体前俯。（图9-4-1至图9-4-4）

乙　甲　　　乙　甲　　　乙　甲　　　乙　甲

图9-4-1　　　图9-4-2　　　图9-4-3　　　图9-4-4

要点：缠腕时，两手不要握紧，回拉拧腰、切压要有力。

攻防含义：主要用于近身相持，随机就势，巧制关节以擒伏对手。

步骤二：学习别臂

动作方法：当甲左抄拳攻击乙腹部时，乙右手拍挡抓握甲左手手腕（图9-4-5），同时左臂前臂用力上挑甲左肘内侧，迫使其上抬（图9-4-6）；随即身体左转，右脚上步至对方身后，左臂由上向左下别住甲左臂，左手手掌抓压甲左肩部，右手抓腕配合尽量向前拧压。（图9-4-7）

乙　甲　　　乙　甲　　　乙　甲

图9-4-5　　　图9-4-6　　　图9-4-7

要点：抓腕要紧，挑打有力，上步敏捷，别臂推腕，两手同时用合力。

攻防含义：近身拿制招法，实战情况千变万化，要灵活运用，别臂得手后还可用腿踹击对方腘窝处，更具威力。

步骤三：学习锁喉

动作方法：当乙用左冲拳或穿掌攻击甲胸部或面部时，甲迅速向右侧闪身，左手外拨并抓住乙左臂前臂，同时右腿上步，身体贴住乙背部，右臂向前绕摆，屈肘夹颈，锁扣喉部，用力回拉，将乙拿住。（图9-4-8、图9-4-9）

要点：摆臂夹颈幅度不宜太大，锁喉要快、准、紧。

攻防含义：用于主动擒伏对手，或者在捕捉锁喉的时机后运用。

步骤四：学习外掰拿

动作方法：甲右手抓住乙的胸襟，外旋反扭向上提拳。乙两臂屈肘，两手相合抓甲右手手腕，随即上体含胸左转，将甲右手手腕猛向外反扭掰拿，迫使对方后仰失去身体平衡。乙乘势提起右腿，踹击甲腘窝处，使其反跌倒地。（图9-4-10、图9-4-11）

乙 甲	甲 乙	乙 甲	乙 甲
图 9-4-8	图 9-4-9	图 9-4-10	图 9-4-11

要点：两手合抓对方手腕要快速、准确，向外反扭掰拿要重挫其腕关节，踹腿要同扭腕反牵动作完整连贯。

攻防含义：主要用于破解抓胸旋扭。但凡遇对手仰掌卡喉、勾拳上冲等，皆可用此法克制。

步骤五：学习后拿腿

动作方法：甲从后面用两手抱腿配合以肩扛臀等招法将乙摔倒，随即用两手抓住乙两脚脚踝，然后迅速将乙左腿小腿反折下压在其右腿大腿上，再将乙右腿小腿反折交叉叠别在其左腿小腿上，然后左脚踩住乙右脚脚背，将其制服。（图 9-4-12 至图 9-4-14）

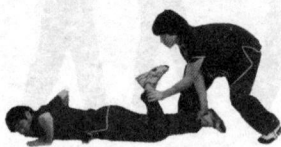

乙 甲	乙 甲	乙 甲
图 9-4-12	图 9-4-13	图 9-4-14

要点：摔法突然，别腿迅速，踩脚勿松。

攻防含义：主要在特定的情况下乘势使用，折腿、压踝、踩脚连环使用具有较强的擒敌效果。一经拿制，对方将毫无反抗能力。

任务五　学习女子防身术

学练实践

女子防身术集拳击、散打、自由搏击、擒拿等防身武技动作于一体，是女性受到歹徒各种非法暴力侵害时，运用手、脚、膝、肘等，或就地取材进行防卫和攻击的一种搏击技法。通过练习，熟练地掌握防身术的技术和技巧，女性就可以在歹徒来犯时，不畏强暴，敢于斗争，使自己免受伤害。

步骤一：了解人体要害部位

人体要害部位有眼、太阳穴、咽喉、后脑、锁骨、心窝、腹部、裆部、脊椎、指关节、腕关节等。

攻击方法如下。

（1）眼：运用拳法猛击歹徒眼眶，以食指和中指的指尖刺入歹徒双眼。

（2）太阳穴：运用掌外侧、拳、肘击打，如歹徒已倒地，用脚尖踢击。

（3）咽喉：运用手指猛戳咽喉下部的凹陷处。

（4）后脑：运用拳横击或劈砍，也可用肘击。

（5）锁骨：运用掌外侧由上往下猛力砍劈。

（6）心窝：运用拳或肘尖猛击。

（7）腹部：运用拳打、膝顶、肘击、脚踢。

（8）裆部：运用膝顶、脚踢或手捏。

（9）脊椎：运用脚踢、膝顶、肘击。

（10）指关节：将歹徒手指扳直后向后猛折。

（11）腕关节：运用擒拿术中的卷腕、缠腕、切腕等技法。

步骤二：学习女子防身术动作方法

（一）拍裆顶肋

甲由身后两臂抱住乙时，乙两腿微屈，身体重心下降，右掌拍击对方裆部，迫使甲收腹前倾；乙乘势右转，右臂屈肘，以右肘肘尖顶击对方肋部。（图9-5-1至图9-5-3）

要点：拍裆快速、准确，肘顶肋利用转腰发力。

攻防含义：如甲只将乙拦腰抱住（乙两臂在外），乙可屈肘抬臂转腰，肘击甲太阳穴。

（二）二指点睛

当甲右直拳攻击乙上盘时，乙身体重心稍后移，同时左臂屈肘挂防；随即身体重心前移，左臂贴甲右臂疾速前伸，左手中指、食指分开点戳甲双眼。（图9-5-4、图9-5-5）

要点：屈肘挂防避开对方冲击力即可，点戳动作要准确、快捷。

攻防含义：乙也可用左拳挂防，右手手指点戳甲。（图9-5-6）

甲乙　甲乙　甲乙　甲　　乙　　甲　　乙　　甲　　乙
图9-5-1　图9-5-2　图9-5-3　　图9-5-4　　　图9-5-5　　　图9-5-6

（三）顶胸弹面

当甲双手搂抱乙颈部时，乙两臂弯曲上举，左脚上步，两肘向前上方顶击甲胸部，随后两拳迅速向甲面部弹击。（图9-5-7至图9-5-9）

要点：两肘顶胸与两拳击面要连贯、完整、一气呵成。

攻防含义：适用于近距离攻击，也可变化成磕面撞裆法（图9-5-10、图9-5-11）。特别是在女性正面遭搂抱时，顶胸弹面和磕面撞裆法不失为解脱的上乘招法。

甲　乙　　甲　乙　　　甲　乙　　　甲　乙　　　甲　乙
图9-5-7　　图9-5-8　　图9-5-9　　图9-5-10　　图9-5-11

（四）仰卧绞脱

动作方法：甲骑身卡喉时，乙反抓甲的两手（或一手用指点击对方眼睛），同时左腿（或右腿）屈收绞摆至甲的面部猛力蹬出，乘机翻起。（图9-5-12至图9-5-14）

图9-5-12　　　图9-5-13　　　图9-5-14

要点：抓手（或点睛）、绞腿要快而有力。

攻防含义：仰卧被压之时，用脚蹬面威力较大，但对方骑压紧贴时，本方很难施展该防身技术，在此种情况下要挣扎变换，捕机得势，力争奏效。

女子防身术不仅可以提高女性的防身自卫能力，还能极大地增强她们的自信心。经常练习女子防身术，可以磨炼意志，培养坚强果敢的品质和柔中带刚的气质。随着人们生活、工作节奏加快，生活压力日益增大，经常进行防身术锻炼，还可以宣泄不良情绪，减轻人们的生活压力，具有平衡心理的作用。

女子防身术还是强身健体、塑造体形的有效手段。经常进行防身术锻炼，可以逐步增强体质，并提高人体各器官、各系统的功能，特别是心血管、肌肉、神经系统的功能。现在人们的物质生活水平有了极大的提高，营养过剩加上运动不足，使部分女性的身材变得臃肿，肥胖成为她们的一个"心病"。坚持防身术锻炼可以消耗多余的脂肪，收到减肥的效果，重塑健美身材。

👆 项目点拨

教会：教师可通过情境设定等多种教学方法，让学生明确学习目标和任务要求，然后对学生进行具体内容的教学，深入挖掘武术与防身运动的思政元素，教会学生相关技术，使学生结合武术与防身运动进行体育锻炼，提高身体素质，弘扬武德精神和中华民族优秀传统文化。

勤练：教师应根据学生武术与防身运动技术实际的掌握情况，有针对性地、循序渐进地设置各项目的学练节奏，既要保证学练频率，又要保证运动安全。教师在传授武术与防身运动技能的同时应加强学生体能训练，使学生在充足的体能保障基础上最大限度地提高技术水平和运动能力。

常赛：教师可指导学生运用所学知识组织各种规模的武术、散打竞赛等，使学生参与其中，乐享其中，在竞赛中体验武术、散打等运动的乐趣，进而达到以赛促练、以赛促学的目的。

项目笔记

项目总结

项目评价

教师评价：

学生自我评价：

形体健美运动

学习提示

优美的体形是人们追求的目标，形体健身课更是大学女生喜爱的课程。

本章主要介绍形体健美的标准、锻炼手段和练习方法。通过各种不同的身体练习，大学生可以塑造良好的体形，培养优美的姿态，为拥有良好的职业素养打下坚实的基础。

项目目标

◎掌握形体健美的锻炼方法。

◎掌握发展主要部位肌肉的训练方法。

◎掌握健美操基本动作及第三套《全国健美操大众锻炼标准》（三级）测试套路。

◎将自己所学知识与实践相结合，营造学练氛围，以赛促学，以学促练。

健美运动概述

任务一　学习形体健美

学练实践

形体健美是指人的整体指数合理和人体各部位之间的比例关系恰当，形成优美和谐的外观特征，是健、力、美三者的有机结合。它包含肌肉、骨骼的发育情况，机体的完善程度，人体的外形美及高雅的气质风度。高雅的气质风度是形体健美的灵魂，如果说形体健美是身体外在的美，那么高雅的气质风度则是人体内在的美。因此，当今大学生在追求形体健美的同时不能忽视内在美的塑造，只有时时注意自身的修养，具备高尚的情操，才能形成高雅的气质风度，表现出良好的体态，展现真正的健美形体。

步骤一：学习形体健美的锻炼方法

（一）站姿练习

正确的站姿：两腿伸直并立，两脚自然分开成小八字，头、颈、躯干、腿在一条垂直线上，直颈，挺胸，立腰，略收腹，夹臀，两肩自然下垂，目视前方。（图10-1-1）

（1）靠墙站立：脚跟、腿、臀、肩胛骨和头紧靠墙，借助墙的平面练习站立时上体挺拔，保持头、躯干和腿在一条垂直线上的良好站立习惯。（图10-1-2）

（2）分腿站立：两腿在小八字开立的基础上分开约与肩同宽，两手叉腰，两肘向前扣，夹臀，收腹。（图10-1-3）

（3）单足站立：一腿支撑，另一腿屈膝上抬，绷脚尖贴于支撑腿，上体正直，训练腿的伸直与控制能力。（图10-1-4）

图10-1-1　　　　图10-1-2　　　　图10-1-3　　　　图10-1-4

（二）坐姿练习

正确的坐姿：在两腿没有体重负担，身体重心落在臀部时，练习者要挺胸收腹，立腰提气，肋骨上提，头颈向上伸，下颌微收，肩放松，四肢摆放要规范、端正。保持正确的坐姿既能使人显得精神饱满，又可使颈、胸、背、腹、腰等部位的肌肉得到锻炼。

（1）盘腿坐。两腿弯曲，两脚脚心相对盘于腹前，两肘放松，两手手腕分别搭于两腿大腿上。（图10-1-5）

（2）正步坐。两脚并拢，脚尖正对前方，两膝稍稍分开，两臂自然弯曲，两手自然扶于两腿大腿处。上体正直，微向前倾，肩放松下沉，立腰，头、肩、臀应在一条直线上。（图10-1-6）

（3）侧坐。上体微向侧转，两臂自然放松扶于大腿处。两腿弯曲并拢，两膝稍移向一边，靠外侧的脚略放在前面，这样大腿看起来比较纤细，给人以美的感觉。（图10-1-7）

（三）走姿练习

行走是在正确的站立姿势的基础上形成的，除了要保持正确、优美、挺拔的站立姿势外，还要注意步履轻盈和移动正直平稳，两腿在一条直线的左、右侧交替前移，膝关节对正前方，不可紧张僵直；两臂自然下垂，前后自然摆动；肩放松，挺胸抬头，两眼平视前方。要特别注意避免内、外八字脚及上体左右拧转、摇晃、弓腰、腆肚等不良姿态。（图10-1-8）

走姿练习主要是提踵走（图10-1-9），要提脚跟，用前脚掌行走。提踵走的练习对提高踝、膝、胯等部位的力量有很大的帮助，可提高身体在行走过程中的控制能力。

图10-1-5　　　图10-1-6　　　图10-1-7　　　图10-1-8　　　图10-1-9

步骤二：学习减肥的有效练习方法

肥胖者的脂肪大多聚集在腹部、腰部、臀部和腿部。这里介绍的几组练习是针对以上几个部位的，属于局部肌肉训练和柔韧性练习。在做这些练习之前，练习者可做30分钟左右的慢跑、健美操等有氧练习，做好充分的准备活动。

（一）腹部减肥方法

（1）仰卧起坐（图 10-1-10）。仰卧在垫上，膝部弯曲成 90° 左右，脚平放在垫上，两手放于耳侧，上体抬起收腹起坐。练习者根据自己腹肌的力量决定两手的位置。可依这样的顺序：两臂放在身体两侧—两手交叉贴于胸前—两手放于耳侧，手臂打开。每 15 次为 1 组，做 3～5 组。练习一段时间以后可以适当提高强度，如每 18～20 次为 1 组，做 4～6 组。

（2）仰卧收腹举腿（图 10-1-11）。仰卧在垫上，两臂伸直于头后，保持不动，然后收腹直腿上举至两脚到面部上方。每组 18～20 次，做 3～5 组，训练 4～6 周后提高强度。

图 10-1-10　　　　　　　　　　图 10-1-11

（3）仰卧直膝两头起（图 10-1-12）。仰卧在垫上，两臂伸直于头后，上体收腹起坐，同时两腿伸直尽量上举，两臂前伸触膝，然后还原。每 18～20 次为 1 组，做 4～6 组，训练 3～5 周后提高强度。

（4）仰卧直腿绕环（图 10-1-13）。两腿并拢伸直抬起，两臂侧举，上体右转，身体保持平衡，做以腰髋部为轴的绕环练习。顺时针、逆时针交替绕 20 圈为 1 组，做 4～6 组，训练 3～5 周后提高强度。

（5）仰坐剪腿（图 10-1-14）。仰坐在垫上，两臂于体后伸直撑垫，然后两腿伸直上下交替抬起，或做左右剪绞腿练习。每剪绞 1 次，上下或左右换腿 1 次，每 20 次左右为 1 组，做 4～6 组。

图 10-1-12　　　　　　图 10-1-13　　　　　　图 10-1-14

（二）腰部减肥方法

（1）俯卧两头起（图 10-1-15）。俯卧于垫上，两臂及两腿伸直，低头，然后挺胸抬头，左臂尽力向斜上方举，右臂屈肘撑垫，同时左腿尽力向斜后上方摆起，使胸部和上腹部同时离垫成俯反弓姿势，静止用力 6～8 秒后还原成俯卧姿势。每组做 10～15 次，做 3～5 组。做完左侧后，做右侧。

（2）胸腰波浪（图 10-1-16）。跪撑于垫上，弓腰、低头、含胸，两臂前伸，先屈肘、沉腰，胸和下颌贴近垫子向前移动，然后两臂伸直，抬头、挺胸，使身体成波浪式运动，两腿伸直，然后还原成跪撑姿势。15～20 次为 1 组，做 3 组左右。

图 10-1-15　　　　　　　　　　　图 10-1-16

（3）腰绕环（图10-1-17）。两脚开立，约与肩同宽，上体前倾与地面平行，两臂水平前伸，上体由前向右、后、左至前画圈，也可反方向做。要求两手将圈划得越大越好，上体向后时，尽量做到后倒，胸与地面平行。向左右绕环各10～15次，做3组左右。

（4）侧卧上体起（图10-1-18）。侧卧，两腿伸直并拢，两手放在头后，踝部由同伴固定，侧抬起上体，还原侧卧。交替反方向练习，每侧10～15次为1组，各做3组。

图10-1-17　　　　　　　　图10-1-18

（三）臀部减肥方法

（1）跪撑后摆腿（图10-1-19）。跪撑在垫上，含胸低头，两腿并拢，两手撑垫，右腿屈膝前抬至胸前，然后向后上方伸直摆起，同时抬头挺胸、沉腰，还原后左腿再做相同动作。每组做18～20次，做4～6组。

（2）仰卧挺髋（图10-1-20）。仰卧在垫上，两腿屈膝，两脚分开与肩同宽，两臂自然放在体侧。两腿蹬伸，臀部用力夹紧，髋部尽量向上挺起，使身体成"桥"形，然后还原。每组做18～20次，做4～6组。

图10-1-19　　　　　　　　　　图10-1-20

（3）转体扭髋（图10-1-21）。仰卧于垫上，两腿并拢屈膝，两臂自然置于体侧。当髋和两膝向右转时，上体和上肢向左转摆；当髋和两膝向左转时，上体和上肢向右转摆。整个动作成转髋反转体姿态。每组做18～20次，共做4～6组。

（4）俯卧上下打腿（图10-1-22）。俯卧在床边或跳马上，髋部在床的边缘，两手固定，两腿伸直并轮换抬起后放下。两腿分别抬起后放下为1次，重复18～20次为1组，做4～6组。

 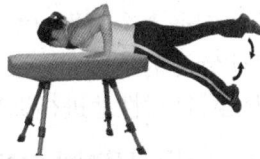

图10-1-21　　　　　　　　　图10-1-22

（四）腿部减肥方法

（1）侧卧前踢腿（图 10-1-23）。侧卧于垫上，右腿伸直前踢 18～20 次后，翻身左腿做相同的动作 18～20 次，右腿、左腿各踢 18～20 次为 1 组，共做 4～6 组。

（2）侧卧肘部支撑侧踢腿（图 10-1-24）。两腿并拢侧卧于垫上。上体抬起，右臂于体侧屈肘撑垫，左手于体前撑地，右腿伸直于体侧上踢，做 18～20 次，然后翻身左腿做相同的动作 18～20 次，右腿、左腿各踢 18～20 次为 1 组，共做 4～6 组。

（3）仰卧交替举腿（图 10-1-25）。仰卧于垫上，两腿伸直并拢，两臂上举。两腿伸直交替向头上举，一左一右为 1 次。上举时绷脚尖使腿前部肌肉拉长，勾脚尖使腿后部肌肉拉长。绷脚尖、勾脚尖每个动作各举腿 20 次左右。

图 10-1-23　　　　　　　　图 10-1-24　　　　　　　　图 10-1-25

学习提示：在做上述各种动作时，要按照循序渐进的原则，根据个人身体素质情况，在重复次数、组数、每组练习的间隔时间及每次练习的间隔时间上，进行科学合理的选择，以达到真正锻炼身体的目的。

健美运动概述

任务二　学习器械健美

学练实践

健美运动是举重运动的一个分支，也是一个独立的比赛项目。它是根据个人的体形特征，通过徒手或利用各种器械来完成各种身体练习，以发达肌肉，增长体力，改善体形，培养动作协调性、节奏感和陶冶情操为目的的运动项目。它包括两层含义，一是健身健美；二是竞技健美。本节以介绍健身健美为主，为当代大学生提供科学锻炼的理论依据和健身健美的方法。

步骤一：了解健美训练的主要肌肉

肌肉在人的身体中分布很广泛，其质量占全身质量的 30%～40%，其中四肢肌肉的质量占全身肌肉的比例最大，约为 80%。要使身体各部位匀称、协调地发展，必须有计划、有目的地采用各种身体练习的手段和方法，以收到最佳的健美锻炼效果。图示可以帮助学生了解肌肉群的位置，以便有针对性地进行训练。

步骤二：学习发展主要部位肌肉的训练方法

（一）发展胸部肌肉的方法

发展胸部肌肉的目的是使肌肉发达，为心、肺器官创造最佳的工作条件。为此，在编排发展胸部肌肉（主要是胸大肌）的专门动作时，要注意胸大肌上、下、内、外侧的全面发展，这样对肋骨、胸骨和脊柱的连接有较好的作用。

（1）半仰卧哑铃飞鸟（图10-2-1）。背靠斜凳（斜凳与地面成30°～40°）坐，两手握哑铃，掌心向上，两臂经体侧向上举，成"飞鸟"展翅状。该练习主要是发展胸大肌外上侧肌肉。

（2）杠铃卧推（图10-2-2）。仰卧在长凳上，两手握杠铃，间距超过肩宽，两肘外展与身体成90°角，反复上下慢速推举。该动作主要发展胸大肌外侧肌肉：杠铃斜上推发展胸大肌上侧肌，杠铃斜下推发展胸大肌下侧肌。

（3）双杠臂屈伸（图10-2-3）。直臂支撑在双杠上，上体保持正直，做屈臂撑推起。该动作主要发展胸大肌下沿肌肉。

图10-2-1　　　　　　　图10-2-2　　　　　　　图10-2-3

运动负荷和基本要求：每次训练可选择2或3个动作，每个动作可做3～5组，每组选做8～12次，循序渐进地增加练习次数和组数。做动作时，幅度要大，平稳而有力；要加强呼吸深度，注意呼吸与动作的配合；注意力要集中。

（二）发展背部肌肉的方法

（1）俯卧挺身起（图10-2-4）。俯卧，腹部及大腿上部撑在山羊上，两脚固定在肋木上，两手置于头后，挺身起。该动作主要发展背阔肌。

（2）负重提肩（图10-2-5）。两脚开立，与肩同宽，手握杠铃，握距稍比肩宽，两臂伸直不动，做提肩动作。该动作主要发展斜方肌和肩胛提肌。

（3）提拉杠铃（图10-2-6）。两脚开立，上体前屈，两臂伸直，手握杠铃，直腰提拉杠铃。该动作主要发展斜方肌、背长肌、臀大肌、股二头肌等。

图10-2-4　　　　　　图10-2-5　　　图10-2-6

运动负荷和基本要求：由于上述动作对脊柱有影响，在练习中要注意掌握好正确的姿势，特别要注意挺胸沉腰和脊柱立直，使脊柱在动作中保持一个较紧张的状态。增加负荷要有一个适应的过程，在机体适应一定负荷之后再增加负荷，如增大器材重量、动作组数、重复次数和训练密度等。开始时可做2或3个动作，每个动作做3～5组，每组可完成8～12次。

（三）发展上肢肩带肌肉的方法

（1）哑铃两臂交替前上举（图10-2-7）。两脚开立，两臂伸直于体侧，两手持哑铃，两臂内旋，交替经体前上举。该动作主要发展三角肌前部。

（2）哑铃体侧上举（图 10-2-8）。两脚开立，两臂于体侧伸直，两手持哑铃，掌心向上，两臂同时经体侧上举。该动作主要发展三角肌中部。

（3）体前屈哑铃飞鸟（图 10-2-9）。两脚开立，上体前屈，背部与地面平行，两臂下垂，两手持哑铃，掌心相对，两臂上举至体侧平举，即"飞鸟"。该动作主要发展三角肌后部。

（4）杠铃体后提拉（图 10-2-10）。两脚开立，两臂于体后伸直，手握杠铃，握距稍比肩宽，做杠铃体后提拉动作。提拉时杠铃要沿着身体垂直向上提。该动作主要发展三角肌后束。

（5）杠铃臂弯举（图 10-2-11）。两脚开立，两臂伸直，两手反握杠铃，握距稍比肩宽，掌心向前，上臂保持不动，做前臂弯举动作，身体可稍前倾。该动作主要发展肱二头肌。

图 10-2-7　　　图 10-2-8　　　　图 10-2-9　　　　图 10-2-10　　　图 10-2-11

运动负荷和基本要求：上肢和肩带肌的负荷不要追求大重量，在做动作时，要注意掌握动作的节奏和正确的技术。训练时所选择的每个动作，可做 3～5 组，每组做 12～15 次，练习 4～6 周后再提高强度。

（四）发展下肢肌肉的方法

（1）坐式负重腿屈伸（图 10-2-12）。坐在长凳的一端，两臂于体侧扶凳，小腿并拢，脚部负重，两腿小腿同时屈伸，伸直时保持几秒静止。该动作主要发展小腿三头肌。

（2）负重单腿侧举（图 10-2-13）。一脚站立，两手叉腰或扶墙，练习腿脚部负重，做负重单腿侧举。该动作主要发展小腿三头肌与髂腰肌。

（3）负重单腿屈伸（图 10-2-14）。一脚站立，两手叉腰或扶墙，练习腿脚部负重，做负重单腿屈伸。该动作主要发展腓肠肌。

（4）杠铃肩上蹲起（图 10-2-15）。两脚开立，约与肩同宽，两臂肩上屈，两手持杠铃于肩上，做蹲起动作。该动作主要发展股四头肌。

图 10-2-12　　　　图 10-2-13　　　　图 10-2-14　　　　图 10-2-15

学习提示：上述各项内容训练时动作不可太快，但要保持应有的节奏。特别是还原动作，应使肌肉始终有阻抗力，结束前不要有丝毫的放松。

任务三　学习健美操

学练实践

　　健美操是一项以有氧运动为基础，以健、力、美为特征，融体操、舞蹈、音乐为一体的身体练习。它具有动作简单易行，造型美观，动作持续时间较长，练习密度较大，身体活动范围较广，参与动作的身体部位较多等特点，具有广泛的群众参与性。它是在迪斯科、爵士、摇滚等现代音乐伴奏下，以增进健康、培养正确体态、塑造美的形体、陶冶美的情操等为目的的一种新的运动项目。它既是健身美体、陶冶情操的大众健身方式，又是竞技运动的一个项目。

　　健美操分为健身健美操与竞技健美操。健身健美操也称大众健美操，本节主要介绍大众健美操的内容。通过健美操课的学习，学生可以掌握健美操运动的基本技术和练习方法，进而达到增强体质、塑造美好体形、培养良好气质、养成经常锻炼身体的好习惯的目的。

步骤一：学习健美操基本徒手动作

（一）头颈部动作

头颈部动作如图 10-3-1 所示。

（1）屈：头颈关节的弯曲，包括前屈、后屈、左屈、右屈。

（2）转：头颈部绕身体垂直轴的转动，包括左转、右转。

（3）绕：头以颈为轴心的弧形运动，包括左绕、右绕。

（4）绕环：头以颈为轴心的圆形运动，包括左绕环、右绕环。

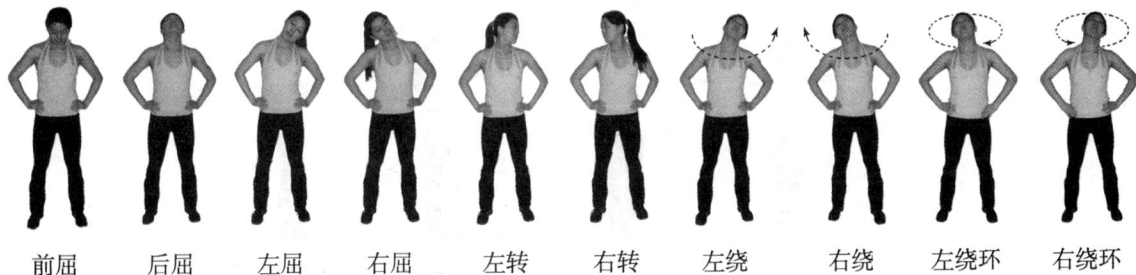

| 前屈 | 后屈 | 左屈 | 右屈 | 左转 | 右转 | 左绕 | 右绕 | 左绕环 | 右绕环 |

图 10-3-1

要求：上体正直，头颈移动的方向要准确、到位，颈部被动肌群充分伸展。

（二）肩部动作

肩部动作如图 10-3-2 所示。

（1）提肩：肩胛骨做向上的运动，包括单肩、双肩同时提和依次提。

（2）沉肩：肩胛骨做向下的运动，包括单肩、双肩同时沉和依次沉。

（3）绕肩：以肩关节为轴做小于 360°的弧形运动，包括单肩或双肩同时和依次向前、向后的绕。

（4）肩绕环：以肩关节为轴做 360°及 360°以上的圆形运动，包括单肩或双肩同时和依次向前、向后的绕环。

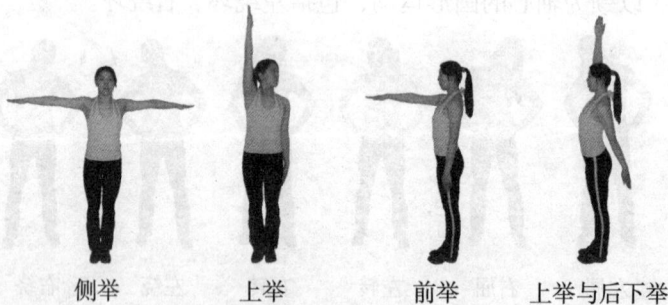

| 提单肩 | 提双肩 | 沉肩 | 单肩前后绕 | 双肩前后绕 | 单肩绕环 | 双肩绕环 |

图 10-3-2

要求：提肩时要尽力向上，沉肩时要尽力向下，动作幅度大，动作有力，在同一额状面上上下运动。绕肩时上体不能摆动，颈与头不能前探。

（三）上肢动作

（1）常用手型。

① 并拢式：五指伸直，相互并拢。拇指微屈，指关节贴于食指旁。

② 分开式：五指用力伸直，充分张开。

③ 芭蕾手式：五指微屈，小指、无名指、中指并拢且稍内收，拇指内扣。

④ 拳式：握拳，拇指在外，指关节弯曲，紧贴于食指和中指。

⑤ 立掌式：五指伸直，手掌用力上翘。

⑥ 西班牙舞手式：五指用力，小指、无名指、中指自掌指关节处依次屈，拇指稍内扣。

（2）举（图 10-3-3）：以肩为轴，臂的活动范围不超过 180° 停止在某一部位的动作，包括单臂和双臂的前、后、侧与中间方向的举。

（3）屈（图 10-3-4）：肘关节弯曲产生一定角度，包括胸前屈、胸前平屈、肩上屈、肩下屈、肩上前屈等。

| 侧举 | 上举 | 前举 | 上举与后下举 |

图 10-3-3

| 胸前屈 | 胸前平屈 | 肩上屈 | 肩下屈 | 肩上前屈 |

图 10-3-4

（4）绕：双臂或单臂向内、外、前、后做 180° ～ 360° 的弧形运动。

（5）绕环（图 10-3-5）：以肩关节为轴，双臂或单臂向前、后、内、外做圆形运动。

双臂向内绕环　　　　　　单臂向前后绕环　　　　　　双臂向前后绕环

图 10-3-5

（6）振：以肩为轴，臂用力摆至最大幅度，包括直臂或屈臂侧举后振、下举后振、上举后振、一臂斜上举一臂斜下举后振等。

要求：做臂的举、屈、绕、绕环和振时，肩部要拉开用力，动作舒展到位。

（四）胸部动作

胸部动作如图 10-3-6 所示。

（1）含胸：两肩内合，缩小胸腔。

（2）挺胸：两肩外展，扩大胸腔。

（3）移胸：颈部固定，胸部左右水平移动。

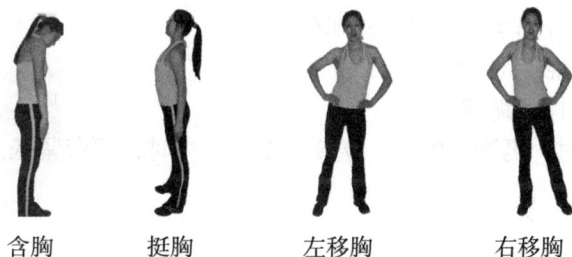

含胸　　　　挺胸　　　　左移胸　　　　右移胸

图 10-3-6

要求：收腹、立腰。

（五）腰部动作

腰部动作如图 10-3-7 所示。

（1）屈：下肢不动，上体沿矢状轴和水平轴的运动，包括体前屈、体后屈、体左侧屈、体右侧屈。

（2）转：下肢不动，上体沿垂直轴的扭转，包括左转体、右转体。

（3）绕、绕环：下肢不动，上体沿垂直轴做弧形、圆形运动，包括左右绕和绕环。

体前屈　　　体左侧屈　　　体右侧屈　　　左转体　右转体　　　左右绕环

图 10-3-7

要求：在侧屈及转体时，上体立直，腰绕环时，速度放慢，在最大转动幅度内转动。

（六）髋部动作

髋部动作如图 10-3-8 所示。

（1）顶髋：髋关节做急速的水平移动，包括左顶髋、右顶髋、前顶髋和后顶髋。

（2）提髋：一侧髋关节急速上提的动作，包括左提髋、右提髋。

（3）髋绕环：髋关节做弧形、圆形移动，包括向左、右的绕和绕环。

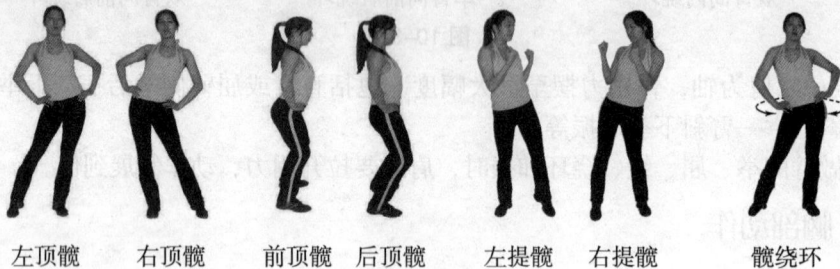

左顶髋　　右顶髋　　前顶髋　后顶髋　　左提髋　右提髋　　髋绕环

图 10-3-8

要求：进行髋部练习时，上体放松。

（七）地上基本姿态

（1）坐：直角坐、分腿坐、跪坐、盘腿坐。

（2）卧：仰卧、侧卧、俯卧。

（3）撑：仰撑、俯撑、跪撑。

要求：做各种坐姿时，挺胸、收腹、立腰；做各种撑时，腰背紧张。

（八）健美操基本步法

目前，各运动学派对健美操的基本步法分类有多种方法。经常采用的基本步法介绍如下。

第一类：无冲击步法，包括弹动、半蹲、弓步、提踵。

第二类：低冲击步法——踏步类，包括踏步、走步、一字步、V 字步、漫步。

第三类：低冲击步法——点地类，包括脚尖前、后、侧点地，脚跟前点地。

第四类：低冲击步法——迈步类，包括并步、迈步点地、迈步屈腿、迈步吸腿、迈步弹踢。

第五类：高冲击步法——跳跃类，包括后踢腿跑、吸腿跳、踢腿跳、弓步跳、弹踢腿、开合跳。

下面重点介绍难度较大的跳跃类高冲击步法。（图 10-3-9）

（1）后踢腿跳：相对于踏步是高强度动作，要求小腿向后高踢，并且脚背要绷直。

（2）吸腿跳：上体正直，吸腿，膝关节弯曲度约为 90°。

（3）踢腿跳：在体前或体侧进行。上体保持正直，收腹立腰，腿踢出时保持伸直，且脚尖向最远端伸出，身体重心基本落在支撑脚的前脚掌。

（4）弓步跳：身体重心在前后的两腿之间，两脚前后交替进行，弓步时，身体重心在前腿上。

（5）弹腿跳：低的膝关节和髋关节运动。腿伸展时高度应控制在膝关节以下。

（6）开合跳：分腿时，髋部外开，膝关节在同方向自然弯曲；并腿时，脚可平行落地或外开并腿动作落地，但必须有控制。

后踢腿跳　　吸腿跳　　踢腿跳（体前）　　踢腿跳（体侧）

弓步跳　　弹腿跳　　开跳　　合跳

图 10-3-9

要求：踏步、跳跃要轻松自如，有弹性，两手叉腰，还可上下肢协调配合，注意调整好呼吸。

步骤二：学习健美操组合动作

【组合 A】

（1）第一个八拍：1～4 拍前踏点步，手臂体前屈；5～8 拍侧踏点步，手臂侧平举。

（2）第二个八拍：1～4 拍左右并步，手臂胸前平举；5～8 拍左右并步，手臂经体侧上举。

【组合 B】

（1）第一个八拍：1～4 拍左脚向前一字步，手臂体前屈，经扩胸置于体侧；5～8 拍右脚向前一字步，手臂同前。

（2）第二个八拍：1～4 拍左脚向后一字步，两臂依次上举后，侧平举还原；5～8 拍右脚向后一字步，手臂同前。

【组合 C】

（1）第一个八拍：1～4 拍左 V 字步一次，手臂屈，经胸前左右依次扩胸；5～8 拍开合跳两次。

（2）第二个八拍：1～4 拍右 V 字步一次，手臂同前；5～8 拍开合跳两次。

【组合 D】

（1）第一个八拍：1 拍右脚向左交叉步，2 拍侧吸左腿，3 拍、4 拍调整，吸腿的同时两臂屈臂上摆；5 拍左脚向右交叉步，6 拍侧踢右腿，同时左臂胸前平举，右臂侧平举，7 拍、8 拍调整还原。

（2）第二个八拍重复第一个八拍。

要求：在练习时请使用组合 A+ 组合 B+ 组合 C+ 组合 D 的方法，即学会了组合 A，再学习组合 B，重复组合 A 和组合 B。继续学习组合 C，重复组合 A、组合 B 和组合 C，依此类推。用这种方法练习大众健身操好学、好记，能使动作不间断。

步骤三：学习第三套《全国健美操大众锻炼标准》（三级）测试套路

动作图解与动作说明见后图。

动作说明	节拍	动作图解
有氧操部分 组合一 4×8×2 4次侧并步成L形 向前、向后走三步吸腿	(一) (二)	
2次一字步	(三) (四)	
向后一字步 迈步吸腿	1~4 5~8	

(一)　(二)　(三)　(四)

动作图解		节拍	动作说明
			组合二　4×8×2
	（一）	（一）～（三）	4次侧交叉步成口字形
	（二）		2次迈步，连续两次吸腿
	（三）	（四）1～6	3次侧并步后退
	（四）	7～8	左腿侧点地接后屈腿
		（五）～（八）	动作同（一）～（四），但方向相反

节拍	动作说明 组合三 4×8×2	动作图解
（一）	2次漫步	
（二）1～4	2次迈步吸腿跳	
5～8	4次走步	
（三）1～4	V字步右转90°	
5～8	V字步	
（四）	4次迈步后屈腿，第7拍左腿后交叉	
（五）～（八）	动作同（一）～（四），但方向相反	

动作说明	节拍	动作图解
组合四　4×8×2		
4次小马跳	（一）	（一）
2次侧并步跳，向前、向后漫步	（二）	（二）
4次连续弹腿踢腿跳前交叉	（三）	（三）
向侧举腿跳接后漫步2次侧并步	（四）1～4 5～8	（四）
动作同（一）～（四），但方向相反	（五）～（八）	

动作图解	节拍	动作说明
		力量练习部分
	1~4 5~8 (一) ~ (四)	预备动作 从站立到到屈腿仰卧 4次仰卧屈腿收腹
	(五) 1~2	过渡动作 吸左腿，两手胸前交叉
	3~4 5~8	换吸右腿，两手上举 向左转体180° 成俯卧
	(六) ~ (九)	4次两头起
	(十) (十一)	过渡动作：成跪俯撑
	~ (十一)	4次跪俯卧撑
	(十四) (十五) 1~4	向右转180° 成屈腿坐
	5~8	分腿90° 坐，右臂前伸
	(十六) 1~4	左手撑地，右臂抬起，撑 起身体
	5~8	结束动作

项目点拨

教会：教师可通过情境设定等多种教学方法，让学生明确学习目标和任务要求，然后对学生进行具体内容的教学，深入挖掘形体健美运动的思政元素，教会学生形体健美的方法，塑造优美体态，展现新时代大学生的精神面貌，促进学生身心全面发展。

勤练：教师应根据学生形体健美运动技术实际的掌握情况，有针对性地、循序渐进地设置各项目的学练节奏，既要保证学练频率，又要保证运动安全。教师在传授形体健美运动技能的同时应加强学生体能训练，使学生在充足的体能保障基础上最大限度地提高技术水平和运动能力。

常赛：教师可指导学生运用所学知识组织各种规模的形体健美竞赛等，使学生参与其中，乐享其中，在赛中体验形体健美运动的乐趣，进而达到以赛促练、以赛促学的目的。

项目笔记

项目总结

项目评价

教师评价：

学生自我评价：

休闲运动

学习提示

　　休闲是现代人追求的一种生存状态和生活方式，是现代文化在现代生活中的一种特殊表现。休闲运动在人们生活中往往变成一种时尚符号，能使心灵得到愉悦，身体得到锻炼。

　　本章主要介绍瑜伽、轮滑、台球、攀岩、保龄球、高尔夫球、（沙滩、软式、娱乐）排球和拓展训练等内容。大学生通过了解与掌握休闲运动基本方法，可以领略职业丰富内涵，学会职场交际方式与手段，展示个人魅力和风采。

项目目标

◎掌握瑜伽的呼吸方法和常见体位法。
◎掌握轮滑的练习方法和滑行技巧。
◎了解台球基础知识，掌握台球基本技术。
◎掌握攀岩基本要领和基本方法。
◎掌握保龄球、高尔夫球的基本技术方法。
◎掌握沙滩、软式、娱乐排球的基本技术。
◎了解拓展训练基础知识，掌握常见拓展训练项目的组织方法。

瑜伽概述

任务一　学习瑜伽

学练实践

步骤一：学习瑜伽基本技术

（一）瑜伽的呼吸

　　瑜伽呼吸由三个部分组成，即吸气、悬息（屏气）、呼气。人们通常认为吸气是呼吸中非常重要的部分，但事实上，吐气才是最关键的部分。吐出去的废气越多，人体才能有机会吸入更多的氧气，因此在许多瑜伽呼吸法中，吐气比吸气时间长，悬息会让氧气停留在体内的时间更长。初学者如果把握不好呼吸，尽量不要做屏气的练习。

呼吸作为人的生理本能，是一种无意识的自然规律。平常人的呼吸在瑜伽的呼吸定义中被称为"肩式呼吸"。瑜伽呼吸方法大约有十多种，较为简单也容易为初学者所掌握的有胸式呼吸法、腹式呼吸法、完全呼吸法、交替呼吸法等；稍复杂些的也是水平较高的瑜伽研习者常用的有鸣声呼吸法、语音呼吸法、风箱式呼吸法等。

1. 胸式呼吸法

气息的吸入局限在胸的区域，气息较浅，这种呼吸适宜做针对性较强的动作，如上背部和胸部的动作。方法：呼吸时，意识集中于肺部，缓缓吸气，感觉自己的肋部向外扩张，气息充满胸腔，保持腹部的平坦；缓缓呼气放松胸腔，将气呼尽。

2. 腹式呼吸法

气息的吸入局限于腹部的区域，气息较深，横膈膜下降得较为充分。方法：呼吸时，更多关注腹部，缓缓吸气，感觉腹部被气息充分膨胀，向前推出，胸腔保持不动；缓缓呼气，横膈膜上升，腹部慢慢向内收。

腹式呼吸法

3. 完全呼吸法（胸腹式呼吸法）

完全呼吸法（胸腹式呼吸法）是瑜伽练习中最常用的呼吸方法，是胸式呼吸和腹式呼吸的结合。它提供给身体最充足的氧气，帮助身体消耗脂肪，并使血液得以净化，将体内的浊气、废气、二氧化碳最充分地排出体外；能够温和地按摩腹脏器官，提高身体机能，增进体内循环，防止呼吸道感染；消除肌肉、内脏的疲劳，尤其对平时剧烈运动后自主神经系统紊乱、内分泌不正常的应急状态特别有帮助；提高人体免疫力，改善心理状态，控制情绪，对集中注意力有很好的效果。方法：呼吸时，缓缓吸入气息，感觉到由于横膈膜下降，腹部完全鼓起；随后，肋骨处向外扩张到最开的状态，肺部继续吸入氧气，胸腔完全扩张，胸部上提；吸满气后缓缓地呼出，放松胸腔，将胸部的气呼出，随后缓慢地收紧腹部，使腹部向内收，感觉肚脐去贴后背，将气完全呼尽为止。

呼吸时应注意以下事项。

（1）将意识集中到一呼一吸上。

（2）一般只由鼻腔参与呼吸，因为鼻腔对灰尘和细菌有过滤作用。

（3）每一次吸气时，犹如品尝空气一般，缓慢而深长地吸入；呼气时，犹如蚕吐丝一般，细而悠长。在意识中要将体内废气排出。

（4）在做躺、跪、坐的姿势时，闭上眼睛，向内集中注意力；在做站立的姿势时，为了保持身体平衡，需要睁开眼睛。

（5）保持自然、轻松的呼吸即可。进行瑜伽呼吸练习，以在每天早上或睡前做 10～20 分钟最佳，若以养身为目的，时间可适当延长。采用的姿势是坐姿或卧姿，宽衣松带，双手自然置于身旁，头、颈、脊柱成一条直线，身心放松。

（二）瑜伽体位法

瑜伽体位法是将身体保持一种平稳、安静、舒适的姿势。它是一种锻炼身体、强化身体，并使身体健康美丽的调身方法，与现代人的生理和心理健康有密切的关联。瑜伽体位法通过身体的前弯后仰、扭转侧弯、俯卧、仰卧等各种姿势，对人体脊柱、中枢神经、骨骼、肌肉、内脏进行全方位的刺激与按摩，配合自身的呼吸、消化、体液分泌物的运转循环，激活身体潜能，提高身体素质，增强人体的免疫力。这种配合呼吸缓慢做动作的体位法，有促进血液流通的按摩效果，可从根本上使我们的身体恢复活力，从而收到强身、健体、塑身美容的功效。瑜伽体位法是缓慢、舒适、连续完成的有氧运动，不用爆发力和反弹力，有效地避免了其他剧烈运动对身体可能产生的种种伤害（如乳酸积累、精神紧张、肌肉老化等）。

（三）瑜伽休息术

瑜伽休息术对身体有莫大的裨益，可使大脑、心脏、自主神经系统和肢体得到深度的休息，使身体恢复活力。正规的放松应该是一种主动、清醒、意念集中的放松，这样才会有松弛的感觉。休息术因不同目的、时间和环境而有不同的练习方法。例如，白天练习的目的在于消除疲劳，快速补充精力，只要做 15 分钟的休息术便可以了，关键的一点是练习过程专注自身呼吸，保持清醒，不要入睡。在晚上睡觉之前练习，时间可尽量延长，直至自己自然入睡为止，这样会感觉到睡眠质量会因此而得到很好的改善。练习体位法后，可做 10 分钟的休息术，通过休息来消除运动所产生的紧张。结束每节课或完成一组瑜伽姿势练习后，也可用此方法缓解身体的紧张，让体内的能量自由流动。具体方法如下。

（1）两眼轻闭，采取仰卧姿势，将两腿分开 20～30 厘米，两臂放在身体两旁，两手掌心向上，让膝盖和脚趾自然放松。

（2）深呼吸，让手臂和腿部轻轻往里和外转动几次，头部也轻轻转动几次，然后停止身体的一切动作，去感受身体的放松状态——开始让身体有融化的感觉，每一次吐气都感觉身体不断下沉，接下来从下往上慢慢放松身体的每一个部位，做缓慢、平静的呼吸。

（3）放松每一个脚趾、脚背、脚底、脚踝、小腿、膝盖、大腿、髋部，随着吐气的动作，放松腰部，感觉身体下沉；再继续让意识上行，放松肋骨、胸部、心脏、肩膀、上臂、下臂、手肘、手腕、手掌、手指；继续调匀呼吸，开始放松颈部、下颌、脸部肌肉、嘴、牙齿、舌头、鼻子、眼皮、眼睛、眉心、前额、太阳穴、头顶、后脑勺、整个头部，接着放松背部，即上背部、中背部、下背部；放松整个脊柱；放松腰部、大腿、膝盖和小腿的后侧。身体每一部位都变得十分放松，呼吸也随之越来越放松、越来越稳定。可根据自身情况反复做 2～3 次，直至身心完全平静、放松。

（4）最后慢慢睁开眼睛，从右边侧身起，结束。

（四）练习方法和练习提示

（1）选择通风好的场地，在地上铺一块垫子或毯子。

（2）宜穿着舒适、宽松的衣服，最好赤脚，冬天可穿袜子。最好摘掉首饰、手表，不穿紧身塑形衣。

（3）空腹 2～3 小时（因人而异，低血糖的人可食少量饼干、牛奶类食物来补充血糖和热量）。

（4）练习开始前可做一些简单的运动作为热身。因为只有热身后，韧带、肌肉才会变得柔软，不容易受伤。

（5）瑜伽练完后 30 分钟之内，不洗澡、不吃食物、不做剧烈运动，以免破坏体内能量的平衡。

（6）在练习过程中循序渐进，始终保持面部表情平和轻松，练习时要将意识专注到被伸展和被刺激的部位，不可存有杂念，不可说笑。动作幅度以自己感觉舒服即可，不要同别人比，要同自己比。

（7）练习中如果肌肉颤抖或痉挛应立即停止，加以按摩，放松后方可再练。

（8）每做完一个瑜伽姿势，应马上做"无空式"来放松身心，并深呼吸 5 或 6 次。

（9）月经期间可选择一些较轻松的姿势来做，不做犁式、肩立式和一些增加腹压的姿势。

（10）妊娠期必须慎选姿势，或者只练习呼吸法。生育两个月后，必须经医生同意方可练习，大病初愈或手术后不要立即做瑜伽练习。

（11）有心脏病、高血压、糖尿病及有脊柱关节伤病的患者，必须经医生同意后才可练习。

（12）选择健康食品，营养、健康、天然的食品能排除体内毒素，保持身体清洁、柔软、使人身心纯净，并能提高人体免疫力。

步骤二：学习瑜伽动作组合

（一）站立体位法

1. 风吹树式

功效：舒展颈部、肩部、臂部、躯干和腿部肌肉，促进肠道蠕动，消除便秘，消除髋部脂肪，改善体态，增强均衡性和灵活性。

做法：① 站姿，两脚并拢，合掌胸前。吸气，两手向头顶高举，手臂轻轻夹住耳朵，上体有往上延伸之感觉（图11-1-1）。② 吐气，上体弯向左侧，与此同时，将髋部向右侧推移保持5次呼吸（图11-1-2）。③ 吸气，还原向上。吐气，上体再弯向右侧，将髋部向左侧推移，保持5次呼吸。（图11-1-3）

图11-1-1　　　　图11-1-2　　　　图11-1-3

提示：脊椎病患者练习时须特别小心，患各类肠炎及近期做过开刀手术者不宜练习。

2. 鱼式

功效：鱼式使腹部器官得以伸展，可缓解和预防腹部疾病。它能滋养内分泌腺体，放松骨盆关节，刺激胰脏，促进消化进程。该姿势能扩展胸部，有助于消除支气管的痉挛，促进深长、顺畅的呼吸。

做法：① 把腿盘成莲花式平放于地面上，背贴地仰卧。② 抬高颈部和胸腔，拱起背部，把头顶放在地面上。③ 用手抓住拇趾，以便增强背部的拱弯程度。④ 用鼻子做深呼吸，保持2分钟后，手臂伸向头后。（图11-1-4至图11-1-8）

图11-1-4　　　　　图11-1-5 　　　　　图11-1-6

图11-1-7　　　　　图11-1-8

3. 腰躯扭转式

功效：放松脊柱和背部肌肉，矫正和改善各种不良状态；消除腰部脂肪，消除腰部、髋关节的僵硬感，恢复其灵活性与柔韧性。

做法：① 站姿，两脚向外打开 60～70 厘米。吸气，两臂向两侧伸展与肩部保持水平，手心向下（图 11-1-9）。② 吐气，腰部向左转动至自身极限，脚不动，右手搭在左肩上，左手放置在后背，眼睛注视左后方，保持自然呼吸 5 次，相反方向重复练习 3 次。（图 11-1-10 至图 11-1-13）

图 11-1-9　　　　图 11-1-10　　　　图 11-1-11　　　　图 11-1-12　　　　图 11-1-13

4. 三角转动式

功效：三角转动式可增加对下脊柱区域的血液供应，滋养脊柱神经，强壮背部肌肉群，消除背部的疼痛；扩张胸部；按摩腹部器官，帮助减少腰围线上的脂肪。

做法：① 保持两膝伸直的同时，右脚向右方转 90°，左脚向右方转约 60°（图 11-1-14、图 11-1-15）。② 呼气，两臂伸直，上体转向右方，让左手在右脚外缘碰触地板。右臂向上伸展，与左臂成一条直线。两眼注视右手指尖，伸展两肩及肩胛骨，保持约 30 秒（图 11-1-16）。③ 恢复时吸气，慢慢先将两手、躯干、两脚转回各自原来的伸展状态，再转回基本站立式。换方向重复练习（图 11-1-17）。

图 11-1-14　　　　图 11-1-15　　　　图 11-1-16　　　　图 11-1-17

（二）平衡体位法

1. 树式

树式

功效：树式可改善、强化平衡感觉，提高注意力；矫正脊柱弯曲，消除腰痛；强化肩部、腿部、脚踝肌肉。

做法：① 站姿，两脚并拢，挺身直立，合掌胸前。吸气，身体重心放在左脚上，脚趾施力压住地面，盆骨向左推移。右脚提起紧贴左腿大腿内侧，脚尖向下。两手同时向上伸展，高举至头顶。眼睛注视前方一固定点，保持自然呼吸 5 次（图 11-1-18 至图 11-1-20）。② 吐气，两手慢慢还原，脚也同时放回地面（图 11-1-21）。交替两侧重复练习 3 次。

图 11-1-18   图 11-1-19   图 11-1-20   图 11-1-21

2. 舞蹈式

功效：强化内脏，改善胃部功能；矫正脊椎和骨盆的异常，使身材匀称；消除腿部赘肉，使腿部曲线修长；对糖尿病有一定的辅助疗效。

做法：①站姿，右腿屈膝向后上方抬起，右手握住脚背。吸气，左臂伸直，左手高举到头顶上方，眼睛注视前方，集中注意力（图 11-1-22）。②吐气，右手慢慢将右脚提高，保持片刻（图 11-1-23）。③吸气，上体微前倾，放松后腰背部位，眼睛注视左手，保持身体平衡，自然呼吸 5 次。④吐气，手脚放下还原站立，调整呼吸，换脚再进行练习（图 11-1-24），左右各做 3 次。

图 11-1-22   图 11-1-23   图 11-1-24

（三）跪姿体位法

以猫式为例。

功效：促进呼吸与甲状腺的新陈代谢；矫正背部，使脊柱恢复弹性；丰满胸部，消除腹部与腰部多余脂肪；对女性月经不调、经痛、乳腺增生等有一定辅助疗效。

做法：①金刚坐姿，两掌置于大腿上，伸直背部，调匀呼吸（图 11-1-25）。②吸气，臀部离开脚跟，俯身向前，抬臀凹腰，膝部、脚背贴地面，手臂伸直，指尖对膝盖，下颌抬高，背部收紧，保持片刻（图 11-1-26）。③吐气，手掌向前撑地，收腹，拱起背部，头部向下，下颌尽量抵住胸部锁骨处，动作静止，自然呼吸 5 次（图 11-1-27）。④再次吸气，下颌向上抬，头部后仰，凹腰部，挺臀部（图 11-1-28）。动作静止，自然呼吸 5 次。上、下各重复练习 3 次。还原金刚坐，调匀呼吸。

图 11-1-25　　　图 11-1-26　　　图 11-1-27　　　图 11-1-28

（四）蹲姿体位法

以花圈式为例。

功效：动作可以运动到腹部器官，获得能量；女性在月经期间背部疼痛难受，练此体位可以消除背痛。

做法：① 蹲坐着，两脚并拢，脚心和脚跟要完全贴在地面上（图 11-1-29）。② 分开大腿和膝盖，身体向前，两手由两腿中间向前伸（图 11-1-30）。③ 手臂弯曲往后，两手握住脚踝后面的部分（图 11-1-31）。④ 握紧脚踝之后呼气，头向下碰触地面，然后两腿立直（图 11-1-32、图 11-1-33）。⑤ 停留 1 分钟，自然地呼吸。⑥ 吸气，头抬起来，手松开，休息。

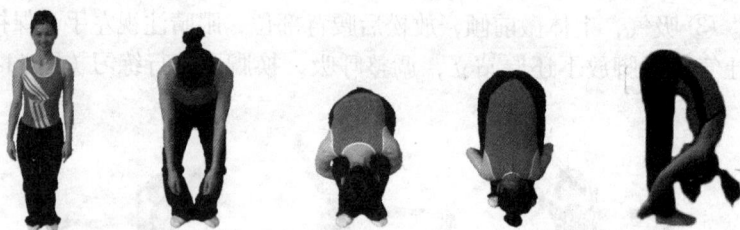

图 11-1-29　　　图 11-1-30　　　图 11-1-31　　　图 11-1-32　　　图 11-1-33

（五）坐姿体位法

以牛面坐式为例。

功效：促进手、臂、肩部血液循环，对腱鞘炎、坐骨神经痛、风湿症等有一定辅助疗效；矫正背部，锻炼胸部与肩部，改善体态；舒缓颈部僵硬，缓解失眠与落枕等疾患。

做法：① 坐姿，两膝弯曲，膝盖重叠，脚尖向后，脚背着地，两臂自然垂于体侧，调匀呼吸（图 11-1-34）。② 吸气，右肘弯曲，慢慢上举，右手掌贴在背后，左手由下方绕到背后，与右手交握，上方的手肘尽量置于颈后，背部挺直，挺胸，眼望前方，自然呼吸 5 次（图 11-1-35、图 11-1-36）。③ 吐气，手指松开，两手放下，回到做法①，放松，调匀呼吸。左右各重复练习 3 次。

图 11-1-34　　　图 11-1-35　　　图 11-1-36

（六）俯卧式体位法

以眼镜蛇式为例。

功效：促进甲状腺与肾上腺分泌，增强心脏功能，增大肺活量，舒缓身心，对记忆力衰退、改善肠胃功能、消除便秘、预防肾结石及女性功能失调等有辅助疗效；强化肩、颈、背部肌肉，增强脊椎弹性，具有健胸、收腹和美化背部的功效。

做法：① 俯卧，两脚并拢，脚背着地，臀部坐于两脚脚跟上，下颌收起，额头触地，两臂前伸，两手平放于地面，调匀呼吸（图 11-1-37）。② 吸气，下颌慢慢抬高，头部向上后仰，臀部抬起，胸部着地，眼望前方。保持此姿势，自然呼吸 5 次（图 11-1-38）。③ 继续吸气，两臂撑直，背部继续往后弯曲，头部尽量后仰，上体离地，眼望上方，眼球可同时左右转动（改善视力）；意识集中在喉部、尾椎，同时臀部收缩，大腿放松（图 11-1-39）。④ 吐气，上体按从骨盆、腰椎、胸椎、颈椎、下颌到额头的顺序慢慢还原到①，调匀呼吸，全身放松。重复练习 3 次。

图 11-1-37　　　　　　图 11-1-38　　　　　　图 11-1-39

提示：眼镜蛇式是一种瑜伽体位法的代表性的姿势，练习时不可用爆发力，尽量使身体处于舒适状态。初学者先行熟悉做法②后，才可练习做法③，以免身体超负荷。甲状腺机能亢奋者、结肠炎、胃溃疡和疝气患者不适宜练习。

（七）仰卧体位法

1. 船式

功效：眼镜增强腹肌力量，消除腹部赘肉，能使大腿修长及腰围变细；防止内脏下垂，改善胃肠功能，消除便秘，强化背部；具有放松身体和关节的效果，对胆小、容易冲动或神经质的人有帮助，是一个全身性提高体能的练习。

做法：① 仰卧，两脚并拢，两臂平放于体侧。② 吸气，同时上体、两脚和两臂向上抬起，只有臀部着地，并以脊椎骨为支点，保持身体平衡；两臂、两腿伸直，两手抓握两脚，保持此姿势，屏息约 5 秒（图 11-1-40）。③ 吐气，慢慢将身体放回地面，调匀呼吸，全身放松。

图 11-1-40

提示：身体上抬时，要收缩腹部，并使全身的肌肉紧张，如发生腿部肌肉痉挛，将脚踝用力蹬出，伸直脚跟韧带。

2. 大休息式

功效：放松肌肉，消除疲劳，使呼吸更协调、更充分。

做法：仰卧，轻轻闭上眼睛，两腿伸直，两手置于身体两侧，掌心向下，手指微屈，缓缓吸气，胸廓慢慢扩张，两肩放松（图11-1-41）。想象头顶、指尖、尾椎、脚跟、脚尖向外延伸。

图 11-1-41

提示：每一节瑜伽体位法做完后皆做本姿势练习。在练习过程中，尽量避免睡着，头脑保持清醒，注意力集中在呼吸上。初学者练习此式不要超过10分钟。

轮滑运动概述

任务二　学习轮滑

学练实践

轮滑是一项在运动中灵活变换身体重心、维持动态平衡的运动。因此，在练习时应认识到大胆、灵活、及时地移动身体重心对掌握技术的重要性，并通过多种练习手段提高移动身体重心的灵活性和掌握平衡的能力。轮滑运动具有侧蹬用力的特点。穿着轮子前后转动的轮滑鞋，在滑行中无法在身体后面找到有效的支点，而只能在体侧找到合理稳固的支点，只有通过侧蹬，才能产生前进的动力。因此，学习轮滑必须克服在陆上走或跑时后蹬用力的习惯，培养向侧用力的习惯。轮滑滑行时一般都采用蹲或半蹲的姿势，因此初学者要时刻想着蹲姿，培养良好的习惯。

步骤一：基础练习

基础练习是学习轮滑的第一步，初学者应按照循序渐进、由易到难的原则，先扶物或扶人进行练习，待初步掌握身体平衡后再进行徒手练习。

丁字站立

（一）原地站立

1. 丁字站立

脚穿轮滑鞋，成丁字步站立，前脚脚跟卡住后脚的脚弓，上体稍前倾，两膝自然弯曲，身体重心落在后脚上。然后两脚交换位置，再成丁字步站立，到站稳为止。（图11-2-1）

八字站立

2. 八字站立

站立时，两脚脚跟靠近，脚尖自然分开，上体稍前倾，两膝自然弯曲，身体重心落在两脚之间（图11-2-2）。身体重心平衡后两脚换成平行站立，上体仍前倾，使身体重心落在两脚之间。八字站立又分外八字站立（图11-2-3）和内八字站立（图11-2-4）。

平行站立

3. 平行站立

两脚平行分开，脚尖稍内扣，膝部微屈，身体重心落在两脚之间。（图11-2-5）

    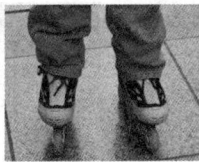

图 11-2-1　　　　　图 11-2-2　　　　　图 11-2-3　　　　　图 11-2-4　　　　　图 11-2-5

（二）移动身体重心练习

1. 原地移动身体重心练习

（1）原地左右移动身体重心练习。两脚平行站立，上体稍向一侧倾移，逐渐将身体重心完全转移至一条腿上支撑，待稳定后再向另一侧移动。（图 11-2-6、图 11-2-7）

原地左右移动
身体重心练习

图 11-2-6　　　　　图 11-2-7

原地高抬腿练习

（2）原地高抬腿练习。两脚平行站立，上体稍前倾，身体重心移至左腿，右腿稍抬起、放下；然后以同样方法练习左腿。练习时要注意放腿时应保持脚下的轮子同时着地。

（3）原地蹲起练习。两脚平行站立，做下蹲并站起的动作。可先做半蹲，逐渐加大下蹲的幅度，直至快速深蹲并做短时间的静蹲后再站起。练习时要注意在屈伸踝、膝、髋三个关节时的协调配合。

原地蹲起练习

2. 内八字脚移动身体重心练习

两脚成内八字脚站立，身体重心移至左脚，右脚向前迈一小步，身体重心随之移至右脚上，然后左脚向前迈进一步，身体重心随之移至左脚上。反复进行练习，逐渐加快迈步频率和加大迈步距离。注意收脚时应尽量保持脚下的轮子同时着地。（图 11-2-8 至图 11-2-19）

图 11-2-8　　　　　图 11-2-9　　　　　图 11-2-10　　　　　图 11-2-11

图 11-2-12　　　　　图 11-2-13　　　　　图 11-2-14　　　　　图 11-2-15

图 11-2-16　　　　　图 11-2-17　　　　　图 11-2-18　　　　　图 11-2-19

3. 侧向移动身体重心练习

两脚左右开立，身体重心向右侧移动，随之左脚向左侧横跨一步，右脚迅速靠拢，待稳定后再进行向右侧的下一步。如此反复进行 5 或 6 步后再向左侧做相同的练习。（图 11-2-20 至图 11-2-25）

图 11-2-20　　　　　图 11-2-21　　　　　图 11-2-22

图 11-2-23　　　　　图 11-2-24　　　　　图 11-2-25

横向交叉步
练习

4. 横向交叉步练习

两脚左右开立，先将身体重心移至左腿上并继续向左移动稍超出左腿支撑点，收右腿，右腿向左腿前外侧迈步成双腿交叉姿势，身体重心随之移至右腿上，接着收左腿向侧跨一步，成开始姿势。如此反复进行 5 或 6 步后再向右侧做相同的练习。（图 11-2-26 至图 11-2-37）

图 11-2-26　　　　　图 11-2-27　　　　　图 11-2-28　　　　　图 11-2-29

图 11-2-30　　　　图 11-2-31　　　　图 11-2-32　　　　图 11-2-33

图 11-2-34　　　　图 11-2-35　　　　图 11-2-36　　　　图 11-2-37

（三）慢速滑行

1. 单蹬双滑练习

两脚平行站立，稍窄于肩。右脚内刃蹬地，将身体重心送至向前滑行的左腿上，右腿蹬地后迅速收腿，与左腿并拢成两脚平行滑行。当速度减慢时，再用左脚内刃蹬地，将身体重心送至向前滑行的右腿上，左腿蹬地后迅速收腿与右腿并拢。

单蹬双滑练习

2. 单蹬单滑练习

两脚平行站立，身体前倾，两臂自然下垂，两膝弯曲。左脚内刃蹬地，随着蹬地动作结束向前收左腿，把身体重心移向右腿，并成半蹲支撑，右脚先用平刃向前滑出，然后用内刃蹬地，把身体重心移向左腿，成半蹲支撑，左脚用平刃向前惯性滑行，两脚交替进行。

单蹬单滑练习

3. 弯道练习

根据滑行速度和圆弧的半径，身体向圆心内倾斜，下肢用交叉步滑行，左脚要用外刃，右脚要用内刃。要求两腿半蹲，上体前倾，当左脚用外刃获得稳定平衡时，右脚向左脚的左侧前方迈出大半步。当右脚落地用内刃蹬地时，身体重心从左腿移到右腿，然后左脚迅速从右腿的后方收回，向左侧迈出大半步，用外刃支撑身体重心。可从粗糙地面到光滑地面，从站立姿势到半蹲姿势，从不连续压步到连续压步进行练习。

步骤二：学习滑行技巧

经过基础练习，练习者在初步掌握轮滑基本技术后，再学习直道滑行、弯道滑行和转弯滑行技巧，以及掌握向后滑行和制动方法。

（一）直道滑行

1. 滑行姿势

采用半蹲的滑行姿势，上体前倾与地面夹角为 25° 左右，背部稍凸起，膝关节弯曲 120° 左右。速度轮滑与冰上速滑有很大的差别，身体姿势不能过低，否则蹬地角度太小，会使轮滑鞋的轮子向外侧打滑，从而影响轮子的蹬地效果。因此，速度轮滑是以高姿势、快频率为基本特征的。

2. 蹬地动作

蹬地技术是决定滑行速度的关键，主要取决于轮子蹬地力的大小和蹬地时间的长短。轮滑过程中不要过分地减少自由滑行的时间，身体重心一般是在前后两轮之间，否则将会影响滑行的惯性，过多地消耗体力。

3. 全身配合

全身配合是完成滑行技术和快速滑行的重要因素。首先是两腿之间的配合，当左腿惯性滑行时收右腿，左腿蹬地时右轮开始着地；其次是上体和臀部与腿的配合，即上体和臀部随着两腿交替移动而不断地转移身体重心；最后是两臂与两腿的配合，滑行时两臂的摆动速度要稍快于两腿的动作速度，以增强轮子的蹬地力量，提高滑行频率。

（二）弯道滑行

1. 滑行姿势

身体向左侧倾斜滑行，至弯道滑行时，利用交叉步使身体重心落在左脚外侧和右脚内侧，滑行姿势比直道滑行稍低，身体重心保持平衡，身体向蹬地腿侧倾斜。

2. 蹬地动作

蹬地采用交叉步。沿着圆弧的切线滑行，步幅不能过长，惯性滑行时间比直道短。当左脚拉收到右支撑腿时，右脚开始蹬地；右腿压收超过左脚时，左腿则开始蹬地。

3. 全身配合

弯道滑行技术的关键是摆臂动作与蹬地动作的配合。弯道摆臂动作可以维持平衡，增加轮子的蹬地力量，提高滑行频率。弯道摆臂的幅度要比直道小，左臂摆动的幅度要比右臂小，手臂摆动的方向偏向左侧。

（三）转弯滑行（以左转弯为例）

1. 滑行姿势

向前直滑达到一定速度后，左脚要在右脚的左前方。若滑行速度快，转弯弧度小，则左脚要超出右脚半步，两脚间距离要宽；若滑行速度较慢，转弯弧度较大，则左脚要超出右脚，两脚间距离可略窄。转弯时，头部向左转，上体向左侧倾斜，臀部下降向左侧移，身体重心要移到左脚外刃，右脚用力压内侧轮。

2. 全身配合

全身配合取决于两脚间距与身体重心向内侧倾斜的程度。前后脚之间（包括左右方向）距离长，身体重心向内侧移动速度快，移动幅度大，转弯就快，弧度就小，但不易保持身体平衡。

（四）向后滑行

1. 向后葫芦滑行

两脚平行站立，脚尖稍向内，两膝弯曲并内扣，身体重心后移，上体前倾。滑行时，两脚内刃向前蹬地，两脚脚跟外展。当两脚向外滑至最大弧度时，两脚用力内收，两膝逐渐撑直，恢复成开始姿势。

2. 向后直线滑行

准备姿势同上，注意身体重心在后，上体前倾。滑行时，左脚内刃蹬地，身体重心向右侧移动，右脚向后滑行，左脚蹬地后放在右脚内侧，然后用右脚内刃蹬地，身体重心移到左侧，左脚向后滑行。（图11-2-38）

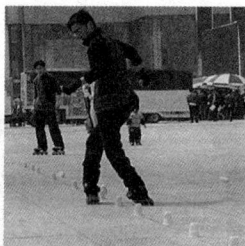

图 11-2-38

（五）制动方法

1. 脚跟制动法

在慢速滑行时，制动脚前伸，脚尖抬起，脚跟着地，另一腿用适当力量压地，使制动脚与地面摩擦，逐渐减速而停止。

2. T形制动法

当左脚支撑滑行时，上体抬起直立，右脚外翻并横放在左脚后面，两脚成T字形，使右脚的轮子横向与地面摩擦。两膝关节弯曲，身体重心下降并逐渐移向右脚，加大摩擦，使之减速而停止。

3. 双脚平行制动法

在快速滑行时，双脚略靠近，身体迅速转体90°，同时带动两脚转90°，身体重心快速降低，膝关节弯曲，用双脚的轮子与地面摩擦使之减速停止。

任务三　学习台球

台球运动概述

学练实践

步骤一：了解台球基础知识

（一）球杆

球杆是台球击球时使用的工具。它由皮头、杆头、杆前部、中轮、杆后部、杆尾组成，一般长137～147厘米，重450～650克。选择球杆首先要考虑适用和不弯曲，长度以从脚量起，使杆垂直，杆头能到下颌附近为宜。杆头应平整，接口要牢，否则不利于瞄准击球。

（二）杆架

杆架是击球时的辅助工具。当本球位于球台上较远处，不便于用手架杆时，就需要用金属制的杆头杆架。杆架有高、中、低三种。

（三）握杆方法

以右手握杆为例。先用左手测试出球杆的重心位置，然后右手在重心位置后约8厘米处握杆。握杆时，拇指和食指自然分开，虎口钳住杆身，其他三指并拢，自然弯曲，轻轻握住球杆。右臂和右手手指不要附加用力，右臂上臂应略离开腋下一些。正确的球杆握法如图 11-3-1 至图 11-3-3 所示。

图 11-3-1   图 11-3-2   图 11-3-3

（四）架杆

1. 基本架杆

基本架杆是台球击球前，为了架稳球杆，在瞄准时用非持杆手做支撑，把球杆放在其上的一个动作。目前流行的基本架杆方法如下：掌心向下，先将除拇指外的四指伸开，使指腹接触台面，手掌略成拱形，拇指翘起，紧靠食指根部，拇指与食指成 V 字形，然后将球杆架在 V 字形槽内，击球时使球杆在 V 字形槽内做直线滑动，如图 11-3-4 所示。

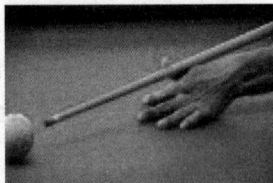

图 11-3-4

基本架杆要点提示：手指充分伸展；手指贴紧台面，手掌拱起；拇指翘起；前臂自然放在台面上；架杆手的位置距本球 15 ～ 50 厘米（根据个人身高与习惯而定）。

2. 环形架杆

左手手指张开，置于台面上，小指、无名指和中指向内弯曲，使其起支撑作用。拇指和食指扣成一个指环，将球杆穿过该指环，支撑好球杆，在杆与环连接处不能留有晃动的余地。

步骤二：学习台球基本技术

（一）站位

正确站位有助于完成正确击球动作。右手握杆，以右脚为轴，左脚略向侧前方迈出一步，两脚分开距离不宜过大，身体保持平衡。身体位置与球杆的关系：保持上体前倾，脸的中心点保持在球杆之上，架杆手臂的肘关节充分伸展。架杆手的位置应与本球保持约 15 厘米距离。图 11-3-5 至图 11-3-7 所示为站位姿势。

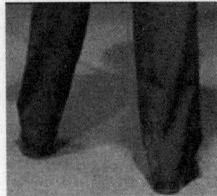

图 11-3-5   图 11-3-6   图 11-3-7

站位要点提示：两脚略前后分开，处在合理位置；身体保持平衡。

（二）击球动作

以肘关节为支点，前臂像钟摆一样前后晃动，球杆向前移动时要平稳，直线前移，不宜上下左右晃动。击球动作如图 11-3-8 所示。

图 11-3-8

击球动作要点提示：以肘关节为支点，前臂自然地前后摆动；球杆平稳地直线前移；出杆击球时不能上下左右晃动。

（三）出杆击球

架杆手臂的肘关节充分伸展，架杆手的位置应与本球保持 15～20 厘米的距离。出杆击球的姿势如图 11-3-9 所示。

图 11-3-9

出杆击球要点提示：出杆击球前，球杆略有停顿；瞄准时，注意力在目标球上；出杆击球要有信心；头部保持向下。（图 11-3-10 至图 11-3-15）

图 11-3-10　　　图 11-3-11　　　图 11-3-12

图 11-3-13　　图 11-3-14　　图 11-3-15

（四）击球杆法

台球的击球杆法是指击球时，使球得分或落袋所使用的正确撞击方法。

1. 跟球杆法

用撞点在本球中上部的杆法击球。本球碰撞目标球后，目标球被撞走，本球随之向前行进。（图 11-3-16）

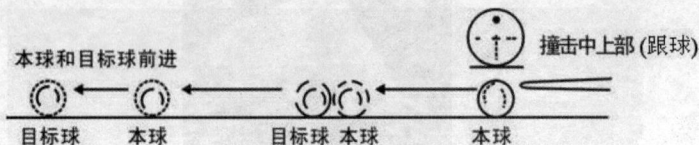

图 11-3-16

2. 缩球杆法

用撞点在本球中下部的杆法击球。本球碰撞目标球后，目标球被撞走，本球随之向后行进。（图 11-3-17）

11-3-17

3. 反弹球杆法

反弹球杆法是利用碰岸后反弹使球落袋的杆法。它是落袋台球比赛的基本技术之一。因为落袋台球要求打指定球的时候较多，所以使用反弹球的机会也较多。反弹球应用入射角与反射角的原理，如图 11-3-18 所示。

4. 薄球杆法

打薄球是比较难的技术，若打得不正确，碰撞得太"厚"，本球就不能沿着正确的路线行进。

瞄准的方法是将本球中心点与靠近目标球边缘连成线，以目标球侧面不到一个球的地方为瞄准点，然后对着本球撞击（图 11-3-19）。这时可采用中下杆打法，这种杆法可避免乱出杆。

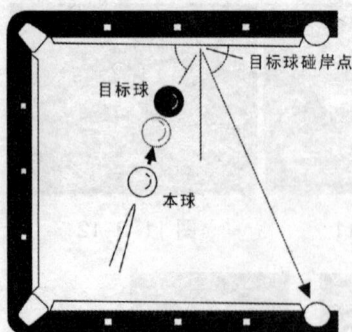

图 11-3-18

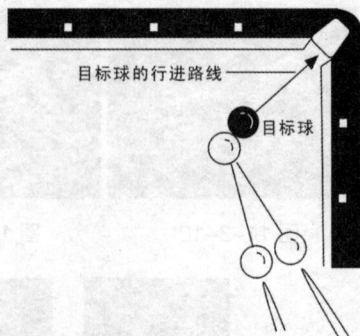

图 11-3-19

5. 空岸球杆法

本球先碰岸一次，再碰撞目标球。它的基本原理是撞击本球的中心，使本球的入射角等于反射角。（图 11-3-20）

6. 贴岸球杆法

当球贴岸时，应离开球的半径瞄准，使本球在撞击目标球时也撞岸边，即可送球落袋。
（图 11-3-21）

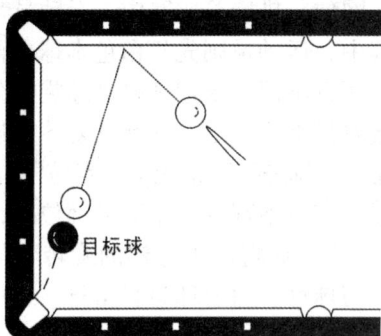

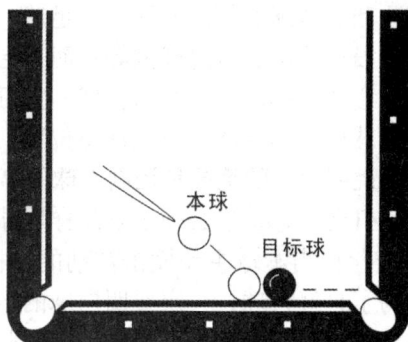

图 11-3-20　　　　　　　　　　　　图 11-3-21

7. 综合撞击杆法

本球瞄准目标球撞击，被撞击的目标球又撞击其他目标球，并使其落袋，这种杆法称为综合撞击杆法。（图 11-3-22）

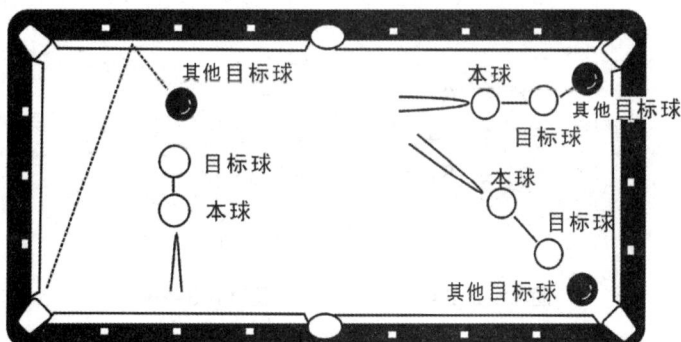

图 11-3-22

8. 扎杆杆法

扎杆杆法是使球杆立起来撞击本球的一种杆法，属台球的一项高级技术。

扎杆前，身体先靠近球台，两脚稍微分开，上体略前倾，脸部比杆稍向前些，面颊内收，将球杆立起，与台面约成 70°，击球时从球的上方给球以逆旋的力，使本球沿着弧线运动的同时，还向前移动。（图 11-3-23）

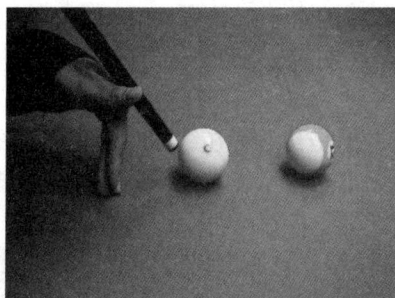

图 11-3-23

扎杆杆法的撞点范围应在球的 6/10 同心圆内。

（五）台球的旋转

台球打法和其他球类打法不同。在足球、篮球、网球、排球等比赛中，运动员都是直接把球踢进球门、投入篮筐、打过球网等；而在台球比赛中，运动员则先打白色本球，再由本球把目标球撞进球袋或连续碰撞两个目标球，方可得分，而且不但要求把球打进球袋得分，还必须考虑打进一个球后，本球能停留在理想位置，以便接着打下一个球，如此反复才能连续取得高分。这一点正说明台球的绝技是控制本球的停留位置，也就是我们常说的"走位"。

因此，学打台球，首先必须了解怎样用球杆打球；在打本球各个不同的部位时，球会产生怎样的旋转变化；当本球主动撞击被动的目标球后，两个球将产生怎样的旋转变化和行进去向；等等。为了打好台球，一定要明白球的运动状态与球性。对着球盲目击打、违反击球的科学规律很难打好台球，也就达不到提高技术水平的目的。

球杆击打在本球上的点叫击点，也称撞点，平视本球，本球正面是一个圆形面，这个圆形面上到处都是击点。为了方便分析、研究和学习，可在圆形面上以圆心为基点设中心点，并根据点位与旋转的相应关系，在中心点周围选定 8 个点，一共 9 个击点。（图 11-3-24、图 11-3-25）

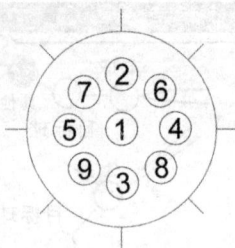 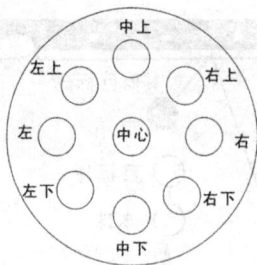

图 11-3-24　　　　　　　　图 11-3-25

①点为中心，②点为中上，③点为中下，④点为右，⑤点为左，⑥点为右上，⑦点为左上，⑧点为右下，⑨点为左下。

球杆上的撞头是球面的，如果球杆上的撞头击本球的边缘部位，由于角度过斜，便会发生打滑现象（称滑杆），说明本球的球面上不都是可以用球杆击打的点位，而是有一定范围限制的。本球可以撞击而不至于打滑的范围称安全击球区。安全击球区是指以本球平视面中心点为圆心，以本球半径的 6/10 为半径的圆形区域，即 6/10 同心圆。如果运动员的击球技术高超，则安全击球区可以向球体边缘延伸，如扩展到本球的 7/10 或 8/10 同心圆范围。

当运动员的球技达到相当高超的水平后，安全击球区随之延伸扩大，击点数量也随之增多，从 9 个基本击点扩展为 17 个、33 个、49 个，使球的运动变幻莫测。

1. 本球的旋转运动

本球上虽然有 9 个基本击点，但是初学者在练球时要先熟悉中心、中上和中下这 3 个常用的击点。这 3 个击点若能打得好，无论是打无袋式台球还是打落袋式台球，基本上都能击球得分。

2. 偏球相撞的旋转运动

偏球就是本球不正面撞击目标球，只撞击目标球的偏侧部分。打偏球的目的是改变本球和目标球的球路以得分。无论打开伦台球还是打落袋式台球，都常用到偏球。我们常听到的所谓厚球、薄球，又或 1/2 球、1/4 球、3/4 球，指的就是本球撞击目标球时偏侧的程度。厚、薄或几分之几是本球撞击目标球的有效撞击截面占球的截面的比例，厚就是有效撞击截面大，薄就是有效撞击截面小。但习惯说的数字比例并不是面积之比，而是撞击截面在直径上所占的线度与目标球直径之比。

打厚球与薄球是实际比赛中的一种击球技术和战术。平时练习时，练习者必须熟悉各种厚球、薄球在击球中及撞击后本球和目标球的运动状况。偏球的厚薄大体可分为 6 个类型：正面、1/2、1/3、2/3、1/4、3/4。

无论打什么类型的偏球，瞄准的点都应该是目标球横向直径延长线与本球纵向（运动方向）直径延长线的交点。打各种偏球时，一定要熟悉瞄准点所在的位置和瞄准方法。

本球正面撞击目标球时，如果本球没有旋转运动，则本球的动量全部传递给目标球，本球停住，目标球沿本球原来方向向前行进，只是本球和目标球互相换了位置，即定位球。事实上，由于摩擦力及动量吸收，目标球前进速度要减慢一些。

当本球偏侧撞击目标球时，本球和目标球的运动方向都偏离了本球原来的运动方向，一个偏左，一个偏右。在动量不被吸收（绝对弹性碰撞）的前提下，且假定本球不旋转，碰撞后的本球和目标球运动方向的夹角为 90°。不论偏球厚薄为多少，只要掌握了这一点，再记住不同旋转状态下的偏转方向影响，就能比较有把握地改变球路。

偏球越厚，则目标球运动方向越接近本球运动方向，速度越快；本球越接近横向滚出，速度越慢。

偏球越薄，则本球运动方向和速度改变得越小，目标球越接近横向滚出，速度越慢。

本球和目标球运动的瞬间位置，符合以原本球运动方向为对角线的矩形定则。变化的瞬间，本球与目标球的轨迹构成了矩形的两个边，这个矩形的对角线方向就是原本球的运动方向。依据这个定则，便可估计本球与目标球碰撞后到达的位置。

3. 高、中、低三种杆法在击打偏球时本球不吃库的典型路线图示

高、中、低三种杆法在击打偏球时本球不吃库的典型路线如图 11-3-26 至图 11-3-33 所示。

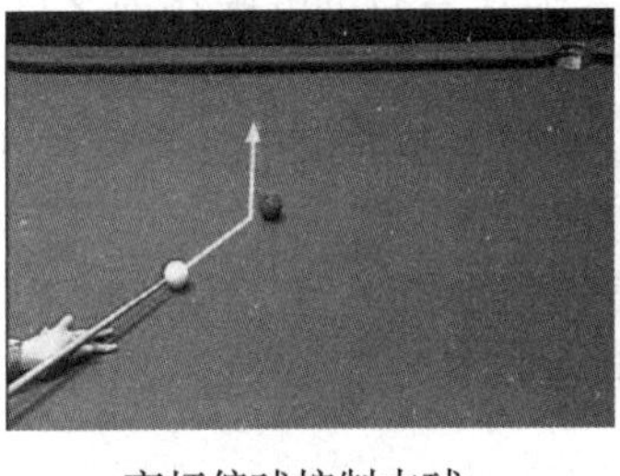

高杆偏球控制本球

图 11-3-26

中杆偏球控制本球

图 11-3-27

低杆偏球控制本球

图 11-3-28

高杆偏球碰岸控制本球

图 11-3-29

中杆偏球碰岸控制本球

图 11-3-30

低杆偏球碰岸控制本球

图 11-3-31

右旋偏球碰岸控制本球

图 11-3-32

左旋偏球碰岸控制本球

图 11-3-33

攀岩概述

任务四　学习攀岩

学练实践

步骤一：学习攀岩基本要领

（1）抓：用手抓住岩石的凸起部分。

（2）抠：用手抠住岩石的棱角、缝隙和边缘。

（3）拉：在抓住前上方牢固支点的前提下，前臂贴于岩壁，以手臂用力使身体向上或向左、右移动。

（4）推：利用侧面、下面的岩体或物体，以手臂的力量使身体移动。

（5）张：将手伸进缝隙里，手掌或手指屈曲张开，以此来抓住岩石的缝隙作为支点移动身体。

（6）蹬：用前脚掌内侧或脚趾的蹬力把身体支撑起来，以减轻上肢的负担。

（7）跨：利用自身的柔韧性避开难点，以寻求有利的支撑点。

（8）挂：用脚尖或脚跟挂住岩石，以维持身体平衡，使身体移动。

（9）踏：利用脚前部下踏较大的支点，以减轻上肢的负担。

步骤二：学习攀岩基本方法

（一）身体姿势

在攀登自然岩壁时，上下肢要协调、舒展，攀登要有节奏，上拉、下蹬要同时用力，身体重心一定要落在脚上，保持面向岩壁、三点固定支撑、贴近岩壁的身体姿势。

（二）手臂的动作

手在攀登中是抓住支点、维持身体平衡的关键，手臂力量直接影响攀登的质量和效果。在攀登人工岩壁和自然岩壁时，手臂的用力方式不同，前者要求第一指手用力抠紧支点的同时，手腕要紧张，手掌要贴在岩壁上，前臂也要随手掌紧贴岩壁而下垂，在引体时，手臂（握点）要有压腕抬肘动作，其动作规律是身体重心活动轨迹变化不大，节奏更为明显。

（三）脚的动作

两腿内旋，拇趾内侧贴近岩面，两膝微屈，脚踩支点，维持身体平衡。在自然岩壁支点大小不一和方向不同的情况下，要灵活运用脚的动作。切记，膝部不要接触岩壁，否则会影响脚的支撑和身体的平衡，甚至会造成滑脱而使膝部受伤的情况。另外，在用脚踩支点时，切忌用力过猛，并要掌握用力的方向。

（四）手脚配合

首先要练好上肢力量，上肢以手指、手腕和手臂力量为主，再配合下肢脚踝、脚趾及腿部的力量，使身体重心随着用力方向的不同而协调地移动，手脚动作配合自如。

任务五 学习保龄球

保龄球概述

> **学练实践**

保龄球运动作为三大绅士运动之一，其文化性要高于娱乐性，具有较强的交际功能。保龄球运动集竞技、锻炼、趣味于一体，是一项时髦的全身运动，对人体的影响是全面的、充分的、合理的。研究表明，人们参加三局保龄球运动，相当于参加20分钟的羽毛球运动、20分钟的自行车运动、15分钟的跑步运动或44分钟的棒球运动。

步骤一：学习选择保龄球

保龄球的质量基本上为6～16磅（1磅≈0.45千克）。初学者应选择比自身的体重约轻1/10的球。（表11-5-1）

表 11-5-1 初学者以体重 1/10 为依据的选球标准

初学者体重	适宜选用的保龄球质量
40～49千克	10磅
50～54千克	11磅
55～59千克	12磅
60～64千克	13磅
65～69千克	14磅
70～74千克	15磅
75千克以上	16磅

步骤二：学习抓球法

抓球法有传统抓球法、半指节抓球法、满指节抓球法。这里简要介绍传统抓球法：先将手的中指和无名指插入指孔，再把拇指深插入指孔，掌心贴着球的弧面，把球牢牢握住，手腕保持平直，手臂肘关节保持90°。（图11-5-1至图11-5-7）

图 11-5-1

图 11-5-2

图 11-5-3

图 11-5-4

图 11-5-5

图 11-5-6

图 11-5-7

步骤三：学习投球

（一）四步助跑

为使保龄球有一个平稳的加速度，投球前必须进行助跑。四步助跑又叫标准型助跑，包括第一步推球、第二步垂直下摆、第三步垂直后摆、第四步向前垂直回摆和滑步投球。手臂摆动时，肩部应放松，像钟摆一样摆动。（图 11-5-8）

图 11-5-8

1. 准备动作

身体正对目标，两脚自然开立；肘部紧贴身体，球约与肩部成一水平线，两膝微屈，上体微前倾。

2. 第一步

右手、右脚（左手球员为左手、左脚）同时向前推出，右手（左手）将球向前推出，球与右脚（左脚）脚尖的水平距离为 10 ～ 15 厘米。

3. 第二步

右手（左手球员为左手）往下摆，左脚（右脚）同时向前推进，左手（右手）向外伸展，以保持身体平衡，右脚（左脚）蹬地。

注意：肩膀要保持平衡。

4. 第三步

第二步完成后，上体自然前倾，两眼看向目标，右手（左手球员为左手）往后摆动，与身体的夹角约为 90°。

5. 第四步

右手、左脚（左手球员为左手、右脚）自然向前推进，右脚（左脚）向后拉，保持身体平衡，同时将球投上球道，击倒球瓶。

6. 完成动作

动作完成后，左腿（左手球员为右腿）屈膝，大腿约与地面成 45°，右腿（左腿）伸直，成弓状，右手（左手）往上拉。

（二）打法

1. 目标瞄准法

（1）以球瓶为目标：由于球员在犯规线处距离 1 号瓶的中心点的距离是 60 英尺（约 1828.8 厘米），易产生视觉偏差，对于初学保龄球的人而言，这种瞄准方法比较困难。

（2）以箭头为目标：每个正规的球道是由 39 块板组成的，每 5 块板有一个箭头表示方向，在距离犯规线 12 ～ 16 英尺（365.76 厘米～ 487.68 厘米）处，有 7 个黑色箭头，被称为目标箭头，初学者一般采用此种瞄准方法。由于目标拉近，球员就容易把球投准目标。在准备投球前，球员要始终瞄准目标，尽可能保持每次动作的一致性，这样有助于把球投到想投的目标上。例如，在投球时，脚部位置不够准确或投球手法不一样，将导致球路的弯曲，这样以箭头为瞄准目标就失去了意义。在初学者尚未习惯以箭头为目标瞄准时，更应注意投球基本动作的一致性。

（3）以线路为目标：在犯规线与目标箭头间还有一排圆点。在这里运用射击瞄准的原理，首先身体要对着 1 号瓶、3 号瓶位的目标或球转弯处的目标，将目标的圆点和目标箭头连成一条直线，这样球就能够更加准确地朝着所设想的目标运行。初学者通常瞄准 3 号目标圆点和 2 号目标箭头的连接线，这种方法可投出容易控制的球。

2. 适宜的球速

投全中球必须掌握好球的速度。从犯规线到 1 号瓶中心线的距离为 60 英尺（约 1828.8 厘米），球的圆周为 68.5 厘米。从理论上讲，球在球道上应滚约 26 圈才能到达 1 号瓶，但事实上由于滑溜，球滚动不到 26 圈。通过实验测得，球从落点开始滑溜到 1 号瓶时以滚动、旋转 16 ～ 19 圈为宜。平均成绩达到 190 分的球员，其所投球从落点开始滑溜到 1 号瓶时一般滚动、旋转 10 ～ 15 圈。

3. 有效的射入角

射入角是球转向 1～3 号瓶位时的路线与 1 号瓶中心线之间构成的角。要想投全中球，球员必须增大和加深射入角。一般来说，在有限的范围内投球，只能得到有限的力量。在保龄球运动中，球员必须努力做到在有限的范围内投球，获得超范围的力量才行。随着保龄球技术的发展和技巧的提高，人们认识到，增大和加深射入角是获得超范围力量的关键。射入角越大、越接近直角，击球的破坏力越大；射入角越深，杀伤力越强。球员通常采用弧线球、自然曲线球、短曲线球和反曲线球，因为只有这样才能得到既大又深的射入角。球从脱手到进入瓶袋，所经路线的第一点是犯规线前的落球点，第二点是目标箭头，第三点是拐向瓶袋的转折点。第一点、第二点决定犯规线角，第三点是射入角的开始。角的调整，是指变换射入角的大小，以求全中。这里必须说明的是，唯有击中瓶袋的既大又深的射入角才有效，否则再大再深的射入角也没有作用，而且球道在不断变化，也很难保持同样大小的射入角。如果球击中瓶袋偏高或超位，说明射入角太大，应减小；如果球击中瓶袋偏低或不到位，说明射入角太小，应增大。

任务六　学习高尔夫球

高尔夫球概述

学练实践

步骤一：学习握杆

（一）左手握杆方法

（1）用杆面瞄准目标，使其方向正确。左手自然下垂，拇指指向地面。

（2）杆把应位于手掌上部，沿手掌和手指交接处向下经过食指中部。

（3）左手自然握住球杆，把梢应露出 2 厘米，虎口对着商标，食指第一指节的位置略低于拇指的指尖；拇指放在杆把上部的中央位置，与食指成 V 字形。（图 11-6-1、图 11-6-2）

 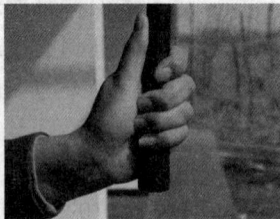

图 11-6-1　　　　　　　　　　图 11-6-2

（4）握杆之后，左手手背正对目标，拇指和食指合成的直线指向右耳，由上往下看只能看到前两个指节。

（二）右手握杆方法

1. 重叠式握法

右手小指扣住左手食指，右手食指成扣扳机状扣住球杆，并与中指明显分开，右手拇指应位于杆把左侧的中央，以便和食指相互平衡。目前大多数人采用这个握杆方法，好处是手的感

觉比较敏锐，击球时容易打出技巧球。（图11-6-3、图11-6-4）

2. 互锁式握法

右手小指插入左手食指与中指之间，与左手食指勾锁在一起。此握法适合手比较小、手掌比较厚的人，或者是挥杆的杆头速度非常快的人。（图11-6-5）

3. 自然式握法

两手手掌相向，但不重叠，用十指握住球杆，右手的小指与左手的食指相贴。此握法适合年龄小或年龄大的高尔夫球爱好者，其好处是比较容易握住球杆。（图11-6-6）

　图11-6-3　　　　　图11-6-4　　　　　图11-6-5　　　　　图11-6-6

步骤二：学习站姿

（1）站姿：打不同的球，两脚间的距离不同；球杆越短，两脚间的距离越小；下肢固定支撑，脊柱充当旋转轴。（图11-6-7、图11-6-8）

（2）球位的摆放：使用不同长度的球杆，站位不一样。杆越短，站位越靠右，反之亦然。（图11-6-9）

　　图11-6-7　　　　图11-6-8　　　　　图11-6-9

（3）瞄球：可分为以下两个步骤。

① 在完成握杆后，下一步就是做好击球准备，包括正确站位、调整好击球前的身体状态。根据击球目标确定两脚位置之后，将球杆放在球之后对准球。

② 准备击球时，先调整右脚站位，再调整左脚站位，使两脚连线、膝关节连线、两肩连线与球杆垂直。

步骤三：学习挥杆

击球的基本原理：球杆的长短决定挥杆轨迹的长短，球飞行轨迹的高度视球杆杆头角而定。挥杆的动作方法包括引杆、下挥杆、击球、顺摆、结束动作与球的飞行。

（一）引杆（包括后引和上挥）

后引指将杆头从击球准备时的状态开始，向身体的后上方摆动的动作。后引时，头、肩不要动，保持手臂和肩构成三角形，膝关节角度保持固定，身体由左向右转动。

上挥是后引的延续。上挥时，保持肩臂成三角形，两眼注视球，左臂伸直，手腕弯曲，握紧球杆，胸部几乎对着目标的相反方向，右肘弯曲，肩转到最大范围且左肩在下颌下方，膝关节拧紧。（图11-6-10）

图11-6-10

（二）下挥杆

下挥杆是指将球杆上挥到顶点时，稍做制动，即开始向下挥杆的动作，这时使身体重心有意识地移向左脚，腰部、髋部快速向目标方向转动，以带动手臂发力，左肩也在腰部的作用下自然向左转动。（图11-6-11）

（三）击球

击球是下挥杆的一部分，是用杆头使球向前运行的技术。这时，身体重心有意识地移动到左脚，手腕保持弯曲状态，到合适的距离时才可以甩动。腰部、髋部向目标方向迅速转动，以带动手臂向前获得更大的速度，头部固定不动，眼睛注视球，杆头击在球的正中位。（图11-6-12）

图11-6-11

图11-6-12

（四）顺摆

顺摆是指击球之后杆头继续向击球方向挥动的过程。它是击球动作的延续，是惯性的挥动。这时，身体重心逐步完全转移到左脚，在右腿的推动下，腰部继续向左转动，头部还是保持不动，右肩在下颌下方以非常稳定的动作结束击球动作。

（五）结束动作与球的飞行

结束动作是正确、流畅、有节奏地挥杆的自然结果。充分的结束动作应该是右臂继续带动右肩向下颌下方转动；身体由左腿支撑并保持稳定；右脚脚尖点地，在右臂到达右肩平直高度时，头部才能随着转动轴转向目标方向。

任务七 学习沙滩、软式、娱乐排球

学练实践

步骤一：学习沙滩排球

（一）沙滩排球概述

沙滩排球起源于 20 世纪 20 年代的美国加利福尼亚州，1927 年传入欧洲。20 世纪 30 年代，两人制沙滩排球赛出现。20 世纪 40 年代，由官方组织的两人制沙滩排球比赛出现。那时的沙滩排球比赛一般没有奖金。20 世纪五六十年代，沙滩排球成为美国海滩上必不可少的娱乐活动，并且和流行音乐一起得到进一步的发展。从 20 世纪 70 年代开始，广告、奖金等商业因素介入沙滩排球比赛。1986 年，第一次国际性沙滩排球比赛在巴西里约热内卢举行。沙滩排球在一批优秀选手的带领下，进一步职业化、商业化。1992 年，国际排球联合会（简称"国际排联"）成立了沙滩排球部；1996 年 7 月 23 日—28 日，在美国亚特兰大海滨举行了第一次奥运会沙滩排球比赛。1998 年，国际排联经协商设立了挑战赛、卫星赛和业余赛，作为国际巡回赛以外的重要赛事。

沙滩排球参赛队员为每队 2 名，而不是室内排球的每队 6 名队员，它是在沙滩上进行的排球比赛。自 1996 年亚特兰大奥运会首次登场亮相后，沙滩排球随即成为 2000 年悉尼奥运会的热点项目之一。

与如今的室内排球不同的是，沙滩排球只有在己方发球的时候才有机会得分，比赛采用三局两胜制，每局比分 15 分，只有领先 2 分才算获胜，每局 17 分封顶，如一队可以以 17：16 获胜。冠亚军决赛和三四名决赛都采用三局两胜制，每局 12 分，第三局为每球得分制，上不封顶，至少赢 2 分才算获胜。

沙滩排球在我国也得到了很好的发展。在 2008 年北京奥运会女子沙滩排球比赛中，田佳、王洁获得的银牌及张希、薛晨获得的铜牌是中国沙滩排球在历届奥运会上的最佳战绩，为中国沙滩排球创造了新的历史。

（二）沙滩排球基本技术

（1）发球：发球的位置在球场两条边线延长线和底线之间的任一点，基本方式可分为低手发球、高手发球和跳发球。

（2）接球：接球一般用两手合握的方式，两手拇指伸直靠拢，一手四指合拢放于另一手的虎口处，另一手四指合拢紧握，以拇指合并处的平坦部位接球。接球时，身体前倾，两脚分开，眼睛紧盯来球，根据球路调整步法，手臂要斜下伸直，将球击向预定位置。

（3）托球：用托举的方式将球准确传给同伴。托球时，两手抬起，肘部稍高于肩部，拇指打开，触球刹那伸直手腕，以腕和肘的力量将球弹出。需要注意的是，托球时，以手指前两个指节部位触球，而不是仅用指尖触球，否则易造成扭伤。

（4）扣球：扣球是最主要的得分方法，要求快、准、狠。扣球时，要注意对时间的把握，当身体跃至最高点时，以手掌的下部触球，再以全手掌盖住球体，以全身力量将球往下扣击。

步骤二：学习软式排球

（一）软式排球概述

软式排球是日本排球协会于 1988 年 2 月推出的一项排球活动。

软式排球由柔软的材料制成。成人组用球重 220～240 克，周长为 63～65 厘米；青少年组用球重 200～220 克，周长为 63～65 厘米。比赛时，双方场上队员均为 8 人。

软式排球质量小、体积大、球体柔软的特性，使得它不受性别、年龄、体质、技术水平的限制，可组织没有排球技术基础的初级比赛，使排球的基本技术如上手传球等操作起来更容易，深受不同年龄层次人们的欢迎。如今，软式排球已推广到新加坡、韩国、加拿大、美国等国家。我国于 1995 年引入软式排球，同年 4 月北京体育大学举办了我国历史上首次软式排球比赛。1996 年 1 月，中国排球协会宣布大力开展沙滩排球和软式排球活动，以吸引广大青少年投身其中。

（二）软式排球基本技术

1. 垫球

垫球时，插臂要及时，击球部位要平、紧，击球动作要协调。软式排球质量小，垫球的手型和用力稍不正确，球便会失去控制，因此在垫球过程中，必须按动作要领去做。两臂必须伸直内夹，形成一个垫击平面；击球时，要蹬腿、提腰、挺肘、压腕，全身协调用力，这样才能控制好球的高度和弧度，提高垫球的稳定性。

垫球是一项防守技术，主要用于接发球和接扣球。发球和扣球速度比较快，软式排球飞行速度比硬式排球慢，而且球在长距离飞行时，因球质量小、飞行惯性小，容易下沉。另外，软式排球球体较软，在球触及手臂的瞬间，球体的一部分会凹陷下去，与手臂吻合，球的重心会继续向飞行方向移动，因此，在接发球和接扣球时，根据软式排球飞行速度慢、易下沉、重心会前移等特性，垫球时一定要注意插臂的时机，截击球时两臂尽量正对来球，以取得最佳效果。

2. 发球

发球时，击球部位要正确，力量要集中，送球要抬臂，注意球下沉。在软式排球比赛中，发球不允许击球点高于肩，多采用下手发球技术。由于软式排球气压小、球体软，当球加速飞行时，球的表面容易被气流挤压变形，球在飞行过程中容易改变飞行轨迹；由于球质量小，球的飞行速度会减慢，球会下沉，因此在发球时，击球部位应尽量在球的中下部，以保持球的飞行稳定性。下手发球时，击球瞬间要注意手臂伴随球的上抬动作，以避免球飞行中下沉而造成球不过网的现象。另外，软式排球球体比较软，发球时的击球力量和速度易被化解，球的飞行速度也会相对减慢，因而发球时，击球力量应集中，要比发硬式排球的击球力量略大些，这样才能提高发球的成功率。

3. 上手传球

上手传球时，传球手型要略大，手腕、手指用力要集中。软式排球因球体软，不易伤手指，传球时不需要手指、手腕的缓冲即可将球柔和传出，因而软式排球的上手传球技术比硬式排球要容易些。软式排球质量小、气压小，要想控制好球，就应注意传球手型要比硬式排球传球手型大些，注意手指、手腕保持一定的紧张度，传球力量应自下而上发力。

4. 扣球

扣球时，全手掌击球，甩腕要及时。软式排球具有轻、软等特点，因而在扣球打不满手或甩腕动作慢时，球很容易平飞出界，这也是软式排球扣球动作与硬式排球扣球动作的较大区别之处。在扣球教学中，应突出打满手和甩腕击球过程中手腕推送用力动作的练习。

步骤三：学习娱乐排球

（一）妈妈排球

妈妈排球起源于日本的名古屋，因参加者多为妈妈而得名。比赛分7个组别，采用淘汰制，得分不受发球限制，类似于乒乓球比赛。1979年6月，名古屋市妈妈排球队访问我国，介绍和表演了这种娱乐排球，上场表演的队员中还有一位82岁的妈妈。从此，妈妈排球在我国逐渐开展起来。1987年5月，上海举办了全国首届妈妈排球邀请赛，4支妈妈排球队参加了比赛。

（二）小排球

小排球和妈妈排球相呼应，小排球活动已在世界各国普遍得到开展。小排球的优点是球小，重190克，是大排球质量的70%。在日本，小学四年级学生开始打胶合小排球；在俄罗斯，9～10岁的三年级学生学习小排球；在我国，12岁以下儿童编为一个组别，开始学习小排球。1983年5月，欧洲小排球委员会于法国的布瓦塞隆宫成立，对12岁以下儿童传授小排球。

（三）站式排球

站式排球是专为单下肢残疾的人设计的一种戴假肢站立的排球活动。比赛规则和场地要求完全同6人制排球，只是要求参赛者必须是单下肢残疾者。

（四）墙排球

墙排球是近年在美国比较流行的一种娱乐性健身排球活动。它是在长12.19米、宽6.10米、顶高6.10米的墙球场地上架起高2.13米的网，采用三打三、二打二或四打四的形式进行的排球活动。其打法和普通排球一样，但可以利用墙的反弹，只要球不落地就可继续打。这种健身排球活动对人的反应力和技术技巧要求较高，玩起来精彩有趣。

（五）气排球

气排球是我国土生土长的一项群众性排球活动。1984年，呼和浩特铁路局集宁分局为了开展老年人体育活动，在没有规则限制的情况下，组织离退休职工用气球在排球场上隔网对打。由于气球过轻且易爆，他们便将两个气球套在一起打，最后又改用儿童软塑球，随后又参照6人制排球比赛规则制定了简单的比赛规则，并将这种活动形式取名为"气排球"。

球的面料由柔软的高密度合成革材质制成。颜色为彩色。圆周长为72～78厘米，质量为120～140克。比赛场区为长12米、宽6米的长方形。球网为黑色，长7米，宽0.8米。男子球网高度2.1米、女子球网高度1.9米。球网高度用量尺从场地中间丈量。一个队由10人组成，其中有1名领队，1名教练员，8名运动员；领队、教练员可兼运动员。

气排球的上述特点使其技巧性降低，比赛中球的飞行速度减慢，来回球的次数增加，击球花样增多，初学者对球的恐惧感降低甚至消失，因而大大提高了气排球比赛的趣味性、吸引力和观赏性。这些特点使得气排球尤其适合老年人和少年儿童。

（六）坐式排球

坐式排球是专为双下肢残疾的人设计的一种坐在场地地面进行的排球活动。比赛场地 10 米 × 6 米，男子网高 1.15 米，女子网高 1.05 米，网宽 0.8 米。比赛采用 6 人制排球规则，只是增加了比赛中击球时击球员臀部不得离地这一规定。1994 年 9 月，在北京第 6 届远东及南太平地区残疾人运动会上，我国首次举行了坐式排球比赛。

拓展训练概述

任务八　拓展训练

学练实践

步骤一：高空项目拓展训练

（一）空中断桥

空中断桥如图 11-8-1 所示。

1. 项目类型

个人心理类挑战项目。

2. 场地

学校拓展训练基地。

图 11-8-1

3. 器材

直径为 10.5 毫米的保护绳 1 条，铁锁 3 把，全身安全衣 1 件，半身安全衣 1 件，安全帽 1 顶，手套 1 双。

4. 人员要求

10 人及以上。

5. 项目目标

（1）挑战自我，战胜自我。

（2）克服心理恐惧，建立自信心。

（3）提高控制与决断能力，学会换位思考。

6. 项目组织

（1）教师召集学生到场地，宣布项目名称和活动要求。

（2）教师讲解器材（如安全衣、安全帽、保护绳、铁锁等）的使用方法。

（3）教师讲解保护与帮助的方法。

（4）学生跃出前先将保护绳向前打，起跳脚在起跳前要尽可能地站在断桥的边沿，蹬腿起跳时一定要果断。

（5）每一名学生在上器械前，保护绳及安全衣要经本队保护人员和教师检查。

（6）每一名学生在上器械前，全队除 3 名保护人员外，其余人员手拉手围成一圈，高呼激励性话语。

7. 注意事项

（1）桥上学生必须穿戴安全衣和安全帽，并在有下方保护的情况下，方可上器械。

（2）桥上学生在活动中不可移动身上的保护装置。

（3）如果桥上学生极度恐惧不敢跃出，教师可穿戴安全装置，上断桥进行引导，必要时可缩短断桥距离或用手拉扶桥上学生过桥，但桥上学生返回时一定要自己完成。

8. 引导讨论

（1）对比看别人做与自己站在桥上的感受。

（2）讨论突破心理障碍瞬间的感受与过程。

（3）体会突破心理障碍与发挥自身潜能、抓住机遇、获得成功之间的关系，体会相互理解和互相鼓励的重要性。

9. 点评

（1）教师根据学生的实际情况制订不同的挑战目标，确保每一名学生都能获得成功的体验，进而在恰当的时机引导学生学习任务定向目标，帮助其养成树立任务定向目标的习惯。

（2）根据学生的讨论及作业，教师在恰当的时机引入心理暗示理论，运用理论联系实际的方法，帮助学生学会运用积极的心理暗示语。

（3）要点指引。个人项目须本着心理挑战最大、体能冒险最小的原则，因为每项活动对学生的心理承受力都是一次极大的考验，教师要指引学生最终真正实现个人某些心理障碍的跨越，与此同时使其体会个人能力的发展潜力。

（二）垂直天梯

垂直天梯如图 11-8-2 所示。

1. 项目类型

双人合作类项目。

2. 场地

学校拓展训练基地。

3. 器材

直径为 10.5 毫米的保护绳 2 条，铁锁 6 把，扁带 1 条，"8" 字环 2 个，全身安全衣 2 件，半身安全衣 2 件，安全帽 2 顶，手套 2 双。

图 11-8-2

4. 人员要求

10 人及以上。

5. 项目目标

（1）体会相互合作的重要性。

（2）通过全队学生相互帮助、鼓励，增强团队精神。

（3）体验经过艰苦努力登上高峰的成就感。

6. 项目组织

（1）教师宣布活动名称并让队长进行人员分配，即确定体验搭档。

（2）教师指定队长给学生分工。

（3）教师宣布评分标准：2 人共同攀上一根圆木计 10 分。

（4）教师讲解规则：不可利用保护绳和两边系圆木的钢缆。

7. 注意事项

（1）教师检查所有器材是否完好无损，2个上保护点相距 1.5 米，各用 2 条保护绳。

（2）每组学生攀登前须经教师检查，保护者要按照规范动作及时收绳。

（3）每 3 组学生做完要检查保护绳，攀登者要穿长衣、长裤，下降时不可过快。

（4）教师要调动大家集体参与活动的积极性。

（5）下保护点由学生保护，每根主绳应有 3 名学生保护。

（6）教师可根据学生具体情况设置辅助绳。

8. 引导讨论

（1）体会预想与实际有无差距，确立目标与成功之间密不可分。

（2）体会与同伴和保护者合作的重要性。

（3）挑战自我，感受成功的体验。

（4）对于复杂或困难的目标，可通过分解目标的方法减轻心理压力。

9. 点评

（1）教师采用合作学习法，使每个学生都能获得成功的体验。

（2）教师运用组内异质、组间同质将学生分组，并组织学生进行组间竞赛。

（3）教师引导各组队长将小组任务根据本组成员的实际情况进行分配，由每个成员负责其中的一小部分，小组的成绩以个人测验分数的总和或小组成员的平均分数来计算。

（4）根据学生的讨论及作业，教师在恰当的时机引入目标设置理论，运用理论联系实际的方法帮助学生学会制定科学、合理的目标。

（5）根据学生的讨论及作业，教师引导学生分析活动中每对搭档的配置是否合理，本组学生是否都能发挥自己的最大潜力，进而让学生深刻理解资源合理配置的重要性。

步骤二：中低空项目拓展训练

（一）穿越电网

穿越电网如图 11-8-3 所示。

图 11-8-3

1. 项目类型

团队配合类项目。

2. 场地

在相对开阔的地带，选择两棵主干高 2 米以上的树或有同样高度的其他支撑物。

3. 器材

4 米宽、1.6 米高的绳网 1 张，绳网中有 15～20 个高低、大小、形状各不相同的"网洞"，最小的"网洞"可勉强通过比较瘦小的学生。

4. 人员要求

10～20 人。

5. 项目目标

（1）增强相互合作的团队精神。

（2）体会计划和精心操作的重要性。

（3）认识每个人在团队中的角色及其作用。

6. 项目组织

（1）教师带领学生将"电网"挂在两棵树之间。

（2）教师将学生集中于"电网"一侧，介绍项目名称和活动要求。

（3）教师说明活动要求后，全队学生开始从"电网"的一侧，在不触动"电网"的情况下，穿越到"电网"的另一侧，穿越必须在规定的时间内完成。

（4）每个"网洞"只能通过1人，如触网则须返回，另选取其他"网洞"，用过的"网洞"作废。

（5）未通过的和已通过的学生不得返回至"电网"的另一侧帮忙。

（6）全队学生从"电网"中的"网洞"通过方为有效，从其他地方通过无效。

7. 注意事项

（1）此项目可锻炼学生的决策和操作能力。为避免学生草率地开始，匆匆通过"电网"，教师应在布置完任务后提醒学生此活动并不简单，也许会涉及管理知识。因此，学生要在精心策划之后再开始穿越。

（2）根据学生人数给出1或2个富余"网洞"。若人数太多，教师可规定若干的"网洞"可以通过2次。

（3）教师可采取"大洞严、小洞宽"的原则，根据实际情况进行判罚。

（4）如在夏季，教师应提醒学生穿着简便的衣服，女生不要穿裙子。

（5）如在天冷的季节，教师在判罚上可适当放宽要求。

（6）教师要详细地观察每个人的表现、作用、决策和协调过程等，以便进行指导。

（7）需要将学生托起通过时，教师应提醒保护学生，注意平稳起放，以保证安全。

（8）在活动进行的过程中，学生如有导致危险的举动，教师要及时予以制止。

8. 引导讨论

（1）团队在集体完成任务时，确定决策人是迈向成功的第一步。

（2）确立方案、明确分工、注意安全保障等是团队成功的关键。

（3）确立有效的团队纪律是团队成功的保障。

（4）有效地利用资源是团队成功的思路。

（5）相互协调和精心操作才能使计划得以顺利实施。

（6）正确对待不同意见和挫折，增强团队的凝聚力。

（7）摆正个人在团队中的位置，是团队成功的基础。

（二）信任背摔

信任背摔如图11-8-4所示。

1. 项目类型

个人挑战与团队配合类项目。

2. 场地

平整的场地1块。

3. 器材

背摔台1个，高约150厘米；捆手布1条，长约60厘米；体操垫1块。

图11-8-4

4. 人员要求

10人以上。

5. 项目目标

（1）克服恐惧心理。

（2）活跃集体气氛，增强团队的凝聚力。

（3）增强相互信任和理解。

6. 项目组织

（1）教师集合学生，介绍项目名称和活动要求。

（2）学生轮流站于高台上，两手握于胸前，直立向台下倒下，台下由其他学生保护其安全。

（3）教师挑选 10～12 名学生作为下方保护人员，摆成保护姿势。下方保护人员要一对一、面对面排列，两臂向前平举，掌心向上，伸到对面学生的两肩上，形成手臂垫；腿要成弓步，注意手臂用力，抬头看着倒下的学生。下方保护人员将倒下的学生接住后，用"放腿抬肩法"将倒下的学生平稳放下。开始之前，教师应先用身体下压台下学生的手臂，让台下学生感受到重量并表现出足够的托力。

（4）台上台下口令呼应。

台上学生："准备好了没有？"

台下学生："准备好了！"

台上学生大声喊出"一，二，三"后，直挺身体向后倒下。

（5）教师站在台上，用捆手布将台上学生的手捆住后，用手抓住捆手布，从捆上布条至喊完口号前教师必须用手握住捆手布，以防台上学生突然倒下。教师站在台上学生的身侧，在提醒下面的学生注意后，可以开始让所有学生按顺序完成该项目。

7. 注意事项

（1）要求全体学生摘去手表、胸针、发卡、眼镜等可能造成伤害的物品。

（2）第一位背摔者可由学生主动报名，但要确定一位体重较轻的人进行第一次背摔，体重较大的人应放在中间做，并可适当增加保护人数。

（3）有心脏病、脑血管病、高血压及严重腰伤者不能参加此项目。

（4）要保证背摔台的四角稳固、结实。

（5）要注意台面木板是否结实。

（6）防止台上学生倒下时将教师同时拉下。

（7）教师在台上时要注意台上学生和自身的安全位置。

（8）教师要检查背摔者身上是否有硬物等危险物品。

（9）未经台上台下口令呼应时，不得操作。

（10）台下学生接到台上学生后不得将其抛起。

（11）禁止将接住的学生顺势平放在地上。

8. 引导讨论

（1）谈谈突破心理障碍瞬间的感受和挑战自我的意义。

（2）通过对比"看"和"做"之间的心理差别，体会换位思考和相互理解的意义。

（3）体会相互信任的重要性。

（4）有些事情未能做或未能做好，并不是能力不行，而是心理素质不行，而心理素质是可以通过锻炼加强的。

（5）不是不能做，而是不敢做，这不是能力问题，是心理问题。

（6）心理保护层厚的人很难发挥现有的能力。

（7）不断突破心理保护层是成功的关键。

（8）不断地突破自己，走出第一步。

步骤三：水上项目拓展训练

（一）扎筏渡河

小组全体成员在规定时间内，利用有限资源（如轮胎、油桶、绳子、竹竿等）扎成一只可以渡河用的竹筏，竹筏经检查并确认结实、牢固后，小组成员划竹筏到指定地点（竹筏下水前，每一个小组成员都必须穿救生衣）。（图11-8-5、图11-8-6）

图11-8-5　　　　　　　　　　　图11-8-6

项目意义：① 培养全体成员同心协力、共同战胜困难的决心与信心；② 培养计划、组织、协调能力；③ 培养决策和统筹意识；④ 感受集体和个人利益的关系；⑤ 学会资源的合理利用与分配；⑥ 体会团队学习的重要性。此拓展项目适合于夏天和气温比较高时进行。

（二）水上滑索

滑索又叫速降、溜索、飞人，动力滑索又叫滑翔飞翼。滑索的基本原理就是依靠两个地点的落差，从高处利用滑索和滑轮滑到低处。队员穿戴柔性吊具，悬挂在滑动小车下，以斜拉的两根钢绳为轨道，利用重力，从高处向低处飞速滑下。水上滑索充满速度感和刺激性，可以轻松跨越山谷、河流、湖面等障碍，让队员体会到凌空飞渡的新奇感受。（图11-8-7）

图11-8-7

项目意义：水上滑索一般在急流澎湃的江河和地势险峻的溪谷上进行，进行此项目有助于克服恐惧，体验蜻蜓点水的奇妙感觉。

（三）水上缅甸桥

水上缅甸桥由2条钢丝和若干木板连接而成的桥面、2条扶绳、1条走绳组成，桥面下是流水。队员需要在没有任何外力辅助的情况下，安全地从桥一端到另一端。此项目要求队员穿上救生衣和安全装备才能上桥。这是一个挑战平衡能力、挑战自我的项目。（图11-8-8）

项目意义：① 建立自信，学会如何在动荡中把握平衡；② 锻炼勇气，克服恐高及胆怯心理；③ 体验杂技中走钢丝的感觉，面临绝境的时候，沉着、冷静是获得成功的武器；④ 敢于充分地展示自我，挑战自我，突破自我；⑤ 体会坚持和心理稳定的作用。

（四）同舟共济

在群山环绕的湖里，队员集中在一只小船上，越过重重困难，以最短时间到达终点，即同舟共济。（图11-8-9）

图11-8-8　　　　　　　　　　　　　图11-8-9

项目意义：① 建立团队的合作意识，认识个人的不足，坚定目标，同心协力达到目标；② 学会合理地运用资源，懂得沟通的重要意义及掌握沟通的技巧；③ 放松心情，享受自然，把收获、喜悦留给自己，留给团队集体，把烦恼抛到脑后。

（五）水上相依

两人一组，从钢缆相距较近的一端（起点）走到钢缆相距较远的另一端（中点），再共同返回起点（有时间、有体力时可往返）。（图11-8-10、图11-8-11）

图11-8-10　　　　　　　　　　　　　图11-8-11

项目意义：① 培养团队协作精神，增强团队信任，提高队员间配合的能力；② 了解互助的意义，懂得阶段性目标对于最终目标的重要性；③ 学会鼓励，不断战胜自我，树立坚定的信念。

项目点拨

教会：教师可通过情境设定等多种教学方法，让学生明确学习目标和任务要求，然后对学生进行具体内容的教学，深入挖掘休闲运动（如瑜伽，轮滑，台球，攀岩，保龄球，高尔夫球，沙滩、软式、娱乐排球，拓展训练）的思政元素，教会学生相应的技术方法，促进学生身心全面发展。

勤练：教师应根据学生各项运动技术的实际掌握情况，有针对性地、循序渐进地设置各项目的学练节奏，既要保证学练频率，又要保证运动安全。教师在传授各项目运动技能的同时应加强学生体能训练，使学生在充足的体能保障基础上最大限度地提高技术水平和运动能力。

常赛：教师可指导学生运用所学知识组织各种规模的竞赛，如瑜伽体位竞赛、轮滑竞赛、台球竞赛等，使学生参与其中，乐享其中，在赛中体验各休闲运动的乐趣，进而达到以赛促练、以赛促学的目的。

项目笔记

项目总结

项目评价

教师评价：

学生自我评价：

项目十二

跆拳道

学习提示

跆拳道既是一项能强身健体、防身自卫的传统搏击术，又是一项集健身、竞技、娱乐为一体，以技击格斗为基础，以修身养性为核心，以磨炼意志、振奋精神、培训良好礼仪道德为目的的现代竞技体育运动。

通过对本章的学习，大学生可以了解并掌握跆拳道基本技战术，培养无畏、坚毅的意志品质。

项目目标

◎ 了解跆拳道相关基础知识。
◎ 掌握跆拳道的标准实战姿势、站位、基本步型、基本步法、基本进攻技术和基本战术。
◎ 学会欣赏跆拳道比赛，积极组织跆拳道活动，以赛促学，以学促练。

跆拳道概述

任务一　学习跆拳道基本技术

学练实践

步骤一：标准实战姿势和站位

（一）标准实战姿势

标准实战姿势

动作要领：以左势为例（左脚在前为左势，右脚在前为右势），两脚前后开立，前脚脚尖微内扣，后脚脚尖稍外展，两脚前后间距约与肩同宽。两手握拳，左拳在前，右拳在后，左臂弯曲，肘关节夹角为80°～100°，左拳与肩同高，右臂弯曲，肘关节夹角小于80°，右拳置于右下颌处，上臂与前臂靠近右侧肋部，身体重心在两脚之间，两臂紧护躯干以上部位。（图12-1-1）

要求：紧腰，收腹，含胸。

（二）站位

一般的站位有开式站位和闭式站位。

（1）开式站位：和对方体前相对应的站位，即自己的身体前面与对方的身体前面相对，包括左势对右势（图12-1-2）和右势对左势两种站位形式。

（2）闭式站位：和对方的体前不相对应的站位，即自己的体前对应对方的体后，包括左势对左势（图12-1-3）和右势对右势两种站位形式。

　　　图12-1-1　　　　　　　图12-1-2　　　　　　　图12-1-3

步骤二：学习基本步型

（一）开立步

动作要领：两脚开立与肩同宽，身体自然直立，两膝微屈，两脚脚尖正对前方，两手握拳置于体侧。（图12-1-4）

（二）马步

动作要领：两脚开立，间距较肩宽，两脚脚尖平行或略外展，挺胸直背，两腿屈膝半蹲，身体重心落在两脚之间。（图12-1-5）

图12-1-4　　图12-1-5

（三）弓步

动作要领：弓步又称前屈立。前后脚分立，两脚相距一步半，前腿屈膝，后腿伸直，前腿膝关节与脚尖在一条垂直线上，身体重心大部分落在前脚上（图12-1-6）。左脚在前称左弓步，右脚在前称右弓步。

（四）前探步

动作要领：前探步又称高前屈立，如走路姿势。两脚之间的距离小于弓步时两脚之间的距离，上体略前倾，前腿膝关节略屈，身体重心大部分落在前脚上（图12-1-7）。左脚在前称左前探步，右脚在前称右前探步。

（五）虚步

动作要领：前脚脚尖点地，脚跟提起，身体重心落在后脚上（图12-1-8）。左脚在前称左虚步，右脚在前称右虚步。

（六）交叉步

动作要领：一脚向另一脚的前侧（前交叉步）或后侧（后交叉步）落步，脚尖着地，两腿交叉。（图12-1-9）

图 12-1-6   图 12-1-7   图 12-1-8   图 12-1-9

步骤三：学习基本步法

基本步法

（一）前进步

前进步主要包括前滑步和前跃步，是主动进攻时常采用的步法，也常运用于假动作过程中的战术配合。

动作要领：以标准实战姿势开始，两脚前后开立，两手握拳置于胸前。前进时，后脚蹬地，前脚先向前方滑出一步，后脚迅速跟上一步，称为前滑步；后脚蹬地，前脚向前跃进一步称为前跃步。在做跃步和滑步时，身体重心不要起伏过大，尽量保持平稳移动。（图 12-1-10）

（二）后退步

后退步包括后跃步和后滑步。

动作要领：以标准实战姿势开始，两脚前脚掌用力蹬地，向后跃起退后一步，称为后跃步（图 12-1-11）。前脚掌蹬地后，后脚后移一步，前脚随即向后移动一步，两脚及身体仍保持原来的姿势，称为后滑步（图 12-1-12）。应用此步法可以拉开与对方的距离，避开对方的进攻或准备反击。

图 12-1-10   图 12-1-11   图 12-1-12

（三）后撤步

动作要领：以标准实战姿势开始，以后脚前脚掌为轴，前脚抬起经后脚内侧向后撤一步，形成和原来相反的实战姿势（图 12-1-13）。应用后撤步，可根据实战需要左右变化，调整与对方的相对距离，准备进行攻击或反击。

（四）侧移步

动作要领：以标准实战姿势开始，两脚前脚掌同时向左（右）侧蹬地，使身体向右（左）侧移动，离开原来的位置（图 12-1-14）。向左移称为左移步，向右移称为右移步。侧移步的作用是避开对方的有力攻击，移动到对方的侧面，准备进行反击。

图 12-1-13　　　　　图 12-1-14

（五）跳换步

动作要领：以标准实战姿势开始，两脚同时蹬地使身体腾空，两脚在空中交换位置，同时转体；落地时，身体姿势成另一侧的实战姿势（图 12-1-15）。跳换步的腾空高度不宜太高，略离地即可；换步时要拧腰转髋，动作要迅速，其目的是干扰对方的攻防思路，选择适合自己进攻的方位，转换自己身体的得分部位使对方不能得分，同时争取反击的空间和时间，马上转入进攻。

（六）弧形步

动作要领：以标准实战姿势开始，前脚的前脚掌原地蹬跻地面，后脚同时向左（右）蹬地后向右（左）跨移一步（图 12-1-16）。向左跨为左弧形步（或称左环绕步），向右跨为右弧形步（或称右环绕步）。

图 12-1-15　　　　　图 12-1-16

（七）上步

上步是为了调整与对方的距离，为准备进攻和反击做准备。

动作要领：以标准实战姿势开始，以前脚的前脚掌为轴，后脚上前一步，成与原来相反的实战姿势。（图 12-1-17）

（八）垫步

垫步主要有两种，即前垫步和后垫步。

动作要领：以标准实战姿势开始，后脚蹬地，向前脚内侧靠拢，同时前脚迅速向前迈步，称为前垫步。以标准实战姿势开始，前脚向后脚方向并拢，同时，后脚蹬地向后迈步，称为后垫步。垫步的动作要求快捷、连贯，迅速接近或远离对方。（图 12-1-18）

图 12-1-17　　　　　图 12-1-18

（九）组合步

组合步是将各种步法组合起来应用的步法。实际上，跆拳道技术在实战过程中，无不通过各种步法的运用和变化而得以实施，而且使用的步法都是有意或无意地组合起来综合运用的。运用步法的目的是调整距离，使自己的动作更加快速、灵活，进而达到进退自如、控制节奏、有效攻击和有效防守的目的。步法的组合应根据实际情况的变化而改变，把攻击和反击的技术与步法紧密结合起来，做到在移动中进攻，在移动中防守，在移动中反击，使步法的运用和拳法、腿法融为一体，成为进攻、防守、反击的有机连接技术，从而达到取得实战胜利的目的。

步骤四：学习基本进攻技术

（一）拳法

拳法是跆拳道实战中基本而又重要的技术。运用拳法时，拳必须握紧，动作发力要迅猛、短促，完成击打动作后要立即收回，拳击出的过程中要做手臂的内旋动作，拳击至最远端时手臂伸直，拳心向下，击打目标后放松收回。（图12-1-19）

1. 冲拳

动作要领：① 两脚开立，与肩同宽，两手握拳收于腰间，拳心向上。 ② 左脚向前上步成左弓步；同时，右臂从腰间由屈到伸并内旋，右拳向前平冲，用拳面击打对方的身体。（图12-1-20、图12-1-21）

除前冲拳外，冲拳还有侧冲拳、后冲拳。此拳通常用于对面部及下颌做上盘攻击；对胸部及腹部做中盘攻击；对下腹部、下肋部及裆部做下盘攻击。此外，除了向对方攻来的部位施以防御性的自卫外，还可主动击打对方手及脚部的肌肉、关节等，使其无法活动自如，抑制对方的攻势。

2. 抄拳

动作要领：左脚上步成三七步，同时左手前伸抓住对方的衣襟，右手握拳收于腰部右侧。两脚不动，身体重心前移，成左弓步；同时左手回拉，右拳从腰间由下向上击打对方的下颌。（图12-1-22、图12-1-23）

图12-1-19　　图12-1-20　　图12-1-21　　　　图12-1-22　　　　图12-1-23

3. 弹拳

动作要领：① 两脚开立，两手握拳，两臂屈肘置于腹前，右拳在外，左拳在内，两拳拳心均向下，身体左转，同时左臂屈肘提至胸前，以肘关节为轴使左拳由下颌向前弹击，力达拳背。（图12-1-24、图12-1-25）

此拳通常用于攻击人的上唇、人中穴或面部。

4. 鞭拳

动作要领：① 两脚前后开立；右手握拳，右臂屈肘上提至与肩同高，置于右肩前方，拳心向下；左手握拳收于腰间。② 右臂以肘关节为轴，由里向外用拳背鞭打对方的面部或胸部。（图 12-1-26、图 12-1-27）

此拳通常用于攻击人的面部或胸部。

图 12-1-24　　　　图 12-1-25　　　　图 12-1-26　　　　图 12-1-27

5. 劈拳

动作要领：① 两脚前后开立；同时左手握拳置于体侧腰间，拳心向内，右手握拳，右臂屈肘收于右肩内侧，与肩同高。② 两脚不动；右臂由上向下、向右直臂抡劈，用拳轮劈击对方的头部、颈部或胸部。（图 12-1-28 至图 12-1-30）

6. 截拳

动作要领：① 两脚左右开立，两手握拳收于腹前（图 12-1-31）。② 左脚向前上步成左弓步；同时，右臂内旋，以肘关节为轴向前用拳轮横击对方的面部、胸部或肋部。（图 12-1-32）

图 12-1-28　　　　图 12-1-29　　　　图 12-1-30　　　　图 12-1-31　　　　图 12-1-32

（二）掌法

跆拳道中的掌如图 12-1-33 所示。

掌法在跆拳道实战中是非常多见的，虽然正式的跆拳道比赛不准使用掌法，但是掌法在跆拳道品势练习、实战格斗及防身自卫中，都具有非同寻常的攻击效果。因此，练好掌法对增强实战格斗和防身自卫能力有着重要意义。

1. 砍掌

动作要领：① 两脚开立，与肩同宽；两臂屈肘，两手握拳置于腹前，拳心向下（图 12-1-34）。② 右脚向前上步成右弓步；同时左臂由屈到伸向前横砍，用手刀砍击对方的颈部，掌心朝下（图 12-1-35）。砍掌分仰掌砍击、俯掌砍击。

2. 插掌

动作要领：① 两脚开立，与肩同宽；两臂屈肘，两手握拳置于腹前，拳心向内（图 12-1-36）。② 右脚向前上步成右弓步；同时左拳变掌，掌指朝前，从腰间向前插击，用掌指末端插击对方的腹部（图 12-1-37）。③ 插掌可分为立插掌和平插掌。

3. 掌根推击

动作要领：① 两脚开立，与肩同宽；两臂屈肘，两手握拳置于腹前，拳心向内（图 12-1-38）。

② 左脚向前上步，同时右拳变拳，从腰间向前推出，力达掌根，用掌根击打对方的面部。（图 12-1-39）

图 12-1-33　　图 12-1-34　　图 12-1-35　　图 12-1-36　　图 12-1-37　　图 12-1-38　　图 12-1-39

（三）肘法

由于肘关节骨结构本身的特点，使用肘关节击打的力度和威胁都很大。尤其是在贴身的近距离攻击中，肘的威力更能充分发挥，给对方以强有力的打击。因为肘关节前后左右都可以使用，所以肘的进攻动作可以向不同的方向击出。（图 12-1-40）

1. 顶肘

动作要领：① 两脚开立，与肩同宽；两臂屈肘，两手握拳置于腹前，拳心向内（图 12-1-41）。② 左脚向前迈出一步成左弓步，同时左臂屈肘上提至胸前；右拳变掌提到胸前，用右掌推动左拳，以左侧肩关节为轴，左肘肘尖领先向前顶击（图 12-1-42）。

顶肘攻击的主要部位是头面部、胸部、肋部和腹部。

2. 挑肘

动作要领：① 两脚开立，与肩同宽；两臂屈肘，两手握拳置于腹前，拳心向内（图 12-1-43）。② 以准备姿势开始，左脚向前迈一步成左弓步，同时右拳自腰间上举，右肘屈曲收紧，肘尖自下向上挑起（图 12-1-44）。

左右挑肘动作相同，只是方向相反。挑肘攻击的主要部位有下颌和腹部。挑肘时要拧腰顺肩，以增加挑肘的距离和力量。

图 12-1-40　　图 12-1-41　　图 12-1-42　　图 12-1-43　　图 12-1-44

3. 摆肘

动作要领：① 两脚开立，与肩同宽；两臂屈肘，两手握拳置于腹前，拳心向内（图 12-1-45）。② 右脚向前上步成右弓步；同时，左臂以肘尖领先由外向里弧形摆动，用肘部横击对方的腹部（图 12-1-46）。击肘时要尽量将身体重量作用于肘部，增加击肘的力量。

4. 砸肘

动作要领：① 两脚开立，与肩同宽；两臂屈肘，两手握拳置于腹前，拳心向内（图 12-1-47）。② 右脚向前上步成右弓步；同时，左臂以肩关节为轴屈肘上举，当左拳靠近耳侧时，肘关节抬至水平以上，随即左肘用力下砸（图 12-1-48）。左右砸肘动作相同，只是方向相反。

图 12-1-45   图 12-1-46   图 12-1-47   图 12-1-48

（四）膝法

膝关节在跆拳道实战格斗中是近距离攻击对方的主要部位之一，是人体关节中非常有力量的一种，而且使用简单，一旦击中对方就会致敌败北。使用膝关节的主要技术是顶膝和撞膝。（图 12-1-49）

1. 顶膝

动作要领：以左势开始，右脚向前迈半步成右弓步，同时两手自腰间前举，由拳变掌抓住对方的肩部或衣襟；随即两手用力向下压拉对方的肩部或衣襟，同时提左膝向上顶击对方（图 12-1-50、图 12-1-51）。

顶膝时，两手的下压、下拉用力和提膝上顶要协调进行，以形成合力顶击对方。顶膝的主要部位有腹部、裆部、头面部。

2. 撞膝

动作要领：① 两脚开立，与肩同宽，两拳抱于腹前，以右脚掌为轴跪地，身体右转，同时左腿屈膝上提，自左下向右上撞膝（图 12-1-52、图 12-1-53）。② 左脚上步成左弓步；同时，两手抓住对方的两肩，使其身体前倾；右腿屈膝上提，用膝部冲撞对方的头部或腹部。

提膝、转体、撞膝的动作要连续协调，形成加速撞钟式的动作，以提高杀伤力。撞膝的主要部位是腹部和两侧肋部。

图 12-1-49   图 12-1-50   图 12-1-51   图 12-1-52   图 12-1-53

（五）踢法

在跆拳道实战中，脚部进攻时一般使用的部位包括前脚掌、脚趾、脚背、足刀、脚跟、脚跟底部。利用这些部位可以进行站立踢、跳动踢、助跑踢、转身踢、飞踢等不同形式的踢法进攻，每种踢法踢击的部位各有不同。在实战过程中，本方要根据具体情况，如对方所处位置、暴露的部位、防守的姿势及双方的距离等选择不同的踢法。

1. 前踢

动作要领：① 以左势开始，右脚蹬地，髋关节向左旋转，两手握拳置于体侧；同时，右腿以髋关节为轴屈膝上提（图 12-1-54、图 12-1-55）。② 当大腿抬至水平

前踢

277

或稍高时，髋关节向前送，小腿前踢。前踢时，利用弹性力由膝关节发力去踢（图12-1-56）。另外，还可用脚跟去踢对方。

前踢时，膝关节夹紧，小腿放松，要有弹性；髋关节向前送或向上送；小腿回收与前踢的速度一样快。主要攻击部位有面部、下颌、腹部、裆部。前踢亦可用于防守。

2. 侧踢

动作要领：① 以右势开始（图12-1-57）；右脚蹬地，左腿以膝关节为轴屈膝提起，两手握拳置于体侧（图12-1-58）。② 右脚以前脚掌为轴内旋180°，髋关节向右旋转，左腿以膝关节为轴向前蹬伸，左脚快速向右前上方直线踢出

侧踢（图12-1-59），力点在脚跟，发力后沿起腿路线收回、放松，身体重心落下（原处或向前均可），再次回到右势。

起腿时，大小腿、膝关节夹紧；踢出发力时，头、肩、腰、髋、膝、腿和踝成一条直线；大小腿直线踢出，沿原路线收回。侧踢动作的主要攻击部位有膝部、腹部、肋部、胸部和头面部。

图12-1-54　　　图12-1-55　　　图12-1-56　　　图12-1-57　　图12-1-58　　　图12-1-59

3. 后踢

以左势开始，左脚以前脚掌为轴内旋的同时，上体向右后旋转，右腿提膝向腹部靠近，大腿与小腿收紧，向后直线踢出，身体重心前移，右脚落下，成右势。（图12-1-60至图12-1-64）

后踢

图12-1-60　　　图12-1-61　　　图12-1-62　　　图12-1-63　　　图12-1-64

要求：注意对动作过程中的身体重心的掌握；蹬踹时，身体充分伸展，动作快速有力。

4. 劈腿

动作要领：以左势开始，以左脚前脚掌为轴脚跟内旋，右腿屈膝提起，脚高举过头，脚背稍绷直，达最高点时快速下压，力达前脚掌，脚自然落下还原成右势。（图12-1-65至图12-1-68）

5. 摆踢

动作要领：以右势开始，右脚蹬地，左腿屈膝提起，右脚以前脚掌为轴内旋约45°，左脚向右前方伸出，用力向左侧水平鞭打，身体重心往前落下，恢复成左势。（图12-1-69至图12-1-71）

图 12-1-65　　　图 12-1-66　　　图 12-1-67　　　图 12-1-68　　　图 12-1-69　　　图 12-1-70　　　图 12-1-71

6. 横踢

动作要领：以左势开始，以左腿为支撑腿向左旋转 90°，右腿向前提膝，大小腿折叠，脚背绷平，然后翻胯让身体成一平面，往前上方踢出，着力点在脚背，收腿落地还原成左势。（图 12-1-72 至图 12-1-77）

图 12-1-72　　　　图 12-1-73　　　　图 12-1-74　　　　图 12-1-75　　　　图 12-1-76　　　　图 12-1-77

任务二　学习跆拳道基本战术

学练实践

步骤一：掌握跆拳道战术原则

运动员在比赛中，根据自己和对方的情况，充分发挥己方特长，限制对方特长，为战胜对方而采取的计策和方法，即为战术。跆拳道战术的实质在于使运动员能在跆拳道比赛中依据各种可能发生的情况，运用自己平时训练所练就的各项技能，最有效地发挥自己的优势去战胜对方。在运用战术的过程中，运动员要树立正确的战术思想，体现以我为主、快速灵活的方针，要遵循跆拳道的技术发展变化规律，使战术训练有明确的目的性。

（一）功能设计原则

根据跆拳道比赛技术特点和功能设计战术，是实现战术的基础。战术是通过一定的技术动作实现的，不同技术动作的组合表达了不同的战术意识。因此，根据跆拳道比赛技术特点和功能设计战术是合理、有效地发挥技术的战术原则之一。它能使我们从跆拳道技术的整体性、相对独立性、相关性、动态性、有序性和互变规律性的系统观点出发，正确地制订战术，而不是孤立地、片面地只考虑某一个战术环节和某一个战术动作的技术因素，产生单一的战术方案。跆拳道比赛的技术以踢法为主，制订战术时应根据踢法的不同形式、方位、远近、高低及动作之间的连接规律，按照不同动作的不同作用，充分运用竞赛规则允许的条件，制订不同的战术方案。

（二）攻防兼顾原则

跆拳道比赛紧张、激烈、刺激，如果比赛中只是一味地讲究进攻或单纯防守，就会攻防失调、顾此失彼。因此，比赛中一定要遵循攻防兼顾的原则，在瞬息万变的激烈对抗中临战不惧、临危不乱，保持合理的攻防节奏和效果。攻防兼顾原则是根据比赛时的具体情况灵活应用的。比赛时，如果运动员面对的是强于自己的对手，就要加强防守，运用防守反击战术与对手对抗；如果运动员面对的是弱于自己的对手，就要采取主动进攻战术，争取主动战胜对方；如果两人实力相当，要攻防兼顾，充分发挥智能，运用适当的战术，做到有序进攻，稳妥防守，抓住战机，猛烈进攻。

（三）控制与反控制原则

在跆拳道比赛中，经常会遇到这样的情况，就是一名运动员虽然具有较好的专项身体素质和较高的技战术水平，但还是在比赛中被对方控制得不能有效发挥，他的一举一动都被对方有效控制，因而导致比赛的失败。这种控制就是运用技战术扼制对方进攻的有效方法。如果运动员的控制能力好，运用技战术合理，就会占据比赛的主动和优势；相反，就会处于劣势和被动。如果运动员具有更强的反控制技战术，则其会变被动为主动。

（四）灵活多变原则

跆拳道赛场上的局势是千变万化的，比赛时如果利用为数不多的战术，甚至采用固定的战术，则容易被对方摸到规律，使自己陷入被动挨打的局面。因此，在设计战术和进行战术训练时，运动员要根据比赛中可能发生的情况，多考虑几种战术组合及其相互之间的衔接配合和变化运用，利用多种技战术方法，最大限度地体现不同的进攻方向和进攻点。利用赛场上的时间、空间、角度、方向和位置，以及真假动作的交替变化，即利用一切可以利用的条件和规则允许的技术，设计和练习灵活多变、多种形式的战术组合，而且这些战术一定要有针对性和实效性，否则，只有华而不实的技战术动作组合，形式再多，动作再漂亮，也不可能取得最终的胜利。

（五）因地制宜原则

《孙子兵法》曰："知己知彼，百战不殆。"只有正确地认识自己，清楚地了解对方的实际情况，才能百战百胜。这一策略同样适用于跆拳道比赛。要想战胜对方，就要了解对方的具体实力和各种优缺点，然后针对这些具体情况考虑设计相应的战术，运筹帷幄，实现战术意图。因此，在双方交战前，一定要全面了解对方的具体情况。

步骤二：了解战术种类

跆拳道比赛的战术种类是指运动员在临场复杂多变的比赛中，根据比赛的规律和各方面的情况随机应变，有判断、有目的、有预见地决定自己对付对方的策略思维活动。符合自己特点的战术容易掌握和运用，并可以达到有效使用的目的，而要切实提高战术的质量，则战术要先进，要充分了解战术本身的优缺点和对方的适应情况，挖掘发展潜力大的战术，不断创造新战术。

（一）技术战术

利用技术全面、熟练、有效果的特点，变化运用各种技术，发挥自己擅长的技术，掌握比赛的主动权，抑制对方，达到战胜对方的目的。

（二）假动作或假象战术

用逼真的假动作或假象欺骗对方，引其上当，分散其注意力，使其露出破绽，利用这个机会猛烈攻击而得分。

（三）心理战术

比赛开始前，利用情绪、动作、表情等威慑对方，比赛中用气势压倒对方，或者利用规则允许和基本允许的各种手段，干扰对方情绪，给对方造成心理负担，使对方技战术发挥失常，挫伤对方的锐气，发挥自己的优势，在气势上战胜对方。

（四）破坏战术

使用规则允许的技术破坏对方技术，控制其动作发挥，使对方进攻无效并且消耗其体力，使其丧失信心，导致比赛的失败。

（五）防守反击战术

利用防守好的特点，在防守的基础上利用反击技术打击对方。

（六）体力战术

对于耐力好的运动员来说，要充分发挥体力比对方好的优势，让对方和自己一直处于运动之中，与对方比拼体力，消耗掉对方的体力而战胜对方。

（七）规则战术

竞赛规则有对攻击部位和攻击方法的限制，但也有规则限制模糊的地方，可以利用规则允许或基本允许使用的各种制胜办法攻击对方。

（八）步法战术

利用自己步法灵活和动作敏捷的优势，围绕对方游斗，引对方上当或扰乱其情绪，待对方反击时又迅速撤退或靠近对方，扰乱对方的情绪和攻防意图，破坏对方进攻而战胜对方。

（九）优势战术

跆拳道竞赛规则规定，在比赛平分的情况下，裁判员根据双方主动进攻的次数和使用高难技术的多少进行判定，进攻次数或使用高难技术多的一方为胜方。在比赛平分的情况下，利用规则允许的技术，靠主动进攻次数或使用高难技术取胜。

（十）特长发挥战术

特长发挥战术是利用自己的特长、优势技术不断得分的战术。

（十一）空间战术

充分利用赛场的空间，攻击对方不同的得分部位或同一得分部位，或者故意露出某一部位引诱对方进攻，实行反击。

（十二）语言战术

教练员和运动员达成默契的配合，用语言引诱对方上当受骗，但要注意语言的隐蔽性和合理性，既要能够使对方上当，又不要触犯规则。

项目点拨

教会：教师可通过情境设定等多种教学方法，让学生明确学习目标和任务要求，然后对学生进行具体内容的教学，深入挖掘跆拳道的思政元素，教会学生相应的技术方法，促进学生身心全面发展。

勤练：教师应根据学生各项运动技术的实际掌握情况，有针对性地、循序渐进地设置跆拳道的学练节奏，既要保证学练频率，又要保证运动安全。教师在传授跆拳道技能的同时，应加强学生体能训练，使学生在充足的体能保障基础上最大限度地提高技术水平和运动能力。

常赛：教师可指导学生运用所学知识组织各种规模的跆拳道竞赛，使学生参与其中，乐享其中，在竞赛中体验跆拳道的乐趣，进而达到以赛促练、以赛促学的目的。

项目笔记

项目总结

项目评价

教师评价：

学生自我评价：

项目十三

体育舞蹈

🏠 学习提示

　　体育舞蹈是一项有氧健身运动项目，也是融体育、舞蹈、音乐为一体的运动项目。它具有健身性、娱乐性、竞技性，同时具有很高的艺术价值和美学价值，深受广大群众的喜爱，也受到大学生的喜爱。

　　通过对本章的学习，大学生可以了解体育舞蹈的基础知识，掌握体育舞蹈基本技术等。大学生经常练习体育舞蹈能够增强体质，强化身体素质，培养和训练大学生的节奏感、灵敏性、柔韧性及动作的协调性，增强自信心，提高心理素质，展现出优雅的气质和良好的精神风貌。

🔍 项目目标

◎了解体育舞蹈基础知识。

◎掌握体育舞蹈基本技术。

◎学会欣赏体育舞蹈，营造良好的学练氛围，以赛促学，以学促练。

任务一　　了解体育舞蹈基础知识

体育舞蹈概述

▶ 学练实践

步骤一：了解舞程向

　　在一个舞池中，为避免互相碰撞而严格规定舞者必须按逆时针方向行进，这个行进方向叫作舞程向。

步骤二：了解舞程线

沿舞程向行进的路线叫作舞程线。（图13-1-1）

步骤三：了解舞姿

舞姿泛指舞者跳舞的姿态，包括合对位舞姿（闭式位舞姿）、侧行位舞姿、外侧位舞姿、并肩位舞姿、影子位舞姿、反身动作、反身动作位置、升降动作（起与伏）、摆荡动作和倾斜动作等。

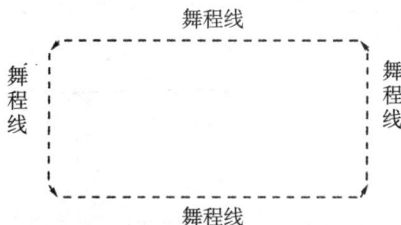

图 13-1-1

步骤四：了解技术动作术语

技术动作术语包括准线、平衡、基本舞步、滑步、脚跟转、脚跟轴转、蹬踏步、开式转、轴转、锁步等。

步骤五：了解角度、方位、赛场

每个舞步开始、结束时所站立的方向，运步、旋转过程中的方位、角度都有一定的规定。

（一）旋转角度的认定

旋转时以每转 360° 为一周；旋转 45° 为 1/8 周；旋转 90° 为 1/4 周；旋转 135° 为 3/8 周；旋转 180° 为 1/2 周；旋转 225° 为 5/8 周；旋转 270° 为 3/4 周；旋转 315° 为 7/8 周（图 13-1-2）。在记录旋转动作时，应先标明旋转的方向，即左转或右转，再标明旋转角度。

（二）方位的确定

为了便于在舞蹈进行中正确地辨别方位和检查旋转的角度，根据国际上记录各种舞蹈的惯例，在舞场上要规定一定的方位。一般情况下，多以乐队或主席台的一面为规定方位的基点，定为"1 点"（也可在场地中任选一个面定为"1 点"）。每沿顺时针方向转动 45° 则变动一个方位。依此类推，共有 8 个点。因此，一个场地中的 4 个面为 1、3、5、7 点，4 个角为 2、4、6、8 点。（图 13-1-3）

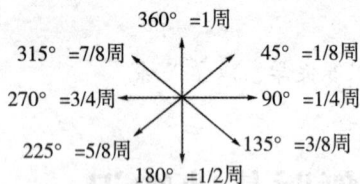

图 13-1-2

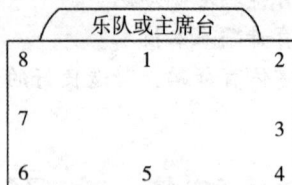

图 13-1-3

以上所谈方位是在一个固定的位置时用的。如果舞者按舞程线不断变换方位，向前移动，则又要与舞程线发生联系。因此，又规定了几条线来指示舞蹈者每个舞步的行进方向。

在国际体育舞蹈中规定了 8 个方向：1——面向舞程线；2——面向壁斜线；3——面向壁线；4——背向中央斜线；5——背向舞程线；6——背向壁斜线；7——背向壁线；8——面向中央斜线。（图 13-1-4）

（三）赛场

体育舞蹈比赛的场地是有一定规格的，一般赛场地面应平整光滑，场地面积为 15 米 ×23 米。赛场长的两条边线叫作 A 线，短的两条边线叫作 B 线（图 13-1-5）。比赛选手应按两条线的长度安排适当的动作，不断沿两条线按舞程线方向循序而进。

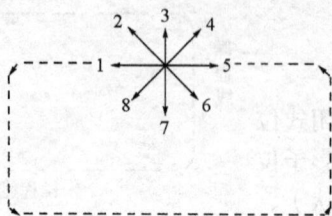

图 13-1-4

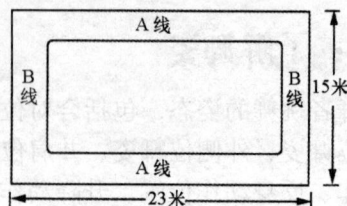

图 13-1-5

任务二　学习体育舞蹈基本技术

学练实践

步骤一：学习基本握抱姿势

标准舞又称摩登舞、现代舞，包括华尔兹、探戈、狐步舞、快步舞和维也纳华尔兹。不管是在舞厅娱乐，还是参加比赛，对于舞者本身来说，漂亮、自然的体态和准确的握抱姿势是给观众和评委的第一印象。

（一）华尔兹、狐步舞、快步舞、维也纳华尔兹的握抱姿势

1. 闭式舞姿

男士动作（图13-2-1、图13-2-2）如下。

（1）直立，两脚并拢，挺胸立腰，收腹，微提臀，两膝自然放松。

（2）左手与女士右手掌心相握，虎口向上，前臂与上臂的夹角为135°左右，高度与女士右耳相半。

（3）右手五指并拢，轻轻置于女士左肩胛骨下端，前臂与上臂的夹角为75°左右。

（4）头部自然挺直，目光从女士右肩方向看出。

（5）右腹部1/2微贴女士（服装与服装之间接触）。

女士动作（图13-2-3、图13-2-4）如下。

（1）直立，两脚并拢，膝关节放松，收腹，提臀，紧腰，上体向后上方打开。

（2）右手与男士左手掌心相握，轻轻挂在男士左手虎口上。

（3）左手在男士右肩袖处轻轻搁置，虎口轻轻置于男士三角肌处。

（4）头部略微向左倾斜，目光从男士右肩方向看出。

（5）右腹部1/2微贴男士（服装与服装之间接触）。

图13-2-1　　图13-2-2　　　图13-2-3　　　图13-2-4

2. 散式舞姿

在闭式舞姿的基础上，男士将头及上体略向左打开，女士将头及上体略向右打开，男士和女士的头向同一方向看出，腰胯部接触同闭式舞姿。

（二）探戈的握抱姿势

由于探戈具有独特的风格和舞步要求，它的握抱姿势与上述四种舞蹈均不相同。

1. 闭式舞姿

（1）男士右脚回收半脚并到左脚内侧足弓处，前后错开半个脚，身体重心下沉，膝关节弯曲并松弛，左手回收，肘关节上抬，前臂内收角度加大（接近90°）。

（2）男士右手略向下斜插入女士的脊椎骨略靠近右肩胛骨的地方（不要超过脊柱）。

（3）女士的左手拇指贴向掌心，四指并拢，虎口处抵住男士的上臂外侧靠近腋部。

（4）男士右肘与女士左肘相叠，即男士右肘骨抵住女士的左肘内窝。

（5）男士与女士的位置是1/3微贴，接触点是膝关节、胯部到腹部的位置。

2. 开式舞姿

开式舞姿是探戈中常见的一种舞姿，在闭式舞姿的基础上，男士上体更向右拧转，腰、腹部带动女士左拧，男士头部及胸部都向外打开，目光通过相握手的前臂看出，身体重心在右脚上，左脚拇指内缘点地，膝关节内合，包住女士的右膝；女士身体重心在左脚上，右腿屈膝，膝关节内扣，右脚拇趾内侧点地。

步骤二：学习体育舞蹈各舞种技术动作

（一）标准舞

标准舞除了探戈外，都源于欧洲大陆。它的音乐时而激情昂扬，时而缠绵性感，动作细腻严谨，穿着十分讲究，体现了男士的绅士风度和女士的妩媚。男士须身着燕尾服，女士则以飘逸、艳丽的长裙表现出她们的华贵、美丽、高雅、闺秀之美态。它的舞步流畅，轻柔洒脱；舞姿优美，起伏有序；音乐节奏清晰，舞蹈富于技巧性，是老少皆宜的舞蹈。

1. 华尔兹

（1）华尔兹概述。

华尔兹是通常人们所说的慢三步，它是交际舞中历史最悠久的舞蹈。它原是德国和奥地利的一种农民舞蹈，16世纪传入法国，作为一种宫廷舞蹈来跳，18世纪末正式在英国舞厅出现，19世纪末20世纪初流传于美国波士顿，被称为"波士顿华尔兹"，随后以新的形式流行于英国和欧洲许多国家，在那里得到了很大发展，又被称为"英国华尔兹"，即当代标准华尔兹。华尔兹的风格是典雅大方、动作流畅、旋转性强、热烈而兴奋，它以此起彼伏、接连不断的潇洒转体，配以华丽的服装、优美的音乐，表现出飘逸、潇洒、典雅的舞蹈风格，具有"舞蹈之王"的美称。

华尔兹音乐节拍是3/4拍，每分钟30～32小节（职业组27～29小节），重拍在音乐的第1拍上。它的舞步基本上是一拍跳一步，每小节三步，但各舞步也有不同的变化，如犹豫步、前进并合步、前进锁步、后退锁步中是每小节跳四步。

华尔兹是标准舞中最难跳，也是最基础的舞种。华尔兹是体现舞伴之间的内心世界，表现爱情的一种舞蹈。升降、反身、摆荡、倾斜技术是华尔兹的必要元素。华尔兹是维也纳华尔兹（快三步）的变化舞种。它的基本舞步有左脚并换步、右脚并换步、左转步、右转步、右旋转、拂步、侧行追步等。

（2）华尔兹舞的单元动作。

①前进并换步。（图 13-2-5）

1　2　3-1　3-2　4　5　6-1　6-2

图 13-2-5

男士的动作见表 13-2-1。

表 13-2-1　男士的动作

步序	节奏	要领	脚法	方位	升降	倾斜
1	1	左脚正前方进步	跟掌	面向舞程线	结尾开始上升	
2	2	右脚经左脚横步	掌	面向舞程线	继续上升	左
3	3	左脚并于右脚	掌	面向舞程线	继续上升最高，结尾下降	左
4	1	右脚正前方进步	跟掌	面向舞程线	结尾开始上升	
5	2	左脚经右脚横步	掌	面向舞程线	继续上升	右
6	3	右脚并于左脚	掌	面向舞程线	继续上升最高，结尾下降	右

女士的动作见表 13-2-2。

表 13-2-2　女士的动作

步序	节奏	要领	脚法	方位	升降	倾斜
1	1	右脚正后方退步	跟掌	背向舞程线	结尾开始上升	
2	2	左脚经右脚横步	掌	背向舞程线	继续上升	右
3	3	右脚并于左脚	掌	背向舞程线	继续上升，结尾下降	右
4	1	左脚正后方退步	掌跟	背向舞程线	结尾开始上升	
5	2	右脚经左脚横步	掌	背向舞程线	继续上升	左
6	3	左脚并于右脚	掌	背向舞程线	继续上升，结尾下降	左

②左脚并换步。（图 13-2-6）

1　2　3-1　3-2

图 13-2-6

男士的动作见表13-2-3。

表13-2-3　男士的动作

步序	节奏	要领	脚法	方位	升降	倾斜
1	1	左脚正前方进步	跟掌	面向舞程线	结尾上升	
2	2	右脚经左脚横步	掌	面向舞程线	继续上升	左
3	3	左脚并于右脚	掌	面向舞程线	继续上升最高，结尾降最低	左

女士的动作见表13-2-4。

表13-2-4　女士的动作

步序	节奏	要领	脚法	方位	升降	倾斜
1	1	右脚正后方退步	掌跟	背向舞程线	结尾开始上升	
2	2	左脚经右脚横步	掌	背向舞程线	继续上升	右
3	3	右脚并于左脚	掌	背向舞程线	继续上升，结尾下降	右

③右转步。（图13-2-7）

图13-2-7

男士的动作见表13-2-5。

表13-2-5　男士的动作

步序	节奏	要领	脚法	方位	升降	转度	反身	倾斜
1	1	右脚前进	跟掌	面向壁斜线	结尾开始上升	开始右转		
2	2	左脚经右脚横步	掌	面向壁斜线	继续上升	1～2转1/4周		右
3	3	右脚并于左脚	掌	背向舞程线	继续上升			右
4	1	左脚后退	掌跟	背向舞程线	结尾开始上升		轻微	
5	2	右脚经左脚横步	掌	指向中央斜线	继续上升	4～5转3/8周		左
6	3	左脚并于右脚	掌	面向中央斜线	继续上升，结尾下降			左

女士的动作见表13-2-6。

表13-2-6　女士的动作

步序	节奏	要领	脚法	方位	升降	转度	反身	倾斜
1	1	左脚后退	掌跟	背向壁斜线	结尾开始上升	开始右转		
轻微		左脚经右脚横步	掌	面向壁斜线	继续上升	1～2转1/4周		右
2	2	右脚经左脚横步	掌	指向壁斜线	继续上升	3/8周		左
3	3	左脚并于右脚	掌	面向舞程线	继续上升，结尾下降			左
4	1	右脚前进	跟掌	面向舞程线	结尾开始上升	开始右转		左

步序	节奏	要领	脚法	方位	升降	转度	反身	倾斜
轻微		左脚并于右脚	掌	面向中央斜线	继续上升，结尾下降			左
5	2	左脚经右脚横步	掌	背向中央线	继续上升	4～5转1/4周		右
6	3	右脚并于左脚	掌	背向中央斜线	继续上升，结尾下降	5～6转1/8周		右

④ 右脚并换步。（图 13-2-8）

1　　2　　3-1　　3-2

图 13-2-8

男士的动作见表 13-2-7。

表 13-2-7　男士的动作

步序	节奏	要领	脚法	方位	升降	转度	反身	倾斜
1	1	右脚前进	跟掌	面向中央斜线	结尾开始上升	不转		
2	2	左脚经右脚横步	掌	面向中央斜线	继续上升		右	右
3	3	右脚并于左脚	掌	面向中央斜线	继续上升，结尾下降		右	右

女士的动作见表 13-2-8。

表 13-2-8　女士的动作

步序	节奏	要领	脚法	方位	升降	转度	反身	倾斜
1	1	左脚后退	掌跟	背向中央斜线	结尾开始上升	不转		
2	2	右脚经左脚横步	掌	背向中央斜线	继续上升		左	右
3	3	左脚并于右脚	掌	背向中央斜线	继续上升，结尾下降		左	右

⑤ 左转步。（图 13-2-9）

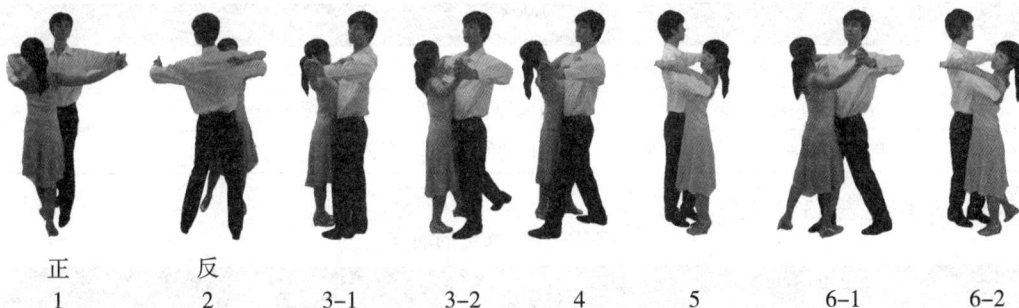

正　　反
1　　2　　3-1　　3-2　　4　　5　　6-1　　6-2

图 13-2-9

男士的动作见表13-2-9。

表 13-2-9　男士的动作

步序	节奏	要领	脚法	方位	升降	转度	倾斜
1	1	左脚前进	跟掌	面向中央斜线	结尾开始上升	开始左转	
2	2	右脚经左脚横步	掌	背向壁斜线	继续上升	1～2转1/4周	左
3	3	左脚并于右脚	掌跟	背向舞程线	继续上升，结尾下降	2～3转1/8周	左
4	1	右脚后退	掌跟	背向舞程线	结尾开始上升		
5	2	左脚经右脚横步	掌	指向壁斜线	继续上升	4～5转3/8周	右
6	3	右脚并于左脚	掌跟	面向壁斜线	继续上升，结尾下降	完成转动	右

女士的动作见表13-2-10。

表 13-2-10　女士的动作

步序	节奏	要领	脚法	方位	升降	转度	倾斜
1	1	右脚后退	掌跟	背向中央斜线	结尾开始上升	开始左转	
2	2	左脚经右脚横步	掌	指向舞程线	继续上升	1～2转3/8周	右
3	3	右脚并于左脚	掌跟	面向舞程线	继续上升，结尾下降	完成转动	右
4	1	左脚前进	跟掌	面向舞程线	结尾开始上升	继续左转	
5	2	右脚经左脚横步	掌	背向壁线	继续上升	4～5转1/4周	左
6	3	左脚并于右脚	掌跟	背向壁斜线	继续上升，结尾下降	5～6转1/8周	左

⑥帚形步。（图13-2-10）

1　　　　2　　　　3-1　　　　3-2

图 13-2-10

男士的动作见表13-2-11。

表 13-2-11　男士的动作

步序	节奏	要领	脚法	方位	升降	转度	倾斜
1	1	左脚前进	跟掌	面向壁斜线	结尾开始上升	不转	
2	2	右脚经左脚横步	掌	面向壁斜线	继续上升		左
3	3	左脚在右脚后交叉	掌跟	面向壁斜线	保持上升，结尾下降		左

女士的动作见表13-2-12。

表 13-2-12　女士的动作

步序	节奏	要领	脚法	方位	升降	转度	倾斜
1	1	右脚后退	掌跟	背向壁斜线	结尾开始上升	不转	
2	2	左脚经右脚横步	掌	面向中央斜线	继续上升	1～2右转1/4周	右
3	3	右脚并于左脚	掌跟	面向中央斜线	继续上升，结尾下降	身体完成转动	右

⑦ 侧行追步。（图 13-2-11）

1　　　2　　　3-1　　　3-2

图 13-2-11

男士的动作见表 13-2-13。

表 13-2-13　男士的动作

步序	节奏	要领	脚法	方位	升降	转度	倾斜
1	1	右脚前进并交叉于反身动作位置	跟掌	面向壁斜线沿着舞程线行进	结尾开始上升		
2	2 1/2	左脚横步，稍前	掌	面向壁斜线	继续上升		
3	& 1/2	右脚并于左脚	掌跟	面向壁斜线	继续上升		
4	3	左脚横步，稍前	掌跟	面向壁斜线	保持上升，结尾下降		

女士的动作见表 13-2-14。

表 13-2-14　女士的动作

步序	节奏	要领	脚法	方位	升降	转度	倾斜
1	1	左脚前进并交叉于反身动作位置	跟掌	面向壁斜线沿着舞程线行进	结尾开始上升	开始左转	
2	2 1/2	右脚横步	掌	背向壁斜线	继续上升	1~2转1/8周	
3	& 1/2	左脚并于右脚	掌	背向壁斜线	继续上升	2~3转1/8周，身体稍转	
4	3	右脚横步，稍后	掌跟	背向壁斜线	保持上升，结尾下降	不转	

⑧ 后退锁步。（图 13-2-12）

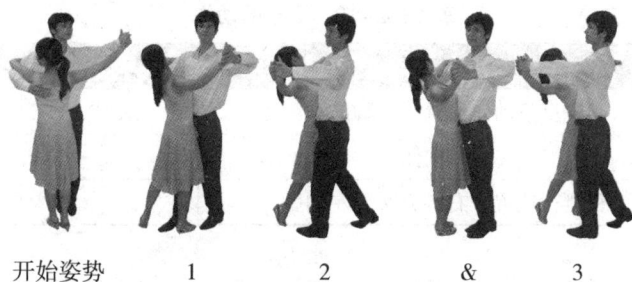

开始姿势　　　1　　　2　　　&　　　3

图 13-2-12

男士的动作见表 13-2-15。

表 13-2-15　男士的动作

步序	要领	脚法	升降
1	在反身动作位置，左脚后退	掌跟	结尾开始上升，脚不上升
2	右脚斜退	掌	继续上升
3	在侧行位置，左脚交叉于右脚前	掌	保持升位，结尾下降

女士的动作见表 13-2-16。

表 13-2-16　女士的动作

步序	要领	脚法	升降
1	在反身动作位置中，右脚前进	跟掌	结尾开始上升，脚不上升
2	左脚斜进	掌	继续上升
3	在侧行位置中，右脚交叉于左脚后	掌	保持升位，结尾下降

⑨后退寻形步。（图 13-2-13）

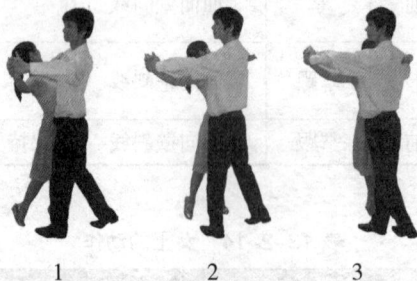

图 13-2-13

男士的动作见表 13-2-17。

表 13-2-17　男士的动作

步序	要领	脚法	升降
1	在反身动作位置，左脚后退	尖跟	结尾开始上升，脚不上升
2	右脚斜退	尖	继续上升
3	在侧行位置，左脚交叉于右脚后		保持升位，结尾下降

女士的动作见表 13-2-18。

表 13-2-18　女士的动作

步序	要领	脚法	升降
1	在反身动作位置，右脚前进	跟尖	开始右转
2	左脚向侧	尖	1～2右转1/8周
3	在侧行位置，右脚交叉于左脚后		2～3右转1/8周

⑩迂回步。（图 13-2-14）

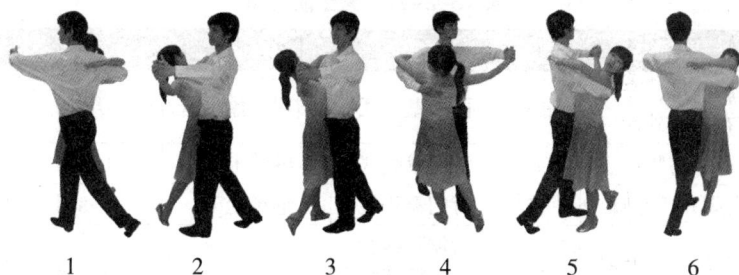

1　　2　　3　　4　　5　　6

图 13-2-14

男士的动作见表 13-2-19。

表 13-2-19　男士的动作

步序	节奏	要领	脚法	方位	升降	转度	倾斜
1	1	右脚前进并交叉于反身动作位置及侧行位置	跟掌	面向舞程线，指向中央斜线	结尾开始上升		
2	2	左脚经右脚横步稍前	掌	背向壁线	继续上升	左转1/8周	左
3	3	右脚横步	掌跟	背向壁线	保持上升，结尾下降		左
4	1	左脚沿右肩后退	掌跟	面向中央斜线	结尾开始上升	左转1/8周	
5	2	右脚横步稍后	掌	背向中央斜线	继续上升	左转1/2周	
6	3	左脚横步成散式舞姿	掌跟	指向壁斜线，面向壁线	保持上升，结尾下降		

女士的动作见表 13-2-20。

表 13-2-20　女士的动作

步序	节奏	要领	脚法	方位	升降	转度	倾斜
1	1	左脚前进并交叉于反身动作位置及侧行位置	跟掌	背向壁斜线，指向中央斜线	结尾开始上升	开始左转	
2	2	右脚经左脚横步稍前	掌	面向壁线	继续上升	1～2转3/8周	右
3	3	左脚横步	掌跟	面向壁线	保持上升，结尾下降		右
4	1	右脚外侧前进	跟掌	背向中央斜线	结尾开始上升	3～4转1/8周	
5	2	左脚横步稍前	掌	面向壁斜线	继续上升	左转1/4周	
6	3	右脚经左脚横步成散式舞姿	掌	指向壁斜线，背向舞程线	保持上升，结尾下降		

⑪右旋转步。（图 13-2-15）

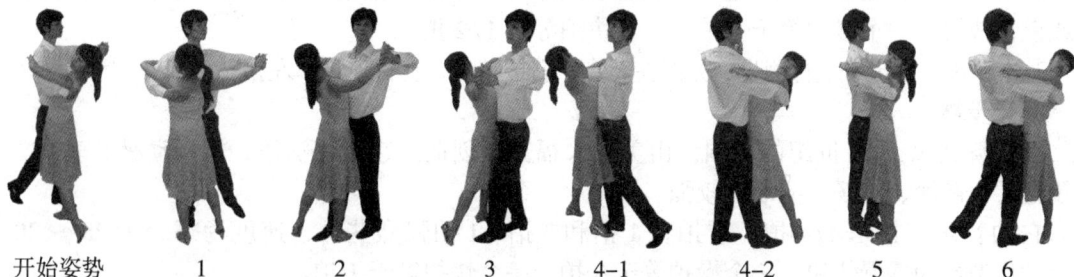

开始姿势　　1　　2　　3　　4-1　　4-2　　5　　6

图 13-2-15

男士的动作见表 13-2-21。

表 13-2-21　男士的动作

步序	节奏	要领	脚法	方位	升降	转度	反身	倾斜
1	1	右脚前进，身体在女士外侧	跟掌	面向壁斜线	结尾开始上升	开始	反身右转	
2	2	左脚经右脚横步	掌	背向壁斜线	继续上升	1/4周		
3	3	右脚并于左脚	掌	背向舞程线	继续上升	1/8周		
4	1	左脚后退，并以左脚为轴旋转	掌跟	沿舞程线行进，结束时面向舞程线		右转1/2周	较强	
5	2	右脚前进	跟掌	面向舞程线	结尾上升	仍右转	继续	
6	3	左脚经右脚向后半步	掌跟	背向中央斜线	保持上升，结尾下降	5～6转3/8周		

女士的动作见表 13-2-22。

表 13-2-22　女士的动作

步序	节奏	要领	脚法	方位	升降	转度	反身	倾斜
1	1	左脚后退，身体在男士外侧	掌跟	背向壁斜线	结尾开始上升	开始	右转	
2	2	右脚经左脚横步	掌	指向壁斜线	继续上升	3/8周		左
3	3	左脚并于右脚	掌	面向舞程线	继续上升，结尾下降	1/8周		左
4	1	右脚前进，并以右脚为轴旋转	跟掌	面向舞程线，结束时背向舞程线		右转1/2周	较强	
5	2	左脚后退并稍向左侧	掌	背向舞程线	结尾上升	仍右转		
6	3	右脚经左脚向前半步	掌跟	面向中央斜线	保持上升，结尾下降	5～6转3/8周		

（3）组合练习：左脚并换步—右转步—右脚并换步—左转步—帚形步—追步至侧行位置—右转步—后退锁步—后退帚形步—迂回步至侧行位置—右旋转步—左转步。

2. 探戈

探戈是标准舞中较为特殊的舞蹈，是标准舞中唯一一个带有拉丁美洲特色的舞蹈，起源于非洲的民间舞蹈——探戈诺舞。16世纪后期，探戈诺舞和拉丁美洲风格舞蹈结合形成现在的墨西哥探戈和阿根廷探戈。在探戈独特的节奏中，刚劲有力地闪动曲行，尽显深沉、豪放、洒脱的舞蹈风格。

探戈音乐节拍是 2/4 拍，速度为每分钟 31～33 小节。重拍每拍相等，动作节奏为慢慢快快或慢快快慢，一个慢拍等于 1 拍，一个快拍等于 1/2 拍。

基本舞步有常步、直行侧步、分式左转步、右摇转步、直行连步、左扭转步、并式滑行步等。

3. 狐步舞

狐步舞起源于 20 世纪的美国，由美国人福克斯创造。它轻快活泼，富于动感和表现力，舞步轻柔、圆滑、流畅，流动性较强。

它的音乐节拍是 4/4 拍，重拍在 1 拍和 3 拍（1 拍强烈些），速度为每分钟 28～30 小节，动作节奏为慢慢快快，一个慢拍等于 2 拍，一个快拍等于 1 拍。

狐步舞基本舞步有羽毛步、左转步、三步、右转步、换向步等。

4. 快步舞

快步舞起源于美国，早期舞步吸收了狐步舞动作，后又引入芭蕾舞动作，使快步舞动作更加轻快、灵巧。现在体育舞蹈中的快步舞是英国式的快步舞。它最大的特点是在快速的舞步运行中伴以快速的身体运动，如在音乐中轻松弹跳、欢快奔跑等；舞蹈洒脱自由、热情奔放，富有动力感和表现力。

它的音乐节拍是 4/4 拍，重拍在 1 拍和 3 拍（1 拍强烈些），速度为每分钟 50～52 小节，动作节奏为慢慢快快慢，一个慢拍等于 2 拍，一个快拍等于 1 拍。

5. 维也纳华尔兹

维也纳华尔兹起源于奥地利，它的音乐风格活泼欢快，动作轻快流畅，舞步旋转性较强。它的舞步在标准舞中是最简单的，但由于其旋转性强，舞者必须在快速旋转中完成各种动作技巧，对于舞者来说有一定难度。

它的音乐节拍为 3/4 拍，速度为每分钟 58～60 小节。第 1 拍为重拍，2 拍、3 拍为弱拍，6 拍完成一组动作，前三拍注重发力，后三拍较为舒缓。

（二）拉丁舞

拉丁舞除斗牛舞外，都源于美洲各国和非洲。与标准舞不同的是，拉丁舞舞伴之间可贴身，可分离，各自在固定范围内辐射式地变换方向、角度，展现舞姿。拉丁舞的步法灵活多变，各舞种通过胯部及身体摆动的不同技术要求，完成各种舞步，表现各种风格；舞姿妩媚潇洒，婀娜多姿；风格生动活泼，热情奔放；曲调缠绵浪漫，活泼热烈，节奏感强；着装浪漫洒脱，男士着上短下长的紧身或宽松服装，女士着紧身短裙，以显露女性的曲线美。

1. 伦巴

（1）伦巴概述。

伦巴起源于古巴，是拉丁舞中一项具有魅力的舞蹈，它的音乐风格缠绵，舞蹈风格柔媚而抒情，以表达爱情为主题，它的舞曲具有独特鲜明的节奏，配上拉丁美洲的打击乐器，给人一种轻松甜美之感，舞蹈充满浪漫情调，有"拉丁舞之魂"的美誉。

伦巴的音乐节拍是 4/4 拍，速度为每分钟 27～31 小节。伦巴是一种四拍走三步的舞蹈，要"先出胯，后出步"，节拍及节奏值如下。

节拍	2	3	4 & 1
动作节奏	Q	Q	S
节奏值	1	1	2

第 2 拍和第 3 拍各走一步，第 4 拍和第 1 拍共走一步。音乐重拍是第 1 拍，动作上表现为髋部的运动，这是由于在第 1 拍上屈动力腿的膝关节时，所自然出现的一种横向臀部扭摆动作，使脚在第 2 拍时才完成行进。除规定步法外，臀部应始终保持连绵柔和地扭动。

伦巴基本舞步有基本动作、库克拉恰、扇形步、阿列曼娜、曲棍步、定点转、纽约步、手接手、右陀螺转步、闭式扭胯转步、开式扭胯转步、右分展步、左分展步、螺旋步等。

（2）伦巴握持姿势和基本动作。

闭式位舞姿：男女相对站立，相距 20 厘米，身体正直，男士的右手放在女士的左肩胛骨上，女士的左臂轻靠在男士的右臂上，男士的左臂稍屈抬起，与眼睛齐平，女士的右手手指放在男士左手拇指和食指之间，双方的手轻握。（图 13-2-16）

基本动作如图 13-2-17 所示。

图 13-2-16　　　　　　　　　图 13-2-17

男士：闭式位开始，两脚开立，与肩同宽，身体重心放在右脚上。（表 13-2-23）

表 13-2-23　男士基本动作

步序	要领	转度	节奏
1	左脚正前方进步，两膝并拢、身体重心在两脚之间		2
2	身体重心回到右脚上	1~3左转1/4周	3
3	左脚经右脚向侧，结束后身体重心在左脚上		4&1
4	右脚正后方退步，身体重心在右脚上		2
5	身体重心回到左脚上	4~6右转1/4周	3
6	右脚经左脚向侧，结束后身体重心在右脚上		4&1

女士：闭式位开始，两脚开立，与肩同宽，身体重心放在左脚上。（表 13-2-24）

表 13-2-24　女士基本动作

步序	要领	转度	节奏
1	右脚正后方退步，身体重心在右脚上		2
2	身体重心回到左脚上	1~3左转1/4周	3
3	右脚经左脚向侧，结束后身体重心在右脚上		4&1
4	左脚正前方进步，两膝并拢，身体重心在两脚之间		2
5	身体重心回到右脚上	4~6右转1/4周	3
6	左脚经右脚向侧，结束后身体重心在左脚上		4&1

（3）伦巴单元动作。

① 扇形步。（图 13-2-18）

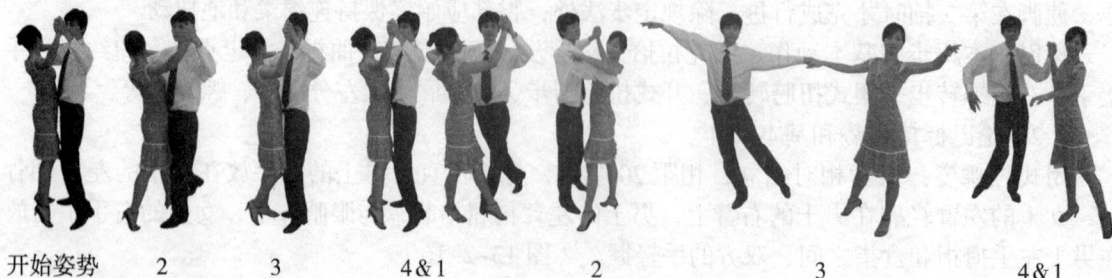

开始姿势　　2　　3　　4&1　　2　　3　　4&1

图 13-2-18

男士：闭式位开始，身体重心放在右脚上。（表13-2-25）

表13-2-25　男士扇形步

步序	要领	脚法	转度
1	左脚前进	掌平	
2	身体重心回到右脚上	掌平	
3	左脚向右脚左侧并步	掌平	右转1/8拍
4	右脚后退	掌平	左转3/8拍
5	身体重心回到左脚上	掌平	
6	右脚向左横步，稍前	掌平	左转1/8拍

女士：闭式位开始，身体重心放在左脚上。（表13-2-26）

表13-2-26　女士扇形步

步序	要领	脚法	转度
1	右脚后退	掌平	
2	身体重心回到左脚上	掌平	
3	右脚前进	掌平	右转1/8拍
4	左脚前进	掌平	左转3/8拍
5	右脚向左横步，稍前	掌平	
6	左脚后退	掌平	左转1/8拍

② 曲棍步。（图13-2-19）

开始姿势　　　　　2　　　　　3　　　　　4&1

2　　　　　3　　　　　4&1

图13-2-19

男士：扇形位开始。（表13-2-27）

表 13-2-27　男士曲棍步

步序	要领	转度	节奏
1	左脚正前方进步，两膝并拢，身体重心在两脚之间		2
2	身体重心回到右脚上		3
3	左脚经右脚向侧，结束后身体重心在左脚上		4＆1
4	右脚正后方退步，身体重心在右脚上		2
5	身体重心回到左脚上	4～6右转1/8周	3
6	右脚经左脚向前，结束后身体重心在右脚上		4＆1

女士：闭式位开始，两脚开立，与肩同宽，身体重心放在右脚上，结束于扇形位。（表13-2-28）

表 13-2-28　女士曲棍步

步序	要领	转度	节奏
1	左脚向侧	稍左转	2
2	身体重心回到右脚上	稍右转	3
3	左脚经右脚向侧，结束时身体重心在左脚上	开始左转	4＆1
4	右脚向后退，身体重心在右脚上		2
5	身体重心回到左脚上	回到原位	3
6	左脚向侧，身体重心在右脚上		4＆1

③右陀螺转步。（图13-2-20）

开始姿势　　　2　　　3　　　4＆1

图 13-2-20

男士：闭式位开始，身体重心放在左脚上。（表13-2-29）

表 13-2-29　男士右陀螺转步

步序	要领	脚法	转度
1	右脚交叉在左脚后，脚尖对脚跟，脚尖外旋	掌平	
2	左脚向左横步	掌平	
3	右脚交叉在左脚后，脚尖对脚跟，脚尖外旋	掌平	在舞步全过程中，完成向右转2周
4	重复舞步1～3，跳2次	掌平	

女士：闭式位开始，身体重心放在右脚上。（表13-2-30）

表13-2-30　女士右陀螺转步

步序	要领	脚底动作	转度
1	左脚向左横步	掌平	在舞步全过程中，完成向右转2周
2	右脚交叉在左脚后，脚尖对脚跟，脚尖外旋	掌平	
3	左脚向左横步	掌平	
4	重复舞步1~3，跳2次	掌平	

④闭式扭臀步。（图13-2-21）

2　　　　3　　　　4&1

图13-2-21

男士：闭式位开始，两脚开立，与肩同宽，身体重心放在右脚上，结束于扇形位。（表13-2-31）

表13-2-31　男士闭式扭臀步

步序	要领	转度	节奏
1	左脚向侧	稍右转	2
2	身体重心回到右脚上	开始左转	3
3	左脚向右脚靠拢，结束时身体重心放在左脚上	回到原位	4&1
4	右脚向后退步，身体重心在右脚上		2
5	身体重心回到左脚上		3
6	右脚向侧，身体重心在右脚上		4&1

女士：闭式位开始，两脚开立，与肩同宽，身体重心放在左脚上，结束于扇形位。（表13-2-32）

表13-2-32　女士闭式扭臀步

步序	要领	转度	节奏
1	右脚小步向后	右转1/2周	2
2	身体重心回到右脚上	开始左转	3
3	右脚脚尖向左脚靠拢，结束时身体重心放在左脚上	回到原位	4&1
4	先将身体重心放在右脚上，左脚向前	右转1/4周	2
5	身体重心在两脚的前脚掌	左转1/2周	3
6	左脚向左侧步		4&1

⑤阿列曼娜。（图 13-2-22）

开始姿势　　　　　　2　　　　　　3　　　　　4&1

2　　　　　　3　　　　　4&1　　　　结束姿势
图 13-2-22

男士：扇形位开始，身体重心放在右脚上，结束于闭式位。（表 13-2-33）

表 13-2-33　男士阿列曼娜

步序	要领	转度	节奏
1	左脚正前方进步，两膝并拢，身体重心在两脚之间		2
2	身体重心回到右脚上		3
3	左脚经右脚向侧，结束后身体重心放在左脚上		4&1
4	右脚正后方退步，身体重心在右脚上		2
5	身体重心回到左脚上		3
6	右脚经左脚向侧，结束后身体重心在右脚上		4&1

女士：扇形位开始，身体重心放在左脚上，结束于闭式位。（表 13-2-34）

表 13-2-34　女士阿列曼娜

步序	要领	转度	节奏
1	右脚向后靠脚，身体重心由左脚换到右脚上		2
2	左脚正前方进步		3
3	右脚向前	右转1/8周	4&1
4	左脚向前	右转1/4周	2
5	右脚向前	右转1/2周	3
6	左脚向左侧步	完成右转9/8周	4&1

⑥ 手接手。（图 13-2-23）

| 2 | 3 | 4 & 1 | 2 | 3 | 4 & 1 |

图 13-2-23

男士：扇形位开始。（表 13-2-35）

表 13-2-35　男士手接手

步序	要领	转度	节奏
1	左脚正前方进步，两膝并拢，身体重心在两脚之间	左转1/4周	2
2	身体重心回到右脚上	2～3完成右转1/4周	3
3	左脚经右脚向侧，结束后身体重心在左脚上		4 & 1
4	右脚正后方退步，身体重心在右脚上	右转1/4周	2
5	身体重心回到左脚上	5～6完成左转1/4周	3
6	右脚经左脚向前，结束后身体重心在右脚上		4 & 1

女士：扇形位开始。（表 13-2-36）

表 13-2-36　女士手接手

步序	要领	转度	节奏
1	右脚正前方进步，两膝并拢，身体重心在两脚之间	右转1/4周	2
2	身体重心回到左脚上	2～3完成左转1/4周	3
3	右脚经左脚向侧，结束后身体重心在右脚上		4 & 1
4	左脚正前方进步，身体重心在左脚上	左转1/4周	2
5	身体重心回到右脚上	5～6完成右转1/4周	3
6	左脚经右脚向后，结束后身体重心在左脚上		4 & 1

⑦ 定点转。（图 13-2-24）

| 2 | 3 | 4 & 1 | 结束姿势 |

图 13-2-24

男士：开始于面对面开立，身体重心在右脚上。（表 13-2-37）

表 13-2-37　男士定点转

步序	要领	转度	节奏
1	左脚向前	右转1/4周成并肩位	2
2	身体重心移至两脚之间，前脚掌着地	右转1/2周	3
3	左脚向左侧步	左转1/4周	4&1

女士：开始于面对面开立，身体重心在左脚上。（表 13-2-38）

表 13-2-38　女士定点转

步序	要领	转度	节奏
1	右脚向前	左转1/4周成并肩位	2
2	身体重心移至两脚之间，前脚掌着地	左转1/2周	3
3	右脚向右侧步	左转1/4周	4&1

（4）组合练习：基本动作—扇形步—阿列曼娜—曲棍步—基本动作—右陀螺转步—闭式扭臀步—手中转步—手接手—定点转。

2. 恰恰恰

恰恰恰起源于古巴，节奏欢快，舞蹈风格诙谐、多变，因此备受欢迎，是拉丁舞中最流行的舞蹈之一。恰恰恰动作一反男士领舞的习惯，男女动作不求统一、整齐，且多半是男士随后。

恰恰恰的音乐节拍是4/4拍，速度为每分钟29～32小节，4拍跳5步（2、3、4&1），包括三个慢步和两个快步。慢步占1拍，快步占半拍。

恰恰恰的基本舞步有追步、锁步、基本动作、扇形步、阿列曼娜、曲棍步、定点转、手接手、纽约步、右陀螺转步、闭式扭胯转步、开式扭胯转步、右分展步、左分展步、交叉基本步、古巴断步等。

3. 牛仔舞

牛仔舞起源于美国，音乐欢快跳跃，舞步活泼矫健，风格热烈、诙谐、轻捷、灵巧。牛仔舞的舞步都是由追步形成的，舞姿较松弛和自由，所有的舞步都是用脚掌来跳的，舞步较小，步与步之间往往由踝、膝关节的弹动来连接。动作节奏为1、2、3&4、5&6。3拍、5拍占用3/4拍的时间，&拍占用1/4拍的时间，因此牛仔舞的舞步是6拍跳8步。

牛仔舞的音乐节拍为4/4拍，速度为每分钟40～46小节。

牛仔舞的基本舞步有追步、原地基本步、并退基本步、连接步、右到左换位、左到右换位、背后换手、侧行走步、美式旋转等。

4. 桑巴

桑巴起源于巴西，它的风格特点是动作粗犷、起伏强烈，舞步奔放、敏捷，富有强烈的感染力，在拉丁舞中属于行进性的舞蹈。音乐节拍是2/4拍，速度为每分钟40～56小节。

5. 斗牛舞

斗牛舞起源于西班牙，是模仿西班牙斗牛士动作，由西班牙风格的进行曲伴舞的一种拉丁舞。男士为斗牛士，气宇轩昂，刚劲威猛，女士为红色斗篷，英姿飒爽，柔美多变。

斗牛舞音乐为旋律高昂雄壮、鲜明有力的西班牙进行曲，音乐节拍为2/4拍，速度为每分钟60～62小节。1拍一步，8拍一循环。斗牛舞的特点是舞步流动大，沿着舞程线绕场行进；舞姿挺拔，无胯部动作及过分膝关节屈伸动作，多用踝关节和脚掌平踏地面完成舞步；动静鲜明，力度感强，发力迅速，收步敏捷顿挫。

项目点拨

教会：教师可通过情境设定等多种教学方法，让学生明确学习目标和任务要求，然后对学生进行具体内容的教学，深入挖掘体育舞蹈的思政元素，教会学生相应的技术方法，促进学生身心全面发展。

勤练：教师应根据学生各项运动技术的实际掌握情况，有针对性地、循序渐进地设置体育舞蹈的学练节奏，既要保证学练频率，又要保证运动安全。教师在传授体育舞蹈技能的同时应加强学生体能训练，使学生在充足的体能保障基础上最大限度地提高技术水平和运动能力。

常赛：教师可指导学生运用所学知识组织各种规模的体育舞蹈竞赛，使学生参与其中，乐享其中，在赛中体验体育舞蹈的乐趣，进而达到以赛促练、以赛促学的目的。

项目笔记

项目总结

项目评价

教师评价：

学生自我评价：

项目十四

游泳运动

🏠 学习提示

游泳运动具有挑战与征服自然的特性，更具有独特的刺激、冒险和观赏特点。

本章通过介绍游泳基本技术、游泳安全与救护等知识，使大学生了解游泳运动的特点和基本练习方法，掌握一两项游泳技术，达到锻炼身体、增强体质、磨炼意志、增长才智的目的。

🔍 项目目标

◎掌握熟悉水性的练习方法。

◎掌握蛙泳、自由泳、仰泳、蝶泳的基本技术。

◎掌握游泳安全与救护知识。

游泳运动概述

任务一　学习游泳基本技术

学练实践

步骤一：熟悉水性

熟悉水性练习包括水中行走与跳跃练习、体会呼吸练习、浮体与站立练习、滑行练习。

（一）水中行走与跳跃练习

1.练习目的

体会水的阻力、压力和浮力，学会水中行走、跳跃时保持平衡的方法，克服怕水心理。

2.练习方法

（1）扶边行走：手扶池边向前、向后、向两侧行走。

（2）拉手行走：集体拉手向前、向后、向两侧行走。（图14-1-1）

（3）划水行走：两手手掌与水面垂直向前划水，向后行走；两手手掌向后划水，向前行走；两手手掌向侧划水，向相反方向行走。

（4）扶边跳跃：两手扶池边，两脚蹬池底，向上跳起。

单独进行各种方向的走、跑、跳跃练习。

（二）体会呼吸练习

1. 练习目的

掌握正确的游泳呼吸技术，防止呛水现象的出现，克服怕水心理。

2. 练习方法

（1）闭气练习：手扶池边或拉同伴的手，在水面上用口深吸气后闭气，下蹲并将面部没入水中，停留片刻后，面部出水，在水面上先深呼气再深吸气。水中闭气时间应逐步增长，没水部位由面部逐步过渡至整个头部。（图 14-1-2）

（2）呼吸练习：同闭气练习，头部没水稍闭气后用口鼻同时缓慢、均匀地呼气，呼气后段应边呼边抬头，当口将出水面时，应用力将气呼完。在水中不要急于将气呼完，在面部离开水面前才需将气呼尽。练习时，可先拉同伴的手，后徒手进行练习。（图 14-1-3）

图 14-1-1

图 14-1-2

图 14-1-3

（3）连续呼气练习：同呼吸练习，练习次数逐渐增加，直至连续做 20～30 次。吸气要快而深，呼气要慢而均匀，并逐渐加大呼气量，口出水面前快速用力将气呼完，紧接着在水面上快而深地吸气。练习时，可按"快吸""稍闭""慢呼""猛吐"的要领进行。掌握抬头呼吸方法后，可进行呼吸练习。

（三）浮体与站立练习

1. 练习目的

体会水的浮力，初步掌握在水中浮起、保持身体平衡及在水中站立的方法，增强学习游泳的信心。

2. 练习方法

两脚开立，两臂放松前伸，深吸气后，身体前倾并低头，屈膝下蹲，两脚轻蹬池底，两腿放松，上浮成俯卧展体姿势漂浮于水中（图 14-1-4）。站立时，收腹、屈膝、收腿，两臂向下压水并抬头，同时两腿下伸，脚触地后站立，两臂在体侧划水保持身体平衡。

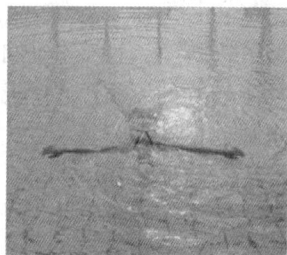
图 14-1-4

（四）滑行练习

1. 练习目的

体会和掌握游泳时身体的水平位置和流线型姿势，为各种泳姿腿部动作学习奠定基础。

2. 练习方法

（1）蹬底滑行：两脚前后开立，两臂前伸，两手并拢；深吸气后，上体前倾，屈膝；当头和肩没入水中时，前脚掌用力向后下蹬池底，随后两腿并拢，使身体成俯卧、流线型姿势在水面下向前滑行。（图 14-1-5）

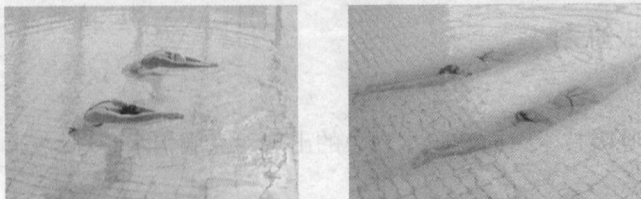

图 14-1-5

（2）蹬壁滑行：背对池壁，一手扶池边，一臂前伸，同时一脚站立，另一脚紧贴池壁。深吸气后低头，上体前倾，提臀，向上收支撑腿，两脚紧贴池壁，臀部后移，两臂前伸、并拢，头夹于两臂之间，两脚用力蹬壁，使身体成俯卧、流线型姿势在水面下向前滑行。（图 14-1-6）

图 14-1-6

步骤二：学习蛙泳

（一）蛙泳的定义

蛙泳是模仿青蛙游泳动作的一种游泳姿势，是一种古老的泳姿。蛙泳的优点为呼吸节奏容易掌握，游动声音小，容易观察和判断游动方向，每个动作周期结束后都有短暂的滑行放松时间。蛙泳的臂、腿动作变化方向较多，其内部技术结构是四种泳姿中最为复杂的。游泳者在水下移臂和收腿都会给前进带来很大的阻力，使行进速度下降。因此，蛙泳是四种泳姿中速度最慢的一种。

（二）蛙泳基本技术

1. 身体姿势

蛙泳动作教学

练习蛙泳时，身体姿势不是固定不变的，而是随着臂、腿及呼吸动作的周期性变化而不断变化的。蹬腿结束后，两臂并拢前伸。两腿向后蹬直并拢时，身体处于较好的流线型滑行姿势，身体较平，头略抬起，水面与前额齐平，胸部一部分、腹部和大小腿处在水平姿势。这时身体纵轴与水平面的夹角为 5° ～ 10°。（图 14-1-7）

2. 腿部动作

蛙泳的腿部动作分为收腿、翻脚、蹬夹腿和滑行，这四个动作是紧密相连的。

（1）收腿。开始收腿时，两腿随着吸气动作自然向下，同时两膝开始弯曲并自然分开，小腿向前回收。回收时，两脚放松，向臀部靠拢，边收边分。收腿时，力量要小。两脚和小腿回收时，要收在大腿的投影截面内。收腿结束时，大腿与躯干的夹角为 130° ～ 140°，两膝内侧间距与髋关节同宽，为翻脚和蹬夹腿做准备。（图 14-1-8）

（2）翻脚。收脚结束时，两脚仍向臀部靠近。这时，大腿内旋，膝关节稍向内，同时两脚向外侧翻开，勾脚尖，使脚和小腿内侧对好蹬水方向，以便腿在蹬夹时有一个良好的对水面。（图 14-1-9）

（3）蹬夹腿：翻脚后，立即以腰腹和大腿同时发力向后蹬水。先伸髋，再伸膝，以大腿、小腿内侧和脚掌向后做急速而有力的蹬夹动作。在蹬夹腿的过程中，两腿并拢时略向下压，以形成前后鞭打动作。该动作是推动身体前进的重要动力来源。（图14-1-10）

（4）滑行：蹬夹腿结束后，腿处于较低的位置，脚距离水面30～40厘米。此时，两腿迅速并拢伸直，身体适度紧张，成流线型姿势，做短暂滑行，准备开始下一个腿部动作周期。（图14-1-11）

图 14-1-7　　　　　　　　　　　　　　图 14-1-8

图 14-1-9　　　　　　　图 14-1-10　　　　　　　图 14-1-11

3. 臂部动作

蛙泳的臂部动作对产生牵引力具有重要作用。两臂动作对称、速度一致，可分为开始姿势、抓水、划水、收手和前伸五个连续的步骤，整体路线近似心形。

（1）开始姿势：当蹬水、伸臂结束后，身体成流线型向前滑行，手指并拢，掌心向下，两手尽量接近水面，使身体在较高的位置上保持稳定。

（2）抓水：两肩保持前伸，两臂内旋对称外划，掌心转向斜外下方。当两臂间距超过肩宽时，手腕向外、向下屈成150°～160°。此时，两臂与水平面及前进方向的夹角为15°～20°，肘关节伸直。（图14-1-12）

（3）划水：掌心从外后转向内后，两臂向斜下方急促划水。两手划至肩线时，两臂逐渐提肘，同时加速沿弧线继续划水。整个动作过程，肩部向前伸展，肘高于手并前于肩。划水结束时，形成高肘姿势，臂与前进方向约成80°，肘关节夹角为120°～130°。

（4）收手：以高肘姿势划水完成后，两手倾斜相对向内、向上移动，同时上臂外旋，两肘逐渐向内、向下靠。（图14-1-13）

（5）前伸：收手到下颌前时，迅速推肘伸臂，两手先向前上再向前伸，掌心转向下，肩关节和身体尽量伸展、放松，两臂伸直靠拢，恢复为滑行姿势。（图14-1-14、图14-1-15）

图 14-1-12　　　　　图 14-1-13　　　　　图 14-1-14　　　　　图 14-1-15

4. 整体配合

蛙泳一般采用1:1:1的配合方式，即腿部蹬夹水1次，划臂1次，呼吸1次。两臂划水时，腿伸直；两臂前伸时，腿蹬水；收手的同时收腿。

（三）蛙泳的呼吸方法

蛙泳的呼吸方法有两种：早吸气和晚吸气。

1. 早吸气

早吸气是在手臂刚开始划水时抬头吸气，吸气时间相对较长，收手和移臂时低头呼气。这种呼吸方法易于掌握，可以利用划水时的下压产生升力，使上体浮起，抬头吸气。

2. 晚吸气

晚吸气是划水几乎结束时才开始抬头，吸气时间较短，在身体达到最高点时吸气，收手结束时闭气低头，从两臂开始外划至划水过程中慢慢呼气。

步骤三：学习自由泳

（一）自由泳的定义

自由泳是身体俯卧在水中，两腿交替上下打水，两臂轮流向后划水的泳姿。其动作结构比较合理，推进力均匀，阻力小，既省力又能产生最大速度。因此，自由泳是游得最快的一种泳姿。在游泳竞赛中，自由泳项目运动员可以选择任何泳姿比赛（混合泳和混合泳接力除外），运动员几乎都用爬泳游进，故爬泳也被称为"自由泳"。

（二）自由泳基本技术

1. 身体姿势

练习自由泳时，身体几乎水平地俯卧于水中，成流线型姿势，略抬头，使身体纵轴与水平面构成一个不大的角度（3°～5°）。在游进中，头部保持平稳，水齐前额，目视前下方，头部后侧露出水面，身体随划水和移臂动作不停地、有节奏地沿身体纵轴转动，向每侧转动的角度（两肩连线与水面形成的夹角）为35°～45°。（图14-1-16）

2. 腿部动作

自由泳的腿部动作主要起保持身体平衡和配合两臂划水的作用，并能产生一定的推进力。

自由泳腿打水时，两腿自然并拢，两脚稍内扣，以髋关节为轴，由大腿发力带动小腿和脚在水下做鞭状打水动作。自由泳时，两腿轮流上下交替做打水动作。两脚脚尖最大距离为30～45厘米，膝关节弯曲角度为140°～160°。自由泳打腿分为向上打腿和向下打腿，其中向下打腿是产生推进力的主要动力来源。（图14-1-17）

 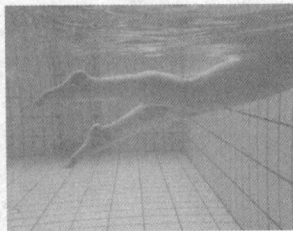

图14-1-16   图14-1-17

向下打腿时，大腿开始向下发力，由于惯性作用，此时小腿和脚仍继续向上移动。当膝关节弯曲角度约为160°时（此时脚升至水面），腿和脚开始向下移动。

当膝关节尚未完全伸直时，大腿开始向上打水，而小腿和脚仍继续向下移动，直到膝关节完全伸直。此后，小腿和脚随大腿向上移动，当脚尚未升至水面时，大腿开始向下打水，进入下一个腿部动作周期。

3. 臂部动作

自由泳时，两臂轮流交替地向后划水，是推动身体前进的主要力量。自由泳臂部动作分为入水、抱水、划水、出水和空中移臂五个阶段。这五个阶段在划水动作中是紧密相连的一个完整动作。

（1）入水。入水是伸展手臂的水中定位动作，肘关节略屈并高于手，手指自然伸直并拢，掌心朝向侧下方，拇指领先入水，入水点在肩的延长线上或在身体中线与肩的延长线之间。整个手臂入水的顺序为手、前臂和上臂。（图14-1-18）

（2）抱水。抱水是手臂寻找发力点和支撑点的抱球动作。手臂入水后，积极插向前下方，手臂伸直、外旋，掌心转向正下方，紧接着屈腕、屈肘，手向后下方移动，保持肘关节高于手的姿势。上臂和前臂与水平面的夹角分别约为30°和60°，手掌接近垂直对水，形成抱水姿势。（图14-1-19）

（3）划水。划水是获得推进力的主要阶段，分为拉水和推水两个部分。紧接抱水阶段进入拉水阶段，在这个过程中，肘关节弯曲的程度逐渐加大，前臂和手的运动速度要快于上臂，手的运动方向主要是向后、向内。当手划到肩的下方时，拉水动作结束，此时手臂与水面垂直，肘高于手，肘关节弯曲成90°～120°。同时，推水手臂向后移动，肘关节逐渐伸直。手的运动方向是向后、向上、向外，当手划至大腿旁时，推水动作结束，此时肘关节几乎伸直。整个划水动作，手的运动轨迹始于肩前，继而到腹下，最后到大腿旁，手在水下经历向外、向下、向内、向外、向上的三维动作，移动路线为S形。速度由慢到快，有明显的加速划水动作。（图14-1-20）

图14-1-18　　　　　　　图14-1-19　　　　　　图14-1-20

（4）出水。划水结束后，掌心转向大腿。出水时，小指在上，以肩带动手臂提出水面，肩、上臂、前臂、手依次出水，掌心转向后上方。手臂出水动作必须自然、连贯，前臂和手要放松。（图14-1-21）

（5）空中移臂。空中移臂是出水动作的继续，不能停顿。在移臂过程中，手和前臂放松。上臂以肩为轴向前移动，手臂由逐渐屈肘再到逐渐伸肘。在移臂的前半部分，肘领先于手前移，移至肩侧时，手和前臂开始超过肘并向前移动准备入水，开始下一个臂部动作周期。（图14-1-22）

图 14-1-21

图 14-1-22

4. 两臂的配合技术

两臂的正确配合是爬泳前进速度均匀的重要条件之一。划水时，依照两臂所处的不同位置，两臂的配合可以分为三种形式，即前交叉、中交叉和后交叉。前交叉是指一臂入水时，另一臂已前摆至肩前方，与水平面成 30° 左右。前交叉有利于初学者掌握爬泳动作和呼吸。中交叉是指一臂入水时，另一臂处在向内划水阶段且与水平面成 90°。后交叉是指一臂入水时，另一臂划至腹下，与水平面约成 180°。大多数运动员采用中交叉或前交叉的两臂配合技术。

5. 两臂与呼吸的配合技术

自由泳时，头向左或向右侧转吸气，头还原后做短暂的屏气，接着呼气。吸气时，头随着肩、身体的纵向转动转向一侧，在低于水平面的波谷吸气。转头动作应自然、柔和、稳定、有节奏。避免突然加速或减速而影响动作节奏。吸气后，头回转到位时做短暂屏气，这样可提高机体对氧的利用率。当臂划水过一半时，开始呼气。呼气时，应用口和鼻从容地呼气，不宜过分用力，否则会过早耗费储备氧。呼气应持续到划水动作结束，开始转头时才做最后的加速呼气，以排开口、鼻周围的余水，从而有利于吸气。

6. 完整的配合技术

完整的配合技术，即呼吸、手臂和腿的配合技术。自由泳时，一般是在两臂各划水一次的过程中进行一次呼吸，以头向右侧转吸气为例：右手入水后，口和鼻开始慢慢呼气；右臂划水至肩下，开始向右侧转头和增加呼气量；右臂推水即将结束，则用力呼气；右臂出水时，张口吸气至空中移臂的前半部为止，并开始转头还原；然后，直至臂入水结束，有一个短暂的闭气过程，面部转向前下；头部稳定时，右臂入水，再开始下一个慢慢呼气的过程。自由泳的呼吸、手臂与腿配合技术主要有三种：1∶2∶2（呼吸 1 次，划臂 2 次，打腿 2 次）、1∶2∶4 和 1∶2∶6。这些配合方法易保持身体平衡。

步骤四：学习仰泳

（一）仰泳的定义

仰泳是人体仰卧在水中进行游泳的一种姿势。仰泳时，头部露出水面，呼吸方便；仰卧在水面上游泳，比较省力，学起来比较容易。因此，仰泳深受中老年人和体质较弱者喜爱。仰泳的实用性强，还适宜在水中拖运物体，救护溺水者。

图 14-1-23

（二）仰泳基本技术

1. 身体姿势

仰泳时，身体要自然伸展，仰卧在水面上，头和肩的位置稍高于腰和腿，身体纵轴与水平面构成约 10° 的仰角，腰部和两腿均在水面下。（图 14-1-23）

在仰泳技术中，头起着"舵"的作用，并可以控制身体左右转动。在整个游进过程中，头部应始终保持相对稳定，两眼注视腿部上方，不要上下左右晃动。

游泳时，身体的纵轴应随着两臂划水动作而自然转动。转动角度根据个人情况的不同而稍有差别。肩关节灵活性较好的人，其转动角度小，反之则大。

2. 腿部动作

腿部动作是保持身体高水平仰姿、控制身体摆动、产生推进力的决定因素。仰泳腿部动作的重点可概括为"上踢下压"（"屈腿上踢、直腿下压"）的鞭打动作。

（1）上踢：以髋关节为支点，其中一条腿由大腿发力带动小腿及脚，稍向下移动后用力上踢，此时膝关节微屈（膝关节角度为130°～140°），踝关节伸展，脚向内转，动作要有力。上踢高度要适中，膝关节不要露出水面，两脚脚跟的上下最大距离为40～50厘米。此时，另一条腿稍向下移动，准备上踢。（图14-1-24）

（2）下压：下压动作是借助于臀部肌群的收缩来完成的。在整个下压动作中，前2/3由于水的阻力，膝关节充分展开，腿部肌肉放松。当大腿下压到一定程度，由于腹部和腰部的控制，腿停止向下，并过渡到上移，由于惯性的作用，小腿继续向下，使膝关节弯曲，因此腿在下压动作的后1/3是弯曲的。（图14-1-25）

图14-1-24　　　　　　　　　　　　图14-1-25

随着惯性的逐渐减弱和大腿的带动，小腿也开始向上移动，但此时应继续向下，直到惯性消失，大腿、小腿和脚依次结束向下的动作，构成向下鞭打动作。

下压动作因为不产生推进力，所以相对地要求速度不要太快，并且腿部各关节要自然放松。

3. 臂部动作

臂部动作是两手配合的动作，可分为入水、抓水、划推水、出水和空中移臂五个阶段，这五个阶段是连贯进行的。

（1）入水：随着身体的侧向转动，入水手臂自然伸直，肩关节外旋，手的小指在下，拇指在上，掌心向外，手与前臂之间的夹角为150°～160°，入水点在肩延长线与身体纵轴之间。（图14-1-26）

（2）抓水：抓水可以为划推水创造有利条件。当手臂切入水中后，借助移臂的惯性，手臂向外侧下滑并向上、向身后转腕，肩臂内旋，使手和前臂对向划水方向，此时上臂与前进方向成40°，肘关节夹角为150°～160°，使手掌和前臂增大划水面，手掌距离水面30～40厘米。（图14-1-27）

（3）划推水：划推水是获得推进力的主要阶段。整个动作由拉水和推水两个部分组成。拉水时，屈肘角度逐渐减小。当臂划至肩部垂直平面时，手掌离水面约15厘米，前臂和上臂的夹角为90°～110°。推水时，整个手臂同时用力向下做推压动作，并借助惯性使上臂带动前臂和手加速内旋推水，随后手掌划至臀部侧下方，距离水面45～50厘米，以前臂带动手掌下压划水，划至手臂于大腿一侧伸直时，推水结束。整个过程中，手掌运动轨迹成S形，速度由慢到快，划水后期有明显的加速动作。（图14-1-28）

图 14-1-26 图 14-1-27 图 14-1-28

（4）出水：推水结束，手臂立即外旋，掌心向大腿侧压水，后提肩，肩部露出水面后，带动上臂、前臂和手依次出水。（图 14-1-29）

（5）空中移臂：手臂出水后，自然伸直，由后迅速向肩前移动，肩关节充分伸展。当手臂移至肩的正上方时，手臂外旋，掌心外翻，随后重复入水动作。（图 14-1-30）

图 14-1-29 图 14-1-30

仰泳时，两臂动作始终是对角交替的。当一臂完成出水时，另一臂抓水；当一臂空中移臂时，另一臂则划水。

4. 仰泳的配合技术

（1）两臂配合：一般情况下，当一臂出水时，另一臂刚好入水；当一臂处于划水中段时，另一臂在空中移臂至一半。在整个臂部动作中，两臂几乎都处在完全相反的位置上，这样配合能保证动作的连贯性和速度的均匀性。

（2）臂与呼吸的配合：一般情况下是 2 次划臂、1 次呼吸，即以一只手臂为标准，开始出水移臂时吸气，其他阶段慢慢呼气。高速游进时也有 1 次划水、1 次呼吸的技术。需要注意的是，呼吸过于频繁会导致动作紊乱。

（3）腿、臂配合技术：在划水过程中，腿的上踢和下压动作要注意保持身体的平衡与协调，避免身体的过分转动和臂部下沉。大多数人仰泳时一般采用 6 次打腿、2 次划臂的配合，也有少数人采用 4 次打腿、2 次划臂的配合。

步骤五：学习蝶泳

（一）蝶泳的定义

蝶泳是游泳项目之一，又名海豚泳。其臂、腿动作与爬泳技术极为相似。但蝶泳动作起伏大，在臂、腰、腿的配合上要求身体柔韧性好，动作连贯、快速、有力，故初学游泳时不宜先学蝶泳。

（二）蝶泳基本技术

1. 身体姿势

蝶泳时，身体俯卧于水中，从头、颈、躯干到脚沿身体纵轴做传动式、波浪形起伏。在游泳过程中，身体姿势力求相对稳定，起伏不宜太大，且要有节奏。（图 14-1-31）

2. 腿部动作

蝶泳时，以腰部发力带动大腿、小腿及脚做上下鞭状打水动作。向下打水时，两腿并拢，脚掌稍向内旋，踝关节伸直，屈膝约110°（图14-1-32），脚抬到最高点至水面，向后下方快速打水。同时，臀部升高，大腿和躯干约成160°，脚跟距水面约50厘米。向上打水时，两腿伸直向上移动，臀部下降，髋关节逐渐展开，身体近似水平。随即，大腿下压，膝关节随之逐渐弯曲，脚再次上抬，准备向下打水。

  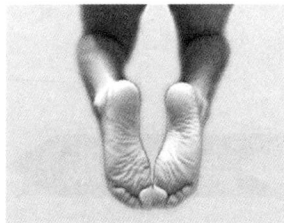

图 14-1-31　　　　　　　　　　　　　　　　图 14-1-32

3. 臂部动作

蝶泳的臂部动作是主要的前进动力，两臂同时对称进行，包括入水、抱水、划水、出水和空中移臂五个部分。

（1）入水：入水以拇指为先，两手距离约与肩同宽，掌心向两侧，指尖向下，入水点在两肩延长线上。（图14-1-33）

（2）抱水：手臂入水后，迅速向外、向后、向下划动，屈肘高抬，手掌内转，成抱水姿势，前臂与水平面约成45°，两手距离略比肩宽。（图14-1-34）

（3）划水：屈臂向后，上臂内旋，前臂和手加速向内、向后拉水，划至腹部时，掌心转向后上方，继续推水至大腿旁。划水过程中，两臂运动路线成双 S 形。（图14-1-35）

图 14-1-33　　　　　　　图 14-1-34　　　　　　　图 14-1-35

（4）出水：划水结束后，手臂充分伸直，借助加速推水的惯性，提肘，迅速将两臂和手带出水面。（图14-1-36）

（5）空中移臂：臂出水后，从身体两侧沿低而平的弧线经空中快速向前移动。（图14-1-37）

图 14-1-36　　　　　　　　　　　　　图 14-1-37

4. 整体配合

蝶泳一般采用 1 ： 1 ： 2 的配合方式，即呼吸 1 次，划臂 1 次，打腿 2 次。两臂入水时，两腿第一次向下打水，同时以口鼻慢慢呼气；两臂进入划水阶段时，两腿上抬并第二次向下打水，划水至胸腹下方时开始抬头，用力呼气，两臂出水并在空中移臂时，完成两腿上抬，并迅速吸气。

任务二　游泳安全与救护

学练实践

步骤一：学习游泳安全知识

（1）游泳前，首先了解水域的情况，选择水底平坦及无淤泥、碎石、水草、桩柱、急流漩涡、水质污染的水域，并应结伴前往，防止意外事故发生。

（2）空腹或饭后 1 小时不宜游泳，以免给身体健康带来不良影响，如可能发生呕吐、食物呛进呼吸道内等。

（3）下水前应做好充分的准备活动。

（4）游泳时遇到雷雨天气，应迅速上岸进入室内，切不可在大树底下躲避或更衣。

（5）出现肌肉痉挛现象时，切不可慌张，应设法自救并向他人求救。

步骤二：学习水上救护方法

水上救护是指救护者采取各种有效措施将溺水者救上岸的过程，可分为直接救护和间接救护。

直接救护是救护者下水对溺水者进行施救的方法。当发现溺水者时，救护者要沉着、冷静，入水前应观察周围环境，辨别水流方向、水面宽度，选择入水地点。对于熟悉的水域，救护者经判断可起跳入水；对于不熟悉的水域，应脚先入水，以最快速度接近溺水者。救护者不论采用何种泳姿，头部必须露出水面，以便观察溺水者的情况。当救护者游到距溺水者两三米时，救护者要深吸气潜入水中游近溺水者，两手扶住其髋部，将其移至背向自己，然后将其抬高。

另一种方法是正面接近溺水者后，救护者用左（右）手握住其右（左）手，迅速用力向左（右）拉，借助惯性使溺水者的身体转至背向自己，然后进行拖运。如溺水者背向自己，救护者可直接游近溺水者，用手拖其腋下，使其口鼻露出水面后再进行拖运。拖运采用侧泳或仰泳进行。

（一）侧泳拖运法

救护者一臂伸直拖住溺水者的头部后侧，一臂在体侧划水，两腿用侧泳蹬剪水方法行进。

（二）仰泳拖运法

仰泳拖运法是指救护者仰卧水中，一手或两手扶住溺水者，用蛙泳腿的动作使身体前进。

（1）救护者仰卧水中，两臂伸直，两手扶住溺水者的两颊，用反蛙泳腿的动作使身体前进。

（2）救护者仰卧水中，两臂伸直，用两手除拇指外的四指扶在溺水者的两侧腋下，拇指放在溺水者的肩胛骨上，用反蛙泳腿的动作使身体前进。

步骤三：学习自我救护方法

在游泳时，经常发生痉挛的部位是小腿和大腿，但手指、脚趾，甚至胃部也可能发生痉挛。其原因是准备活动不充分，身体过于疲劳，或者突然遇到寒冷的刺激，或者过分紧张、动作不协调等。

发生痉挛时，应保持镇静，可呼救也可自救。自救的方法有以下几种。

（一）手指痉挛

痉挛手握拳，然后用力张开。这样迅速地反复做几次，直到痉挛缓解为止。

（二）小腿或脚趾痉挛

先吸一口气仰浮于水面，用痉挛肢体对侧的手握住痉挛肢体的脚趾，并用力向身体方向拉，同时用同侧手的手掌压在痉挛肢体的膝盖上，帮助痉挛腿伸直。

（三）大腿痉挛

仰浮于水面，弯曲痉挛的大腿，两手用力抱小腿，使其贴近大腿，反复振压以缓解痉挛。

项目点拨

教会：教师可通过情境设定等多种教学方法，让学生明确学习目标和任务要求，然后对学生进行具体内容的教学，深入挖掘游泳的思政元素，教会学生相应的技术方法，促进学生身心全面发展。

勤练：教师应根据学生各项运动技术的实际掌握情况，有针对性地、循序渐进地设置游泳的学练节奏，既要保证学练频率，又要保证运动安全。教师在传授游泳技能的同时应加强学生体能训练，使学生在充足的体能保障基础上最大限度地提高技术水平和运动能力。

常赛：教师可指导学生运用所学知识组织各种规模的游泳竞赛，使学生参与其中，乐享其中，在赛中体验游泳的乐趣，进而达到以赛促练、以赛促学的目的。

项目笔记

项目总结

项目评价

教师评价：

学生自我评价：

高职学生体质健康测评

附录一 《国家学生体质健康标准（2014 年修订）》简介 *

一、说明

　　《国家学生体质健康标准》（以下简称《标准》）是国家学校教育工作的基础性指导文件和教育质量基本标准，是评价学生综合素质、评估学校工作和衡量各地教育发展的重要依据，是《国家体育锻炼标准》在学校的具体实施，适用于全日制普通小学、初中、普通高中、中等职业学校、普通高等学校的学生。

　　本标准的修订坚持健康第一，落实《国家中长期教育改革和发展规划纲要（2010—2020年）》《国务院办公厅转发教育部等部门关于进一步加强学校体育工作若干意见的通知》《教育部关于印发〈学生体质健康监测评价办法〉等三个文件的通知》有关要求，着重提高《标准》应用的信度、效度和区分度，着重强化其教育激励、反馈调整和引导锻炼的功能，着重提高其教育监测和绩效评价的支撑能力。

　　本标准从身体形态、身体机能、身体素质等方面综合评定学生的体质健康水平，是促进学生体质健康发展、激励学生积极进行身体锻炼的教育手段，是国家学生发展核心素养体系和学业质量标准的重要组成部分，是学生体质健康的个体评价标准。

　　在本标准的适用对象中，大学一、二年级为一组，大学三、四年级为一组。

　　大学各组别的测试指标均为必测指标。其中，身体形态类中的身高、体重，身体机能类中的肺活量，以及身体素质类中的 50 米跑、坐位体前屈为各年级学生共性指标。

　　本标准的学年总分由标准分与附加分之和构成，满分为 120 分。标准分由各单项指标得分与权重乘积之和组成，满分为 100 分。附加分根据实测成绩确定，即对成绩超过 100 分的加分指标进行加分，满分为 20 分；大学的加分指标测试项目为男生引体向上和 1000 米跑，女生 1 分钟仰卧起坐和 800 米跑，各指标加分幅度均为 10 分。

　　根据学生学年总分评定等级：90.0 分及以上为优秀，80.0 ~ 89.9 分为良好，60.0 ~ 79.9分为及格，59.9 分及以下为不及格。

　　每个学生每学年评定一次，记入《〈国家学生体质健康标准〉登记卡》。特殊学制的学

---

　　* 节选自教育部印发的《国家学生体质健康标准（2014 年修订）》，略有改动。

校，在填写登记卡时可以按规定和需求相应地增减栏目。学生毕业时的成绩和等级，按毕业当年学年总分的 50% 与其他学年总分平均得分的 50% 之和进行评定。

学生测试成绩评定达到良好及以上者，方可参加评优与评奖；成绩达到优秀者，方可获体育奖学分。测试成绩评定不及格者，在本学年度准予补测一次，补测仍不及格，则学年成绩评定为不及格。普通高等学校学生毕业时，《标准》测试的成绩达不到 50 分者按结业或肄业处理。

学生因病或残疾可向学校提交暂缓或免予执行《标准》的申请，经医疗单位证明，体育教学部门核准，可暂缓或免予执行《标准》，并填写《免予执行〈国家学生体质健康标准〉申请表》，存入学生档案。确实丧失运动能力、被免予执行《标准》的残疾学生，仍可参加评优与评奖，毕业时《标准》成绩需注明免测。

各学校每学年开展覆盖本校各年级学生的《标准》测试工作，《标准》测试数据经当地教育行政部门按要求审核后，通过中国学生体质健康网上传至国家学生体质健康标准数据管理系统。测试和数据上传时间由教育行政部门确定。

二、单项指标与权重

大学各年级单项指标与权重见附表 1-1。

附表 1-1　大学各年级单项指标与权重

测试对象	单项指标	权重
大学各年级	体重指数（BMI）	15%
	肺活量	15%
	50米跑	20%
	坐位体前屈	10%
	立定跳远	10%
	引体向上（男）/1分钟仰卧起坐（女）	10%
	1000米跑（男）/800米跑（女）	20%

注：体重指数（BMI）= 体重（千克）/ 身高^2（米^2）。

三、评分表

《国家学生体质健康标准（2014 年修订）》中大学阶段的评分表见附表 1-2 至附表 1-8。

附表 1-2　体重指数（BMI）单项评分表

等级	单项得分	大学男生/(千克·米$^{-2}$)	大学女生/(千克·米$^{-2}$)
正常	100	17.9～23.9	17.2～23.9
低体重	80	≤17.8	≤17.1
超重		24.0～27.9	24.0～27.9
肥胖	60	≥28.0	≥28.0

附表 1-3　大学男生各测试项目评分表一

大一、大二适用

等级	单项得分	肺活量/毫升	50米跑/秒	坐位体前屈/厘米	立定跳远/厘米	引体向上/次	耐力跑1000米/（分：秒）
优秀	100	5040	6.7	24.9	273	19	3:17
	95	4920	6.8	23.1	268	18	3:22
	90	4800	6.9	21.3	263	17	3:27
良好	85	4550	7.0	19.5	256	16	3:34
	80	4300	7.1	17.7	248	15	3:42
及格	78	4180	7.3	16.3	244		3:47
	76	4060	7.5	14.9	240	14	3:52
	74	3940	7.7	13.5	236		3:57
	72	3820	7.9	12.1	232	13	4:02
	70	3700	8.1	10.7	228		4:07
	68	3580	8.3	9.3	224	12	4:12
	66	3460	8.5	7.9	220		4:17
	64	3340	8.7	6.5	216	11	4:22
	62	3220	8.9	5.1	212		4:27
	60	3100	9.1	3.7	208	10	4:32
不及格	50	2940	9.3	2.7	203	9	4:52
	40	2780	9.5	1.7	198	8	5:12
	30	2620	9.7	0.7	193	7	5:32
	20	2460	9.9	−0.3	188	6	5:52
	10	2300	10.1	−1.3	183	5	6:12

附表 1-4　大学男生各测试项目评分表二

大三、大四适用

等级	单项得分	肺活量/毫升	50米跑/秒	坐位体前屈/厘米	立定跳远/厘米	引体向上/次	耐力跑1000米/（分：秒）
优秀	100	5140	6.6	25.1	275	20	3:15
	95	5020	6.7	23.3	270	19	3:20
	90	4900	6.8	21.5	265	18	3:25
良好	85	4650	6.9	19.9	258	17	3:32
	80	4400	7.0	18.2	250	16	3:40

等级	单项得分	肺活量/毫升	50米跑/秒	坐位体前屈/厘米	立定跳远/厘米	引体向上/次	耐力跑1000米/（分：秒）
及格	78	4280	7.2	16.8	246		3：45
	76	4160	7.4	15.4	242	15	3：50
	74	4040	7.6	14.0	238		3：55
	72	3920	7.8	12.6	234	14	4：00
	70	3800	8.0	11.2	230		4：05
	68	3680	8.2	9.8	226	13	4：10
	66	3560	8.4	8.4	222		4：15
	64	3440	8.6	7.0	218	12	4：20
	62	3320	8.8	5.6	214		4：25
	60	3200	9.0	4.2	210	11	4：30
不及格	50	3030	9.2	3.2	205	10	4：50
	40	2860	9.4	2.2	200	9	5：10
	30	2690	9.6	1.2	195	8	5：30
	20	2520	9.8	0.2	190	7	5：50
	10	2350	10.0	−0.8	185	6	6：10

附表 1-5　大学女生各测试项目评分表一

大一、大二适用

等级	单项得分	肺活量/毫升	50米跑/秒	坐位体前屈/厘米	立定跳远/厘米	1分钟仰卧起坐/次	耐力跑800米/（分：秒）
优秀	100	3400	7.5	25.8	207	56	3：18
	95	3350	7.6	24.0	201	54	3：24
	90	3300	7.7	22.2	195	52	3：30
良好	85	3150	8.0	20.6	188	49	3：37
	80	3000	8.3	19.0	181	46	3：44
及格	78	2900	8.5	17.7	178	44	3：49
	76	2800	8.7	16.4	175	42	3：54
	74	2700	8.9	15.1	172	40	3：59
	72	2600	9.1	13.8	169	38	4：04
	70	2500	9.3	12.5	166	36	4：09
	68	2400	9.5	11.2	163	34	4：14
	66	2300	9.7	9.9	160	32	4：19

等级	单项得分	肺活量/毫升	50米跑/秒	坐位体前屈/厘米	立定跳远/厘米	1分钟仰卧起坐/次	耐力跑800米/（分：秒）
及格	64	2200	9.9	8.6	157	30	4:24
	62	2100	10.1	7.3	154	28	4:29
	60	2000	10.3	6.0	151	26	4:34
不及格	50	1960	10.5	5.2	146	24	4:44
	40	1920	10.7	4.4	141	22	4:54
	30	1880	10.9	3.6	136	20	5:04
	20	1840	11.1	2.8	131	18	5:14
	10	1800	11.3	2.0	126	16	5:24

附表 1-6　大学女生各测试项目评分表二　　　　　　　　大三、大四适用

等级	单项得分	肺活量/毫升	50米跑/秒	坐位体前屈/厘米	立定跳远/厘米	1分钟仰卧起坐/次	耐力跑800米/（分：秒）
优秀	100	3450	7.4	26.3	208	57	3:16
	95	3400	7.5	24.4	202	55	3:22
	90	3350	7.6	22.4	196	53	3:28
良好	85	3200	7.9	21.0	189	50	3:35
	80	3050	8.2	19.5	182	47	3:42
及格	78	2950	8.4	18.2	179	45	3:47
	76	2850	8.6	16.9	176	43	3:52
	74	2750	8.8	15.6	173	41	3:57
	72	2650	9.0	14.3	170	39	4:02
	70	2550	9.2	13.0	167	37	4:07
	68	2450	9.4	11.7	164	35	4:12
	66	2350	9.6	10.4	161	33	4:17
	64	2250	9.8	9.1	158	31	4:22
	62	2150	10.0	7.8	155	29	4:27
	60	2050	10.2	6.5	152	27	4:32
不及格	50	2010	10.4	5.7	147	25	4:42
	40	1970	10.6	4.9	142	23	4:52
	30	1930	10.8	4.1	137	21	5:02
	20	1890	11.0	3.3	132	19	5:12
	10	1850	11.2	2.5	127	17	5:22

附表 1-7　大学生加分指标测试项目评分表一

加分	引体向上（男）/次		1分钟仰卧起坐（女）/次	
	大一、大二	大三、大四	大一、大二	大三、大四
10	10	10	13	13
9	9	9	12	12
8	8	8	11	11
7	7	7	10	10
6	6	6	9	9
5	5	5	8	8
4	4	4	7	7
3	3	3	6	6
2	2	2	4	4
1	1	1	2	2

注：引体向上（男）、1分钟仰卧起坐（女）均为高优指标，学生成绩超过单项评分100分后，以超过的次数所对应的分数进行加分。

附表 1-8　大学生加分指标测试项目评分表二

加分	1000米跑（男）/秒		800米跑（女）/秒	
	大一、大二	大三、大四	大一、大二	大三、大四
10	-35	-35	-50	-50
9	-32	-32	-45	-45
8	-29	-29	-40	-40
7	-26	-26	-35	-35
6	-23	-23	-30	-30
5	-20	-20	-25	-25
4	-16	-16	-20	-20
3	-12	-12	-15	-15
2	-8	-8	-10	-10
1	-4	-4	-5	-5

注：1000米跑（男）、800米跑（女）均为低优指标，学生成绩低于单项评分100分后，以减少的秒数所对应的分数进行加分。

附录二　学生体质健康测试方法

一、身高

受试者赤足，以立正姿势站在身高计的底板上（上肢自然下垂，两脚脚跟并拢，脚尖分开约60°）。脚跟、骶骨部及两肩胛区与立柱相接触，躯干自然挺直，头部正直，耳屏上缘与眼眶下缘成水平位。测试人员站在受试者右侧，使水平压板轻轻沿立柱下滑，轻压于受试者头顶。测试人员读数时，两眼应与压板水平面等高；记录员复诵后进行记录。以厘米为单位记录测试成绩，保留1位小数。测试误差不得超过0.5厘米。（附图2-1）

二、体重

测试时，体重秤应放在平坦地面上。受试者赤足，男性受试者身着短裤；女性受试者身着短裤、短袖衫，站在秤台中央。以千克为单位记录测试成绩，保留1位小数。记录员复诵后进行记录。测试误差不超过0.1千克。（附图2-2）

附图 2-1

三、肺活量

测试人员告知受试者不必紧张，以中等速度和力度尽全力吹气效果最好。令受试者手持吹气口嘴，面对肺活量计站立试吹1或2次，首先看仪表有无反应，还要试口嘴或鼻处是否漏气，调整口嘴和用鼻夹（或自己捏鼻孔）；学会深吸气（避免耸肩提气，应该像闻花似的慢吸气）。测试时，受试者进行一两次较平日深一些的呼吸动作后，更深地吸一口气，屏住气向口嘴处慢慢呼出到不能再呼为止，防止此时从口嘴处吸气，测试中不得中途二次吸气。吹气完毕后，液晶屏上最终显示的数字即肺活量值。每位受试者测3次，每次间隔15秒，记录3次数值，选取最大值作为测试结果。以毫升为单位记录测试成绩，不计小数。

附图 2-2

四、50 米跑

受试者至少两人一组进行测试，站立式起跑。受试者听到"跑"的口令后开始起跑。发令员在发出口令的同时要摆动发令旗。计时员视旗动开表计时，在受试者躯干部位到达终点线的垂直面时停表。以秒为单位记录测试成绩，精确到小数点后1位，小数点后第二位数按非0进1原则进位，如10.11秒读成10.2秒并记录。

五、坐位体前屈

受试者两腿伸直，坐在平地上两脚平蹬测试纵板，两脚分开10～15厘米，上体前屈，两臂伸直向前，用两手中指指尖逐渐向前推动游标，直到不能前推为止。测试计的测试纵板内沿平面为0点，向内为负值，向前为正值。以厘米为单位记录测试成绩，保留1位小数。测试两次，取最好成绩。（附图2-3）

附图 2-3

六、立定跳远

受试者两脚自然分开站在起跳线后，脚尖不得踩线（最好用线绳做起跳线）。两脚原地同时起跳，不得有垫步或连跳动作。丈量起跳线后缘至最近着地点后的垂直距离。每人试跳 3 次，记录其中成绩最好的一次。以厘米为单位记录测试成绩，不计小数。

七、引体向上（男）

受试者跳起两手正握杠，两手与肩同宽，成直臂悬垂。静止后，两臂同时用力向上引体（身体不能有附加动作），上拉到下颌超过横杠上缘为完成 1 次。记录引体次数。

八、1 分钟仰卧起坐（女）

受试者仰卧，两腿稍分开，屈膝约成 90°，两手手指交叉抱于头后。受试者坐起时，两肘触及或超过两膝为完成 1 次。仰卧时，两肩胛必须触垫。测试人员发出"开始"口令的同时开表计时，记录 1 分钟内完成次数。1 分钟到时，受试者虽已坐起，但肘关节未达到两膝者不计该次数，精确到个位。（附图 2-4）

附图 2-4

九、1000 米跑（男）/800 米跑（女）

受试者至少两人一组进行测试，站立式起跑。受试者听到"跑"的口令后开始起跑。发令员在发出口令的同时摆动发令旗，计时员看到旗动开表计时，当受试者的躯干部位到达终点线垂直面时停表。以分、秒为单位记录测试成绩，不计小数。

参考文献

[1] 孙雄华. 体育[M]. 北京：化学工业出版社，2009.

[2] 林志超. 高职体育与健康规划教程[M]. 2版. 北京：北京体育大学出版社，2009.

[3] 文建传，等. 大学体育与健康教程[M]. 北京：北京体育大学出版社，2014.

[4] 胡振浩，张溪，田翔. 职业体能训练[M]. 北京：高等教育出版社，2008.

[5] 《高职高专体育》编委会. 高职高专体育[M]. 北京：高等教育出版社，2007.

[6] 周士枋，范振华. 实用康复医学[M]. 南京：东南大学出版社，1998.

[7] 吕红斌，王嘉芙，胡建中. 科学健身法[M]. 北京：人民卫生出版社，2000.

[8] 高谊，刘莉，樊勇. 奥林匹克万事通[M]. 北京：北京体育大学出版社，2008.

[9] 孙雄华. 有氧运动与健康[M]. 西安：西安地图出版社，2008.

[10] 石大玲，梁军，李春君. 大学体育立体化教程[M]. 北京：北京体育大学出版社，2021.

[11] 张岳强. 新世纪大学生体育教程[M]. 北京：北京体育大学出版社，2005.

[12] 唐建军. 乒乓球入门与提高[M]. 福州：福建科学技术出版社，1999.

[13] 张博，姜富生. 羽毛球运动教程[M]. 北京：人民体育出版社，2021.

[14] 尹军，袁守龙. 身体运动功能训练[M]. 2版. 北京：高等体育出版社，2021.

[15] 刘晶，刘燕，李彦. 健美操·体育舞蹈·形体训练[M]. 合肥：安徽大学出版社，2005.

[16] 邹继豪，孙麒麟. 体育与健康教程[M]. 沈阳：辽宁大学出版社，2004.

[17] 徐冰. 拉丁秀身舞：恰恰[M]. 成都：成都时代出版社，2008.

[18] 朱海莲. 高职院校体育教学中注入拓展训练内容探讨[J]. 经济与社会发展，2007（7）：210-212.

[19] 张晓红. 高职院校学生团队训练的探索与实践[J]. 职教论坛，2006（12）：45-47.